Gerhard Friedrich · Werner Schuricht

Seltenes Kern-, Stein- und Beerenobst

Professor Dr. Dr. h. c. Gerhard Friedrich
Dr. Werner Schuricht

Seltenes Kern-, Stein- und Beerenobst

Aquarelle und Zeichnungen
Ernst Halwaß

Neumann Verlag
Leipzig · Radebeul

Folgende Arten bzw. Sorten beschrieben:

Prof. Dr. Dr. h. c. Gerhard Friedrich:
Chinesische Aktinidie · Chinesische Aktinidie 'Hayward' · Edel-Kastanie ·
Feige · Kirsch-Pflaume · Kirsch-Pflaume 'Ceres' · Mahonie · Mandel · Gemeine
Moosbeere · Großfrüchtige Moosbeere 'Searles' · Preiselbeere · Alpen-Rose ·
Hunds-Rose · Kartoffel-Rose · Pillnitzer Vitamin-Rose 'PiRo 3' · Schwarzer
Holunder.

Dr. Werner Schuricht:
Apfelbeere 'Nero' · Edel-Eberesche 'Konzentra' · Edel-Eberesche 'Rosina' ·
Gold-Johannisbeere · Japanische Scheinquitte · Kornelkirsche · Mispel · Sand-
dorn 'Hergo' · Sanddorn 'Leikora' · Schlehe · Schwarze Maulbeere · Speierling.

Friedrich, Gerhard:
Seltenes Kern-, Stein- und Beerenobst/
Gerhard Friedrich; Werner Schuricht.
Aquarelle u. Zeichn.: Ernst Halwaß.–
2. Aufl. – Leipzig; Radebeul: Neumann
Verlag, 1989. – 316 S.: 71 Ill. (z. T. farb.)
                    ISBN 3-7402-0016-2
NE: Schuricht, Werner:

ISBN 3-7402-0016-2

2. Auflage 1989
Alle Rechte vorbehalten
© Neumann Verlag Leipzig · Radebeul, 1985
VLN 151-310/125/89 · LSV 4329
Satz, Reproduktionen und buchbinderische Weiterverarbeitung:
INTERDRUCK, Graphischer Großbetrieb Leipzig
Betrieb der ausgezeichneten Qualitätsarbeit, III/18/87
Druck: Volksstimme Magdeburg
Bestell-Nr. 799 075 0

01880

Inhalt

Vorwort der Autoren

Noch in den Obstbüchern etwa aus der Mitte des vorigen Jahrhunderts werden wie seit alters her Mandeln, Schlehen, Schwarzer Holunder, Ebereschen, Mispeln und andere Obstarten fast gleichwertig neben Apfel, Birne, Kirsche und Pflaume gestellt. In den großen Bauerngärten der damaligen Zeit war Platz für alles. Mit dem Wachstum der Städte und zunehmender Industrialisierung sowie dem Entstehen des marktbeliefernden Erwerbsobstanbaues änderte sich die Gesamtsituation. Die Zahl der Bauerngärten ging zurück. Die Notwendigkeit der Eigenversorgung, aber auch der gelegentlichen Mitversorgung der Städter war oft nicht mehr gegeben. Der in die Stadt umgesiedelte Dorfbewohner dagegen verlangte ebenso wie der schon ortsansässige Industriearbeiter nach einem Stück Land, um Obst und Gemüse zu erzeugen, aber auch, um sich im Garten zu erholen.

Der Kleingarten in der Stadt war mit dem großräumigen Bauerngarten nicht direkt vergleichbar. Hier spielte von Anfang an die aktive Erholung, die Entspannung vom Alltag eine Rolle, aber ebenso wichtig dürfte die Notwendigkeit gewesen sein, zur Versorgung der Familie beizutragen. Der Kleingarten der damaligen Zeit war höchstens 200 m² groß. Stand darin eine Laube, so blieb für die anfangs alleinherrschenden Hochstämme nur wenig Platz. Mit einigen Apfel-, Birnen-, Kirsch- und Pflaumenbäumen war der «Klein»-Garten schon übervoll. Da man auf Strauchbeerenobst nicht verzichten wollte, wurde dieses unter den Hochstämmen angebaut, und darunter standen dann noch Erdbeeren und Gemüse. Diese Engräumigkeit erstickte den Anbau der früher allgemein mit kultivierten, heute z.T. als «selten» bezeichneten Obstarten.

Der Marktobstanbau als andere Säule der Versorgung spezialisierte sich von Anfang an, zwar nicht so streng wie heute, aber doch zumindest auf die Hauptsorten von Kern-, Stein- und Beerenobst. Geschlossene Anpflanzungen von Mandeln gab es zwar ehemals noch an klimabegünstigten deutschen Standorten, so z.B. in der Pfalz oder im Rheinland. Hier war es jedoch die ausländische Konkurrenz, die dem heimischen Anbau dieser in Mitteleuropa keineswegs sehr ertragreichen und ertragssicheren Obstarten mit der Entwicklung des Welthandels ein Ende bereitete.

Der Kleingarten als Stätte der Erholung hat an Bedeutung gewonnen. Er ist zwar kaum größer geworden als zu Beginn der «Schrebergärten»-Bewegung, dafür steht heute anstelle der früher meist sehr einfachen Laube nicht selten ein Luxus-Bungalow. Der Platz für den Obstbau hat sich also keinesfalls erweitert, aber die Bäume selbst sind heute kleiner und ertragreicher als damals. Mit kleinen Bäumen läßt sich auch ein Garten weit besser gestalten als mit Hochstämmen.

Es sollen durchaus weiterhin die Hauptobstarten, insbesondere Beerenobst, im Vordergrund stehen. Man muß aber z.B. nicht nach Erwerb eines Landstückes zuerst einen massiven Zaun setzen, eine Hecke aus Vitamin-Rosen tut es oft besser.

Im größeren Hausgarten mag eine repräsentative Edel-Kastanie oder eine Edel-Eberesche als Blickfang dienen. Es sollte auch bedacht werden, daß heute für Erholungszwecke ganze Bungalowsiedlungen entstehen, und zwar oft auf Gelände, das für die übliche Gartennutzung von der Bodenqualität oder von der Geländegestaltung her kaum geeignet ist. In diesem Falle bringen Kirsch-Pflaumen, Maulbeeren, Vitamin-Rosen oder Edel-Ebereschen im Gegensatz zu nichtfruchtenden Gehölzen wirtschaftlichen Nutzen. Sie wirken außerdem bei gekonnter Anbaugestaltung sehr ästhetisch. Auch bei der Errichtung von Eigenheim-Siedlungen sollte mit an die selteneren Obstarten gedacht werden.

Durch Intensivierung der Landwirtschaft und stärkere Mechanisierung im Feldbau werden in ländlichen Gegenden oft Splitterflächen frei, die nicht sich selbst überlassen werden sollten. Hier können, vorausgesetzt, daß der Standort es zuläßt, sachkundige Pflanzung und Pflege garantiert sind, seltene, von der Verarbeitungsindustrie gern aufgenommene Obstarten sogar in geschlossenen Pflanzungen angebaut werden. Ein Minimum an Bodenbearbeitung, Düngung und Pflanzenschutz muß jedoch gesichert sein.

Auch die «Wildobstarten» brauchen, wenn sie sich zu unserem Nutzen entwickeln sollen, die Hilfe der Menschen. Mit der Bepflanzung derartiger Restflächen verschwinden die unschönen, oft verunkrauteten Unlandstücke, sie weichen einer nutzbringenden Kultur, und es wird ein Beitrag zur Landeskultur geleistet.

Die seltenen Obstarten lassen sich vom Gesichtspunkt des Anbaues aus in zwei Gruppen einteilen, und zwar in solche, die auf entsprechenden Standorten auch zu geschlossenen Pflanzungen mit dem Ziel der Marktversorgung zusammengefaßt werden können bzw. müssen, und andere, die nur für den Liebhaber interessant sind.

Zur wichtigeren ersten Gruppe gehören:

Apfelbeere *(Aronia)*	Sanddorn
Edel-Eberesche	Schwarzer Holunder
Kirsch-Pflaume	Rosen (Vitamin-Rosen)
Kulturpreiselbeere	

Obstbaulich und ökonomisch sind diese Obstarten dennoch unterschiedlich zu beurteilen:

Apfelbeere und Edel-Eberesche können z. B. selbst auf relativ ungünstigen Standorten, insbesondere der Mittelgebirge, noch hohe Erträge bringen. Eine Eingliederung geschlossener Pflanzungen in einen Obstbaubetrieb kann sinnvoll sein. Es darf jedoch nicht vergessen werden, daß mit ungünstiger werdendem Klima auch Ertragshöhe und Ertragssicherheit abnehmen.

Die Kirsch-Pflaume läßt sich an klimatisch geeigneten Standorten mit sehr leichten Böden, die anderweitig kaum zu nutzen sind, erfolgreich kultivieren.

Die Kulturpreiselbeere (Cranberry) nimmt mit den leichtesten Sandböden, die kalkarm und möglichst anmoorig sein sollen, vorlieb. Die rationelle Kultur verlangt jedoch eine weitgehend mechanisierte Pflege und Ernte auf größeren Schlägen. Sicherlich gibt es in den Ländern Mittel- und Nordeuropas genügend potentielle Standorte. Es fehlen aber vorerst Anbauerfahrungen. Trotzdem sollte man anfangen, diese wertvolle Obstart versuchsweise zu kultivieren.

Auch Sanddorn, der wie Kulturpreiselbeere mit leichtesten Sandböden auskommt, sollte als erstrangiger Vitaminspender zur kontinuierlichen Versorgung der Getränkeindustrie verstärkt im Großen angebaut werden. Potentielle Standorte gibt es genug, und die jetzt vorhandenen Sorten sind im Ertrag zuverlässig.

Der Schwarze Holunder findet in Flußauen, z. B. der unteren Elbe, gute Existenzmöglichkeiten. Das in Österreich erprobte Produktionsverfahren ist auf andere Verhältnisse übertragbar. Holunder ergibt für die Verarbeitungsindustrie einen wertvollen Grundstoff.

Anders sind Vitamin-Rosen mit ihrem hohen ernährungsphysiologischen Wert zu beurteilen. Sie dienen vorerst meist nur als Lückenbüßer für relativ unzugängliche Hang- und Splitterflächen oder ehemalige Halden und zur heckenartigen Umgrenzung industrieller Anlagen. Die Bedeutung dieser Nebennutzung darf bei planmäßigem Anbau nicht unterschätzt werden.

Die Vertreter dieser Obstartengruppe sind auch mehr oder weniger gut für die Gärten der Kleinerzeuger und Liebhaber sowie für größere Hausgärten der Selbstversorger geeignet. Sie lassen sich auch gut in das Umfeld von Bungalow-Siedlungen oder Kleingartenparks eingliedern.

Zur zweiten Gruppe, den wirklich seltenen Obstarten, gehören:

Chinesische Aktinidie	Mahonie
(einschließlich Kiwi)	Mandel
Edel-Kastanie	Gemeine Moosbeere
Feige	Preiselbeere
Gold-Johannisbeere	Schlehe
Japanische Scheinquitte	Schwarze Maulbeere
Kornelkirsche	Speierling

Sie sind nur für den Liebhaberanbau gedacht. In der Regel ist es Nebennutzung. So kann man z. B. Kornelkirsche, Mahonie, Maulbeere und Scheinquitte wirkungsvoll als Gestaltungselemente in Gärten und Grünanlagen eingliedern und gleichzeitig die Früchte verwerten. Sie dienen auch der Auflockerung des Gartens, der Nutzung von Splitterflächen am Dorfrand oder der Verbauung von Grundstücken und Industrieanlagen. Arten wie Aktinidie oder Feige sowie Moosbeere oder Preiselbeere sind nur für die intensive Gartenkultur in den Händen von Liebhabern an besonderen Standorten gedacht. Relativ hohe Wärmeansprüche stellen auch Edel-Kastanie und Mandel.

So groß wie die Vielfalt der seltenen Obstarten, so umfassend sind auch ihre Nutzungsmöglichkeiten. Der Anbau dieser Kulturen sollte dort, wo es angebracht ist, bewußt gefördert werden. Oft ist es nicht eine grundsätzliche Ablehnung, sondern die Unwissenheit um den Wert dieser Früchte, die allzu vorsichtige Zurückhaltung veranlaßt. Man sollte behutsam, überlegt und zielstrebig an die bessere Nutzung dieser Obstarten herangehen. Übereilter Großanbau wäre sicher verfehlt, aber eine Weiterentwicklung bereits bekannter Produktionsverfahren und die Nutzung der Früchte für die Erweiterung der Palette an Verarbeitungsprodukten ist volkswirtschaftlich ebenso wie für den Einzelanbauer von Bedeutung.

Eine Auswahl von Rezepten zur zweckmäßigen Verwertung der anfallenden Früchte und weiterführende Literatur für den Fachmann und Interessenten vervollständigen die grundsätzlichen Ausführungen und die speziellen Beschreibungen der einzelnen Obstarten und Sorten.

Die Autoren danken dem Verlag und vor allem seinem Lektor, Herrn B. Röllich, ausdrücklich dafür, daß keine Mühen gescheut wurden, dieses Werk mit einer hohen Qualität der Ausstattung zu erstellen.

Dresden-Pillnitz und Jena, im September 1984

Prof. Dr. Dr. h. c. Gerhard Friedrich
Dr. Werner Schuricht

Vorwort des Verlages

Wir danken allen, die uns wertvolle Anregungen für das Gelingen des Buches gaben.

Unser besonderer Dank gilt Frau Dr. M. Bauckmann, Geisenheim, zu Kiwis, Herrn Prof. Dr. G. Liebster, Weihenstephan, zur Kulturpreiselbeere, Herrn Prof. Dr. E. J. Stang, Wisconsin-Madison und Herrn J. E. Demoranville, Massachusetts, zu Cranberries, Herrn Prof. Dr. E. Strauß, Klosterneuburg, zu Schwarzem Holunder.

Sie alle unterstützten uns mit Material für die Anfertigung der Farbtafeln und stellten ihre gewonnenen Erfahrungen zur Verfügung.

Herr Dr. H. Ohle, Gatersleben, half, systematische Fragen zu klären.

Herzlicher Dank ist dem Gutachter, Herrn Dr. P. A. Schmidt, Tharandt, für seine vielen botanischen Hinweise zu sagen. Dank gilt gleichfalls dem Gutachter und Pomologen, Herrn Herbert Petzold, Wurzen.

Nicht zuletzt gebührt dem Grafiker, Herrn E. Halwaß, Nossen, Dank für seine hervorragenden Farbtafeln und Zeichnungen, die wesentlich den Text der Autoren, Prof. Dr. Dr. h. c. G. Friedrich und Dr. W. Schuricht, veranschaulichen.

Leipzig · Radebeul, September 1984   Neumann Verlag

Allgemeiner Teil

Beschreibungen der Obstarten

Apfelbeere

Andere deutsche Namen Aronie, Schwarze Eberesche, Schwarzfrüchtige Eberesche
Wissenschaftlicher Name *Aronia melanocarpa* (MICHX.) ELL.
Synonyme Aronia nigra DIPP., Mespilus arbutifolia L. var. melanocarpa WILLD., Pyrus melanocarpa WILLD., Sorbus melanocarpa (MICHX.) HEYNH., Aronia mitschurinii SKVORTSOV et MAJJTULINA ssp. nova
Familie Rosengewächse *(Rosaceae)*
Namen in anderen Sprachen

bulgarisch	chernoplodnaja skorusha
polnisch	aronia czarna
rumänisch	scorus cu fructe negre
russisch	aronija, rjabina chernoplodnaja
tschechisch	temnoplodec černoplodý
ungarisch	fekete törpeberkenye

Biologische Grundlagen

Herkunftsgebiete und natürliche Verbreitung

Die Apfelbeere ist im östlichen Nordamerika beheimatet, wo sie vor allem auf feuchten und sauren Standorten mit 1 000 bis 1 200 mm Niederschlag von Kanada bis Florida gedeiht. In diesem Gebiet kommen auch die bisher als Ziersträucher bekannteren Arten *Aronia arbutifolia* (L.) PERS. (Zwergvogelbeere; blüht früher, scharlachrote Früchte reifen erst im Oktober) und *Aronia prunifolia* REHD. vor.

Kulturgeschichtliche Bedeutung

Die Apfelbeere ist historisch eine sehr junge Obstart, weil erst nach dem 2. Weltkrieg ein nennenswerter Anbau begann. Vorher war sie im wesentlichen nur als Ziergehölz bekannt und wurde für diesen Zweck in Baumschulen und botanischen Gärten vermehrt und nur gelegentlich gepflanzt. Spezifische Anbautraditionen und sich daraus ableitende Bräuche, Symbolik oder ähnliches liegen deshalb nicht vor.

Stand des internationalen Anbaues

Als Obstart erlangte die Apfelbeere zuerst in der Sowjetunion Bedeutung. MICHURIN führte um 1900 Saatgut von *Aronia melanocarpa* aus Deutschland ein und verwendete später diese Gehölze zu Kreuzungen mit *Sorbus* und *Mespilus*, um süße Ebereschen zu züchten. So entstanden unter Verwendung von *Aronia* die schwarzfrüchtigen Ebereschensorten 'Likernaja' und 'Desertnaja Michurina'. Er erkannte aber auch ihre hohe Frosthärte und die gute Eignung als Frucht für die Obstverarbeitung.

1935 holte sich MICHURIN's Schüler LISAVENKO die Apfelbeeren-Sämlinge aus Mitschurinsk in das Altai-Gebiet und legte die erste Beobachtungspflanzung in Gorno-Altaisk an. 1943 folgten umfangreichere Erprobungen in der Praxis mit 1 000 Sträuchern. Gute Erfahrungen führten dazu, daß *Aronia* als neue Obstart 1946 im Altai-Kreis erstmals in der UdSSR in das Sortiment der empfohlenen Obstarten aufgenommen wurde. Damit war die Apfelbeere eine anerkannte Kulturpflanze. Danach weitete sich der Anbau rasch aus. 1948 startete man im Gebiet Leningrad mit 20 000 Gehölzen mit verschiedenen Versuchspflanzungen. Die Apfelbeere hielt auch Einzug in die Kleingärten, vor allem in klimatisch rauheren Gebieten. Neben den Baltischen Sowjetrepubliken begannen die Belorussische, Moldauische und Ukrainische SSR ebenfalls mit dem Anbau, welcher in der Nichtschwarzerdezone der RSFSR 1971 bereits einen Umfang von 5 400 ha erreichte (davon 4 000 ha in Sibirien). 1975 wurde diese Obstart in der Sortenliste der UdSSR in 29 von 151 Rayons zum Anbau empfohlen.

Aufgrund der spezifischen Eigenschaften der in in der Sowjetunion und in Nordeurasien weit verbreiteten Form der Apfelbeere, welche der Gegenstand dieser Beschreibung ist, halten es SKVORCOV und MAJJTULINA (1982) für gerechtfertigt, sie als eigene botanische Art auszuweisen: *Aronia mitschurinii* SKVORTSOV et MAJJTULINA. Damit ist eine Abgrenzung zu der nordamerikanischen Stammart *Aronia melanocarpa* gegeben, von der sie sicherlich mit abstammt. Die Entstehung dieser Art geht offenbar auf MICHURIN zurück, der sie über 3 Generationen hinweg züchterisch bearbeitete. Auch in Deutschland, woher das Ausgangssaatgut stammte, war keine großfrüchtige Apfelbeere bekannt. *Aronia mitschurinii* zeichnet sich durch folgende Eigenschaften gegenüber der diploiden Stammart (2n = 34) aus:

sehr hohe genotypische Stabilität der morphologischen Merkmale vegetativer Organe,
größere Infloreszenz,
Früchte schwerer und saftiger, mit rundlicher, besonders oben etwas abgeflachter Form und stets matter Färbung,
Gehölz außergewöhnlich frosthart,
Chromosomenzahl 2n = 68 (tetraploid).

Es wird vermutet, daß diese *Aronia*-Kulturform durch wiederholte Kreuzung, evtl. mit entfernter Hybridisation, entstand, wobei es zu einer Polyploidisierung kam, die mit dem Auftreten von Apomixis verbunden ist.

Wegen ihrer medizinisch wertvollen Inhaltsstoffe wird in der Sowjetunion die Apfelbeere *(Aronia)* inzwischen neben anderen Obstarten, wie Sanddorn *(Hippophaë)*, Spaltkölbchen *(Schisandra)*, Berberitze *(Berberis)*, Felsenbirne *(Amelanchier)* und bestimmten Weißdornarten *(Crataegus)*, den «Heilpflanzen» unter den Obstarten zugeordnet (SHAPIRO 1978). Der Anbau dieser Kulturen gilt als eine neuartige und aussichtsreiche Spezialisierung innerhalb des Obstbaues.

In den letzten Jahren setzte der Versuchsanbau der Apfelbeere in Bulgarien, der ČSSR und Skandinavien ein. In der DDR leistete die LPG «Berglandobst» in Schirgiswalde/Kreis Bautzen seit 1976 Pionierarbeit bei der Einführung dieser neuen Obstart.

Morphologische Merkmale

Aronia melanocarpa bildet dichte, bis 2 m hohe und breite Büsche. Durch reichlich neue Bodentriebe und Ausläufer wird eine laufende Regeneration des Gehölzes gewährleistet. Die glänzenden, tiefgrünen, lederartigen Blätter sind eiförmig, am Grunde keilförmig, 3 bis 7 cm lang und 1 bis 4 cm breit. Mittelrippe des Blattes und Blattstiel weisen eine purpurrote Färbung auf.

Die Blüten erscheinen erst Ende Mai nach dem Laubaustrieb. Zu diesem Zeitpunkt hat der Neutrieb bereits eine Länge von 10 bis 15 cm erlangt. Der aus meist reinweißen, 12 mm breiten Blüten gebildete Blütenstand stellt eine Doldentraube dar. Im Blütenstand sind meist 15 bis 20 Einzelblüten vereint, es können aber – namentlich bei terminalem Stand – auch bis zu über 30 Blüten in ihm enthalten sein. Die Blühdauer der Infloreszenz hält etwa 10 Tage und jene der Einzelblüte 5 Tage an. Die Blüten riechen wie bei der Eberesche *(Sorbus)* unangenehm und haben im Gegensatz zu jener Gattung am Grunde miteinander verwachsene Griffel. Der in den dunkelroten Staubbeuteln enthaltene Pollen vermag die eigenen Blüten zu befruchten. Diese Selbstfruchtbarkeit bildet zusammen mit der späten Blütezeit die Grundlage für regelmäßige Erträge. Obwohl Bienen die Blüten gern aufsuchen, kann Windbestäubung nicht ausgeschlossen werden. Der sehr hohe Fruchtansatz der Infloreszenzen beläuft sich bei freier Abblüte normalerweise auf 80 bis 90 %, nach strenger Selbstung sind es 40 bis 60 % und bei Regen und Kühle während der Blüte werden immerhin noch 45 bis 50 % erreicht.

Wie bei Apfel und Birne entspringen die Blüten gemischten Knospen, in denen also auch vegetative Knospenanlagen enthalten sind. Das Fruchtholz besteht sowohl aus Ringelspießen am alten Holz als auch aus Fruchtspießen, Fruchtruten und mit Blütenknospen besetzten Langtrieben des Vorjahres. Da das alte Fruchtholz stark periodisch trägt, ist die Ausbildung gut belichteten Jungholzes durch geeignete Pflegemaßnahmen zu fördern.

Aus der Blüte entwickeln sich die Früchte, für deren Reife in 80 bis 90 Tagen eine Temperatursumme von etwa 1 500 °C erforderlich ist. Die kleinen, violettschwarzen Apfelfrüchte ähneln den schwarzfrüchtigen Ebereschen sehr. Sie weisen bei 6 bis 13,5 mm Durchmesser eine Fruchtmasse von 1,0 bis 1,5 g auf. Anfangs sind sie mit einer weißlichen Wachsschicht versehen. Ohne diesen Reif glänzen die Früchte wie lackiert. Die relativ einheitliche Fruchtreife erlaubt eine einmalige Ernte, die bei uns in den August fällt.

Das intensiv rubinrote Fruchtfleisch schmeckt süß und infolge des Gerbstoffgehaltes herb. Die Frucht enthält keine Samenkammern und Steinzellen, und ihre kleinen Samen stören nicht beim Verzehr.

Wichtige Inhaltsstoffe

Vornehmlich wegen ihres hohen Gehaltes an verschiedenen Flavonoiden gilt die Apfelbeere als gesundheitlich wertvoll. Diese Phenolverbindungen zeichnen sich durch vielfältige bioaktive Wirkungen aus, welche sich je nach chemischer Struktur, Isomerie, Oxydationsgrad sowie Radikalbestand der Verbindungen etwas unterscheiden. Zu diesen chemischen Substanzen, welche durch ihre positive Beeinflussung von Durchlässigkeit und Festigkeit der Kapillaren eine Zeitlang mit dem Sammelbegriff «Vitamin P» bezeichnet wurden, gehören u. a. Leucanthocyane, Anthocyane, Katechine, Flavonole und Flavone. Der Gehalt an vitamin-P-aktiven Verbindungen kann in der Frucht 2 000 bis 3 000 mg/100 g (2 bis 3 %!) erreichen. Außerdem sind folgende Vitamine in der Trockensubstanz der Frucht enthalten:

Vitamin C	10 bis 30 mg/100 g
Vitamin B_2	0,13 mg/100 g
Vitamin B_9	0,05 bis 0,1 mg/100 g
Nikotinsäure	0,5 mg/100 g
Folsäure	0,1 mg/100 g
Vitamin E	0,5 bis 0,8 mg/100 g
Vitamin PP	0,6 bis 0,8 mg/100 g

Für die Vitamine ergibt sich jedoch – wie stets bei Obst und Gemüse – je nach Ernte, Lagerung und Verarbeitung ein unterschiedlicher Grad der Erhaltung im Fertigprodukt.
Dem relativ hohen Zuckergehalt (um 10 %) steht ein geringer Gehalt an Säure (um 1 %) gegenüber. Der Pektingehalt erreicht bis 0,75 %, der Gerbstoffgehalt sinkt während der Fruchtreife von 0,6 auf 0,35 %. Unter den Mineralien ist der Jodgehalt relativ hoch (0,005 mg/100 g).

Anbau

Standortansprüche

Die Anforderungen an Klima und Boden sind gering, so daß die verschiedensten ökologischen Bedingungen für den Anbau genutzt werden können. *Aronia*, dem atlantischen Klimabereich entstammend, bevorzugt Standorte mit genügender Boden- und Luftfeuchtigkeit. Etwa 500 bis 600 mm Jahresniederschlag sind als günstig zu beurteilen. Selbst grundwassernahe Standorte, wo z. B. Apfel und Sauerkirsche versagen, können noch vorteilhaft sein.
Andererseits verfügt das Gehölz über eine hohe Anpassungsfähigkeit an kontinental geprägte Klimate und ist tolerant gegenüber der Bodenqualität bezüglich Bodenart und -typ, auch saure und sogar leicht salzhaltige Böden werden von *Aronia* verkraftet. Bei Veredlung auf Eberesche ist allerdings zu beachten, daß sich dadurch die Bodenansprüche etwas erhöhen, was sowohl die Wasserführung als auch die Nährstoffversorgung betrifft. Mit *Aronia* lassen sich geringwertige steinige Böden im niederschlagsbegünstigten Vorgebirgsraum, auch in Hanglagen, noch gut nutzen.
Extrem trockene Standorte auf Sandböden, staunasse Böden sowie solche mit starken Bodenverdichtungen und ausgesprochene Frostlagen sind jedoch vom Anbau auszuschließen.
Das Gehölz gilt als frosthart im Holz und in der Blüte. Schäden durch Frost wurden bisher an den Trieben nur nach Temperaturen von $-23\,°C$ im Vorwinter und $-30\,°C$ im Winter sowie an den Wurzeln ab $-11\,°C$ Bodentemperatur beobachtet.

In künstlichen Frostungsversuchen trieben nach der Einwirkung von −40 °C noch 49 bis 60 % und nach −50 °C noch 16 bis 19 % der Knospen aus.

Sorten und Sortenwahl

Bei der Apfelbeere sind Sorten bisher kaum bekannt. In der DDR wurde die Sorte 'Nero' 1983 in die Sortenliste aufgenommen. Sie kam über die ČSSR in die DDR und soll aus der UdSSR stammen, sie wird jedoch in der sowjetischen Fachliteratur nirgends erwähnt.

Der Anbau dieser Sorte (sie ist im Tafelteil abgebildet und beschrieben) ergab in der DDR bisher entscheidende Vorteile gegenüber Sämlingen hinsichtlich Wuchsstärke, Frucht- und Doldengröße, so daß sich etwa 30 % Mehrertrag einstellten. Durch den Anbau von vegetativ vermehrten Sämlingen oder bereits selektierten Formen, wie er in der Sowjetunion in großem Umfang noch üblich ist, bestehen zweifellos gute Voraussetzungen, weitere wertvolle Herkünfte mit erwünschten Eigenschaften (einschließlich wertvoller Inhaltsstoffe) auszulesen bzw. durch bewußte Kreuzung zu züchten. Im Altai ist die Klonselektion im Gange.

Vermehrung

Die Vermehrung durch Samen ist möglich. In der UdSSR wurde dabei nach dreimonatigem Stratifizieren eine Keimfähigkeit von 67 % erreicht. Um einheitlichere Bestände zu erzielen, ist jedoch die vegetative Vermehrung unbedingt zu bevorzugen. Sie ist durch Ableger, Abrisse und krautige Stecklinge ökonomisch möglich. Mutterbeete, im Abstand von 2,0 m × 0,5 m angelegt, lassen sich 12 bis 15 Jahre für die Vermehrung durch Abrisse nutzen.

Der Vergleich verschiedener Vermehrungsmethoden ergab folgendes bei der Anzucht 2jähriger Setzlinge (ANDRIENKO 1977):

Methode der Vermehrung	Pflanzgut/ha (Stück)	Selbstkosten (%)	Arbeitsproduktivität (%)
Sämlinge	137 000	100	100
Abrisse	118 000	131	106
Stecklinge (kalter Kasten)	131 000	274	101
Stecklinge (Sprühnebel)	132 000	408	102

Für die sortenechte Vermehrung von Gehölzen, bei denen keine lästige Ausläuferbildung eintritt, hat sich in der DDR die Veredlung bewährt. Als Veredlungsunterlage dient dabei die Gemeine Eberesche (*Sorbus aucuparia* L.). Bei der relativ schwach wachsenden Apfelbeere werden zweckmäßigerweise Kopfveredelungen in 0,8 bis 1,0 m Höhe vorgenommen. Da die Triebe von *Aronia* sehr dünn sind, erfolgt vorwiegend das Pfropfen hinter die Rinde, weil die Edelreiser für die Kopulation zu schwach sind. Während der Anzucht in der Baumschule ist sorgfältig darauf zu achten, daß sich evtl. unterhalb der Veredlungsstelle bildende Austriebe der Unterlage beseitigt werden, um die Entwicklung der jungen *Aronia*-Krone nicht zu beeinträchtigen. Es ist auch zu erwähnen, daß sich *Aronia* mit Hilfe der Gewebe- bzw. Meristemkultur sehr günstig in hohen Stückzahlen vermehren läßt.

Pflanzung

Für die anzustrebende Herbstpflanzung ist die Bodenvorbereitung einschließlich Gründüngung analog wie bei Apfel bzw. Strauchbeerenobst vorzunehmen. Gutes Pflanzgut sollte bei Büschen 4 bis 5 kräftige Triebe besitzen. Derartige Sträucher bringen bereits im 3. Standjahr einen mehrfachen Ertrag gegenüber schwächer entwickeltem Pflanzgut. Für veredelte Gehölze dürfte ähnliches zutreffen.

Wurzelechte Büsche sollte man im Abstand 3,0 m × 2,0 m bis 3,0 m pflanzen. Dabei sind die Sträucher etwa 5 cm tiefer in den Boden zu bringen, als dies vorher in der Baumschule der Fall war, so daß eine zügige Regeneration aus der Strauchbasis eintritt. Um den Flächenertrag der ersten Standjahre rasch zu steigern, ist es auch möglich, in der Reihe dichter zu pflanzen und nach einigen Jahren jedes zweite Gehölz zu roden oder evtl. umzupflanzen.

Veredelte Nieder- bzw. Viertelstämme sind im Großanbau im Abstand von 4,5 m × 1,8 m bis 2,0 m zu pflanzen. Als Einzelgehölz ist für die Apfelbeere auf mittlerem Boden eine Kronenausdehnung bis zu 3 m vorzusehen.

Da die Apfelbeeren selbstfruchtbar sind, kann man auch einzelne Gehölze pflanzen, ohne daß die Ertragsleistung beeinträchtigt wird.

Der Pflanzschnitt sollte bei Bäumen analog dem Kernobst und bei Büschen analog dem Strauchbeerenobst durchgeführt werden. Bei Viertelstämmen ist nach der Pflanzung dafür zu sorgen, daß ein Stammschutz angelegt wird, damit vor allem in schneereichen Vorgebirgslagen möglichen Fraßschäden durch Rehe vorgebeugt wird.

Pflegemaßnahmen

Bodenpflege und Düngung

Da spezielle Erfahrungen bisher kaum vorliegen, empfiehlt es sich, die Pflege ähnlich wie beim Apfelbaum vorzunehmen. Die Bodenpflege kann, vor allem in den niederschlagsreicheren Vorgebirgslagen, durch Kleegraseinsaat zwischen den Baumreihen zum Zwecke des Mulchens erfolgen und mit der chemischen Unkrautbekämpfung durch Herbizide kombiniert werden. Die Bodenbearbeitung ist möglichst nur 10 bis 15 cm tief vorzunehmen.

Für Einzelgehölze im Garten des Selbstversorgers ist das Offenhalten einer Baumscheibe anzuraten, um das ohnehin nicht starke Wachstum veredelter Apfelbeeren auf die Dauer zu fördern. Diese Forderung gilt aber auch für Büsche, da das Wachstum des gut verzweigten, kompakten Wurzelsystems nicht wesentlich über die Strauchperipherie hinausgeht und insgesamt kaum 1 m Tiefe erreicht.

Aus der Tatsache, daß in Jahren mit erhöhten Niederschlägen während der Fruchtentwicklung das Einzelfruchtgewicht um etwa 20 % zunahm, kann geschlossen werden, daß *Aronia* vor allem in trockeneren Jahren für eine rechtzeitige Zusatzbewässerung dankbar ist.

Die Düngung sollte anfangs 100 kg Reinstickstoff/ha betragen, um die Jugendentwicklung der Gehölze stark anzuregen. Später kann man auf 60 bis 80 kg Stickstoff zurückgehen. Die Gesamtmenge sollte jedoch in 2 Gaben verabreicht werden, um sowohl zur Zeit des Austriebes als auch während der Fruchtentwicklung und der Blütenknospendifferenzierung eine genügende Nährstoffversorgung aufrechtzuerhalten. Mehrmalige Blattspritzungen mit Harnstoff (0,2 bis 0,3 %) vermögen die Bodendüngung wirksam zu unterstützen.

Aronia ist zwar auch für organische Düngung dankbar, diese sollte man aber bevorzugt für anspruchsvollere Kulturen vorsehen.

Schnitt

Die Blütenknospenbildung erfolgt am Neutrieb, also vor allem im gut belichteten, peripheren Kronenbereich. Der jährliche Zuwachs an den Triebspitzen sollte deshalb mindestens 10 cm Länge erreichen. Infolge des einerseits von Natur aus dichten Wuchses und des andererseits hohen Lichtanspruches der Apfelbeere ist ab 4. bis 6. Standjahr ein regelmäßiger Auslichtungsschnitt erforderlich, um eine genügende Regeneration des leistungsfähigen, jungen Fruchtholzes zu gewährleisten. Dabei kann die Verwendung pneumatischer Schnittgeräte im Großanbau eine wertvolle Hilfe sein.

Bei dem Auslichten sind regelmäßig die ältesten Verzweigungen – so wie man es vom Strauchbeerenobst kennt – unmittelbar am Boden zu beseitigen, um eine aufgelockerte Krone mit etwa 40 mehrjährigen Ästen verschiedenen Alters zur Verfügung zu haben. Das bedeutet, jährlich etwa 7 bis 9 neue Bodentriebe als Ersatz für überalterte Zweige nachzuziehen. Während Gehölze mit 40 zweijährigen Verzweigungen 12 kg Einzelstrauchertrag realisierten, konnten mit 85 derartigen Verzweigungen nur 10 kg erzielt werden. Daraus wird der Wert des kontinuierlichen Auslichtens deutlich. Der Anbau von Büschen erfordert mit zunehmendem Alter einen erhöhten Aufwand, um eine geregelte Regeneration des Verzweigungssystems zu gewährleisten. Die Strauchbasis älterer Büsche erreicht eine Breite von etwa 120 cm. Aus dieser Zone erfolgt die Regeneration, die außerordentlich intensiv ablaufen kann. Nach radikalem Rückschnitt bis auf den Wurzelhals bildeten sich z. B. im Folgejahr je Strauch 170 bis 225 gut entwickelte Bodentriebe.

In der UdSSR wurden im Erwerbsanbau auch ganz neue Wege einer Radikalverjüngung beschritten: Es liegen positive Erfahrungen bei der Praktizierung eines imitierten Konturenschnittes vor. 11jährige Gehölze wurden auf 1 m Höhe abgesetzt, wobei man je Strauch 6 kg Schnittholz bzw. 200 m Trieblänge entfernte. Es war dabei vorteilhaft, im Folgejahr eine zweimalige Spritzung mit dem Wachstumsinhibitor CCC (0,6 bis 0,9 % Chlormequat, 10 und 20 Tage nach der Blüte) zur Bremsung des Neutriebes vorzunehmen.

Bei dem Anbau von wurzelechten Büschen, welcher z. B. in der Sowjetunion ausschließlich erfolgt (Pflanzabstände 2 m × 1,5 m bis 3 m × 4 m), kommt es je nach der zugemessenen Standfläche je Gehölz nach 6 bis

10 Jahren zu einer starken Verdichtung des Bestandes, welche mit einem Ertragsabfall durch die gegenseitige Beschattung verbunden ist. Zu diesem Zeitpunkt kann es richtig sein, durch Roden von 50% der Gehölze den Bestand nachhaltig aufzulockern.

Verschiedene Methoden der Totalverjüngung können auch nach dem Auftreten von Holzfrostschäden durch extreme Temperaturen erforderlich sein. KUZNECOV (1984) berichtet, daß bei starken Schädigungen nach Temperaturen um – 50°C in den Gebieten von Kirow und Moskau bereits innerhalb von 2 Jahren eine gute Regeneration der Kronen eintrat (Erträge 8jähriger Gehölze: 192 dt/ha, 3,81 kg/m^3 Kronenvolumen und 1,22 kg/m^2 Blattfläche). Dabei erwies sich die Verjüngung zweckmäßiger als eine Neupflanzung.

Unveredelte Büsche können von Kleingärtnern unter Umständen auch eintriebig weiterkultiviert und bei ständiger Beseitigung der Bodentriebe als Fußstamm erzogen werden.

Veredelte Niederstämme sind regelmäßig auf unerwünschte Austriebe der Unterlage im Bereich an und unterhalb der Veredlungsstelle zu kontrollieren.

Pflanzenschutz

Als Schädlinge sind besonders der Frostspanner (*Operophthera [Cheimatobia] brumata* L.) und die Ebereschenmotte (*Agryresthia conjugella* ZEL.) zu beachten, welche durch eine Winterspritzung und zwei insektizide Spritzungen während der Vegetation bekämpfbar sind. Dies ist vor allem für den Selbstversorger wichtig, weil die Ebereschenmotte in Haus- und Siedlergärten zu einem lästigen Fruchtschädling des Apfels werden kann.

Aus der UdSSR wird berichtet, daß Larven der Kirschblattwespe (*Eriocampoides limacina* RETZ.) die gefährlichsten Schädlinge sind. Daneben schädigten u. a. Obstbaumspinnmilbe, Pflaumengespinstmotte, Rosen- und Knospenwickler.

Krankheiten sind bisher nicht bekannt geworden.

Im Winter ist der Schutz vor Fraßschäden durch Rehe zu gewährleisten. Bei verspäteter Ernte kann der Verlust durch Vogelfraß (Amseln) erheblich werden.

Ernte und Lagerung

Der Ertrag ist als regelmäßig zu bezeichnen, er setzt bereits im 2. Standjahr ein.

Mit der Apfelbeere lassen sich in Abhängigkeit vom Anbausystem Flächenerträge von etwa 80 bis 100 dt/ha erreichen. Bei dem Anbau unveredelter Büsche wurden aus der Sowjetunion langjährige Ertragsmittel von 72,2 dt/ha (Lettische SSR) bzw. 51,8 dt/ha (Altai) bekannt. Die entsprechenden jährlichen Maximalerträge lagen bei 208 bzw. 146 dt/ha, was Erträgen von über 10 kg je Strauch entsprach. Von Einzelbüschen wurden schon Erträge bis zu 17 kg registriert. Man rechnet mit einer Nutzungsdauer von etwa 20 Jahren.

Die Reife der Früchte tritt zeitlich gedrängt Anfang bis Mitte August ein. Dieser Termin ist im Großanbau arbeitswirtschaftlich als vorteilhaft zu beurteilen, da in dieser Zeit anderes Obst kaum zu ernten ist. Die Ernte soll zügig erfolgen, um das mögliche Abfallen überreifer Früchte zu vermeiden. Ein Teil der Früchte reift jeweils einige Tage vor der Hauptmasse. Nach sehr hohen Erträgen wurden schon einige Tage Reifevorzug im Folgejahr als Nachwirkung verzögerter Blütenknospendifferenzierung beobachtet.

Das Abernten der Fruchtstände geschieht manuell durch Abknicken derselben über den Daumen. Es lassen sich Ernteleistungen bis zu 12 kg/Std erreichen. Viertelstämme lassen sich leichter beernten als Büsche, zumal auch die Fruchtreife an ihnen einheitlicher erfolgt. Der Rispenanteil im Erntegut liegt bei 1 bis 5%.

Die Ernte mit Vibrationsgeräten nach vorheriger Behandlung der Gehölze mit dem Wachstumsregulator Ethephon brachte leider bisher keine positiven Ergebnisse. In der UdSSR wurden Vollerntemaschinen bereits erfolgreich eingesetzt, wodurch die Ernteleistung um ein mehrfaches anstieg (LATUSHKIN et al. 1984).

Die Früchte werden in Spankörbe oder Kunststoffässer gelegt und alsbald der industriellen Verwertung zugeführt. Vor der weiteren Verarbeitung lassen sich die Früchte mit den für Steinobst üblichen Entstielungsmaschinen gut von den Fruchtständen abbeeren (Ausbeute 95 bis 98%).

Vollreif geerntete Früchte sind bei 15 bis 25°C und 80% relativer Luftfeuchtigkeit etwa 2 Wochen lagerfähig. Nach sowjetischen Erfahrungen ergibt sich bei 10°C eine Lagerdauer von 8 Wochen, die sich durch Temperatursenkungen auf 0 bis 2°C auf 3 bis 4 Monate ausdehnen läßt. In 0,06 mm starker Polyäthylenfolie war bei diesen Temperaturen sogar eine vitaminschonende Lagerung von 6 bis 8 Monaten erreichbar.

Nutzung

Die reife Frucht schmeckt säuerlich-herb und ähnelt diesbezüglich unausgereiften Heidelbeeren. Gegenüber diesem herb-adstringierenden Geschmack tritt der beachtliche Zuckergehalt organoleptisch deutlich zurück. Es ist daher anzunehmen, daß die Frucht auch bei erhöhtem Anbau auf dem Frischmarkt nahezu bedeutungslos bleibt.

Demgegenüber besitzt die Apfelbeere jedoch einige bemerkenswerte Eigenschaften für die Obstverarbeitung:

Der Preßsaft ist dunkel rotschwarz, riecht dumpf bittermandelähnlich und hat einen arteigenen herben Geschmack. Bei dem nur mittleren Gesamtsäuregehalt (7 bis 12 g/l) ist er nicht unmittelbar als Getränk oder Süßmost geeignet. Wegen des geringen Pektingehaltes und niedriger Viskosität braucht der Preßsaft nicht mit Klärhilfsmitteln wie Bentonit, Gelatine oder Kieselsol behandelt zu werden, er läßt sich leicht filtrieren und zeigt kaum Nachtrübung. Die Rohsaftausbeute erreicht 75 bis 80% und kann durch Gefrieren der Beeren (−5°C) noch um etwa 6% erhöht werden. Kalt gepreßter Saft enthält nur wenige, winzige Kerne.

Der Preßsaft hat eine außerordentliche Farbintensität, so daß er auch bei hundertfacher Verdünnung noch nicht entfärbt ist. Dieses hohe Färbevermögen wird in der Obstverarbeitungs- und Nahrungsmittelindustrie sehr geschätzt, weil es sich um einen gesundheitlich unbedenklichen Naturfarbstoff handelt.

Durch einen Zusatz von 5 bis 7 % Preßsaft zu hellen Fruchtsäften wie etwa Apfel, Birne oder Rhabarber kann man jenen eine Rotfärbung verleihen. Andererseits kann der *Aronia*-Saft auch in Mischung mit sauren Säften zu deren Verbesserung (Geschmack, Farbe) beitragen. So bewährt sich in der UdSSR z. B. die Mischung Apfelbeere : Stachelbeere = 1:1 als optimal. Aber auch bereits der Verschnitt mit $\frac{1}{3}$ *Aronia* verbesserte das Getränk erheblich. Weitere Mischungen erfolgten mit Schwarzer Johannisbeere und Aprikose.

Aus 1 kg Früchten lassen sich direkt 320 g Anthocyanfarbstoff mit einem Gehalt von 5,5 % Gerbstoff und 450 mg/100 g Vitamin P gewinnen. Neben der Frucht und ihren Verarbeitungsprodukten eignet sich auch der Extrakt aus den Preßrückständen (Trestern) als Färbemittel für andere Lebensmittel und pharmazeutische Erzeugnisse (z. B. Erfrischungstee). Aus Trestern gewonnener Farbstoff hatte folgende Eigenschaften: 5,8 % Anthocyangehalt, $6,8 \pm 0,95$ % organische Säure (pH 3,5), 0,3 % Katechine und Leucanthocyane.

Der gesundheitliche Wert von *Aronia* wird in der Sowjetunion systematisch genutzt. Seit 1966 werden im Vitaminwerk der Stadt Bijsk unter Zusatz von synthetischem Vitamin C aus den Früchten Vitamin-Tabletten produziert. In der antimikrobiellen Wirkung ihrer Anthocyanidine gegen Bakterien und Pilze ist *Aronia* den Obstarten Erdbeere, Heidelbeere und Schwarze Johannisbeere überlegen. Medizinisch wird die Apfelbeere (Frucht, Saft) heilend und prophylaktisch bei Hypertonie und Kapillartoxikosen wie Arteriosklerose, Blutungen sowie anazider Gastritis eingesetzt.

Gute Erfahrungen gibt es bisher in der DDR im industriellen Einsatz der Apfelbeere zur Veredlung von Milchprodukten wie Joghurt und Sahne-Dessert (50 kg *Aronia*/t Sahnedessert). In der Süß- und Backwarenindustrie werden *Aronia*-Produkte gern für Torten und als Füllung für Pralinen und Fruchtriegel verwendet. Durch Trocknung bei 60 bis 70 °C wurden in der UdSSR Trockenfrüchte produziert, welche ein Vitamin-P-Konzentrat darstellen (3,6 bis 5,4 % Leucanthocyane und Katechine, 10 mg/100 g Vitamin C). Der Trocknungsprozeß wurde durch vorheriges 30 bis 40 s langes Tauchen in 1 % Na_2SO_4 gefördert. (50 g = 3 Eßlöffel trockene Früchte decken – ebenso wie 1 Eßlöffel Konfitüre – den Tagesbedarf gesunder Menschen von 100 bis 200 mg Vitamin P.)

Im Haushalt lassen sich die Früchte zu Kompott, Gelee, Marmelade, Konfitüre und kandierten Früchten verarbeiten. Der herb-süße Geschmack des Kompottes wird allerdings vom Verbraucher unterschiedlich beurteilt. Bei normalem Pasteurisieren bleiben die Früchte auch relativ hart. Man kocht die Früchte mitunter auch im Verhältnis 1:1 mit Zucker ein. Auch das Einkochen im eigenen Saft oder der Zusatz von Zitronensäure bzw. Saft von Schwarzen Johannisbeeren läßt sich praktizieren.

Aus den passierten Früchten kann man eine geschmacklich ansprechende Fruchtsoße herstellen, die sich gut für Wildgerichte eignet. Das Kandieren

der Früchte sollte schonend erfolgen, weil die Beeren dabei leicht schrumpfen oder hart bleiben, das Vakuum-Verfahren ist zu bevorzugen. Tiefgefro-
rene Früchte bleiben nach dem Auftauen form- und farbbeständig, zeigen
also keine Anzeichen von Bräunung. Sie haben aber einen weniger herben
Geschmack, was für die Weiterverwendung nicht unbedingt erwünscht ist.
Weiterhin können aus Apfelbeeren Liköre und rubinrote Dessertweine von
ausgezeichneter Qualität produziert werden. Früchte in Alkohol sind auch
eine mögliche Zubereitung (siehe Rezeptteil).
Alle Verarbeitungsprodukte der Apfelbeeren, die alkoholischen ausgenommen, sind anfangs vierteljährlich und später halbjährlich auf Schimmelbe-
fall zu kontrollieren. Es ist bisher unklar, weshalb *Aronia*-Produkte besonders schimmelanfällig sind.

Abschließende Beurteilung

Die ertragssichere und anspruchslose sowie pflegearme Apfelbeere verdient
vor allem wegen ihrer guten Eigenschaften für die Obstverarbeitung und Le-
bensmittelindustrie, in denen ihre enorme Farbintensität als natürlicher
Farbstoff besonders geschätzt wird, weitere Verbreitung. Auch ihr gesund-
heitlicher Wert ist hoch zu veranschlagen. Die geringen Klima- und Bodenansprüche erlauben überall ihren Anbau, welcher sich namentlich in rauhen Vorgebirgslagen sowie auf Hang-, Rand- und Splitterflächen ausbreiten
dürfte. Durch Blüte und Frucht sowie das lederartige Laub mit seiner zinnoberroten Herbstfärbung verfügt das Gehölz über einen beachtlichen Zierwert und sollte auch im Wohngrün (Parks und Grünflächen) vermehrt Einzug halten. Direkt im Kleingarten sollte man dieser mehr extensiv
kultivierbaren Obstart mit nahezu fehlendem Wert als Frischobst jedoch etwas zögernd gegenüberstehen.

Chinesische Aktinidie (einschließlich Kiwi)

Andere deutsche Namen Chinesische Stachelbeere, Chinesischer Strahlen-griffel
Wissenschaftlicher Name *Actinidia chinensis* J. E. PLANCH.
Familie Aktinidiengewächse *(Actinidiaceae)*
Actinidia chinensis ist die wichtigste Ausgangsform für großfrüchtige Sorten, von denen die Kiwis am bekanntesten sind.
Für die Züchtung kleinfrüchtiger, aber oft nicht weniger wertvoller Formen spielen folgende Arten eine Rolle:
Actinidia arguta (SIEB. et ZUCC.) J. E. PLANCH. ex MIQ (syn. A. rufa (SIEB. et ZUCC.) J. E. PLANCH. ex MIQ.) – Japan und Ost-Mandschurei
Actinidia callosa LINDL. – Himalaya, 1 300 bis 2 500 m Höhe
Actinidia championii BENTH. – Südvietnam
Actinidia kolomikta (RUPR. et MAXIM.) MAXIM. – Japan, Mandschurei, Amurgebiet, China
Actinidia polygama (SIEB. et ZUCC.) J. E. PLANCH. ex MAXIM. – Japan und Mandschurei
Actinidia strigosa J. D. HOOK. et THOMS. – Ost-Himalaja, bis 3 000 m Höhe

Namen in anderen Sprachen

albanisch	actinidie
bulgarisch	aktinidija
englisch	actinidia, yang tao
finnisch	laikkupensas
französisch	actinidie de Chine, souris
italienisch	actinidia
niederländisch	straalstempel
norwegisch	aktinidia
polnisch	aktinidia chińska
portugiesisch	actinidia, groselha da China
rumänisch	aktinidia
russisch	aktinidija kitajjskaja
schwedisch	aktinidia
serbokroatisch	aktinidija
slowakisch	aktinidia
spanisch	actinidia
tschechisch	aktinidie
ungarisch	aktinidia

Biologische Grundlagen

Herkunftsgebiete und natürliche Verbreitung

Die uns besonders interessierende großfrüchtige *Actinidia chinensis* stammt aus Ostchina, sie wird dort «Yang Tao» genannt. Die Art ist aber auch in Südwest- und Zentralchina verbreitet. In der UdSSR arbeiten Züchter an der Verbesserung der Aktinidiensorten (GOGOLASHVILI 1978). In den USA benutzt man *A. chinensis* als Ausgangsform und kreuzt sie mit der frostharten *A. arguta,* mit dem Ziel, großfrüchtige und frostfeste Formen zu gewinnen. Neben der sehr frostempfindlichen *A. chinensis* dürften für uns zukünftig die schon von MICHURIN zur Züchtung verwendeten frostharten Arten *A. arguta* und *A. kolomikta* Bedeutung gewinnen. Aus diesen Kreuzungen gingen die Sorten 'Fruchtbare', 'Frühreife', 'Spätreifende', 'Ananas' und 'Klara Zetkin' hervor.

Die Heimatgebiete der verschiedenen Arten wurden bei der Aufzählung der Arten erwähnt. Ausgangsformen für die Aktinidien wurden in viele Länder exportiert, die damit Züchtungsexperimente durchführen. Die Aktinidie ist eine im Kommen befindliche Obstart, an der z. Z. in der Welt züchterisch stark gearbeitet wird.

Kulturgeschichtliche Bedeutung

Die Aktinidien spielen in ihren Heimatgebieten sicherlich schon seit uralten Zeiten eine Rolle als Obstart. Einzelheiten darüber sind uns aber so gut wie nicht bekannt.

Die wichtigsten Daten über Kiwis wurden von SCHMID zusammengetragen. Danach wurde die Kiwipflanze zwischen 1874 und 1899 als Zierpflanze nach Europa gebracht. Sie kam um die Jahrhundertwende auch nach Neuseeland. Der erste Versuch, sie zu kultivieren, wurde dort von A. ALLISON in Wanganui unternommen. Im Jahre 1910 erntete er die ersten Früchte, die als Ausgangsmaterial für alle weiteren neuseeländischen Züchtungen gelten dürfen. Ein deutlicher Erfolg blieb jedoch vorerst aus. In den 20er Jahren pflanzten dann einige Farmer in der Bay of Plenty Kiwis und wiesen damit die Anbaueignung der neuen Obstart überzeugend nach. Ein entscheidender Durchbruch trat aber erst ein, als sich JIM MAC LOUGHLIN, ein Hobby-Pflanzer, entschloß, davon etwa 400 m² anzubauen. Die ersten Früchte wurden 1953 exportiert. Es entstand allmählich die neuseeländische «Kiwifrucht-Industrie». Wertvolle Sorten wie 'Hayward' hatten an der Nachfrage auf dem Weltmarkt entscheidenen Anteil. Im Jahre 1970 wurde das New Zealand Kiwifruit Export Promotion Committee (KEPC) gegründet, das die Interessen der Anbauer mit denen des Handels koordinierte. Daneben gibt es noch andere Interessenvertretungen.

Die Art *A. kolomikta* ist auf ganz andere Weise interessant geworden. Im Amurgebiet als Japanische Stachelbeere oder auch als Orientalische Korinthe bezeichnet, ist sie dort überall weit verbreitet. Ihre natürliche Heimat liegt am Amur, in Japan und auch in China. Diese natürlichen Bestände werden für die Obstversorgung genutzt. Aber auch in der Umgebung von Moskau, vor allem in den dortigen Kleingärten, wächst diese Art gut (BORO-

VIKOV 1979). MICHURIN kreuzte die Arten *A. kolomikta* (bereits seit 1855 kultiviert) und *A. arguta* miteinander.

Stand des internationalen Anbaues

In neuester Zeit sind Kiwis immer mehr zur Nationalfrucht Neuseelands geworden, die Anbaufläche vergrößert sich laufend. Im Jahre 1981 waren bereits über 8 000 ha mit Kiwis bepflanzt, ständig kommen Neuanlagen im subtropischen Teil der Nordinsel hinzu. 1975 wurde auf rund 1 000 ha eine Jahresproduktion von etwa 4 400 t erreicht. Der Export hat sich von 1971 bis 1980 verzwanzigfacht. Exportierte Neuseeland 1971 bereits 200 000 Kolli (je Kolli etwa 3,5 kg), so waren es 1980 sogar 4 Millionen. Der Export erfolgt vorwiegend nach Europa, aber auch nach den USA und Japan. Die Erntesaison Neuseelands liegt im Mai bis Juni. Gegenwärtig ist die Kiwi-Frucht nach Fleisch- und Milchprodukten der nächstwichtigste Exportartikel Neuseelands geworden.

Kalifornien ist nach Neuseeland das bedeutendste Anbaugebiet. Die Fläche beträgt dort vorerst etwa 300 bis 400 ha. Frankreich entwickelt im Rhonetal Anbauzentren, ferner entstanden Anlagen in Korsika, Italien, Portugal, Spanien und im Süden der UdSSR. Stärkere Beachtung findet die Kiwi-Kultur auch in Australien. In Mittel- und Nordeuropa wird sich der Anbau großfrüchtiger Aktinidien im Freiland, solange nicht frosthärtere Formen zur Verfügung stehen, nicht entwickeln können. Versuche in Geisenheim/Rhein haben zwar erfreuliche Anfangsergebnisse gebracht, dem Marktanbau steht jedoch vor allem der für unsere Verhältnisse fast zu hohe Anspruch der Früchte an das Klima entgegen. Völlig anders liegen die Verhältnisse bei den kleinfrüchtigeren Aktinidienarten. Kulturformen von *A. kolomikta* [RUPR. et MAXIM.] MAXIM. und *A. arguta* [SIEB. et ZUCC.] J. E. PLANCH. ex MAXIM. sind in der Sowjetunion in mehreren Sorten weit verbreitet. Diese Formen sind auch weitgehend frosthart. Der Anbau erfolgt allerdings vorwiegend individuell in Kleingärten. Die kleinfrüchtigen Aktinidien sind auch für den Verbraucher nicht so attraktiv wie die Kiwis, so daß der Großanbau kaum Chancen hätte. Den Welthandel beherrscht vorerst *A. chinensis* mit einigen Sorten. Der Liebhaberanbau dürfte jedoch zunächst in günstigen Weinbaulagen, darüber hinaus aber dort, wo man Möglichkeiten schafft, um z. B. durch Folie oder Glasfenster die Pflanzen und den Ertrag vor Frühfrösten zu schützen, Aussichten auf Erfolg haben.

Morphologische Merkmale

Aktinidien sind Schlingpflanzen (Lianen), sie brauchen eine Stütze, um sich emporwinden zu können. Die Wildform treibt bis 8 m lange, windende Triebe mit zottigen Haaren, die an den jungen Verzweigungen rot gefärbt sind. Der Stamm bleibt wie bei allen Schlingpflanzen dünn, er kann bis 10 m lang werden. Die Seitenäste verzweigen sich fächerartig, spreizen sich waagerecht ab und stützen sich dabei auf Äste benachbarter Bäume.

Die Blätter der Aktinidien sind wechselständig, kreisförmig, oval oder eiförmig und bei der Wildform 8 bis 10 cm lang. Sie haben keine Nebenblätter. An der Basis sind sie abgerundet, oben herzförmig zugespitzt. Der Blatt-

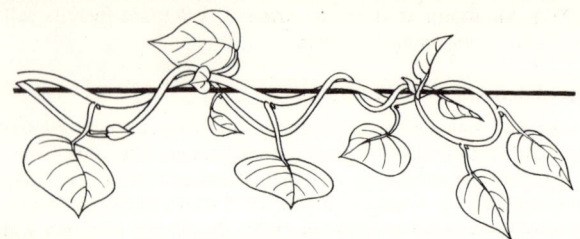

Kiwitriebe winden sich fest um das Haltegerüst, ein Anbinden erübrigt sich

rand ist gesägt. Die Blattoberseite ist dunkelgrün, unbehaart, die Blattunterseite weißlich mit rötlichen Haaren an den Blattadern. Die Blattgröße übertrifft bei Kultursorten die der Wildform, schwankt jedoch von Art zu Art und von Sorte zu Sorte sehr.

Die Blüten der zweihäusigen Pflanzen variieren in der Größe ebenfalls stark. Die weibliche Blüte der Kiwis ist weiß bis cremeweiß, sie erreicht einen Durchmesser bis zu etwa 5 cm und hat einen schönen Strahlenkranzgriffel, welcher der Pflanze auch den Namen gab (griech. aktis = Strahl). Je 4 bis 8 Blüten stehen als Trugdolden an der Basis zweijähriger Triebe. Der Kelch ist fünfblättrig. Nach dem Verblühen können die Kelchblätter abfallen oder auch an der Frucht haftenbleiben. Die männliche Blüte ist in der Größe und Färbung der weiblichen ähnlich. Männliche Blüten sitzen meist büschelförmig zu mehreren zusammen, durch die zahlreichen gelben Staubgefäße inmitten der Blütenblätter sind sie fast noch auffälliger als die weiblichen Blüten. Obwohl der Frühjahrsaustrieb zeitig erfolgt, verzögert sich die Blüte bei uns bis Anfang Juni. Meist geht dem Aufblühen ein langes Ballonstadium voraus, die Blütezeit selbst dauert nur wenige Tage. Im Anschluß daran färben sich die Blütenblätter braun und verwelken. Bald darauf wird der Fruchtansatz sichtbar.

Die Früchte der einzelnen Aktinidienarten und -sorten unterscheiden sich in Größe, Form und Farbe wesentlich. Erreichen sie bei den stachelbeerartigen MICHURIN-Sorten nur etwa Haselnußgröße, so werden sie bei den Kiwis hühnereigroß und wiegen um 80 Gramm.

Die Zellen der Aktinidien besitzen in der Regel 2n = 24 Chromosomen, es kommen aber auch solche mit dreifachem Chromosomensatz vor. Diese Polyploidie kommt dem Züchter sehr entgegen, er nutzt sie bei der Schaffung neuer Sorten.

Das Fruchtfleisch der Aktinidien ist intensiv grün gefärbt, es enthält viele Samen, die aber wegen ihrer Kleinheit beim Genuß nicht stören. Die Frucht schmeckt süß-säuerlich, ähnlich der Stachelbeere, jedoch angenehmer. Gegessen wird bei kleinfrüchtigen Sorten die ganze Frucht, bei den Kiwis die Frucht ohne die ungenießbare Haut. Man schneidet sie durch und löffelt das Fruchtfleisch aus wie bei einer Melone oder man schneidet die geschälte Frucht wie Ananas in Scheiben und reicht sie als Beigabe zu Fruchtsalat.

Wichtige Inhaltsstoffe

Die Früchte der Aktinidien besitzen einen hohen diätetischen Wert. Sie sind reich an Vitaminen und Mineralstoffen. Die in der Literatur genannten Werte für den Vitamin-C-Gehalt schwanken stark, was bei den recht unterschiedlichen Formen auch verständlich ist. Schmidt (1982) hebt den hohen Vitamin-C-Gehalt von rund 300 mg/100 g, den sehr hohen Eisengehalt und den gegenüber anderen Früchten herausragenden Anteil von Phosphor an den Mineralstoffen hervor.

Eine Übersicht über die wichtigsten Inhaltsstoffe gibt nachstehende Tabelle:

Inhaltsstoffe der Kiwi-Frucht
(mittlerer Gehalt in 100 g eßbarem Anteil, nach Lebensmittellexikon 1981)

Kohlenhydrate	9,1 g	Kalium	332 mg
Eiweiß	1 g	Natrium	4,7 mg
Fett	0,46 g	Kalzium	38 mg
Pektin	0,98 g	Phosphor	67 mg
Gesamtsäure	1,38 g	Vitamin C	57 mg
		Chlorophyll	49 mg

Anbau

Standortansprüche

Die Anforderungen von *A. chinensis* an das Klima sind hoch und bei uns nur in optimalen Weinbaulagen mit langem frostfreiem Herbst erfüllt. Kiwis benötigen zur Reife etwa 2 500 Sonnenscheinstunden. Die Gefahr, daß durch Spätfröste Schäden entstehen, ist allerdings wegen der sehr späten Blüte gering. Nachteilig ist die sehr lange Vegetationsdauer. Die Früchte reifen erst etwa Mitte November völlig aus. Es muß also im Herbst, außer an sehr klimagünstigen Standorten, ein Schutz (z. B. durch ein Folienzelt) geschaffen werden. Auch das Holz von *A. chinensis* ist nicht sehr frosthart. Bei langer Einwirkungsdauer schaden bereits Winterfröste um $-6\,°C$. Besonders bedenklich ist, daß Aktinidien schon um die Jahreswende herum sehr austriebsbereit sind. Bei warmem Winterwetter kommen sie in Saft, um dann bei nachfolgenden geringeren Frösten schnell zu erfrieren. Diese Situation läßt sich erst ändern, wenn durch Züchtung oder Auslese Sorten oder Formen mit größerer Winterfestigkeit zur Verfügung stehen. Die anfangs erwähnten Wildarten gedeihen teils unter sehr harten Bedingungen. Es erscheint daher bei Aktinidien sehr aussichtsreich, sich mit der Züchtung von Sorten, die für unsere Standorte frosthart genug sind, zu befassen.

Kiwis verlangen einen guten, humushaltigen, lockeren Boden. Besonders geeignet sind sandige Lehmböden (Bauckmann ·1977). Sie wachsen bei einem pH-Wert von 4,5 bis 5,5, höchstens 6,0. Bei zu hohem Kalkgehalt kommt es zu Eisenchlorose.

Umrisse der Früchte einiger anbauwürdiger Kiwi-Sorten

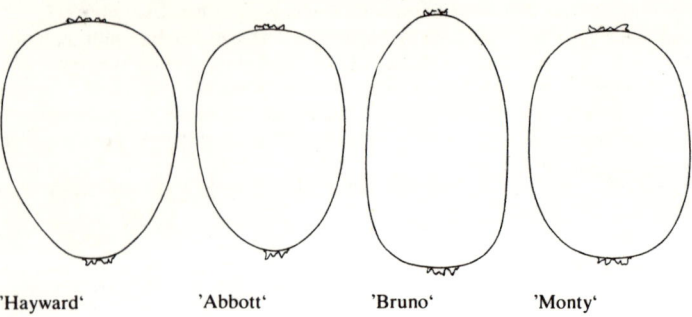

'Hayward'   'Abbott'   'Bruno'   'Monty'

Sorten und Sortenwahl

Von den kleinfrüchtigen Aktinidien gibt es z. B. in botanischen Gärten neben den genannten Arten zahlreiche weitere Sippen. Die von MICHURIN gezüchteten Aktinidien-Sorten wurden bereits aufgeführt. Die Sorte 'Ananas'
entstammt Aussaaten von *A. kolomikta*. Sie wird in Gärten und Obstanlagen
besonders in der Gegend von Moskau angebaut. Die Sorte 'Klara Zetkin'
zeichnet sich durch Frosthärte aus, die relativ großen Früchte schmecken
sehr gut (GÜNTHER 1959).
Es wäre erwünscht, daß Sorten ähnlicher Frosthärte und Anbaueignung
auch für unsere Anbaubedingungen zur Verfügung gestellt werden. Im
Rheinland sind die Kiwi-Sorten 'Hayward', 'Monty', 'Abbott' und 'Bruno'
im Anbau (BAUCKMANN 1977). 'Hayward' ist, was die Fruchtgröße, den Ertrag und den Geschmack anbetrifft, die qualitativ beste Sorte. Sie blüht und
reift sehr spät. Im Tafelteil ist sie auf S. 223 abgebildet und beschrieben.
'Monty' blüht zusammen mit 'Hayward', die Frucht ist wesentlich kleiner,
und es muß ausgepflückt werden, um eine ausreichende Fruchtgröße zu sichern. 'Abbott' ist 'Monty' ähnlich. 'Bruno' muß wegen sehr reicher
Fruchtbarkeit ebenso wie 'Monty' ausgedünnt werden. Die Sorte ist etwas
dunkler gefärbt als die anderen. BAUCKMANN empfiehlt für den Anbau an erster Stelle 'Hayward'. Die genannten Sorten haben eine Lebens- und Er-
tragsdauer von mindestens 20 Jahren.

Vermehrung

Die autovegetative Vermehrung stößt in der Praxis auf Schwierigkeiten.
Man veredelt daher auf Unterlagen. Der Samen für deren Anzucht wird
vollreifen Früchten entnommen. Für die Keimung ist eine vorangegangene
Stratifizierung bei +5°C während mindestens 2 Wochen notwendig. Dabei
soll das Saatgut im Rhythmus von 16 Stunden täglich Temperaturschwan-
kungen zwischen +10 und +25°C ausgesetzt werden. Die Aussaat erfolgt
unter Glas. Die Sämlinge pflanzt man in der Baumschule im Reihenabstand von 75 cm und 30 cm Entfernung in der Reihe aus. Sobald die
Stämmchen einen Durchmesser von mindestens 6 mm erreicht haben, wer-

Anbauwürdige Kiwisorten-Behangsbilder

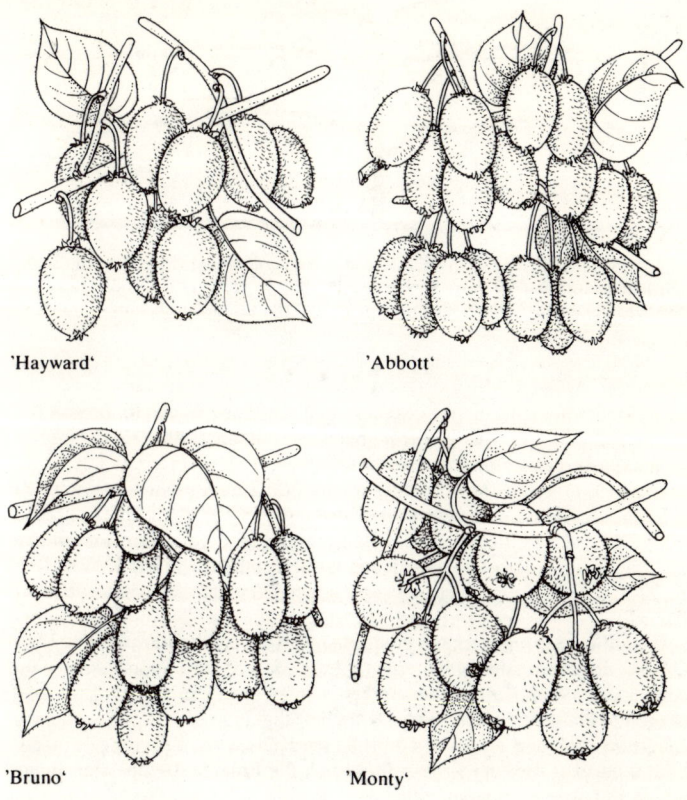

'Hayward'   'Abbott'

'Bruno'   'Monty'

den sie okuliert, was in Neuseeland im März geschieht (MAURER 1971).
Auch das Pfropfverfahren ist anwendbar. Kiwis werden für den Liebhaberanbau meist in Containern vorkultiviert, was für das zügige Weiterwachs-
tum am endgültigen Standort zweckmäßig ist. Wegen der Zweihäusigkeit
der Kiwis müssen sowohl weibliche als auch männliche Pflanzen angezogen
werden.

Pflanzung

Neben der tiefgründigen, bei Plantagenanbau flächenmäßigen Bodenlockerung ist die Anreicherung des Bodens mit Torf unmittelbar vor der Pflanzung besonders wichtig (BAUCKMANN 1977). Da reiner Torf zu wenig Nährstoffe enthält, verwendet man besser verrotteten, mit Nährstoffen
angereicherten Torfkompost. Für die kleinfrüchtigen und nur kleine Sträucher bildenden MICHURIN-Sorten und die ihnen ähnlichen Formen wird

31

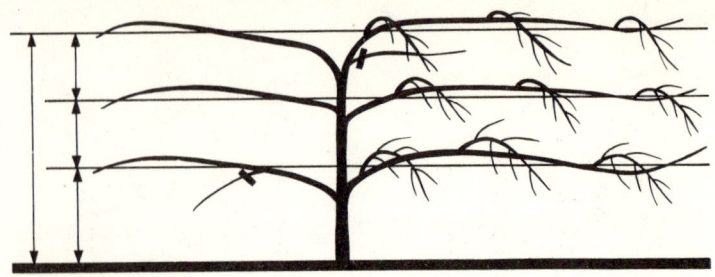

Aktinidien (kleinfrüchtige Formen, z. B. von *Actinidia kolomikta* MAXIM.) oder auch großfrüchtige Sorten der Kiwis (*A. chinensis* PLANCH.) werden zweckmäßigerweise an Spalieren erzogen. Je nach Wüchsigkeit erfolgt das Aufbinden an 1 bis 3 Drähten.

man Reihenentfernungen von etwa 3 m und Abstände in der Reihe von 0,7 bis 1 m wählen. Für die großfrüchtigen, starkwachsenden Kiwis fordert BAUCKMANN in der Reihe Pflanzenentfernungen von mindestens 3 bis 4 m. MAURER (1971) nennt für sehr stark wachsende Sorten sogar Entfernungen von 6 bis 9 m. Dabei sollte ein Reihenabstand von 4 m nicht unterschritten werden. Wegen der Sicherung der Befruchtung sind genügend männliche Pflanzen einzugliedern. Da die Bienen vorwiegend entlang der Reihen fliegen, ist es zweckmäßig, nach je 7 weiblichen Pflanzen eine männliche zu setzen.

Da Aktinidien Schlingpflanzen sind, brauchen sie ein stabiles Gerüst. Man setzt es, der optimalen Lichteinstrahlung wegen, von Nord nach Süd (BAUCKMANN 1977). Entlang der Reihen werden etwa 2 m aus der Erde herausragende Pfähle eingeschlagen. Daran befestigt man die Drähte, und zwar mindestens drei, den ersten in 60 bis 80 cm Höhe, zwei weitere in je 50 cm Abstand darüber. Bei der Ernte sollen auch die Früchte der obersten Etage noch ohne Leiter erreichbar sein.

Die Pflanzung der Gehölze aus Containern ist problemlos. Nach der Pflanzung wird tüchtig angegossen. Den Boden um den Stock herum deckt man gut mit verrottetem Kompost ab. Während der Anfangsentwicklung wird man besonders darauf achten, daß die Pflanzstelle ständig feucht ist.

Pflegemaßnahmen

Bodenpflege und Düngung

Über die zweckmäßigste Form der Bodenpflege liegen bei uns noch keine Erfahrungen vor. Möglicherweise ist ein Bodenpflegesystem wie bei Apfelbäumen mit bewuchsfreien Baumstreifen und grasbewachsenen, ständig zu mulchenden Arbeitsgassen geeignet.

Über die Düngung der Kiwis ist auch noch wenig bekannt. Unabhängig davon ist es auf jeden Fall angebracht, eine gute Humusdüngung zu sichern und dem Boden von Zeit zu Zeit organische Substanz zuzuführen. Dies kann durch regelmäßige Humusgaben (verrotteter Stalldung oder Torfkompost) erfolgen. Auch sollte darauf geachtet werden, daß der Boden genügend feucht ist. Bei Trockenheit muß bewässert werden. Zu beachten ist jedoch, daß zu viel Wasser schadet. Die Kalkempfindlichkeit verbietet die Anwendung kalkhaltiger Mineraldünger. Für den Kleinanbau wird man saure Volldünger, wie sie der Handel für Kulturheidelbeeren anbietet, verwenden. Hinsichtlich der Anwendungsmenge sollte man sich an die auf der Verpackung empfohlenen Richtlinien halten. Sind die Kiwis gut in Trieb, so ist es möglich, die Düngermengen zu reduzieren, Ältere, nicht mehr so wüchsige Bestände werden, besonders nach einer Verjüngung, wieder reichlicher gedüngt. Die optimale Entwicklung der Pflanzen ist an einen leicht sauren Boden gebunden. Deshalb ist es ratsam, vor der Pflanzung und später aller 5 Jahre, Bodenuntersuchungen durchführen zu lassen.

Schnitt

Schneidet man Kiwis nicht, so wachsen begünstigte Triebe den ganzen Sommer über und können bis 9 m lang werden. Das ist unerwünscht. Man kürzt daher, wenn nötig, sogar mehrmals, zu stark wachsende Ranken während der Vegetationsperiode ein. Solche Korrekturen sind vor allem notwendig, solange das Ertragsstadium noch nicht erreicht ist. Fruchtzweige entwickeln sich jeweils aus den ersten 3 bis 6 Knospen der Haupt- und Nebentriebe. Konkurrierende Triebe werden ganz entfernt. Die verbleibenden Ranken verteilt man so am Gerüst, daß jeder Spalierdraht mit einer Ranke belegt ist.

Wenn die Pflanzen das Ertragsstadium erreicht haben, wird vorwiegend während der Winterruhe (Februar/März) geschnitten. Der Rückschnitt zu langer Triebe junger Pflanzen zur Vegetationszeit hat insbesondere zum Ziel, die Bildung von Seitenzweigen anzuregen. Ist das gewünschte Traggerüst hergestellt, so wird man, ähnlich wie im Intensivobstbau bei Äpfeln, einen etwa dreijährigen Fruchtastumtrieb anstreben. Alle abgetragenen Fruchtäste werden dabei auf Astring entfernt, dafür wird neues junges Holz als Ersatz formiert. Der Winterschnitt bildet somit die Grundlage der Gehölzerziehung, der Sommerschnitt dient der Korrektur, wobei vor allem die Bildung von Konkurrenztrieben unterbunden werden muß. Den Neutrieb wird man von Zeit zu Zeit, je nach Zuwachs, am Spalier anheften. Zu beachten ist beim Fruchtholzumtrieb, daß Kiwis vollwertige, große Früchte vor allem am zweijährigen Holz entwickeln. Jeder Fruchttrieb wird 3- bis 5mal während der Wachstumsperiode eingekürzt, erstmalig vier bis fünf Augen hinter der letzten Frucht, später ein bis zwei Augen hinter der ersten Schnittstelle (PIPER 1960). Im Spätwinter, wenn das blattlose Astgerüst besser überschaubar ist, wird das alte Fruchtholz ausgedünnt. Unbrauchbar gewordene Triebe schneidet man ganz heraus und baut dafür Ersatzruten an. Im Großanbau kann man das arbeitsaufwendige Einkürzen jedes einzelnen Fruchttriebes durch Rückschnitt des mit überaltertem Fruchtholz besetzten Haupttriebes ersetzen. Allerdings verschenkt man dabei meist auch einen Teil der möglichen Ernte. Ungepflegte Anlagen mit periodischen Ernten und zu geringem Ertrag lassen sich durch starke Verjüngung auf die unteren Gerüstäste wieder in Gang bringen.

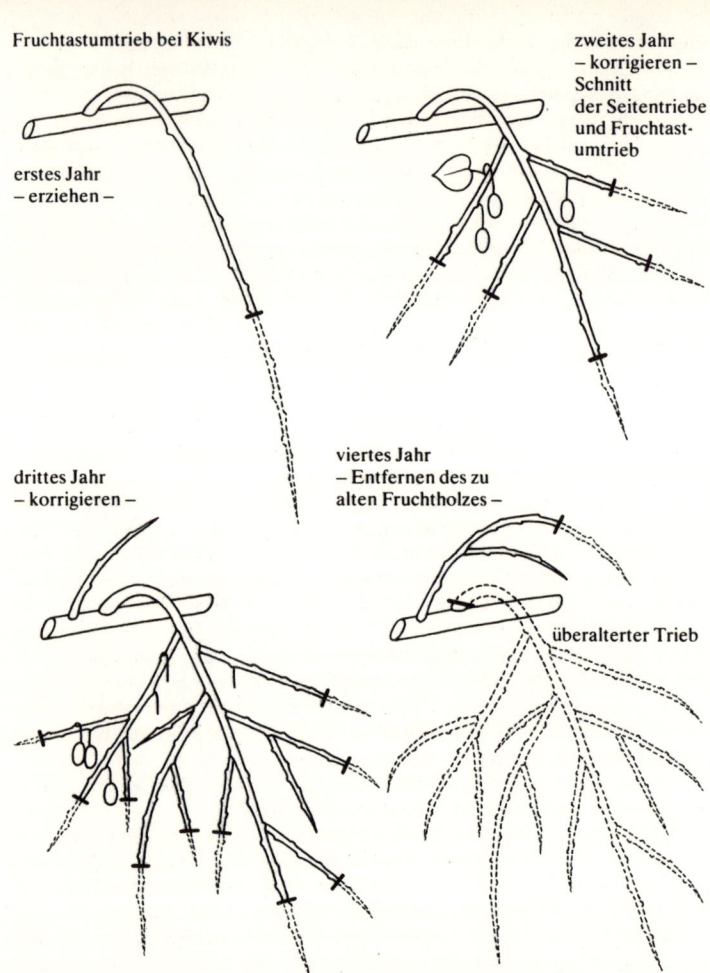

Fruchtastumtrieb bei Kiwis

erstes Jahr
– erziehen –

zweites Jahr
– korrigieren –
Schnitt
der Seitentriebe
und Fruchtast-
umtrieb

drittes Jahr
– korrigieren –

viertes Jahr
– Entfernen des zu
alten Fruchtholzes –

überalterter Trieb

Vom 2. Standjahr ab wird jeder Fruchttrieb 3- bis 5mal während der Wachstumsperiode eingekürzt. Insbesondere soll, ähnlich wie bei Reben, der Trieb oberhalb des
Fruchtansatzes über dem 6. bis 8. Blatt gekappt werden, um nicht zu viel Nährstoffe
zu verbrauchen. Ungenügender Schnitt fördert die Alternanz (nach Bauckmann).

Bei allen Schnittmaßnahmen ist davon auszugehen, daß die Sträucher gut
garniert und licht sind. Bei regelmäßigem Schnitt kann der Kiwistrauch,
günstige Klimabedingungen vorausgesetzt, sehr alt werden (Bauckmann
1982).

Pflanzenschutz

An Aktinidien wurden unter den Bedingungen Europas bisher kaum Schädlinge festgestellt. Das sollte jedoch nicht zu der Schlußfolgerung verleiten, sie seien überhaupt nicht anfällig. Es ist leicht möglich, daß sie bei uns nur deswegen so resistent sind, weil die entsprechenden Schaderreger hier noch fehlen. Im Heimatgebiet der Kiwis, in Neuseeland, ist ein intensiver Pflanzenschutz mit einer ganzen Behandlungsfolge notwendig.

MAURER (1971) berichtet von einem gelegentlichen Absterben zweijähriger Ruten in Geisenheim. Diese waren am Wurzelhals bis zum Holzkörper von Rinde und Kambium entblößt. Das geschädigte Rutenstück hatte eine Länge von etwa 5 bis 8 cm. Ob es sich um eine Art Kragenfäule, wie sie bei Äpfeln auftritt, handelt, konnte nicht geklärt werden. Das Schadbild verdeutlicht jedoch, daß man auch bei uns auf möglicherweise aufkommende Schaderreger achten muß.

Ernte und Lagerung

Kleinfrüchtige Aktinidia-Arten und -sorten reifen im September bis Oktober. Die Kiwis dagegen kann man unter unseren Klimabedingungen im Freiland, wenn sie richtig reif werden sollen, erst ab Mitte November ernten (BAUCKMANN 1977). Man schneidet die Früchte mit der Gartenschere ab, und zwar dicht über der Frucht ohne Stiel. Genußreif sind die Früchte, wenn sie bei leichtem Fingerdruck nachgeben.

Der Ertrag beginnt 3 bis 4 Jahre nach der Pflanzung, vom 8. Jahr an setzt der Vollertrag ein. BAUCKMANN gibt an, daß man bei Kiwis je Strauch jährlich sortenabhängig 4,5 bis 10 kg ernten kann. Von Neuseeland werden für den Anfang Flächenerträge von 25 bis 50 dt/ha genannt, nach etwa 8 Standjahren sind 175 bis 225 dt/ha zu erwarten.

GOGOLASHVILI (1978) erreichte in Abchasien (UdSSR) mit kleinfrüchtigen Sorten Erträge von 10 bis 20 kg je Strauch z. Z. des Vollertrages.

Kiwis lassen sich gut lagern. Sie sind im Normallager bis zu 8 Wochen haltbar, im Kühllager bei 0 °C und 90 bis 95 % relativer Luftfeuchte sogar 5 bis 8 Monate. Die Lagerung zusammen mit anderen Obstarten ist wegen der gegenseitigen Beeinflussung nicht ratsam.

Nutzung

In der Regel werden Kiwis als Delikatesse für Feinschmecker roh gegessen, das trifft auch für die kleinfrüchtigen Aktinidien-Arten zu. Ferner kann man sie zur Herstellung gutschmeckender Konfitüren und Süßspeisen, evtl. in Verbindung mit anderen Früchten, aber auch in der Konditorei oder Süßwarenindustrie verwenden. Weiterhin werden Kiwis als Bestandteil von Früchtesalaten sowie als originelle Garnierung für Fleischgerichte genutzt. Alkoholfreie Getränke aus Kiwi-Früchten besitzen einen an Rhabarber bzw. Gemüse erinnernden Geruch. Aus Kiwisaft jedoch läßt sich ein voll-aromatischer und nachhaltiger Fruchtwein keltern. Außerdem können Akti-nidien sogar für Pharmazie und Kosmetik von Interesse sein.

Abschließende Beurteilung

Kiwis für den Markt bei uns anbauen zu wollen wäre verfehlt, weil Mittel-europas Klima für diese Kultur zu ungünstig ist. Der Hobby-Gärtner, der einen günstig gelegenen Garten hat, etwa in Weinbaugebieten, und wer auch gewillt ist, die Pflanzen in klimatisch ungünstigen Lagen durch Folien oder Fenster zu schützen, sollte den Anbau versuchen.
Kleinfrüchtige, frostharte Aktinidien lassen sich bei uns überall anbauen. Es sind weitgehend anspruchslose, industrieharte Kletterpflanzen mit eßba-ren Früchten. Sie sind für Pergolen und Spaliere in voller Sonne zur Beklei-dung geeignet. Leider gibt es für unsere Anbaugebiete noch keine dafür aus dem Weltsortiment ausgelesenen Sorten mit besonders wertvollen Eigen-schaften. Es dürften keine allzugroßen Anstrengungen notwendig sein, um hier einen Wandel zu schaffen.

Edel-Eberesche

Andere deutsche Namen Eßbare Eberesche, Mährische Eberesche, Süße Eberesche
Wissenschaftlicher Name *Sorbus aucuparia* L. var. *edulis* DIECK
Synonyme Sorbus aucuparia var. dulcis KRAETZL, Sorbus aucuparia var. moravica DIPP., Sorbus aucuparia ‹Edulis›
Familie Rosengewächse (*Rosaceae*)
Namen in anderen Sprachen (sie beziehen sich auf die Stammart *Sorbus aucuparia*)

albanisch	vadhe e egër
bulgarisch	ofika, kalina, samodivsko d'rvo
dänisch	røn
englisch	rowan, rowan-tree, mountain ash, European mountain ash, quick-beam; rowanberry (Frucht)
finnisch	kotipihlaja
französisch	sorbier des oiseliers, sorbier des oiseaux, sorbier sauvage; sorbe (Frucht)
italienisch	sorbi degli uccelatori
niederländisch	lijsterbes
polnisch	jarząb pospolity, jarząb zwyczajny, jarzębina
rumänisch	scorus de munte
russisch	rjabina obyknovennaja
schwedisch	rönn
serbokroatisch	jarebika
slowakisch	jarabina vtáčia
spanisch	capudrio, serbal de pajareras, serbal de cazadores, sorbito, pavón esmerinta; serba, sorba, poma (Frucht)
tschechisch	jeřáb obecný, ptačí
ungarisch	vörös berkenye, madár berkenye, gálnafa

Biologische Grundlagen

Herkunftsgebiete und natürliche Verbreitung

Die Gemeine Eberesche (*Sorbus aucuparia* L.) als Stammart der Edel-Eberesche ist fast in ganz Europa, von Süditalien bis Island und von Ostspanien bis Kleinasien und Westsibirien verbreitet, wobei sie in Zentraleuropa in den Mittelgebirgen und den Alpen (hier bis an die Waldgrenze) gehäuft auftritt.
Nach KRAETZL, der 1890 die erste Monographie der Edel-Eberesche verfaßte, wurde dieselbe um 1810 bei Spornhau im Altvatergebirge (Nordböhmen) wahrscheinlich durch Hirtenknaben zufällig entdeckt. Sie stellt eine Mutante der Gemeinen Eberesche dar, die in einem Wildbestand derselben

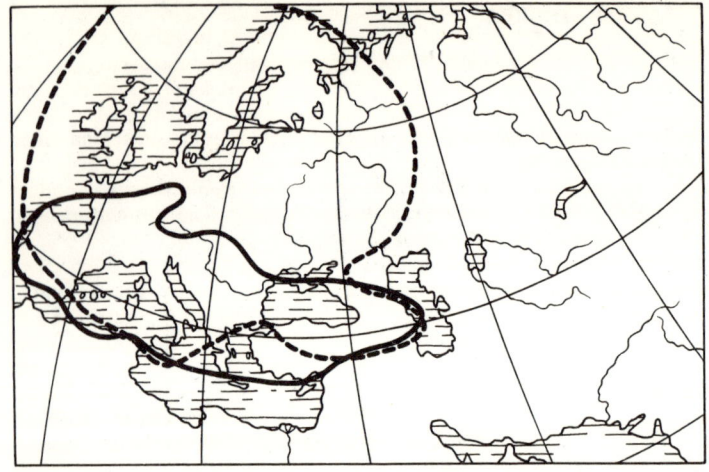

Natürliches Verbreitungsgebiet von Speierling (——) und Eberesche (– – –),
(nach DÜLL 1959, verändert)

gefunden wurde. Der ortsansässige Bauer Ch. HARMUT veredelte erstmals
diese «süßfrüchtige» Form. Von Spornhau und dem benachbarten Peters-
wald aus gelangten damals Reiser und Bäume in alle Teile von Österreich-
Ungarn und nach Deutschland. Dadurch wurde das neue Obstgehölz als
Lieferant hochwertiger Früchte in den rauhen Gebirgslagen Mitteleuropas
relativ schnell bekannt.
Als erste eßbare Ebereschen-Form wurde diese sogenannte «Mährische
Eberesche» nach 1900 zunehmend auch durch Baumschulen vermehrt und
gehandelt. Zu dem Formenkreis der var. *edulis* gehört auch eine 1899 im
Böhmischen Erzgebirge gefundene Abweichung mit tief eingeschnittenem
Blatt und Rötung von Blattstiel, Trieb und Rinde, die unter dem Namen
'Beissneri' (*Sorbus aucuparia* var. *laciniata* BEISSN.) bekannt ist.
Da die Genießbarkeit der «Süßen Eberesche» auf das Fehlen von Bitterstoff
zurückgeht, ist es zweckmäßiger, sie als Edel-Eberesche zu bezeichnen.
Erst seit etwa 1940 wurde die Edel-Eberesche infolge der erkannten Inhalts-
stoffe pomologisch mehr beachtet.

Kulturgeschichtliche Bedeutung

Da die Edel-Eberesche aus der Gemeinen Eberesche auf natürliche Weise
hervorging, beziehen sich diese Angaben auf letztere.
Wahrscheinlich wurden die saueren und bitteren Früchte der Eberesche
schon seit langem gelegentlich und vor allem in Notzeiten auch als
menschliche Nahrung genutzt. Früher soll das Gehölz dem Gewittergott
heilig gewesen sein. Aus diesem Grunde galten später noch in Südböhmen
ihre Fruchtzweige, an Fenstern und Dächern angebracht, als Blitzschutz.
Außerdem hat dieser Baum in Sage und Volksglauben allgemein als Sinn-

bild für Wuchsfreude, Kraft und Widerstandsfähigkeit gegolten. In Deutschland bestückte man ferner früher in der Walpurgisnacht die Stalltüren mit Zweigen der Eberesche und peitschte mit diesen am Folgetag die Kühe aus, auf daß sie reichlich Milch geben. Damit sollte das Treiben von Hexen abgewehrt werden. Auf dem Lande herrschte die Ansicht, daß reicher Fruchtansatz der Eberesche auf eine reiche Getreideernte und einen strengen Winter hindeuten.

Die Volksmedizin nutzte die Früchte als harntreibend und gegen Skorbut, offizinell galten sie auch lange Zeit als Abführmittel. Tierärzte verwendeten auch früher den Absud der Beeren.

Das Wort Eberesche trat erst im 16. Jahrhundert auf und erklärt sich offenbar aus «Aber»-Esche, was soviel wie unechte, minderwertige Esche bedeutet, aber auf die ähnlichen Blätter beider Gehölze hinweist. Zahlreiche entstellte Namensformen deuten auf diese ursprüngliche Bezeichnung: Aewischen, Aebsche, Ebsche, Abschbeere, Ebschbeere. Andere Namen beziehen sich auf die Tatsache, daß ihre Früchte durch viele Vögel gern gefressen werden: Vogelbeere, -kirsche, Drossel-, Gimpel-, Kreien- [Krähen-] und Kramtsbeere. Im Niederdeutschen existieren für den Baum Namen, die möglicherweise eine frische, «erquickende» Wirkung der Früchte erahnen lassen: Quitsche, Quetsche, Quiecke. Das ist nur eine Auswahl der vielfältigen Bezeichnungen für die allgemein, besonders aber im Mittelgebirgsraum, als «Vogelbeerbaum» bekannte und beliebte Eberesche.

Stand des internationalen Anbaues

Lange Zeit erfolgte der Anbau fast ausschließlich nur zur eigenen Fruchtverwertung im Haushalt. Den Status einer Marktfrucht erreichte diese Obstart nicht. Nach dem 2. Weltkrieg erweckte die Frucht zunehmend auch wissenschaftliches Interesse. Mit der Selektion der ersten Sorten in der DDR waren 1954 für Mitteleuropa die Voraussetzungen geschaffen, der Industrie einen hochwertigen Rohstoff von gleichbleibender Qualität zur Verarbeitung anzuliefern. Trotz wiederholter Anstrengungen, größere Plantagen einzurichten, ist diese Obstart aber leider nach wie vor nur in bescheidenem Umfang in Anlagen gepflanzt worden. Obwohl als Straßenbaum, besonders im Mittelgebirgsraum, häufiger angepflanzt, verhindern Ernteprobleme an diesem Sonderstandort, daß die Industrie größere Mengen zur Verarbeitung erhält. Es dominiert weiterhin der Selbstversorgeranbau.

Auch in der UdSSR, wo Edel-Ebereschen vor allem in nördlichen Gebieten wie um Vladimir und Ivanonovo angebaut werden, spielt der Großanbau für die Industrie nur eine untergeordnete Rolle, und es überwiegt die Eigenversorgung.

Die Edel-Eberesche, welche eine Anbauausweitung an geeigneten Standorten verdienen würde, konnte sich also gegenüber anderen Obstarten bisher noch nicht genügend durchsetzen.

Morphologische Merkmale

Die Edel-Eberesche im engeren Sinne ist in ihren Merkmalen der Gemeinen Eberesche weitgehend gleich. Sie bildet wie jene mittelgroße Bäume bis etwa 15 m Höhe mit einer locker aufgebauten Krone und ist raschwüchsig.

Die Gehölze können 50 Jahre alt werden, ihre hellgraue, glatte und glänzende Rinde wird im Alter schwärzlich und längsrissig. Die jungen grauen oder rotbraunen Zweige sind anfangs lockerfilzig behaart und haben filzig behaarte, nicht klebrige Winterknospen.

Die unpaarig gefiederten, satt dunkelgrünen Blätter setzen sich aus 4 bis 9 Blättchenpaaren zusammen.

Der weiße Blütenstand ist eine reichblütige, breite Doldentraube oder Schirmrispe mit etwa 1 cm breiten Einzelblüten. Er steht aufrecht und wird gern von Insekten beflogen.

Die fast kugelige, scharlachrote Scheinfrucht hat etwa 1 cm Durchmesser und reift im August/September.

Die wichtigsten Unterscheidungsmerkmale sind folgende:

Merkmal	Gemeine Eberesche	Edel-Eberesche
Blatt	kleiner, stumpf, gedrungen wirkend, im Herbst lange gelbgrün	spitz, schlank wirkend, größer, im Herbst braunviolett
Fiederblättchen	Basis stumpf, bis ins untere Drittel scharf doppelt gesägt	Basis spitz, flach gesägt, unteres Drittel ganzrandig
Wintertrieb	hellrindiger, Knospen 0,5 cm lang	dunkelrindiger, Knospen bis 1 cm lang
Blütenstand	kleiner, leichter, kugelig gewölbt, Rispenäste breitwinkelig, seitlich ausgebreitet, kürzer als 5 cm	größer, schwerer, flach ausgebreitet, Rispenäste steilwinkelig, anliegend, 5 cm lang und länger
Frucht	bitter und sauer, unter 1 cm Durchmesser, matt zinnoberrot, ohne Punkte. Reifefärbung: grün – grüngelb – rot	nicht bitter, süßsauer, über 1 cm Durchmesser, glänzend scharlachrot, hellgelb punktiert. Reifefärbung: grün – orange – rot

Wichtige Inhaltsstoffe

Von den Inhaltsstoffen ragt der hohe Gehalt an Vitamin C heraus. Er erreicht in den frischen Beeren 80 bis 120 mg/100 g, im Preßsaft 30 bis 60 mg/100 g und im Saftkonzentrat sogar bis 240 mg/100 g. Daraus läßt sich der Beiname «Zitrone des Nordens» für die Edel-Eberesche leicht erklären. Daneben ist der Gehalt an organischen Säuren – vorwiegend Apfelsäure – beachtlich (Frucht 2,0 bis 2,5 g/100 g, Saft 2,4 bis 3,2 g/100 g, Konzentrat um 15 g/100 g). Die Früchte enthalten bedeutende Mengen des sechswertigen Zuckeralkohols Sorbit, welcher neben dem Zuckergehalt (10 bis 12 %) mit zu dem typischen Geschmack der herb-aromatischen Beeren beiträgt und wahrscheinlich für Diabetiker eine positive Rolle spielt. Der Karotingehalt erreicht im Erntegut immerhin etwa 15 mg/100 g, und die vitamin-P-aktiven Substanzen machen 2 000 bis 3 000 mg/100 g aus.

Anbau

Standortansprüche

Die Edel-Eberesche gedeiht fast auf allen Standorten mit einer Jahresmitteltemperatur von 4,5 bis 7 °C. Das geht auch aus ihrem Hauptverbreitungsgebiet in rauheren Gebirgslagen mit hervor. Der in den Höhenlagen der Mittelgebirge reichliche Niederschlag von meistens 800 bis 900 mm jährlich sagt ihr zu. In windoffenen Lagen ist die Fruchtentwicklung oft besser als in eingeschlossenen, geschützten Tallagen. Der Baum ist bis −30 °C frosthart. Für das trockene Stadtklima ist das Gehölz nicht geeignet, auch stärkere Beschattung wird nicht vertragen.

Im Gegensatz zu den sehr geringen Klimaansprüchen sind die Bodenansprüche etwas höher. Frische, humose und feuchtere Böden, auch anmoorige Flächen sowie Standorte an fließenden Gewässern sind gut geeignet. Dagegen versagt das Gehölz auf leichten und humusarmen, trockenen Böden weitgehend.

Sorten und Sortenwahl

Nicht nur in Nordböhmen, sondern auch in der Sowjetunion entstanden in Wildbeständen der Eberesche durch Mutationen bitterstoffarme bzw. -freie Formen, die zur Edel-Eberesche zu zählen sind. Dazu gehören die um 1900 durch die Baumschule Späth in Berlin aus Südrußland eingeführte Sorte 'Rossica' (= Sorbus aucuparia var. rossica SPÄTH) sowie die noch großfrüchtigere, über 1,5 cm breite Beeren ausbildende 'Rossica Major'. Beide haben dendrologische Bedeutung erlangt. Edel-Ebereschen stellen auch die besonders im Rayon Nebylov/Gebiet Vladimir angebauten russischen Landsorten ('Kubovaja', 'Zheltaja', 'Krasnaja') dar, aus denen durch Klonselektion weitere neue Sorten ('Sakharnaja', 'Krupnoplodnaja') gewonnen wurden. Diese nach dem Ort Nevezhino als «Nevezhinsker Eberesche» bezeichnete Sortengruppe wird in der Sowjetunion seit 1954 offiziell zum Anbau in einigen nördlichen Gebieten der RSFSR empfohlen.

Ab 1905 begann MICHURIN damit, die frostharte Gemeine Eberesche mit nahe verwandten Wildarten wie Sorbus alpina SCHNEIDER, Crataegus sanguinea PALL. bzw. mit den Obstarten Mispel und Apfelbeere (Aronia) zu kreuzen, um sie qualitativ zu verbessern. Daraus gingen die Sorten 'Burka', 'Titan', 'Granatnaja', 'Likernaja' und 'Michurinskaja Dessertnaja' hervor, die man im weitesten Sinne mit zu den Edel-Ebereschen zählen müßte.

In Mitteleuropa ist über die Anbaueignung all dieser Sorten nichts bekannt. Hier wurde dagegen seit 1946, aufbauend auf Vorarbeiten des Forstbotanischen Institutes Tharandt, durch MÜLLER und seine Mitarbeiter im Institut für Gartenbau in Pillnitz bei Dresden die Selektion der Mährischen Eberesche betrieben. Vor allem aus dem Erzgebirge wurden dabei 75 wertvolle Mutterbäume ausgelesen, ihre vegetative und generative Leistung ermittelt und qualitative Wertprüfungen eingeleitet. Als Ergebnis dieser Bemühungen gelangten 1954 in der DDR die ersten Edel-Ebereschensorten, 'Konzentra' und 'Rosina', in den Handel, die im Tafelteil abgebildet und beschrieben sind. Je nach dem angestrebten Hauptverwendungszweck, Saftkonzentrat oder Kompott bzw. kandierte Früchte («Rosinen»), stehen damit in Mitteleuropa zwei geeignete Sorten zur Verfügung.

In Westeuropa werden seit einigen Jahren Hybridsorten von Ebereschen angebaut, deren Früchte reichlich Sorbit und vor allem Vitamin C (z. T. über 1 500 mg/l) enthalten. Diese Züchtungen müssen zu den Edel-Ebereschen gerechnet werden. Zur Gruppe der sogenannten Lombard-Hybriden gehören die Sorten 'Apricot Queen', 'Brilliant Yellow', 'Chamois Glow', 'Pink Queen' und 'Salmon Queen'.

Vermehrung

Die Bitterstofffreiheit der Edel-Eberesche überträgt sich bei der Aussaat nicht auf die Sämlinge. Da andere Vermehrungsmethoden weitgehend versagten, ist die Veredlung auf eigene Sämlinge oder jene der Gemeinen Eberesche die gebräuchlichste Vermehrungsmethode. Dabei werden 2jährige Sämlinge Anfang August in 3 bis 5 cm Höhe am Wurzelhals okuliert, wie dies bei Baumobst allgemein üblich ist. Die jungen Okulate werden mit Zapfen erzogen und bilden dann gerade Stämme, die im ersten Jahr 70 bis 100 cm und im Folgejahr ohne Rückschnitt meist 150 bis 200 cm Höhe erreichen. Es werden vorwiegend Viertel- und Hochstämme gehandelt. Gehölze mit reichlich Seitenholz und noch nicht ausgebildeter Krone werden als sogenannte Heister verkauft. Der Anwachserfolg der Augenveredlung liegt bei 90 bis 95 %. Durch ihren geraden Stamm kann die Edel-Eberesche auch als Stammbildner für die Aufveredlung anderer *Sorbus*-Arten dienen.

Pflanzung

Gegenüber anderem Baumobst treten keine Besonderheiten bei der Pflanzung auf. Die Gehölze wurden bisher oft an Straßen und Wege mit 6 bis 7 m Abstand gepflanzt, wofür Hochstämme mit möglichst 2 m Stammhöhe vorgesehen wurden. Auf einen Baumpfahl auf der Straßenseite sollte man dabei nicht verzichten.

Diese extensive Nutzungsart, welche teilweise in der Forstkultur zur Fruchtnutzung oder in der Einbeziehung von Gehölzgruppen in Schutzpflanzungen ihre Ergänzung fand, sollte durch Plantagenanbau ihre intensive Entsprechung erhalten. Die Nähe von Standorten der Obstverarbeitungsindustrie ist eine entscheidende Voraussetzung für einen solchen Anbau. Für diesen Zweck lassen sich anderweitig wenig nutzbare Hangflächen bis zu 700 m Höhenlage bepflanzen. Der Pflanzabstand kann dann auf 5 m vermindert werden, und die alle Erntearbeiten begünstigenden Viertelstämme sind zu verwenden.

Der Pflanzschnitt erfolgt wie üblich. Bei der Pflanzung von Heistern kann die Krone in der gewünschten Höhe angeschnitten und der Stamm bis zum vorgesehenen Kronenansatz «aufgeputzt» (d. h. die seitlichen Verzweigungen beseitigt) werden.

Pflegemaßnahmen

Bodenpflege und Düngung

Hierbei werden keine besonderen Ansprüche gestellt. Mit einer zweckmäßigen Standortwahl vor der Pflanzung sowie regelmäßiger Bodenbearbeitung in den ersten Standjahren werden schon wichtige Bedingungen für ein gutes Gedeihen erfüllt. Bereits bescheidene Düngermengen von jährlich 10 kg Phosphor, 40 kg Stickstoff und 30 kg Kalium je ha und gelegentliche Kalkung dürften die Nährstoffansprüche befriedigen.

Schnitt

Wichtig ist an den meistens schneereichen und windigen Standorten des Anbaues der Aufbau eines lockeren und kräftigen Astgerüstes als Vorbeugung gegen Schneebruch. Am ehesten wird dies durch einen sorgfältigen Erziehungsschnitt erreicht, wobei neben der Stammverlängerung nicht mehr als 3 bis 4 Leitäste die Krone bilden sollen. Ihre Kräftigung wird erreicht, wenn der Jahrestrieb der Verlängerungen einige Jahre lang um etwa ein Drittel zurückgeschnitten wird, um verstärkten Neutrieb anzuregen. Im Ertragsalter soll Auslichten im Abstand von 3 bis 4 Jahren das Wachstum fördern, was auch erhöhte Fruchtqualität am jungen Holz zur Folge hat. Die Edel-Eberesche zeigt nämlich von Natur aus ein relativ rasches Vergreisen. Eine gezielte Verjüngung in das ältere Holz verträgt das Gehölz schlecht, weil größere Wunden nur unbefriedigend verheilen und Absterbeerscheinungen nach sich ziehen können. Schnee- und Windbruch können andererseits eine gewisse natürliche Verjüngung erzwingen.
Vor allem bei Niederstämmen ist darauf zu achten, daß evtl. am Wurzelhals entspringende wilde Austriebe der Unterlage regelmäßig entfernt («geräubert») werden.

Pflanzenschutz

Ein etwas kritischer Punkt im Anbau der Edel-Eberesche ist das mögliche Auftreten zahlreicher Schädlinge. MÜLLER et al. (1956) nennen etwa 40 Insektenarten und 11 pilzliche Erreger als potentielle Schädlinge.
Der Hauptschädling ist die Ebereschenfruchtmotte oder «Apfelmotte» (*Argyrestia conjugella* ZELL.), die in luftfeuchten Lagen besonders verbreitet ist. Die Falter, welche in Ruhestellung durch eine eigenartige «Handstandhaltung» auffallen, fliegen ab Anfang Juni etwa 5 Wochen und legen die Eier zwischen die Staubfädenreste der jüngsten Früchte oder später in Kelchzipfelnähe ab. Die nach 6 Wochen erwachsenen, fleischroten, bis 8 mm langen Raupen fressen im Fruchtfleisch und hinterlassen stricknadelartige Fraßgänge. Sie schädigen besonders in geschlossenen Lagen. Vor allem in vogelbeerarmen Jahren geht der Schädling leicht auf die Äpfel über, in denen bis zu 25 Räupchen ein dichtes Netz von Fraßgängen anlegen. Im oft pflanzenschutzextensiven Selbstversorgeranbau geht deshalb von Eber- und Edel-Eberesche eine Gefahr für den Apfel aus.
Bekämpfung: 2 bis 3 insektizide Spritzungen ab Mitte Juni im Abstand von 10 bis 14 Tagen.

Weit verbreitet ist auch die Ebereschensägewespe (*Hoplocampa alpina* K.), deren weiße, braunköpfige, 10 Beinpaare tragenden Afterraupen die Frucht früh befallen und durch Fraß aushöhlen, so daß Fäulnis eintritt. Am wirksamsten ist die Bekämpfung durch Parathion-Methyl während des Blütenblattfalles.

Die Ebereschensamenwespe (*Negastigmus brevicaudis* RATZ.) schadet dadurch, daß ihre weißen, fuß- und augenlosen Zehrwespenlarven gekrümmt im Fruchtkern liegen und die Fruchtentwicklung hemmen.

Am Blatt schädigen gelegentlich stärker:

Ebereschenpockenmilbe (*Eriophyes piri* PAGST. var. *variolata* MAL.) durch Flecken- und nachfolgende Blasenbildung,

Ebereschenblattnestlaus (*Yezabura sorbi* KALT.) durch Blattknäuelbildung infolge von Rollungen und Stauchungen,

Ebereschenknospenmotte (*Argyrestia sorbiella* TR.),

Breitfüßige Birkenblattwespe (*Croesus septentrionalis*),

Dunkelblaue Rosenbürsthornblattwespe (*Arge nigripes*) und

Ebereschenblattsauger (*Psylla sorbi* L.).

Dagegen helfen in der Regel Austriebspritzungen, gegen die Eier des Blattsaugers auch Winterspritzungen.

Vorbeugende insektizide Behandlungen helfen indirekt auch gegen Ebereschen-Monilia (*Sclerotinia aucupariae* LUDW.), die Zweigdürre und Fruchtfäule auslösen kann.

Unbedingt ist auf den Schutz der Bäume gegen Verbiß durch Rotwild und Hasen durch Anbringen von Stammschützern oder Drahthosen zu achten, weil gerade in Gebirgslagen hiervon besondere Gefahren ausgehen.

Hervorzuheben ist auch die Tatsache, daß die Ebereschen gegenüber anderen Fruchtträgern am meisten unter Vogelfraß zu leiden haben. Die Früchte sind Hauptnahrung zahlreicher Strich- und Zugvögel. TURCEK (1961) nennt allein 21 Arten, darunter den Star. Am stärksten aber fressen zahlreiche Arten der Drossel, welche die «süßen» Ebereschen wie andere Vögel sogar bevorzugen.

Ernte und Lagerung

Die Ernte muß nach wie vor noch manuell erfolgen. Dies geschieht durch vorsichtiges Abbrechen der Fruchtdolden, um die dicht am Fruchtstiel befindlichen nächstjährigen Blütenknospen zu schonen. Am leichtesten ist dies bei Viertelstämmen möglich. An Straßenbäumen erschwert der aufstrebende Wuchs die Ernte zusätzlich. Hier können Stangenscheren die Arbeit erleichtern, wenn ein zu starkes Aufschlagen der Dolden auf den Boden verhindert wird. Die Ernte kann bereits Ende August/Anfang September beginnen, wenn die Früchte noch weitgehend organgefarben, sauer und vitaminreich sind. Dann sind sie zur Bereitung von Saft, Konzentrat und Gelee bestens geeignet. Die eigentliche Vollreife («Süßreife») tritt etwa 4 Wochen später ein, wenn die Früchte mehr gerötet sind. Dann eignen sie sich vor allem zur Herstellung von Kompott und «Rosinen» sowie nach Frost sogar zum Rohgenuß.

Man rechnet mit Durchschnittserträgen von 25 bis 40 kg je Baum. Bei Einzelbäumen und im Intensivanbau kann der Ertrag aber auch wesentlich höher liegen und oft 50 bis 100 kg oder noch mehr erreichen.

Wenn die Gehölze erstmals Ertrag bringen, was schon nach wenigen Standjahren der Fall ist, sollten die Früchte eines jeden Baumes einzeln einmal durchgekostet werden, um sicher zu sein, daß sich nicht ein Unterlagentrieb unentdeckt zum Baum entwickelte und nun bittere Früchte liefere. Durch leichtfertige Vermehrung und sorglose Pflege trat in der Vergangenheit mitunter eine derartige Vermischung ein, die das Erntegut qualitativ entwertete und dem Ruf der Edel-Eberesche schadete.

Vorsichtig geerntete Früchte lassen sich, luftig in Körben, Steigen oder Kisten verpackt, gut transportieren. Ihre relativ gute Haltbarkeit verleitet leicht zu einer verzögerten Verarbeitung, womit aber vor allem Vitamin-C-Verluste verbunden sind, auch Zucker- und Säureabbau finden statt. Falls erforderlich, so ist eine Lagerung bei 0 °C und 80 bis 85 % relativer Luftfeuchte am besten.

Nutzung

Wie bei der Eberesche selbst, kann auch bei der Edel-Eberesche das elastische, rötliche und gut polierfähige Holz durch Tischler und Drechsler verarbeitet werden. Namentlich für Musikinstrumente (Flöten) und Wäscherollen wurde es teilweise genutzt.

Die gute Nektar- und Pollentracht ist in Berglagen nicht bedeutungslos. Bienenhonig aus Ebereschen ist rötlich und stark aromatisch.

Der Zierwert des Gehölzes durch Habitus sowie Blüten- und Fruchtschmuck in Verbindung mit der Herbstfärbung des Laubes ist beachtlich, denn in Höhenlagen ist die Eberesche oft das einzige Ziergehölz überhaupt.

Hochstrebendes Wachstum, lockere, nur mittelgroße Kronen, leichte Schattenbildung und relativ geringer Laubfall ließen das Gehölz seit langem auch als Straßenbaum interessant werden.

Die Fruchtnutzung steht aber bei der Edel-Eberesche im Vordergrund. Sie stellt eine ausgezeichnete Rohware für Muttersaft, Süßmost, Sirup und vor allem für Konzentrat dar. Auch Gelee und Marmelade sind wohlschmeckend und haben eine eigene Geschmacksnote (siehe auch Rezept-Teil).

Das industriell gewonnene Konzentrat ist das begehrteste Produkt aus Edel-Ebereschen. Es entsteht als sirupähnliche Flüssigkeit aus dem Muttersaft bei Vakuumverdampfung (Siedepunkt 35 °C) durch Anreicherung des Gesamtextraktes auf 66 bis 68 %. Infolge des Eindampfungsverhältnisses von 1:7 ist das Konzentrat auch ohne jede Weiterbehandlung in offenen Gefäßen haltbar. Dieses Erzeugnis bewährte sich bei klinischen Prüfungen in der Säuglingsernährung. Man kann es aber auch in der Süßwaren- und Limonadenindustrie sowie als Zitronen- oder Essigersatz in der Küche vorteilhaft verwenden.

Als weitere flüssige Zubereitungen werden von Liebhabern Likör und Wein geschätzt. Der aromatische Saft kann auch bei der Bereitung anderer Hausweine, z. B. Apfelwein, mit zugesetzt werden.

Die Früchte vermögen ein pikantes, der Preiselbeere ähnliches Kompott zu liefern. Kandierte Früchte lassen sich wie Rosinen in der Bäckerei vielseitig einsetzen.

In der Sowjetunion ist bei der häuslichen Verwertung in breitem Umfang das Einlegen der Früchte in schwacher Zuckerlösung mit Gewürzen üblich. Außerdem wird die Frucht zur Kwaß-Bereitung mit herangezogen.

Die Früchte kann man auch trocknen und dann weiterverarbeiten. In diesem Zustand können sie auch als Vogelfutter dienen, denn von der einstigen Benutzung für die Vogelstellerei (aucupium) leitet sich übrigens der Artname der Eberesche (*aucuparia*) ab. Dabei dienten Rutenbügel, an denen sich mit «Vogelbeeren» versehene Pferdehaar-Schlingen befanden, dazu, Drosseln («Krammetsvögel») zu fangen (Dohnenstieg).

Vor jeglicher Verwendung im Haushalt müssen die Früchte von den Dolden abgebeert werden.

Abschließende Beurteilung

Die Edel-Eberesche stellt nur relativ geringe Bodenansprüche und verträgt das rauhe Klima der Mittelgebirge noch ausgezeichnet. Dort ist sie in obstbaulichen Grenzlagen eine konkurrenzlose Frucht mit hohem und regelmäßigem Ertrag. Sie bedarf auch nur geringer Pflege, wenn Mindestforderungen im Pflanzenschutz erfüllt und die starke Gefährdung durch Vogelfraß genügend beachtet werden. Bei der Pflanzung als Straßenbaum ist die hohe Streusalzempfindlichkeit zu beachten. Unter dem Baumobst ist der beachtliche Vitamin-C-Gehalt der «Zitrone des Nordens» unübertroffen. Die Früchte erlauben eine vielseitige Verwertung, welche von dem wertvollen Konzentrat über Gelee und Kompott bis zu Likör und kandierten Früchten reicht. Als Bienenweide und Ziergehölz verfügt die Edel-Eberesche über zusätzliche, geschätzte Eigenschaften. Der Anbau erfolgte bisher weitgehend extensiv an Straßen und Wegen und mit Einzelbäumen im Selbstversorgerobstbau. Die Erstellung kleinerer Anlagen, im Vorgebirge und an Hängen, in Zusammenarbeit mit der Verarbeitungsindustrie (Vertragsanbau) ist erstrebenswert, um die leistungsfähigen Sorten stärker als bisher zu nutzen. In größeren Hausgärten und Siedlungen sowie im öffentlichen Bereich von Gemeinschaftsanlagen und Kleingartenparks sollten verstärkt Edel-Ebereschen gepflanzt und erprobt werden. Vielerorts könnte die Edel-Eberesche die in ihren Ansprüchen gleiche Gemeine Eberesche voll ersetzen und zusätzlich hochwertige Verwertungsfrüchte liefern.

Edel-Kastanie

Andere deutsche Namen Echte Kastanie, Eßbare Kastanie, Eßkastanie, Marone
Wissenschaftlicher Name *Castanea sativa* P. Miller
Synonyme Castanea vesca Gaertn., Castanea vulgaris Lam., Castanea castanea Karst.
Familie Buchengewächse (*Fagaceae*)
Namen in anderen Sprachen

albanisch	gësthenjë
bulgarisch	kulturen kesten, obiknoven kesten
dänisch	ægte kastanie
englisch	european chestnut, spanish chestnut; chestnut, edible chestnut, sweet chestnut (Frucht)
finnisch	kastanja
französisch	châtaignier, châtaignier commun d' Europe, châtaignier à fruits comestibles; châtaigne (Frucht)
italienisch	castagno
niederländisch	tamme kastanje
norwegisch	kastanje
polnisch	kasztan jadalny
portugiesisch	castanheiro
rumänisch	castan(ul) comestibil
russisch	kashtan blagordodnyjj, kashtan evropejjskijj, kashtan nastojashhijj, kashtan posevnojj, kashtan s'edobnyjj
schwedisch	äkta kastanje
serbokroatisch	kesten
slowakisch	gaštan
spanisch	castaño; castaña (Frucht)
tschechisch	kaštan, kaštanovnik setý
ungarisch	szelidgesztenye, gesztenye(fa)

Biologische Grundlagen

Herkunftsgebiete und natürliche Verbreitung

Ob die Edel-Kastanie ihre Urheimat in Kleinasien oder in Griechenland hat, dürfte niemals mehr zufriedenstellend zu klären sein. Jedenfalls ist ihr weiteres Heimatgebiet deutlich zu umgrenzen. Plinius schrieb um die Zeitenwende, daß man Edel-Kastanien (*castanea*) damals zu den Nüssen rechnete, er würde sie lieber den Eicheln zuordnen. Den Namen erhielt das Gehölz durch Castanna in Thessalien (Landschaft im Osten des nördlichen Mittelgriechenland), von wo es gekommen sein soll. Die Griechen sehen Sardes (im Altertum Hauptstadt des Königreiches Lydien im westlichen Kleinasien, gehörte 133 v. d. Z. zur römischen Provinz Asia) als ursprüngliche Heimat an und sprechen von «sardischen Eicheln». Veredelte Formen gab es schon im Altertum. Man kannte mit Sicherheit mehrere Sorten, sie wurden als Jupiter- oder Götter-Eicheln bezeichnet. Über die von den Römern und Griechen angebauten Sorten gibt es genaue Beschreibungen, in denen auch spezielle Sortenansprüche mit genannt werden. Es war bekannt, daß die verschiedenen Kultursorten durchaus nicht überall gut gediehen. Nach alten Literaturquellen zu urteilen ist es wahrscheinlich, daß die Edel-Kastanie von Kleinasien (Anatolien) etwa im 5. Jahrhundert v. d. Z. nach Griechenland und später nach Süditalien und Spanien gelangte.

Im Norden Italiens oder auch in der Schweiz konnten aus vorgeschichtlicher Zeit nirgends Früchte gefunden werden. Ebenso war die Edel-Kastanie im nördlichen Frankreich und auch in Elsaß-Lothringen, wo man sie heute überall antrifft, damals nicht vertreten. Erst die Römer brachten sie in die Schweiz, nach Nordfrankreich, in die Pfalz und andere Gebiete, die sie auf ihren Kriegszügen berührten, und damit in das nördliche Europa. Die Römer waren es auch, die planmäßig besonders im Rhein-, Main- und Moselgebiet Niederwälder mit Edel-Kastanien anpflanzten, um Rebpfähle für den Weinbau zu erzeugen. Zur Gewinnung von Rebstützen wird der Bestand etwa alle 8 bis 15 Jahre kahlgeschlagen. Diese Methode spielte, solange Betonpfähle noch nicht im Vordergrund standen, fast bis in die heutige Zeit hinein in der Schweiz und in der Pfalz noch eine Rolle.

Im europäischen Raum dominiert *Castanea sativa* P. MILLER.

In Amerika findet man *Castanea dentata* [MARSH.] BORKH. (syn. C. americana RAF.), die im atlantischen Nordamerika verbreitet ist, in Japan und China *Castanea crenata* SIEB. et ZUCC., ferner im östlichen Nordamerika, etwa von New-Jersey bis Florida und Texas, die strauchige Kastanie *Castanea pumila* [L.] P. MILLER (syn. Fagus pumila L.).

Kulturgeschichtliche Bedeutung

Kastanie ist ein Lehnwort aus dem gleichbedeutenden lateinischen castanea. Die oberdeutsche Form heißt Kesten, in Tirol sagt man Kescht'n oder Köscht'n, in der Schweiz Chestene. In den Hauptanbauländern gibt es zahlreiche, oft weitgehend ortsgebundene Namen für die Edel-Kastanie, die einer der schönsten und stattlichsten unserer Laubbäume ist.

In vorgeschichtlicher Zeit war die Edel-Kastanie in ihrer Urheimat das, was die Haselnuß für den Norden bedeutete, nämlich die kalorienreiche, vitaminhaltige Dauernahrung für den Winter. Die Früchte wurden gesammelt und standen bei Mangel an frischer Nahrung als vollwertige Kost zur Verfügung. Der Baum diente in großem Umfang auch der Holzgewinnung.

Im frühen Mittelalter breitete sich die Edel-Kastanie fast überall in Europa aus. Das betrifft insbesondere die Länder südlich der Alpen. Dort findet man heute noch fast überall Kastanienhaine. Der Baum liefert neben den Früchten Bauholz, Brennholz, Stallstreu und Futter, besonders für Schweine und Rinder.

Das begehrte Olivenöl wird in Fässern aus diesem Holz exportiert, und auch Weinfässer fertigt man in Südeuropa heute noch gern aus diesem Material an.

In fränkischer Zeit wird die Edel-Kastanie im Capitulare KARL DES GROSSEN anerkennend erwähnt, um dann in vielen Schriften des Mittelalters ständig wieder aufzutauchen. Damals wurden die wenigen, heute noch in Einzelexemplaren vorhandenen, als uralt bezeichneten Gehölze gepflanzt. Selbst im nördlichen Europa, so z. B. in England, stehen vereinzelt noch etwa 700 Jahre alte Bäume.

Auch in unserer Zeit hat die Kastanie in südlichen Ländern noch ihre Bedeutung. Oft stehen die Bäume auf Weideland, in vielen Gebieten sind sie in den Wald eingestreut. Das trifft selbst für manche nördlichen Länder wie Dänemark oder Schweden zu. Oft liegen Kastanienwäldchen dicht bei den Ortschaften. So erhält z. B. im Tessin jede Familie, die es wünscht, einen kleinen Bestand zur Nutzung angewiesen. An anderen Orten darf jeder Bürger, legitimiert durch ein dafür geschaffenes Gesetz, Kastanien auf Weiden pflanzen und nutzen. Auf Weideland spenden die Bäume Schatten für die Weidetiere, die auch die Früchte, sofern sie nicht vom Menschen geerntet werden, nicht verschmähen.

Trotz des vielfältigen Nutzens der Edel-Kastanie und obwohl sie selbst in mitteleuropäischen Klimaten (z. B. in den Vogesen-Vorbergen, in günstigen Lagen des Schwarzwaldes, im Neckartal und am Mittelrhein) Haine bildet, haben sich Intensivkulturen bisher nicht durchgesetzt. Nüchtern betrachtet, ist die Edel-Kastanie, von Ausnahmen abgesehen, Sammelfrucht geblieben. Die Gründe dafür sind zweifellos die lange Anlaufzeit bis zum Fruchten, die Unsicherheit der Erträge und die Notwendigkeit, mit sehr großen, sich langsam entwickelnden, in neuzeitliche Ernteverfahren nicht einzuordnenden Bäumen fertig werden zu müssen. Wenn es heute in fast allen südlichen Ländern sehr viele gute, zuverlässig tragende Sorten gibt und die Edel-Kastanie dort auch als wertvolle Fruchtart anerkannt wird, so ändert das doch nichts an der Tatsache, daß in Europa bisher keine intensiven Produktionsverfahren für Edel-Kastanien existieren. Diese Situation ließe sich ändern, wenn schnellwüchsige, rasch in Ertrag kommende, kleinbleibende Formen zur Verfügung stünden.

Durch Züchtung von an rauhere Klimate angepaßte Sorten wäre es sicherlich auch möglich, für unsere Verhältnisse ökonomisch vertretbare (z. B. für den Forst brauchbare) Anbauverfahren zu entwickeln.

Von SOLEMACHER war der Meinung, daß man bei entsprechender Selektion die Edel-Kastanie über die Walnuß stellen könne. Er verweist darauf, daß sie auch außerhalb von Weinbaugebieten gut gedeiht und führt als Beweis dafür eine Allee bei Schloß Blankenburg im Harz sowie Standorte in Mecklenburg an. Erfahrungsgemäß ist die Edel-Kastanie bei uns nicht frostempfindlicher als der Apfelbaum. In Extremwintern kann es zu Totalschäden durch Frost kommen. Einschränkend ist jedoch zu bemerken, daß an wenig günstigen Standorten die vegetative Entwicklung noch befriedigt, die Fruchtbildung dagegen sehr zu wünschen übrig läßt. In warmen Jahren fruchten auch bei uns, so z. B. im milden Klima des Elbtals bei Pillnitz, die Bäume sehr gut. Das kommt jedoch leider nur alle paar Jahre vor, und man kann auf einer solchen Basis keine Kastanienproduktion aufbauen. Dieser prinzipielle Mangel dürfte mit den heute zur Verfügung stehenden Methoden der Pflanzenzüchtung zu beheben sein. Möglicherweise befinden sich unter den zahlreichen Sorten, die es bereits gibt und die durchaus nicht alle für optimale Klimate gezüchtet sind, welche, die für uns geeignet sind.

Stand des internationalen Anbaues

An den Anbauzentren der Edel-Kastanie hat sich in den letzten 2 000 Jahren wenig geändert. Hauptproduktionsländer sind Spanien, Italien, Portugal und Frankreich. Neuzeitlichen Forderungen nach Intensivierung entsprechen wahrscheinlich nur jüngere Anpflanzungen in Algerien und Tunesien. Die Edel-Kastanie wird heute allgemein im Mittelmeergebiet angebaut. Aber auch am Kaspischen Meer, im Kaukasus und im Süden der RSFSR findet man sie überall. Selbst in Österreich, in der Schweiz und in Südtirol gibt es beachtenswerte Edel-Kastanien-Haine. Im Vorkriegsdeutschland wurden von MÜNCHHAUSEN/Nausitz französische Sorten empfohlen, von SOLEMACHER hat japanische Kastanien eingeführt. Alle diese Bemühungen ermöglichten jedoch nicht die Herausbildung moderner Produktionsverfahren, so wie wir das bei anderen Obstarten kennen. Es sind in den vergangenen Jahrzehnten wohl mehr Edel-Kastanien-Wälder gefällt als gepflanzt worden. Schuld daran sind nicht zuletzt die zu geringen und dazu noch sehr unregelmäßigen Erträge.

Morphologische Merkmale

Die Edelkastanie wird etwa 20 m hoch, selten ist sie strauchartig entwickelt. Der starke Stamm trägt oben eine mächtige, breit ausladende Krone. Fast alle Stämme sind drehwüchsig. Die braune, anfangs glatte, olivbraune Rinde mit vielen hellen Korkwarzen wird allmählich zu einer von tiefen Längsrissen durchzogenen bräunlich-grauen Borke.

Typisch für die Edel-Kastanie (*Castanea sativa* MILLER) ist der in fast allen Fällen „gedrehte" Stamm mit der von tiefen Längsfurchen durchzogenen Rinde

Die Knospen sind gedrungen, klein, braunrot.

Die Laubblätter sind länglich-lanzettlich, bis 25 cm lang und bis 8 cm breit, am Rand scharf gesägt, oberseits glänzend sattgrün, unterseits blaßgrün.

Die Blüten sind einhäusig und getrenntgeschlechtlich, erst im vollen Laub blühend. Die männlichen Blüten sind zu mehreren in Knäueln vereint und zu 10 bis 20 cm langen, unterbrochenen Kätzchen angeordnet. Die weiblichen Blüten stehen einzeln oder zu 2 bis 3 am Grunde der männlichen Scheinähren, sie sind von einer grünen, mit lanzettlichen, schuppenförmigen Blättchen besetzten Fruchthülle (Capula) dicht umschlossen. Wie bei den Nüssen erfolgt die Bestäubung der Blüten bei der Edel-Kastanie durch den Wind. Anscheinend ist aber die Übertragung der Pollen von den Kätzchen auf die weibliche Narbe durch Insekten für die Ertragsbildung ebenso wichtig. Da männliche und weibliche Blüten dicht beieinander stehen, ist die Pollenübertragung durch Insekten auch unproblematisch. Der Insektenbeflug ist stark, die Blüten der Edel-Kastanien gelten als gute Bienentracht. Aus der Literatur geht hervor, daß es sowohl selbstfruchtbare Sorten gibt, die auch gute Pollenspender sind, als auch wenige selbstunfruchtbare. Unsere speziellen blütenbiologischen Kenntnisse weisen noch Lücken auf.

Die Früchte der Edel-Kastanie sind einsamig, dunkelbraun, glatt und werden zu je 1 bis 3 von der anfangs grünen, später bräunlichgelben, bis faustgroßen, im Herbst vierklappig aufspringenden, außen dicht weichstacheligen Fruchthülle eingeschlossen. Die Edel-Kastanie ist mit der allgemein bekannten Roßkastanie (*Aesculus hippocastanum* L.), die eine eigene Familie bildet, nicht verwandt.

Wichtige Inhaltsstoffe

Die Samen sind reich an Inhaltsstoffen, insbesondere Kohlenhydraten. Stärke und Zucker machen zusammen etwa 50 % aus. Wichtig ist auch der hohe Eiweißgehalt mit etwa 6 %. Der Fettanteil schwankt sortenbedingt und ist standortabhängig, er beträgt 2,5 bis 4,8 %. Der Mineralstoffgehalt liegt bei insgesamt etwa 2 %. Fast die Hälfte davon ist Kalium. Die Phosphorsäure, die in der tierischen wie menschlichen Nahrung nicht selten unzureichend vertreten ist, macht etwa 20 % der Mineralstoffe aus. Darüber hinaus enthalten Edel-Kastanien wie alle Samen die meisten lebenswichtigen Vitamine. Der hohe Nährwert der Früchte ist wohl der Hauptgrund dafür, daß die Edel-Kastanie in vielen südlichen Ländern, und zwar früher mehr als heute, einen untrennbaren Bestandteil der täglichen Kost bildet. Eine Unzahl von Rezepten verdeutlicht ihre Stellung als verbreitetes, wertvolles Nahrungsmittel. Durch den Koch- und Röstprozeß wird die Stärke verzuckert, und die Fruchtmasse nimmt einen leicht süßen Geschmack an.

Anbau

Standortansprüche

Die Edel-Kastanie wächst, extrem negative Standorte ausgenommen, überall in Europa. Um regelmäßig zu fruchten, braucht sie jedoch warme Standorte. Diese sind in Südeuropa, Asien und Nordafrika in der Regel gegeben, bei uns wird man Lagen im Weinbauklima bzw. kleinklimatische Standorte mit mildem Klima bevorzugen. Gefordert werden ferner weitgehend spätfrostfreie Lagen.

Die Edel-Kastanie verlangt tiefgründigen, lockeren, frischen, genügend fruchtbaren Boden. Auf Kalkböden gedeiht sie schlecht. Gut wächst sie auf mäßig sauren Urgesteinsverwitterungsböden. Viele Autoren bezeichnen sie als stark kalkbedürftig. Da es exakte Versuche zur Düngung der Edel-Kastanie bisher anscheinend nicht gibt und alle Vorstellungen über den Mineralstoffanspruch daher mit Vorsicht zu behandeln sind, darf man nach den vorliegenden Erfahrungen leicht saure bis neutrale Böden mit ausreichendem Nährstoffgehalt und genügendem Kaliangebot als zweckmäßig ansehen.

Sorten und Sortenwahl

In südlichen Ländern, in denen die Edel-Kastanie wirtschaftlich eine Rolle spielt, kennt man zahlreiche Sorten, die je nach ihren besonderen Eigenschaften für bestimmte Standorte empfohlen werden. So beschreibt z. B. die Rumänische Pomologie (BORDEIANU und Mitarbeiter 1967) 35 Sorten. Einige davon enthält die nachfolgende Abbildung. Ähnlich wie Rumänien verfügen auch andere Edel-Kastanien anbauende Länder über mehr oder

Edel-Kastaniensamen verschiedener Sorten. Sie unterscheiden sich in Form und Farbe deutlich. Die Unterschiede in der Samenausprägung sind wichtige Merkmale für die Sortenbestimmung.

weniger zahlreiche Sorten. In Ländern mit intensiverem Anbau beschränkt sich die Sortenzahl auf wenige besonders bewährte Sorten. Eine Sortenprüfung für mitteleuropäische Verhältnisse leitete vor einigen Jahrzehnten SOLEMACHER ein. Er nennt die Sorte 'Quatember', die anbauwürdig ist und Anfang bis Mitte August zu reifen beginnt. MÜNCHHAUSEN (bei KÖNEMANN 1943) beschreibt andere französische Sorten: 'Pricose de vannes' bildet einen wüchsigen Baum und bringt bei früher Reife große, außerordentlich gutschmeckende Früchte. 'Doré de Lyon' zeichnet sich bei mäßigem Wuchs ebenfalls durch große und schmackhafte Früchte aus. Ferner werden noch 'Numbo' und 'Paragon' genannt bzw. empfohlen. Die damals begonnenen Sortenprüfungen wurden jedoch nicht weitergeführt.

Heute werden in manchen Baumschulkatalogen Edel-Kastanien angeboten, jedoch ohne Sortennennung. Es handelt sich dabei um kaum definierte, auf ihre Leistungen und Standortansprüche nicht geprüfte Herkünfte. Konkrete Qualitätsanforderungen können aber nur formuliert werden, wenn zugelassene Sorten, die für unsere Verhältnisse geprüft wurden, zur Verfügung stehen. In den meisten südlichen Ländern ist dies der Fall. Es ist dann möglich, das vorhandene Material den jeweiligen Standortbedingungen und Pflegeansprüchen anzupassen. Wenn auch die Edel-Kastanie bei uns und in den Ländern mit ähnlichen Produktionsbedingungen niemals die Bedeutung wie im Süden erreichen wird, so wäre es doch angebracht, zumindest einige für uns aussichtsreiche Sorten aus anderen Ländern einmal zu prüfen, um zu einem brauchbaren Sortiment zu kommen.

Vermehrung

Zur Verbreitung tragen Krähen, Eichelhäher, Eichhörnchen, Siebenschläfer und Mäuse bei, die die Früchte verschleppen. In der Baumschule wird das Saatgut stratifiziert. Dazu schichtet man es im Herbst in feuchtem Sand ein, worin es den Winter über verbleibt. Im Frühjahr sät man die so vorbehandelten Samen in 20 cm x 20 cm Entfernung unmittelbar ins Freiland. Die Sämlinge werden nach dem ersten Standjahr verschult. Die Veredlung erfolgt ähnlich wie bei Walnüssen durch Übertragung von Rindenringen (Ringokulation). Pfropfen oder normales Okulieren ist möglich, wird aber nur selten angewandt. Edel-Kastanien lassen sich auch durch Stockausschläge vermehren, die man den Mutterpflanzen entnimmt, aufschult, veredelt und weiterkultiviert, bis ein pflanzwürdiger Baum entstanden ist. Die unveredelte Edel-Kastanie hat bei dem heutigen Stand des Obstbaues keine Existenzberechtigung mehr.

Pflanzung

Bei der Pflanzung von Beständen sollen Baumabstände von 15 bis 20 m gewählt werden. Es werden Baumgruben von etwa 1 m x 1 m Fläche und 60 cm Tiefe ausgehoben. Den Aushub reichert man mit Kompost und 1 kg eines Volldüngers an. Nach dem Pflanzen wird das Erdreich eingeschlämmt, um einen zuverlässigen Bodenschluß zu erreichen. Auch während der Anwachsphase wird bei Trockenheit regelmäßig bewässert. Der junge Baum erhält zur besseren Stabilisierung einen Pfahl.

Sofern es sich nicht um einwandfrei selbstfruchtbare Sorten handelt, wird man mindestens drei Sorten zusammenpflanzen, um die Befruchtung zu sichern.

Veredeltes Pflanzgut ist oft stark verzweigt und daher zu dicht, man entfernt bei der Pflanzung alle Triebe, die in der sich entwickelnden Krone keinen Platz finden. Zu lange Triebe werden zurückgeschnitten.

Pflegemaßnahmen

Bodenpflege und Düngung

Verallgemeinerungswürdige Erfahrungen liegen für unser Gebiet nicht vor. Es dürfte zweckmäßig sein, zumindest bei jungen Bäumen größere Baumscheiben um den Stamm ständig offen zu halten, Bewässerung ist bei Trockenheit vor allem während der Jugendentwicklung anzuraten. Edel-Kastanien wird man etwa wie Apfelbäume düngen, dabei ist auf ausreichende Kaliversorgung zu achten. Kalkdüngung ist anscheinend nur auf sehr sauren Böden notwendig und zweckmäßig.

Schnitt

Der Schnitt der Edel-Kastanie beschränkt sich auf regelmäßiges Auslichten, er wird um so kräftiger sein, je stärker der Wuchs ist. Zu dichte Kronen behindern die Fruchtbildung und Fruchtreife.

Pflanzenschutz

Wirtschaftlich wichtige Krankheiten oder Schädlinge wurden in unserem Gebiet bisher nicht beobachtet. In den Hauptanbauländern sind die durch *Phytophthora*-Arten ausgelösten Erkrankungen Kastanien-Krebs und Tintenkrankheit z. T. stark verbreitet.

Ernte und Lagerung

Die Ernte beginnt im Oktober und dauert bis Mitte November. Infolge des späten Erntetermines reifen die Edel-Kastanien bei uns nicht immer voll aus. Dort, wo Sorten zur Verfügung stehen, sollte man daher auf frühreifende zurückgreifen.

Manchmal wird empfohlen, die Früchte, bevor sie von selbst abfallen, durch Abschlagen abzuernten, zum Nachreifen auf Haufen zu bringen und mit Laub abzudecken. Die Früchte müssen in einem solchen Fall dann möglicherweise mit einem Holzhammer aus den Hülsen geklopft werden. Vollreife Früchte fallen von selbst, die Hülsen springen dabei auf.

Geerntete Kastanien werden auf luftige Speicher gebracht und in dünner Schicht auf Roste zum Trocknen ausgelegt. Erst wenn sie lufttrocken geworden sind, kann man sie höher schütten.

Sie halten sich bei richtiger Trocknung bis zum Frühjahr und länger. Man kann mit 50 bis 100 kg Ertrag je Baum rechnen.

Nutzung

Die Masse der Kastanien wird bei uns über Feuer in durchlöcherten Pfannen geröstet («Heiße Maronen») und so gegessen. In südlichen Ländern werden sie auch mit in das Brot gebacken oder als Mehl zur Herstellung von Kastanienpolenta verwendet. In Wasser gekocht oder im Backofen gedämpft, werden sie oft anderer Nahrung beigefügt. Auch Öl läßt sich aus Kastanien pressen.

Die größten Mengen dienen wahrscheinlich nicht der menschlichen, sondern der tierischen Ernährung. In Kastanienwälder eingetriebene Tiere, insbesondere Schweine und Rinder, lesen die zu Boden gefallenen Kastanien auf und erhalten so ein gutes Mast- bzw. Milchfutter.

Das Holz gehört zu den Kernhölzern und liefert wertvolles Nutzholz. Zugleich enthält es wie die Rinde reichlich hydrolysierbare Gerbstoffe und wird unentrindet zu Gerbextrakt verkocht.

Die Nektarien am Grunde der männlichen Einzelblüten sondern reichlich Nektar ab, außerdem ist die Edel-Kastanie ein wichtiger Pollenspender für die Bienen. Der typische dunkelbraune Edelkastanien-Honig hat ein herbes Aroma und einen kräftigen Geschmack und ist sehr pollenreich (10 000 bis 100 000 Pollen/g Honig).

Abschließende Beurteilung

Edel-Kastanien unter ökonomischen Bedingungen bei uns anbauen zu wollen, wäre schon wegen des sehr späten Ertragsbeginnes und einer gewissen Ertragsunsicherheit nicht zu empfehlen. Unabhängig davon sollte man Edel-Kastanien aber verstärkt dort pflanzen, wo man sich an einem schönen Baum erfreuen möchte. Das ist nicht nur in Parkanlagen der Fall. Auch in großen Gärten, als Beschattung für den Ruheplatz und dort, wo sich der Baum in die Landschaft gut eingliedert (auf dem Dorfanger, um Viehweiden, als Windschutz, an Flußläufen oder Promenadenwegen), sollte man bei Bepflanzungen an die Edel-Kastanie denken. Der Baum wächst in der Jugend langsam, er kann aber mehrere hundert Jahre alt werden. Die Früchte sind in Südeuropa Nahrungsmittel, bei uns eine Delikatesse, besonders geröstet («Maronen») und als Beigabe zu Gerichten.

Feige

Wissenschaftlicher Name *Ficus carica* L.
Synonym Ficus communis LAM.
Familie Maulbeergewächse (*Moraceae*)
Namen in anderen Sprachen

albanisch	fik
bulgarisch	smokinja
dänisch	figentrae
englisch	fig tree, common fig tree, cultivated fig tree; fig (Frucht)
finnisch	aito viikuna
französisch	figuier, figuier cultivé, figuier commun, figuier comestible; figue (Frucht)
italienisch	fico (Frucht)
niederländisch	vijgeboom
norwegisch	fiken
polnisch	figowiec, figa pospolita
portugiesisch	figueira, figo (Frucht)
rumänisch	smochin, smokvon
russisch	inzhir, figovoe derevo, smokva, smokovnica
schwedisch	fikonträd
serbokroatisch	smokva
slowakisch	figovnik
spanisch	higuera, higuera breval, sicomoro; higo (Frucht)
tschechisch	fikovnik, smokvoň
ungarisch	édes fügeva

Biologische Grundlagen

Herkunftsgebiete und natürliche Verbreitung

Die Feige hat ihre Heimat im Mittelmeergebiet und in den angrenzenden Ländern sowie in Vorderasien. Funde ergaben, daß sie schon im Tertiär dort vertreten war. Da sie zu den schon lange bekannten Obstlieferanten gehört, war sie frühzeitig im gesamten Mittelmeerraum verbreitet. Von ihrer Heimat kam die Feige in fast alle tropischen und subtropischen Gebiete der Erde. 1520 gelangte sie auf die Westindischen Inseln, im Jahre 1579 in das Gebiet der heutigen USA und 1769 nach Kalifornien, wo ab 1899 ein intensiver Anbau von Smyrnafeigen einsetzte. Heute ist die Feige in fast allen subtropischen Ländern zu Hause. Obwohl die Feige sehr wärmeliebend ist, drang sie auch weiter nach Norden vor. In der gemäßigten Zone beschränkt sich ihr Vorkommen jedoch auf klimatisch geschüzte, milde Standorte. Das betrifft auch noch kleine Wärminseln in Südwest-England. In der DDR stehen Feigenbäume z. B. in der Orangerie des Schlosses Sanssouci. Auch im Elbtal kommen sie gelegentlich vor. Im Süden der Bundesrepublik Deutschland, so z. B. im Bodenseegebiet, sind Feigenbäume im Freiland keine Seltenheit. Während kälterer Winter frieren sie zwar meist weitgehend ab, sind aber vital genug, um immer wieder aus der Wurzel zu regenerieren. Die in längeren Abständen, aber doch ziemlich regelmäßig auftretenden Frostschäden führen dazu, daß sich kein dauerhafter Stamm bildet, sondern die Feige zumindest dort, wo sie nicht zuverlässig vor starker Kälte geschützt ist, sich als Busch entwickelt.

Kulturgeschichtliche Bedeutung

Die Feige spielte im Altertum für die Ernährung im Mittelmeerraum eine wichtige Rolle. Selbst älteste Schriften rühmen die Qualität der Früchte. Als Krösus gegen die Perser rüstete, sprach ein Lydier zu ihm: «König, du bereitest dich zu einem Feldzug gegen Leute, die keinen Wein trinken, keine Feigen, noch sonst etwas Gutes essen» (HERODOT I. 71. Athen. III. 5). Dieser Ausspruch charakterisiert die Bedeutung der Feige. Weinstock und Feige galten im Altertum als die edelsten Gewächse, ihre Früchte zählte man zu den «königlichen» (JOSEPH B. J. III. 10,8). Die Griechen erbaten von den Göttern:

«Reichtum zu verleih'n dem hellenischen Volk,
daß alle zumal viel Gerste erbau'n
und die Fülle des Weins und Feigen zum Schmaus.»
ARISTOPH. Pax 1320

Im alten Rom gehörten die Feigen zu den Geschenken, die man sich am Feste des Janus gegenseitig machte, um anzudeuten, «daß im neuen Jahr kein trauriges Ereignis erlebt werden möge». Ob allerdings die bei uns noch oft zu beobachtende Sitte, zum Weihnachtsfest auch getrocknete Feigen zu schenken, auf diesen uralten römischen Brauch zurückzuführen ist, sei dahingestellt.

Den Juden war der Feigenbaum heilig, sie verrichteten unter ihm ihre Gebete. Glaube, Sage und Geschichte der Römer sind seit frühester Zeit mit dem Feigenbaum und seinen Früchten verbunden (MAGERSTEDT 1861).

Die Lobpreisungen der Feige findet man bei allen alten Völkern des Orients und des Mittelmeerraumes, und die zahlreichen Hinweise zum Feigenanbau und seiner kulturellen Bedeutung aus dieser Zeit könnten ein Buch füllen.

Die Kultur der Feige in Italien ist uralt, allerdings kannte man dort nicht so viele Sorten und Namen wie im alten Griechenland. CATO nannte 8 Sorten, COLUMELLA 10, PLINIUS 29. Die Aufzählung allein der Namen, die ohne Sortenbeschreibung erfolgt, sagt uns zwar nicht allzuviel, veranschaulicht aber doch die zunehmende Bedeutung der Feige.

Schon im Altertum unterscheidet man zwischen asiatischen, afrikanischen und europäischen Arten in vielen Sorten. Sie sind in der römischen und griechischen Literatur von zahlreichen Autoren so ausführlich beschrieben worden, daß der Botaniker auch heute noch ein genaues Bild erhält. Im nördlichen Europa spielte im Altertum die Feige aus klimatischen Gründen verständlicherweise keine Rolle. Erwähnt sei nur, daß es damals sicher schon möglich war, getrocknete, gut haltbare Feigen über große Entfernungen hinweg zu transportieren. Der Feigenexport dürfte nicht sehr umfangreich gewesen sein, aber man kann annehmen, daß die Römer auf ihren Feldzügen nach Gallien, Germanien und England auch Feigen mitbrachten.

Stand des internationalen Anbaues

Das Angebot an Feigen, die meist in getrocknetem Zustand auf den Markt kommen, stammt heute fast ausschließlich aus dem Mittelmeergebiet. Der wichtigste Exporteur dürfte die Türkei sein, die unter der Handelsbezeichnung «Smyrna-Feigen» einige Spitzensorten auf den Markt bringt. Es folgt Griechenland mit seinem Hauptanbaugebiet im Süden des Peloponnes. Weitere wichtige Erzeugnisgebiete gibt es in Italien, Spanien, Marokko und Algerien. In Übersee spielt Kalifornien als Feigenproduzent eine große Rolle. Auch gewinnen Anbaugebiete in Südafrika und Australien an Bedeutung. Die Weltproduktion an Feigen beträgt jährlich etwa 1 Mill. t, sie ist seit Anfang der 60er Jahre, wo noch 1,5 Mill. t erzeugt wurden, stark rückläufig (STENZ 1981).

Morphologische Merkmale

Der Feigenbaum kann bis etwa 10 m hoch werden. Die Äste entspringen dicht über dem Boden an einem nur kurzen, dicken Stamm. Feigenbäume nehmen oft eine bizarre Gestalt an, besonders wenn Teile des brüchigen, auch sehr frostanfälligen Astgerüstes verlorengehen und dafür andere Kronenpartien um so stärker weiterwachsen. Bei plantagenmäßigem Anbau werden die Bäume der besseren Ernte und Pflege wegen niedrig gehalten. Die Bestände ähneln in der Größe und im Habitus der Gehölze etwa unseren heckenförmig erzogenen Süßkirschen, ohne allerdings streng formiert zu sein. Feigen sind laubabwerfend, unter milden Klimabedingungen der Subtropen oft auch immergrün.

Die langgestielten, großen, dunkelgrünen, unterseits behaarten Blätter sind meist 5-, gelegentlich auch 3- oder 9lappig und an den Rändern leicht gewellt.

Alle Teile des Baumes werden von Milchröhren durchzogen. Selbst die wachsenden Früchte enthalten einen ätzenden Milchsaft, der sie ungenießbar macht.

Die kleinen Blüten stehen in großer Zahl in einem urnenförmig gestalteten, am Ende mit einer kleinen Öffnung versehenen, fleischigen Blütenstand.

Die Feigenfrucht ist ein Sammelfruchtstand, die anfangs flache Achse des Blütenstandes verbreitert sich, dabei wachsen die Randpartien nicht mit, und das Wachstum ist auf der Unterseite stärker als auf der Oberseite. Auf diese Weise entsteht ein birnenförmiger Krug, der viele kleine Blüten einschließt. Am Scheitel ist der Krug durch Schuppenblätter oder sterile Blüten verschlossen. Aus den fertilen Blüten entwickeln sich kleine Nußfrüchte, die in der Feige enthaltenen «Kerne». Die Scheinfrüchte sind je nach Sorte birnen- oder kugelförmig, etwa 3 bis 10 cm lang, mit einem Durchmesser von 2,5 bis 5 cm. Die reife Feige ist frei von Milchsaft. Die Fruchtfarbe schwankt zwischen gelb, grün, rotviolett, rosa bis dunkelviolett und fast schwarz. Das Fruchtfleisch ist weiß, goldgelb oder rötlich bis violett gefärbt. Die Früchte stehen paarig oder einzeln in den Blattachseln der Jahrestriebe oder am vorjährigen Holz. In einem Jahr können mehrere Blüten- und Fruchtgenerationen, meist zwei bis drei, auftreten, so daß sich während der Vegetationszeit oft Blüten und dazu mehr oder weniger reife Früchte an einem Baum befinden.

Interessant sind die Befruchtungsverhältnisse der Feige. Man unterscheidet die Bocks- oder Ziegenfeige (*Ficus carica* L. var. *caprificus* Risso), die nur männliche und kurzgriffelige weibliche Blüten hervorbringt und daher auch als männliche oder «wilde Feige» bezeichnet wird. Die Ziegenfeige gilt als Primitivform der Kulturfeige. Die Blütenstände der Kulturfeige enthalten neben einigen sterilen weiblichen Blüten ausschließlich langgriffelige weibliche Blüten. Im Sortiment der Feigensorten trennt man die Gruppe der einmal und der mehrmals im Jahr tragenden voneinander ab. Man unterscheidet analog auch Sommer- und Herbstfrüchte.

Nur wenige Sorten können ohne Befruchtung der Samenanlagen Früchte bringen (Parthenokarpie). Die meisten bedürfen der Befruchtung durch die Feigengallwespe (*Blastophaga psenes* L.). Die Wespe sucht die Blütenstände auf, um ihre Eier in die Ovarien der Blüten abzulegen. Das gilt nur für die kurzgriffeligen Ziegenfeigen, nicht jedoch für die langgriffeligen Kulturfeigen. In den sogenannten «Gallblüten» entwickeln sich die Larven bis zur Verpuppung. Dabei wird die Samenanlage zerstört, und der Fruchtknoten bildet sich zu einer Galle um, in der das weibliche Insekt von dem früher schlüpfenden Männchen befruchtet wird. Beim Verlassen des Blütenstandes streift die Wespe die an der Mündung stehenden männlichen Blüten, belädt sich dabei mit Pollen und trägt diesen beim Aufsuchen jüngerer Blütenstände zur Eiablage auch zur Kulturfeige. Dieser Vorgang (Caprification) war schon im Altertum bekannt, und bereits Aristoteles (384 bis 322 v. d. Z.) empfahl das Einhängen von *Caprificus*-Zweigen in Kulturfeigen zur Sicherung der Befruchtung. Heute pflanzt man dazu eine Ziegenfeige zu etwa 100 Kulturfeigen. Auch strebt man an, Sorten zu züchten, die zur Parthenokarpie neigen und daher keiner Befruchtung mehr bedürfen.

Feigenbäume tragen meist vom 8. Standjahr ab. Die Ernten sind dann bis etwa zum 40. Jahr hoch, um anschließend wieder abzusinken. Die Bäume selbst können 100 Jahre und älter werden.

Die parthenokarpe Fruchtbildung läßt sich durch Wachstumsregulatoren fördern, auch die normalerweise auf Befruchtung angewiesenen Sorten bringen nach derartigen Behandlungen (z. B. mit Auxinen oder Gibberellinen) mehr parthenokarpe Früchte. Mit Hilfe von Phenoxyessigsäure u. a. Wachstumsregulatoren läßt sich außerdem die Entwicklungszeit der Früchte deutlich abkürzen.

Wichtige Inhaltsstoffe

Feigen werden vorwiegend wegen ihres guten Geschmacks gegessen. Vitaminträger z. B. im Sinne der Orange, Zitrone oder auch Edel-Eberesche sind sie nicht. Der ernährungsphysiologische Wert besteht vor allem im hohen Gehalt an schnell verdaulichem Fruchtzucker. Nachfolgende Tabelle informiert über die verschiedenen Inhaltsstoffe:

Inhaltsstoffe der Feige
(mittlere Gehalte in 100 g eßbarem Anteil (ohne Schalen), nach Lebensmittel-
lexikon 1981)

Frische Feigen		Getrocknete Feigen
in Gramm		
Eiweiß	1,3	3,54
Fett	0,5	1,30
Kohlenhydrate	15,7	61,50
Mineralst.	0,7	2,38
in Milligramm		
Karotin	0,048	0,051
Vitamin B_1	0,06	0,12
Vitamin B_2	0,05	0,085
Nikotinsäureamid	0,50	1,5
Vitamin C	3,3	–

Anbau

Standortansprüche

Feigen passen sich an unterschiedliche Klimate gut an. Sie gedeihen unter
tropischen, subtropischen und wintermilden, gemäßigten Bedingungen.
Allerdings ist die Fruchtungstendenz stark vom Klima abhängig und daher
sehr unterschiedlich. Am günstigsten für die Feige ist der Klimaablauf im
Mittelmeergebiet. Dort ist auch noch ein deutlicher Sommer-Winter-
Rhythmus ausgeprägt, der in subtropischen und besonders in tropischen
Gebieten verlorengeht.
Da Feigenbäume im Ruhezustand auch tiefere Temperaturen noch gut ver-
tragen, kann der Anbau bei entsprechenden Schutz- und Behandlungsmaß-
nahmen in klimagünstigen Gebieten auch bei uns noch erfolgreich sein.
Allerdings kommt für uns ein Anbau für die Marktbelieferung nicht in
Frage. Wichtig ist, daß die Feige im Herbst viel Sonne und Wärme be-
kommt. Diese Forderung wird in unseren Weinbaugebieten meist erfüllt.
Die Feige ist nicht sehr wählerisch, es können alle Böden genutzt werden,
die einigermaßen tiefgründig sind und über eine gleichmäßige Wasserver-
sorgung, vor allem während der Zeit der Fruchtentwicklung, verfügen. Auf
leichten Böden ist Zusatzbewässerung notwendig. Als erforderliche jährliche Niederschlagsmenge werden 600 mm angegeben.

Sorten und Sortenwahl

Da die Feige in unseren Baumschulen kaum gehandelt wird, ist man bei
der Beschaffung von Pflanzgut auf botanische Gärten, Parkgärtnereien und
ähnliche Lieferanten angewiesen. Sorten zu empfehlen, dürfte nicht sinnvoll sein, weil sie im gegebenen Fall doch kaum beschafft werden können.
Von den Hunderten von Sorten, die in feigenanbauenden Ländern bekannt

sind, werden zur industriellen Erzeugung immer nur wenige, die in den wesentlichen Punkten den geforderten Eigenschaften entsprechen, angebaut.

CONDIT (1941) teilt die Feigen in drei Gruppen ein:

Smyrna-Typ: Reife nur nach Bestäubung, unbefruchtete Feigen trocknen ein. Im Anbau sind die Sorten 'Sari Lob', 'Kassaba' und 'Bardajik'.

Adriatischer Typ: Diese Sorten brauchen keine Bestäubung durch die Ziegenfeige, sie entwickeln sich parthenokarp bis zur Vollreife. Dazu gehören u. a. 'Dottato' und 'Trojano' aus Italien, 'Fraga' aus Spanien, 'Adriatic' und 'Mission' aus Kalifornien.

San Pedro-Typ: Die Gruppe nimmt eine Mittelstellung ein, indem die erste Fruchtgeneration ohne, die zweite nur mit Befruchtung zur vollen Reife gelangt. Diese Sortengruppe hat keine wesentliche kommerzielle Bedeutung.

Der Interessent, der sich Feigenbäume in seinen Garten pflanzen möchte, wird wegen der Parthenokarpie die Sorten der 2. Gruppe bevorzugen. Am besten dürfte es sein, sich die Bäume aus südlichen Ländern, wo Erfahrungen mit dem Feigenanbau vorliegen, zu beschaffen. Die gelegentlich bei uns in Gewächshäusern anzutreffenden Feigen sind meist unkontrollierbarer Herkunft, und man kann daher über die Eignung für den Freilandanbau nichts aussagen.

Vermehrung

Um sortenechte Pflanzen zu bekommen, bedarf es der vegetativen Vermehrung. Bewährt hat sich die Gehölzanzucht aus 20 bis 30 cm langem, sich leicht bewurzelndem Steckholz, das von zweijährigen oder ausgereiften einjährigen Trieben im Winter gewonnen und bis zum Stecken im Frühjahr eingeschlagen wird. Nach einjährigem Stand im Vermehrungsquartier erhält man, besonders wenn es möglich ist, das Sprühverfahren anzuwenden, gut bewurzelte, pflanzfertige Gehölze.

Auch die Veredlung in Form der Okulation ist möglich. Als Unterlagen werden starkwüchsige Sämlinge von *Ficus carica* L. oder *Ficus sycomorus* L. verwendet.

Pflanzung

In Anbauländern werden die Feigenkulturen ähnlich wie bei uns die Apfelbäume in Rechteck- oder Quadratpflanzungen angeordnet. Die Abstände betragen dabei je nach Sortenwüchsigkeit 6 bis 12 m. Zur Pflanzung wird der Boden gut vorbereitet, d. h. mit Kompost und geringen Mengen eines Mineraldüngers angereichert. Für Einzelpflanzungen genügen Pflanzgruben von 50 cm × 50 cm Fläche und 40 cm Tiefe. Nach der Pflanzung ist gut anzugießen. Auch während der Anfangsentwicklung ist auf regelmäßige Wassergaben zu achten. Möglicherweise ist ein Windschutz angebracht.

Pflegemaßnahmen

Bodenpflege und Düngung sowie Winterschutz

Während der Vegetationsperiode wird der Boden mehrfach gelockert und unkrautfrei gehalten. Doppelnutzung des Bodens ist abzulehnen, jedoch kann die Einsaat von Gründüngungspflanzen, die im Herbst in den Boden einzuarbeiten sind, empfohlen werden. In Trockenzeiten ist Zusatzbewässerung anzuraten, wobei Termine und Höhe der Gaben dem Witterungsverlauf anzupassen sind. Zuviel Feuchtigkeit schadet.

In Gebieten mit tiefen Wintertemperaturen müssen die Gehölze im Winter abgedeckt werden. Man kann so lange warten, bis der Wetterbericht strengere Fröste ansagt. Unter Schilfmatten, Fichtenreisig oder Folie geschützte Feigen vertragen Temperaturen bis unter $-25\,°C$ ohne Schaden.

Bei der Düngung der Feigenbäume ist zu berücksichtigen, daß sie relativ viel Kali und Phosphor, dagegen nur wenig Stickstoff verlangen. REBOUR (1968, bei STENZ 1981) empfiehlt jährliche Nährstoffmengen je ha von 80 kg N, 44 kg P und 42 kg K. Auf den einzelnen Baum bezogen, dürften das etwa 200 bis 400 g N und je 150 bis 200 g P bzw. K sein.

Schnitt

Beim Erziehungsschnitt werden die jungen Bäume auf die gewünschte Stammhöhe angeschnitten. Von den Ästen 1. Ordnung beläßt man 3 bis 4. Leichter Rückschnitt vor dem Frühjahrsaustrieb fördert die Seitentrieb- und auch die Blütenbildung. Schneidet man Feigensorten, die nicht nur eine Fruchtgeneration im Jahr haben, so ist zu beachten, daß die Sommerfrüchte am vorjährigen Holz, die Herbstfrüchte an dem Trieb des gleichen Jahres entstehen. Die größte Anzahl der Früchte bildet sich immer am mittleren Teil des Triebes. Völlig entfernt werden den Kronenaufbau störende, zu alte, abgetragene und kranke sowie abgestorbene Triebe.

Zweckmäßig sind Stammhöhen von nur 20 bis 30 cm. Die buschartige Erziehung erleichtert die Pflege- und Erntearbeiten. In unserem Klima ist ein niederer Stamm auch deswegen von Vorteil, weil in sehr kalten Wintern die Bäume doch einmal zurückfrieren, sie treiben dann aber ziemlich regelmäßig und willig aus dem bodennahen, vom Schnee geschützt gewesenen Stammteil wieder aus. Die Kronen älterer Bäume werden nur reguliert, wobei darauf zu achten ist, daß sie nicht zu dicht werden. Eine Verjüngung älterer, vergreister Bäume ist gut möglich, auch Umveredlungen sind durchführbar.

Pflanzenschutz

Die Schaderreger werden ihrer wirtschaftlichen Bedeutung nach geordnet. Die Feige wird in den Hauptanbaugebieten von zahlreichen Krankheiten und Schädlingen heimgesucht.

Unter den Pilzkrankheiten findet man vor allem die *Corticium*-Krankheit (*Corticium salmonicolor* B. et BR.) Auf abgestorbenen Zweigen bilden sich die charakteristischen rotgefärbten Fruchtkörper des Pilzes.

Besonders in Italien tritt ferner die Gummose (*Bacterium fici* CAVARA) auf.

Sie ist durch längliche braune Flecken auf jungen, später absterbenden Zweigen charakterisiert.

Beide Krankheiten müssen durch regelmäßige Kontrolle und Ausschneiden befallener Astpartien ständig bekämpft werden. Völlig befallene Bäume sind zu roden, ebenso wie solche, die von der Wurzelfäule (*Phymatotrichum omnivorum* [SHEAR] DUGGAR) geschädigt sind.

In luftfeuchten Anbaugebieten spielt der Feigenrost (*Kuehneola fici* [CAST.] BUTL.) eine Rolle. Bei starkem Befall kommt es zur völligen Entlaubung der Bäume. Man bekämpft den Rost durch in etwa 14- bis 30tägigen Abständen zu wiederholende Behandlungen mit Kupferpräparaten und organischen Fungiziden. Auch eine Doppelbehandlung, die sich gegen Feigenrost, Milben und Fruchtfliegen richtet, wird empfohlen. In Ägypten werden dazu Schwefel + Dicofol oder Chlorbenside + Trichlorphon oder Lindan verwendet (BOULOS 1968, bei FRÖHLICH 1981).

Feigenkrebs (*Macrophoma fici* ALM. et CAM.) spielt in Nordamerika eine Rolle. Er infiziert Äste wie Früchte. Die Rinde der Äste löst sich unter Zersetzung ab, die Früchte verfaulen.

Weitere Fruchtfäulen sind durch *Fusarium moniliforme* var. *fici* CALDIS, *Tubercularia fici* EDG. und *Sporodesmium sp.* zu befürchten. Man bekämpft die Krankheiten durch mehrfache Spritzungen mit organischen Fungiziden während der Fruchtentwicklung.

Auch tierische Schaderreger befallen in großer Zahl die Feige. Von Bedeutung sind die auch an unseren Zierformen häufigen Schild- und Schmierläuse. Sie bilden an den Zweigen die charakteristischen Schilde bzw. wachsartige weiße Beläge. Ihre Saugtätigkeit schadet sehr, und bei Massenauftreten verzögert sich das Wachstum, es kommt auch zur Frühreife der Früchte.

Eine wichtige Rolle spielen dabei die Feigenwachsschildlaus (*Ceroplastes rusci* L.) und die Feigenschildlaus (*Lepidosaphes conchiformis* GMEL.). Die Läuse werden mit ölhaltigen Spritzpräparaten bekämpft. Für den Kleinanbau sind Systeminsektizide geeignet (FRÖHLICH, bei FRANKE 1981).

In Vermehrungsbeeten entstehen oft Schäden durch Wurzelgallen-Nematoden (*Meloidogyne spp.*) und Erreger von Wurzelfäulen (Pilze der Gattung *Phymatotrichum*). Als Bekämpfung ist die Bodenentseuchung mit Dampf (vor der Bepflanzung) oder die chemische Entseuchung angezeigt.

Heranwachsende Bäume können der Feigenborkenkäfer (*Hypoborus ficus* ER.), der Käfer *Batocera rufomacula* De G., dessen Larven im Stamm bis zur Wurzel vordringen, sowie der Feigenbohrer (*Azochis gripusalis* WLK.) schädigen. Als wichtigste Form der Bekämpfung ist das regelmäßige Entfernen abgestorbener und kranker Äste zu nennen. Auch durch wiederholte Spritzungen mit Promecarb und Fenithrothion u. a. Präparaten sind nach FRÖHLICH (1981) Erfolge zu erwarten.

Feigenblätter und Früchte werden von den Raupen des Schädlings *Simaethis nemorana* HBN. benagt.

Die Mittelmeerfruchtfliege (*Ceratitis capitata* WIED.) kann reifende Früchte total schädigen.

Getrocknete Früchte werden nicht selten von der Feigenmotte bzw. Dattelmotte (*Ephestia figulilea* GREGS.; *Ephestia cautella* WLK.) befallen.

Ernte und Lagerung

Der Behang eines Feigenbaumes in den Hauptanbaugebieten während der Zeit des Vollertrages wird mit etwa 100 kg frischen Feigen je Baum, das sind 30 bis 40 kg getrocknete Früchte, angegeben. Sie werden gepflückt oder auch maschinell geschüttelt. Die Feigen werden entweder roh gegessen oder auf Schnüre aufgezogen und in einem luftigen Raum getrocknet. Auch spezielle Heißluftöfen dienen der raschen Trocknung. Der Großerzeuger preßt die getrockneten Feigen meist noch in eine verpackungsgerechte Form. Die Lagerung erfolgt in kühlen, trockenen Räumen bei etwa $+7\,°C$ und 60 % relativer Luftfeuchte.

Nutzung

Die größte Menge der Feigen kommt als Trockenfrucht auf den Markt. Feigen lassen sich vielseitig verwenden. Man kann sie roh essen oder wie Mandeln, Nüsse und Gewürze zu Gebäck verarbeiten. Feigensaft eignet sich zur Herstellung insbesondere von Wein, der, auch von getrockneten Feigen bereitet, recht gut schmecken kann. Die Industrie verarbeitet Feigen zu Marmeladen, Konserven, Feigenpasten usw. Nicht unbekannt war noch zur Zeit unserer Eltern das «Karlsbader Kaffeegewürz», das vorwiegend aus getrockneten, besonders zubereiteten Feigen bestand. Weitere Hinweise siehe im Rezeptteil.

Abschließende Beurteilung

Der Feigenanbau für die Marktbelieferung scheidet unter unseren Klimabedingungen aus. Es ist jedoch zu empfehlen, an günstigen Standorten, etwa an Mauern, Hauswänden oder auch im Weinberg, ferner dort, wo man mit künstlichen Mitteln Schutz schaffen kann, wie z.B. an Wänden von Orangerien, als Hobby einige Feigenbäume anzupflanzen. Sie bringen dort in günstigen Jahren auch einen Ertrag. Teilweise ist es auch üblich, Feigen als Kübelpflanzen zu halten und in Kalthäusern zu überwintern.

Gold-Johannisbeere

Andere deutsche Namen: Goldribisl, Goldtraube
Wissenschaftlicher Name: *Ribes aureum* PURSH
Synonyme: Ribes tenuiflorum LINDL., Ribes palmatum DESF.
Familie: Steinbrechgewächse (*Saxifragaceae*)
Namen in anderen Sprachen:

bulgarisch	zlatisto frensko grozde
englisch	golden currant, american black currant
französisch	groseillier doré
niederländisch	goud aalbes
polnisch	porzeczka ztota
rumänisch	coacaz auriu
russisch	smorodina zolotistaja
tschechisch	meruzalka zlatá
ungarisch	köszeméte alany, aranyribiszke

Biologische Grundlagen

Herkunftsgebiete und natürliche Verbreitung

Die Gold-Johannisbeere ist im westlichen Nordamerika beheimatet, wo sie im Gebiet zwischen Washington und Kalifornien und östlich bis zu den Rocky Mountains vorkommt. Außerdem ist sie in Saskatchewan, Süddakota und Neumexico verbreitet.

Kulturgeschichtliche Bedeutung

Die Art ist seit 1806 in den USA in Kultur. Es wurde vor allem die Sorte 'Crandall' in den Gegenden angebaut, wo die Kultur der Schwarzen Johannisbeere als Wirtspflanze des Säulenrostes (*Cronartium ribicola* FISCH.), welcher bei der Weymouthskiefer den Blasenrost auslöst, verboten war. 1872 wurde dieser winterharte Frühblüher als Zierstrauch in Europa eingeführt.

Stand des internationalen Anbaues

Als Obstgehölz erlangte der Strauch außerhalb der USA auch in der UdSSR eine gewisse Anbaubedeutung und zählt dort mit zu den züchterisch bearbeiteten Obstarten. Sonst ist das Gehölz meist nur in der Baumschule (Beerenobstunterlage) sowie in der Garten- und Landschaftsgestaltung bekannt. Es wird auch in Schutzpflanzungen und zur Hangbefestigung verwendet.

Morphologische Merkmale

Als steif aufrecht wachsender Strauch wird das Gehölz bis 3 m hoch und ist dicht verzweigt. Die jungen Triebe sind feindrüsig behaart. Das Blatt ist während des Austriebes mehlig bestäubt.

Die 3- bis 5lappigen, hellgrünen Blätter ähneln in der Form großen Stachel-
beerblättern und zeigen im Herbst eine rote Laubfärbung. Der Blattrand ist
gewimpert.

Die gelben, angenehm duftenden Blüten stehen in Trauben mit 5 bis
15 Einzelblüten und blühen ab April. Aus ihnen entwickeln sich erbsengroße, meist schwärzliche Beeren, welche im Juni folgernd reifen und der
Schwarzen Johannisbeere ähneln. Durch die dünne, durchscheinende
Schale sind die kleinen Samen der herbsäuerlichen Frucht meist von außen
sichtbar, sie machen 20 % der Fruchtmasse aus. Die Kelchblätter sind auf
der reifen Frucht als deutlich ausgebildeter Zipfel erhalten.

Wichtige Inhaltsstoffe

Bemerkenswert ist der relativ hohe Gehalt der Früchte an Vitamin A (Karotin) von etwa 6 mg/100 g, die Angaben über den Vitamin-C-Gehalt schwanken von 50 bis 150 mg/100 g. Die Gehalte an organischen Säuren erreichen
bis zu 2 % und an Mineralsalzen bis zu 1 %, wobei die Frucht besonders ka-
liumreich ist.

Anbau

Standortansprüche

Das Gehölz ist anspruchslos an Boden und Klima. Dort, wo die Schwarze
Johannisbeere infolge hoher Temperaturen oder fehlender Boden- und
Luftfeuchtigkeit keine zusagenden Wachstumsbedingungen mehr vorfindet
und deshalb versagt, gedeiht die Gold-Johannisbeere als frost- und trocken-
heitsresistente Art noch gut.

Sorten und Sortenwahl

Das Sortiment ist international noch sehr begrenzt, obwohl einige Sorten
der Gold-Johannisbeere bzw. der sehr ähnlichen Art *Ribes odoratum*
WENDL. schon seit Jahrzehnten existieren.

In der Sowjetunion führte MICHURIN die Sorte 'Crandall' aus den USA ein,
begann mit der Züchtung und gab die Sorte 'Sejanec Crandallja', welche
orangefarbene, rote und schwarze Früchte ausbildet, heraus. Seitdem wurden vor allem aus dem Zentralen Genetischen Laboratorium Mitschurinsk
und aus Usbekistan weitere Sorten bekannt. Sie unterscheiden sich in
Größe, Farbe und Festigkeit der Frucht: 'Undina', 'Purpur' (rot), 'Shafran'
(gelb), 'Plotnomjasaja' (fest), 'Uzbekskaja Sladkaja' (süß), 'Uzbekskaja
Krupnoplodnaja' (groß).

In Ungarn ist seit 1972 die Sorte 'Pallagi 2' im Handel.

Wichtige Zuchtziele sind gleichmäßige Reife und Fruchtgröße sowie Platz-
festigkeit. Die Züchtung dürfte aber dadurch erschwert sein, daß die Sämlinge, wahrscheinlich infolge von Letalfaktoren, in hohem Maße selbstunfruchtbar sind (GOLDSCHMIDT-REICHEL 1972). Da die Gold-Johannisbeere
im Obstbau als Veredlungsunterlage für Stämmchen von Johannis- und
Stachelbeeren dient, existieren bei uns die beiden in Beerenobstbaumschu-

len für diesen Zweck und nicht auf Fruchtertrag selektierten Typen 'Brechts Erfolg' und 'Fritsche'.

Kritisch anzumerken ist aber, daß *Ribes aureum* Pursh häufig mit der sehr ähnlichen Art *Ribes odoratum* Wendl., welche kürzere Kelchblätter besitzt und deren junge Zweige stets deutlich behaart sind, verwechselt wird. Nach Krüssmann (1978) gehört auch die USA-Sorte 'Crandall', von der die meisten der genannten Sorten abstammen, zu *R. odoratum* (syn. R. aureum hort.).

Vermehrung

Abrisse und zeitig gestecktes Steckholz sind die zweckmäßigsten Vermehrungsmethoden. Die Sträucher sind in der Regel Gehölze, die bei der Anzucht von Beerenobststämmchen in Spezialbaumschulen mit abfallen. Durch das Abnehmen bewurzelter Bodentriebe von veredelten Stämmchen wäre auch eine Vermehrung durch Gartenbesitzer selbst leicht möglich.

Die Veredlung der Unterlagenruten erfolgt durch Okulation oder seitliches Einspitzen entblätterter Triebe im August/September bzw. durch Kopulation im Frühjahr oder während des Winters im Gewächshaus. Die Edelsorten derartiger Gehölze zeichnen sich durch schwaches Wachstum, bessere Fruchtqualität, frühere Reife und verkürzte Lebensdauer gegenüber unveredelten Büschen aus. Allerdings verlangen Stämmchen auch einen Pfahl und einen regelmäßigen Schnitt während der gesamten Standzeit. Von diesen Gartenformen aus erklärt sich das teilweise verwilderte Vorkommen der Gold-Johannisbeere.

Pflanzung

Das mehrtriebige Pflanzgut kann tief gepflanzt werden, da es willig Adventivwurzeln bildet. Für Sträucher sind 2 bis 3 m Abstand zu empfehlen, Hecken können mindestens doppelt so dicht gepflanzt werden. Derartige fruchttragende Hecken können z. B. der Abgrenzung zwischen den Parzellen von Kleingartensparten dienen. Die selektierten Sorten dürften in hohem Maße selbstfruchtbar sein, so daß bei der Pflanzung keine befruchtungsbiologischen Besonderheiten zu beachten sind.

Pflegemaßnahmen

Geregelte Bodenpflege und Düngung fördern ein triebfreudiges Wachstum. Der Schnitt kann analog anderen Beerenobststräuchern erfolgen (regelmäßiges Auslichten der ältesten Bodentriebe).

Pflanzenschutz ist praktisch entbehrlich, da keinerlei Anfälligkeit gegenüber Krankheiten, Schädlingen und Frost bekannt ist. Die eigentliche Ursache der sogenannten Wassersucht, die sich in Schwellungen und Aufplatzen der Rinde des oberen Drittels von Beerenobststämmchen mit nachfolgendem Absterben äußert, ist unbekannt. Bisher wurden physiologische Ursachen vermutet. Seemüller (1972) konnte aber in Infektionsversuchen an Roten Johannisbeeren feststellen, daß das durch *Verticillium dahliae* Kleb. induzierte Syndrom, das von einer Hypertrophie der Parenchymzellen begleitet wird, mit jenem der Wassersucht übereinstimmt.

Ernte und Lagerung

Nach Eintritt der Fruchtreife sind die Früchte bald zu ernten, um dem leichten Aufplatzen der vollreifen Beeren vorzubeugen. Da die Fruchtstände aber, im Gegensatz zur Schwarzen Johannisbeere, keinen Fruchtfall der Einzelbeeren (sogenanntes Rieseln) zeigen, kann sich der Erntetermin bei günstigem Wetter auch etwas verzögern, ohne daß deutliche Ertragsverluste eintreten. Nach der Ernte sind die Früchte alsbald zu verwerten.

Nutzung

Der anspruchslose Zierstrauch gedeiht aufgrund seiner Resistenzeigenschaften überall, sogar auf trockenen und sandigen Böden. Auch Schatten wird von ihm vertragen, allerdings ist dann der Wuchs etwas flatterig. Er ziert durch Frucht, Blüte und Blatt. Die Gold-Johannisbeere kann auch als Hecke gepflanzt werden, da sie den Schnitt gut verträgt. Als solche könnte sie zur Abgrenzung zwischen Kleingärten dienen und dabei einen Fruchtertrag abwerfen. Die Früchte sind zwar weniger wertvoll als Schwarze Johannisbeeren und haben ebenfalls einen etwas sauer-herben Geschmack, können aber wie diese frisch genossen oder der vielfältigen häuslichen Verwertung zugeführt werden. Für Bienen ist die Gold-Johannisbeere ein mäßiger Nektar- und ein geringer Pollenspender.

Abschließende Beurteilung

Die Gold-Johannisbeere ist ein robuster Zier- und Deckstrauch für Garten und Landschaft, auch für arme Standorte. Zur Zeit hat sie als Baumschulunterlage für Beerenobststämmchen ihre Hauptbedeutung. Daneben wird das Gehölz auch noch als Bienenweide geschätzt. Die obstbauliche Nutzung der Frucht ist noch viel zu wenig bekannt. Das Fehlen spezieller Sorten für diesen Zweck behindert bei uns den Anbau.

Japanische Scheinquitte

Andere deutsche Namen Japanische Zierquitte, Gebirgs-Zierquitte, Wilde Quitte sowie (in der Schweiz) Brennender Dornbusch, Feuerbusch, Feuerstrauch

Wissenschaftlicher Name *Chaenomeles japonica* (THUNB.) LINDL. ex. SPACH

Synonyme Chaenomeles lagenaria (LOISEL.) KOIDZ. Cydonia japonica (THUNB.) PERS., Cydonia maulei (MAST.) T. MOORE, Pyrus japonica THUNB., Pyrus maulei MAST.

Familie Rosengewächse *(Rosaceae)*

Namen in anderen Sprachen

bulgarisch	japonska djulja
dänisch	lille japankvaede
englisch	japanese quince, common floweringquince (amer.)
französisch	cognassier du Japon
italienisch	cotogno della Cina
niederländisch	japanse kwee
polnisch	pigwowiec japoński, pigwa japońska
rumänisch	gutui japonez
russisch	ajjva japonskaja
schwedisch	rodenkvitten
spanisch	membrillero japonés
tschechisch	kdoulovec japonský
ungarisch	japanbirs

Biologische Grundlagen

Herkunftsgebiete und natürliche Verbreitung

Die Gattung *Chaenomeles* umfaßt nur vier natürlich vorkommende Arten, die sämtlich in Ostasien (Japan, China) beheimatet sind. Die Scheinquitte wurde nach ihrer Einführung in Europa um 1800 ab Mitte des 19. Jahrhunderts als Ziergehölz rasch verbreitet und züchterisch bearbeitet.

Kulturgeschichtliche Bedeutung

Obwohl als fremdländisches Gehölz seit langem verbreitet, ist die Scheinquitte meist nicht unter diesem Namen allgemein bekannt. Wegen ihrer auffällig leuchtenden Blüten wurde sie in verschiedenen Gegenden mit volkstümlichen Namen belegt, die eigentlich anderen Pflanzenarten zukommen: Feuerdorn, Feuerbusch, Feuerstrauch, Feuerrose, Brennender Dornbusch (Aargau), Rotdorn (Niederrhein), Christiblut, Schneerose. Der lateinische Gattungsname *Chaenomeles* geht auf den griechischen Ursprung (cheinein = klaffen, meles = Apfel, Quitte) zurück, da der Botaniker THUNBERG fälschlicherweise annahm, daß die Frucht später auseinanderklaffen würde.

Stand des internationalen Anbaues

Die niedrige Japanische Scheinquitte und die mit ihr verwandten Arten haben seit über 100 Jahren überall als beliebte Frühlingsblüher unter den Gehölzen breiten Einzug in Gärten und Parks gehalten. Sortenvielfalt und vielseitige Verwendbarkeit sichern auch in Zukunft die weitere Verbreitung als beliebtes Ziergehölz. Die mögliche Nutzung der Früchte als Obst ist immer noch zu wenig bekannt.

Morphologische Merkmale

Die Japanische Zierquitte bildet einen niedrigen, bis etwa 1 m hohen, schwach bedornten Strauch, der ein sparriges Wachstum aufweist.

Das glänzende, lederartig derbe und lange am Gehölz verbleibende dunkelgrüne Laub erweckt fast den Eindruck, als ob der Strauch immergrün wäre.

Die breit eiförmigen Blätter sind gekerbt oder gezähnt. Große, nierenförmige Nebenblätter umfassen den Trieb. Der Strauch wächst langsam, beginnt aber schon bald an Kurztrieben zu blühen.

Zeitig im Frühjahr erscheinen mit dem Laubaustrieb die leuchtend ziegelroten Blüten, welche sich weit öffnen, so daß die in mehreren Kreisen angeordneten gelben Staubblätter in wirkungsvollem Kontrast zu den Blütenblättern stehen und zu dem hohen Zierwert beitragen. Die Blühdauer kann über 3 Wochen anhalten. Die Blüte erfolgt jährlich regelmäßig am Altholz, bei einigen Sorten blühen aber auch Seitenknospen der Langtriebe bis zur Triebspitze hin.

Aus der gern von Bienen besuchten Blüte entwickelt sich eine deutlich gefurchte, etwa walnußgroße, rundliche, apfelartige Scheinfrucht, deren Kelchblätter abfallen.

Die ab Ende September reifenden Früchte bleiben im Herbst lange am Strauch hängen, sie sind aber nicht frostfest. Die vielen gut entwickelten braunen Samen machen etwa 10 % der Fruchtmasse aus. Die fettige Schale der vollreif grüngelben Früchte verbreitet einen intensiven, ananasartigen Wohlgeruch, und das Fruchtfleisch hat ein ähnliches Aroma.

Dieser Art sehr ähnlich ist die chinesische Art, *Chaenomeles speciosa* (SWEET) NAKAI, welche scharlachrot blüht und größere, 4 bis 6 cm lange, ungerippte, mitunter leicht gerötete Früchte ausbildet sowie etwas stärker wächst. Durch die verwickelte botanische Nomenklatur mit zahlreichen Synonymen werden beide Arten im Gartenbau oft miteinander verwechselt, zumal durch Züchtung eine erstaunliche Sortenvielfalt existiert, zu der die Bastardierung zwischen beiden Arten (*Chaenomeles* × *superba* [FRAHM] REHD.) wesentlich beiträgt.

Mit der Gattung *Chaenomeles* nahe verwandt ist *Pseudocydonia sinensis* [DUM.-COURS.] SCHNEID.(Cydonia sinensis [DUM.-COURS.] THOVIN, Chaenomeles sinensis [DUM.-COURS.] SCHNEID.), ein äußerst selten kultivierter dornenloser Strauch mit platanenartiger Rinde, dessen hellrosa Einzelblüten nur einen Staubblattkreis aufweisen und große, 10 bis 15 cm lange und mehrere Zentimeter breite Früchte bilden.

Wichtige Inhaltsstoffe

Besonders auffällig sind die sehr hohen Gehalte des Saftes an Pektin (1,3 bis 2,8%) und Säure (45‰, 470 bis 725 mval/l; pH 2,8 bis 3,1). Der Säuregehalt der Frucht (um 5%) geht ausschließlich auf Zitronensäure zurück und erklärt den extrem sauren Geschmack reifer Früchte. Der Zuckergehalt kann zwischen 0,8 und 2% schwanken. Das angenehme, ananasartige Aroma der Frucht ist bemerkenswert stabil und gewährleistet auch einen intensiven Geschmack der Verarbeitungsprodukte.

Der Vitamin-C-Gehalt von 70 bis 100 mg/100 g Frischsubstanz ist erheblich und deutlich höher als beim Apfel, außerdem wurden in der Frucht bis zu 910 mg/100 g vitamin-P-aktive Substanzen ermittelt.

Anbau

Standortansprüche

In Mitteleuropa sind die Gehölze weitgehend winterhart, die Schneedecke bietet einen zusätzlichen Schutz für niedrig wachsende Formen. Gelegentliches geringes Zurückfrieren der Triebspitzen mancher Sorten in Extremwintern schadet im allgemeinen nicht. Blühen und Fruchten sind überall gewährleistet.

Chaenomeles kann als Frucht in gewissem Sinne dort die Quitte ersetzen, wo jene wegen mangelnder Frosthärte nicht mehr anbaufähig ist. Vollsonnige Standorte sind vorteilhaft. Südhänge lassen sich bei etwas Schutz vor Ostwinden gut ausnutzen.

Entgegen der weit verbreiteten Meinung großer Anspruchslosigkeit benötigen Scheinquitten auf die Dauer für gutes Gedeihen frische, nahrhafte, möglichst lehmige Böden, die durchaus kalkreich sein können. Nasse Böden sind dagegen unbedingt zu meiden. *Chaenomeles speciosa*, die höhere Art, gedeiht auf kalkfreien, mit Torf verbesserten Böden mit genügend Feuchtigkeit am besten und verträgt dann auch Halbschatten.

Sorten und Sortenwahl

Bald nach Einführung der ostasiatischen *Chaenomeles* in Europa (1796) begann um 1850 eine intensive, stets auf den Zierwert gerichtete Züchtung. Die Baumschule FRERES in Metz führte bereits 1869 in ihrem Katalog 40 Sorten auf. Gegenwärtig werden etwa 100 Sorten gehandelt, KRÜSSMANN (1976) bringt die Kurzbeschreibung von 91 Sorten. Sie entstammen oft der Kreuzung zwischen *Chaenomeles japonica* und *Ch. speciosa*, woraus um 1900 die künstliche Arthybride *Ch. × superba* (FRAHM) REHD. entstand, welche deutlich aufrechter als ihre Eltern wächst und in der Wuchsstärke eine Mittelstellung zwischen diesen einnimmt. Vor allem aber variiert ihre Blütenfarbe in einem breiten Spektrum von Weiß über Rosa und Orange bis zu Dunkel- und Karminrot. Später wurden aus den genannten Arten unter Einbeziehung der nicht voll frostharten *Ch. cathayensis* (HEMSL.) SCHNEID. – bis 2,5 m hoch, stark und bedornt, weißblütig, sehr großfrüchtig – die Arthybriden *Ch. × californica* CLARKE ex WEBER und *Ch. × vilmoriniana* WEBER geschaffen, wodurch die Variabilität der Gattung beträchtlich erweitert wurde und die Sortenzahl zunahm. In Abhängigkeit davon, welche Arteigenschaften bei den Sorten überwiegen, werden sie zwar im Sortentyp einer dieser Arten zugeordnet, sind aber dennoch oft nur schwer voneinander zu unterscheiden.

Die wichtigsten *Chaenomeles*-Züchter waren LEMOINE/Nancy, SPÄTH/Berlin, FROEBEL/Zürich, CLARK/San Jose, Kalifornien und VERBOOM/Boskoop, Niederlande.

Kurzbeschreibung der wertvollsten 20 Sorten:

'**Abricot**' gedrungen, 1 m hoch, Blüte halbgefüllt, orangerot.

'**Atrococcinea Plena**' fast brusthoch, Austrieb dunkelbraun, Blüte dunkelscharlach, leicht gefüllt, remontierend.

'**Aurora**' hoch, aber sehr langsam wachsend, Blüte rosa mit Gelb überlegt, einfach, Frucht groß, orange.

'**Baltzii**' Wuchs locker, aufrecht, 1 m hoch, Blüte karminrosa, groß, sehr früh.

'**Brilliant**' bis brusthoch, Blüte rosa, im Farbton variierend, einfach, reichblütig.

'**Carl Ramcke**' Wuchs breit, 1 m hoch, Austrieb braun, Blüte leuchtend zinnoberrot, sehr reichblütig, spät (Ende April), sehr lange blühend, bis frosthart, oft als Sämling im Handel.

'**Crimson and Gold**' Wuchs sehr breit, fast kriechend, bis 1 m hoch, dicht belaubt; Blüte dunkelrot, einfach, früh, Staubbeutel auffällig goldgelb, reich fruchtend, besonders frosthart, fällt relativ samenecht.

'**Elly Mossel**' Wuchs mittelhoch; Blüte feuerrot, groß, einfach, sehr frosthart.

'**Ernst Finken**' bis zu 2 m hoch und breit; Blüte feuerrot, groß, einzeln.

'**Eximia**' brusthoch, dicht, gut für Hecken; Blüten hellrot, reichblütig.

'**Fascination**' bis brusthoch, Zweige flach ausgebreitet; Blüte tief scharlachrot, sehr groß und flach.

'**Fire Dance**' über 1 m hoch, sparrig; Blüte blutrot, sehr groß, flach, offen, reichblütig; Frucht apfel- oder birnenförmig.

'**Hollandia**' brusthoch, buschig; Blüte scharlachrot, groß, flach, einfach, Blütenbesatz bis zur Triebspitze.

'**Knap Hill Scarlet**' kaum 1 m hoch, gedrungen, schlechter Wachser; Blüte mandarinrot, sehr groß, reichblütig, Frucht klein, stark gerippt; Anzucht schwierig.

'**Nicoline**' bis 1 m hoch, sehr breit; Blüte karminrot, bis halbgefüllt, sehr reichblütig, Frucht eiförmig.

'**Nivalis**' bis 2 m hoch, aufrecht; Blüte reinweiß, einfach, besonders an Triebspitzen blühend; großfrüchtig!

'**Perfecta**' Blüte rahmweiß mit Rosa, gelblich und grünlich bis rosarot, einfach, Frucht klein.

'**Pink Lady**' brusthoch; Blüte dunkelrosa, sehr früh, einfach.

'**Rowallana**' bis 1 m hoch, breit ausladend, fast liegend; Blüte leuchtend scharlachrot, einfach, besonders an Triebspitzen; reichblütig, Frucht apfel- bis eiförmig.

'**Rubra Grandiflora**' sehr schwachwüchsig; Blüte karminrot, remontierend.

Chaenomeles japonica var. **alpina** MAXIM. mit maximal 40 cm Wuchshöhe und sehr früher Blüte eignet sich gut für Steingärten. In der UdSSR wurden durch Züchtung unbedorntere Formen zum Zwecke der Fruchtnutzung ausgelesen (TYCS 1966).

In der Züchtung wurden Scheinquitten auch erfolgreich benutzt, um durch Gattungskreuzungen neuartige Obstgehölze zu erzeugen. Im Nikitsker Botanischen Garten in Jalta/Krim begann man 1946 mit der Bestäubung der Apfelsorte 'Champagner Renette' durch Pollen der Japanischen Scheinquitte. Die daraus entstandenen Sämlinge – z. T. als *Malomeles* bezeichnet – zeigten teilweise bemerkenswerte Eigenschaften, welche ihre Weiterverwendung für die Sorten- und Unterlagenzüchtung rechtfertigen (RJABOV 1983): schwaches Wachstum (Spurtyp-Charakter), starke Adventivwurzelbildung an Stamm und Zweigen, Blütenbildung am einjährigen Langtrieb, Selbstfruchtbarkeit der Blüten und Lagerfähigkeit der teilweise 50 bis 100 g schweren Früchte bis Juli. Inzwischen erfolgte die Rückkreuzung dieser interessanten Gattungshybriden mit Apfel, Birne und Quitte.

Erstrebenswert wäre es, die Scheinquitte zu benutzen, um ihre hohe Frosthärte des Holzes züchterisch auf die relativ frostempfindliche Quitte zu übertragen.

Vermehrung

Die Vermehrung der Arten durch stratifiziertes Saatgut, welches im Frühjahr ausgesät wird, ist gut möglich. Die Sämlinge erreichen schon im ersten Jahr eine Höhe von 50 bis 80 cm. Die Samen keimen nahezu zu 100 %.

Die Sorten lassen sich aber nur vegetativ echt weitervermehren. Am rationellsten ist die Vermehrung durch Stecklinge im Juli/August unter Sprühnebel bei vorherigem Tauchen in eine Lösung von IBS (0,25 %). Infolge des anfangs langsamen Wachstums ist das Überwintern im Vermehrungsbeet ratsam.

Außerdem ist die Vermehrung durch Abrisse bzw. Teilung angehäufelter Mutterpflanzen möglich, auch Wurzelschnittlinge können verwendet werden. Die Winterhandveredlung auf Sämlinge oder Wurzelstücke ist zwar durchführbar, birgt aber die ständige Gefahr des Überwachsens der Sorte durch Ausläufer der Unterlage in sich.

Wegen der arttypisch geringen Wurzelballenbildung der Jungpflanzen ist die Containerkultur zweckmäßig, um den Anwachserfolg bei der Pflanzung zu erhöhen.

Pflanzung

Wegen des frühen Austriebes sollte die Pflanzung im zeitigen Frühjahr abgeschlossen werden. Scheinquitten wachsen auf mageren, leichten Böden etwas schwierig an und bedürfen hier besonders sorgsamer Pflege. Größere Exemplare pflanzt man am besten mit Erdballen.

Zur dichten Bepflanzung von Hängen und Flächen sind 3 bis 4 Pflanzen / m² erforderlich. Für Hecken dürfte je nach Wuchsstärke ein Abstand von 0,3 bis 0,5 m in der Reihe ausreichen.

In sowjetischen Versuchspflanzungen zur Nutzung der Früchte wurden die Japanischen Scheinquitten im Abstand 2,0 bis 2,5 m × 0,5 bis 1,0 m gepflanzt. Das Pflanzen mehrerer Sorten ist für einen erhöhten Fruchtertrag sicher vorteilhaft, obwohl auch normale Fruchtbildung durch Selbstbestäubung bzw. durch Scheinparthenokarpie möglich erscheint. (ZWINTSCHER 1956).

Pflegemaßnahmen

Bodenpflege und Düngung

Sind die geringen Standortansprüche erfüllt, so sind die Anforderungen minimal. Organische-mineralische Düngung und Bodenverbesserung können das Anwachsen verbessern und ein zügigeres Jugendwachstum einleiten. Obwohl sommerliche Trockenheit gut vertragen wird, ist vor allem die Unkrautbekämpfung wichtig, solange die Gehölze noch keine eigene Flächenbedeckung gewährleisten. Gegenüber Herbiziden ist die Scheinquitte empfindlich.

Schnitt

Bei der reichblühenden Gattung ist kein Schnitt zur Förderung der Blüte erforderlich. Dichter Wuchs, wie er in Grünanlagen oft erwünscht ist, kann durch stärkeren Rückschnitt alle 4 bis 5 Jahre gefördert werden.
Der Fruchtertrag war nach bisherigen Erfahrungen an 3jährigen Verzweigungen besonders reich. Ein bei vielen Sträuchern üblicher Auslichtungsschnitt, durch den schwache sowie fünfjährige und ältere Bodentriebe an der Basis entfernt werden, kann die nötige Auflockerung des Strauches gewährleisten. Es ist zweckmäßig, den Schnitt nach der Blüte vorzunehmen.

Pflanzenschutz

Die Frosthärte der Arten und Sorten ist unterschiedlich, aber meist ausreichend. In der UdSSR wurden −28°C durch die härteste Art, *Ch. japonica,* schadlos vertragen.
Für Industriegebiete sind Scheinquitten ungeeignet, da sie Schwefeldioxid nicht vertragen. Stark kalkhaltige Böden sind wegen der Gefahr des Auftretens von Chlorose möglichst zu meiden.
An den Blättern können Blattfleckenkrankheiten, ausgelöst durch *Phyllosticta chaenomelina* oder *Fabraea maculata,* auftreten, die häufig vorzeitigen Laubfall auslösen.
Die Monilia-Fäule, verursacht durch die Erreger *Monilinia fructicola* oder *M. laxa,* befällt zwar hauptsächlich die Frucht, führt jedoch gelegentlich auch zu Zweig- und Spitzendürre, verbunden mit dem Vertrocknen von Blättern und Blüten. Daher sind moniliabefallene Früchte und Zweige sorgfältig zu entfernen und zu vernichten.
Wie bei anderen Obstarten, die den Rosengewächsen angehören, kann bakterieller Wurzelkropf *(Agrobacterium tumefaciens)* auftreten.
Junggehölze werden gern von Kaninchen verbissen.

Ernte und Lagerung

Die Reife tritt ab Ende September ein. Die Ernte ist vor Frosteintritt abzuschließen, aber es ist nicht zu früh zu ernten, da die Früchte gerade in den letzten Wochen einen erheblichen Masse- und Qualitätszuwachs aufzuweisen haben und besser ausreifen. Geerntete Früchte lassen sich bei 2,5°C etwa 3 Monate lagern.

Der sparrige Wuchs und die z. T. erhebliche Bedornung des Strauches erschweren die manuelle Ernte. Man kann jährlich mit 2 bis 3 kg, teilweise sogar mit etwa 5 kg Früchten je Gehölz rechnen.

Nach sowjetischen Untersuchungen tragen Sämlinge bereits im 3. Standjahr bis zu 2 kg und im Folgejahr 1,3 bis 3,5 kg Früchte. Erträge von 0,5 bis 1,0 kg/m^2 werden als durchaus erreichbar angesehen.

Nutzung

Der vielseitige dekorative Wert des Gehölzes durch rote Blüten im zeitigen Frühjahr und gelbe Früchte im Herbst steht im Vordergrund. In Gärten und Parkanlagen ist seine räumliche Zuordnung zu Nadelgehölzen und Rosen günstig. Geschnittene Zweige oder Topf- bzw. Containerpflanzen können ab Dezember bis zum Frühjahr in der Blüte verfrüht werden. Auch speziell zum Schnitt wird das Gehölz neuerdings angebaut. Durch wiederholtes Stutzen der Triebe schwachwüchsiger Sorten kann man in Pflanzenschalen sogar aparte Bonsai-Formen erziehen.

Mit der Veredlung auf Birnen lassen sich exotisch wirkende Stammformen der Scheinquitte erziehen. Versuche, diese schwachwüchsige Obstart als Birnenunterlage zu nutzen, schlugen andererseits fehl (JAROPUD 1966).

Als Bienenweide stellen die ungefüllt blühenden Sorten der Scheinquitte einen guten Pollen- und Nektarspender dar. Je Blüte werden täglich 27,4 mg Nektar mit 48,5 % Zuckergehalt abgesondert. Die Früchte sind durch den extrem hohen Säuregehalt nicht roh genießbar. Sie lassen sich jedoch ähnlich denen der echten Fruchtquitte *(Cydonia)* gut in der Küche als Obst verwerten. Diese Verwendungsmöglichkeit ist noch viel zuwenig bekannt. Vor der Verarbeitung der Früchte ist dabei ein kurzzeitiges Blanchieren zu empfehlen, wodurch sich ein intensiverer Geschmack der Verarbeitungsprodukte erzielen läßt.

In ihren Heimatländern werden Scheinquitten wegen ihres intensiven Duftes in der Parfümerieindustrie verwendet.

Man kann aus den Früchten u. a. Saft, Extrakt, Obstpaste, Gelee, Kompott, Marmelade, Konfitüre, Dessertwein und aromatischen, bernsteinfarbenen Likör bereiten.

Durch den intensiven Geschmack eignen sich die Früchte auch sehr gut zur Bereitung von Fruchtsalaten in Mischung mit weniger aromatischen Früchten, wie z. B. Kürbis und Apfel.

Im Konditoreigewerbe stellte man aus Scheinquitten in der Lettischen SSR Schaumkuchen («Zefir») her. Der Fruchtsaft kann auch als Zitronensäureersatz zum Würzen von Gemüse und Obstsalaten verwendet werden. Durch Zucker- und Wasserzusatz läßt sich aus ihm ein erfrischender Süßmost bereiten. Kandierte Früchte geben Früchtebrot eine besonders typische Note.

Abschließende Beurteilung

Allgemein anbauwürdiger Zierstrauch als schöner Frühblüher, Bienenweide und Fruchtträger. Für die variable Verwendung (Einzelstrauch, Gruppenpflanzung, Flächendecker, Hangbefestigung, Hecke, Steingarten) stehen zahlreiche Sorten zur Verfügung. Die zusätzliche Nutzung der Früchte zur Obstverwertung ist noch zu wenig bekannt. Hierfür sind die großfrüchtigen Sorten am geeignetsten, z. B. 'Nivalis'.

Kirsch-Pflaume

Andere deutsche Namen Türkische Pflaume, Myrobalane, Juden-Kirsche.
Wissenschaftlicher Name *Prunus cerasifera* EHRH. var. *cerasifera*
Synonyme Prunus myrobolana POIT. et TURP., P. myrobalanus (L.) LOISEL.
Familie Rosengewächse *(Rosaceae)*
Namen in anderen Sprachen

bulgarisch	dzhanka
dänisch	kirsebærblomme
englisch	myrobalan, cherry plum, myrobalan plum (amer.)
französisch	prunier cerasifere, prunier myrobolan, prune-cerise, cerisette, bacarinier
italienisch	ciliegio-susine, mirobalano
niederländisch	kerspruim
polnisch	śliwa wiśniowa, mirobalana
rumänisch	corcodus, mirobolan
russisch	alycha, sliva rastopyrennaja
schwedisch	körsbärsplommon
spanisch	mirobalano
tschechisch	myrobolan
ungarisch	paradicsomszilva, meggyszilva

Biologische Grundlagen

Herkunftsgebiete und natürliche Verbreitung

Die Art *Prunus cerasifera* EHRH. setzt sich aus einer größeren Zahl von Ökotypen zusammen, deren Heimatgebiete Kleinasien, der Kaukasus, Transkaukasien, Iran und Zentralasien sind. Im Süden der UdSSR gibt es einige Kulturformen (Sorten).

In den Balkanländern, vor allem im Karstgebiet, findet man die Kirsch-Pflaume überall, vielleicht ist sie dort nicht ursprünglich zu Hause gewesen, sondern ist nur verwildert und hat sich eingebürgert. Nördlich der Alpen spielt *P. cerasifera* als Ziergehölz schon lange eine Rolle. Die Kirsch-Pflaume wächst noch in Norwegen, jedoch nicht als Wildgehölz, sondern nur angepflanzt. Das trifft auch für ganz Mitteleuropa zu, wobei sie gelegentlich verwildert.

Die weitverbreitete orientalische Wildsippe ist *Prunus cerasifera* EHRH. var. *divaricata* (LEDEB.) BAIL. (syn.: P. cerasifera ssp. divaricata [LEDEB.] SCHNEIDER). Der in Mitteleuropa fast allein kultivierte Typ der Kirsch-Pflaume, die Myrobalane (var. *cerasifera*; syn.: ssp. myrobalanus [L.] SCHNEID.), unterscheidet sich durch höheren Wuchs, größere Laubblätter und größere, fast stets rote Früchte von der orientalischen Kirsch-Pflaume. Als Parkbaum wird besonders *P. cerasifera* var. *pissardi* (CARR.) BAIL. (f. *atropurpurea* [JAEG.] REHD.) mit dunkelrotem Laub und rötlichen Blüten angepflanzt. Von der

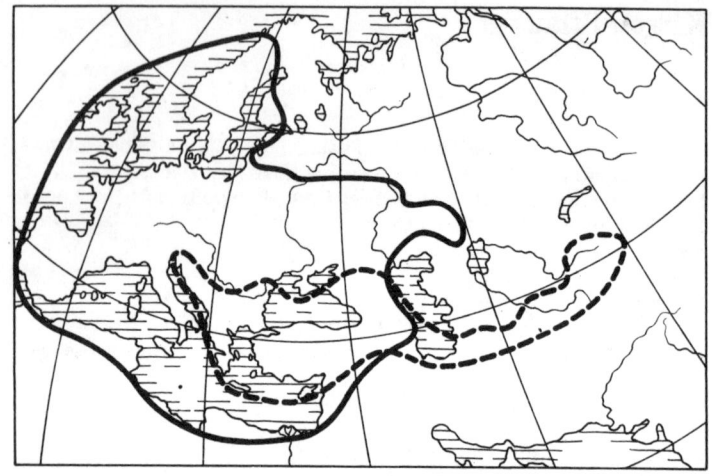

Natürliches Verbreitungsgebiet von Schlehe (——) und Kirsch-Pflaume (– – –),
nach SOKOLOV 1954 (aus BACHTEEV 1970, verändert)

Myrobalane gibt es auch hängende Formen, solche mit gefüllten Blüten
und andere mit sehr schmalen Blättern, die recht dekorativ wirken.

Kulturgeschichtliche Bedeutung

Die kultivierte Form der orientalischen Art, die eigentliche *P. cerasifera*
EHRH., kam aus dem Orient über Arabien und Griechenland nach Italien.
Wie weit im klassischen Altertum die Kirsch-Pflaume schon in Europa verbreitet war, ist nicht zuletzt wegen des kaum überschaubaren Formenreich-
tums der Pflaume schwer zu sagen. Von PLINIUS (23 bis 79 n. d. Z.) wissen
wir, daß die «ungeheuerliche» Zahl der Pflaumensorten sämtlich erst seit
CATO (234 bis 149 v. d. Z.) bekannt wurde. Sie sind also zweifellos wie viele
andere Obstarten und -sorten von Kriegszügen, die auch nach Kleinasien
führten, mitgebracht worden. Ziemlich sicher dürfte die Kirsch-Pflaume
mit unter den «Importen» gewesen sein, denn PLINIUS berichtet auch, daß
die «armenischen Pflaumen» gleich nach den Mandeln blühen. Eine so
frühe Blütezeit hat eigentlich nur *P. cerasifera*. Von Asien kamen wahrscheinlich von Anfang an Kulturformen der Kirsch-Pflaume nach Europa.
Jetzt sind Sorten dieser Obstart in der VR Bulgarien und SFR Jugoslawien
verbreitet. Aber auch schon in den römischen Brunnen der Saalburg im
Taunus wurden Steine von Kirsch-Pflaumen gefunden. Die Obstart wan-
derte also bereits um 200 v. d. Z. bei uns ein. Es ist ferner wahrscheinlich,
daß auch auf direktem Weg durch den Handel der Germanen mit Asien unmittelbar Kultursorten zu uns gelangten. Unabhängig davon züchteten später im 10. Jahrhundert slawische Stämme Kirsch-Pflaumen-Sorten. In der
deutschen obstbaulichen Literatur wird auf Kirsch-Pflaumen allerdings erst

im 16. Jahrhundert hingewiesen (WIELOCH 1978). Der «Teutsche Obstgärtner» von 1797 enthält genaue Beschreibungen des Wuchses und der in Form, Farbe und Größe sehr variablen Früchte der Kirsch-Pflaume.

Türkische Herkünfte von *P. cerasifera* haben bei uns während der letzten Jahrzehnte nochmals eine Rolle gespielt. E. BAUR brachte im Jahre 1926 von einer Studienreise aus der Türkei einige Formen mit, die in Müncheberg von M. SCHMIDT und später von seinem Schüler H. MURAWSKI (MURAWSKI und BLASSE 1954) züchterisch bearbeitet wurden. Es entstanden aus diesen Wildformen recht brauchbare, ungewöhnlich ertragreiche Sorten, die unter den Namen 'Ceres', 'Fertila' und 'Anatolia' zugelassen wurden. Leider haben sich diese Sorten, die für die Konservierung bestens geeignet sind, nicht durchsetzen können. Die Ablehnung der mirabellenähnlichen Früchte dürfte auf subjektiven Vorurteilen beruhen, objektive Gründe gegen diese Neuzüchtungen sind nicht stichhaltiger als Vorbehalte, die auch andere Pflaumenarten bzw. -sorten betreffen. Die Müncheberger Kirsch-Pflaumen sind für geringwertige, trockene, anderweitig kaum nutzbare Standorte gedacht gewesen. Am Beispiel der Türkischen Pflaume haben die Züchter in Müncheberg demonstriert, wie man aus einer kleinfrüchtigen Wildform eine wertvolle Verarbeitungsfrucht schaffen kann.

Stand des internationalen Anbaues

Die Kirsch-Pflaume hat sich, nachdem der Versuch, sie in Form von Kultursorten in die obstbauliche Praxis einzuführen, leider fehlgeschlagen ist, im planmäßigen Anbau bei uns nicht behaupten können. Auf den leichten Böden der Mark Müncheberg bewährten sich die dort ausgelesenen *Cerasifera*-Klone gut. Dürreperioden wurden, ohne an Fruchtbarkeit einzubüßen, ebenfalls gut überstanden. Die Kirsch-Pflaume ist ein Beispiel dafür, daß eine neue Obstart, die zwar gut, aber zunächst unbekannt ist, ausreichend propagiert werden muß, damit sie sich durchsetzt.

Türkische Pflaumen unbekannter Herkunft gibt es schon seit Generationen in Haus- und Bauerngärten z.B. in Baden-Württemberg oder Bayern. Ob es sich dabei um Nachkommenschaften der orientalischen Kulturformen des *P. cerasifera* EHRH. oder auch um solche des Typs var. *cerasifera* (syn. P. cerasifera ssp. myrobalanus [L.] SCHNEID.) handelt, die man als Pflaumenunterlage verwendet und welche daher mitunter verwildert, sei dahingestellt. Für den Marktobstbau hat diese Obstart jedoch auch in den genannten Gebieten keine Bedeutung gewonnen. Dagegen werden Kirsch-Pflaumen mit vielen Sorten im Süden der UdSSR intensiv genutzt, und auch in den anfangs genannten Ursprungsgebieten hat diese Obstart eine gewisse wirtschaftliche Bedeutung. Das trifft auch für einige südosteuropäische Länder zu, so z.B. für die VR Bulgarien und die SFR Jugoslawien.

Bei uns werden Myrobalanen-Sämlinge häufig als Unterlagen für Pflaumen, aber auch für Aprikosen verwendet, und zwar anstelle der früher vorwiegend dafür genutzten, heute kaum noch zu beschaffenden französischen Pflaumenherkünfte, vor allem *Prunus* 'St. Julien'. Der Ersatz dieser Formen durch Myrobalane ist jedoch obstbaulich kein Gewinn. Abgesehen davon, daß Myrobalanen sehr starkwüchsige Bäume ergeben, die für unsere intensiven Dichtpflanzungen gar nicht erwünscht sind, kommt es bei Veredlungskombinationen mit vielen Pflaumensorten zu mehr oder weniger ausgeprägten Unverträglichkeitserscheinungen, die sich oft nicht ausschließlich in der Baumschule, sondern teilweise auch erst nach mehreren Standjahren in der Obstanlage äußern. Als Unterlage für Aprikosen ist die Myrobalane völlig ungeeignet. In der Baumschule wachsen solche Veredlungen oft prächtig, um dann nach wenigen Standjahren in der Obstanlage mit ziemlicher Sicherheit zugrunde zu gehen. Auch sind solche Kombinationen für die Apoplexie der Aprikosen (schlagartiges Absterben der Bäume) besonders anfällig.

Morphologische Merkmale

Prunus cerasifera EHRH. bildet hohe Sträucher oder auch bis 8 m hohe Bäume mit meist unbewehrten, selten dornigen, kahlen, anfangs intensiv grünen Zweigen.

Die Laubblätter sind klein, bis 7 cm lang, länglich, verkehrt eiförmig, spitz oder etwas zugespitzt, ungleich gesägt oder gekerbt-gesägt, oberseits kahl, unterseits an der Basis der Mittelrippe filzig behaart, später verkahlend.

Die Blütenkurztriebe tragen eine, selten zwei Blüten. Die Blütenstiele sind ziemlich lang, kahl oder nur wenig behaart. Der Kelchbecher ist innen samtartig glatt. Die Kelchblätter bilden innen am Grunde feine Härchen und sind am Rande zerstreut drüsig gesägt. Die weißen, eiförmigen Kronenblätter werden bis 11 mm lang. Staubblätter sind meist 20 bis 30 vorhanden.

Die Kirsch-Pflaume ist in der Regel nicht selbstfruchtbar und benötigt einen Befruchtungspartner. Die Frucht ist vorwiegend kugelig, bei Wildformen 2 bis 2,5 cm, bei Kulturformen bis etwa 4 cm lang, einseitig gefurcht. Sie hat einen fast ebenso langen, bei Kulturformen jedoch oft deutlich kür-

Kirsch-Pflaume (*Prunus cerasifera* EHRH.
subsp. *divaricata* (LEDEB.) C. K. Schneider

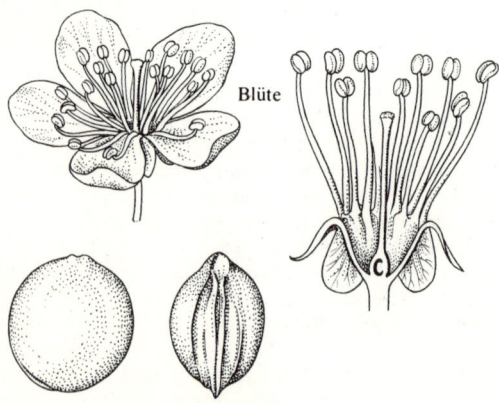

Blüte

Steinkern Vorder- und Seitenansicht

Blätter von Kreuzungsnachkommenschaften der Türkischen Pflaume
(nach Murawski u. Blasse)

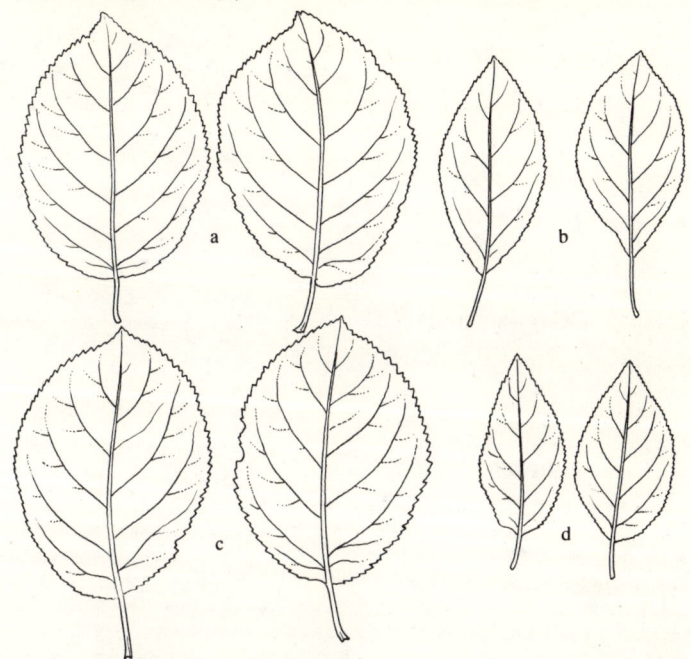

a und c   je zwei Blätter tetraploider Sämlinge
b und d   je zwei Blätter diploider Sämlinge

zeren Stiel. Der Steinkern ist rundlich-glatt. Die Früchte sind bei der Wildform meist gelb, braunrot oder auch gelbrot. Bei Kulturformen beobachtet
man intensiver gefärbte rote, aber auch blaue Früchte, die kleinen Pflaumen ähneln.
Die Kulturformen weichen meist stark von den Wildformen ab, überhaupt
variiert die Art sehr stark. Das ist auch mit darin begründet, daß es von
P. cerasifera diploide, triploide und natürliche tetraploide Formen gibt, die
sich untereinander in freier Natur kreuzen. Ein Beispiel dafür mögen die
Blätter und Früchte von Kreuzungsnachkommen geben, die aus dem von
Baur aus der Türkei mitgebrachten Kirsch-Pflaumen-Material stammen.
Die Myrobalane, die bei uns als Unterlage für Pflaumen weit verbreitet ist
und auch für Zwecke der Landschaftsgestaltung bereitgestellt wird, unterscheidet sich von der orientalischen Kirsch-Pflaume oft, jedoch durchaus
nicht in jedem Fall, durch größere Blätter und meist auch größere Früchte.
Myrobalanen können große, weit ausladende, recht attraktive Bäume bilden, besonders wenn es sich dabei noch um Formen mit dunkelrotem Laub,
verschmälerten Blättern oder hängenden Trieben handelt.

Kirsch-Pflaume (*Prunus cerasifera* EHRH.)

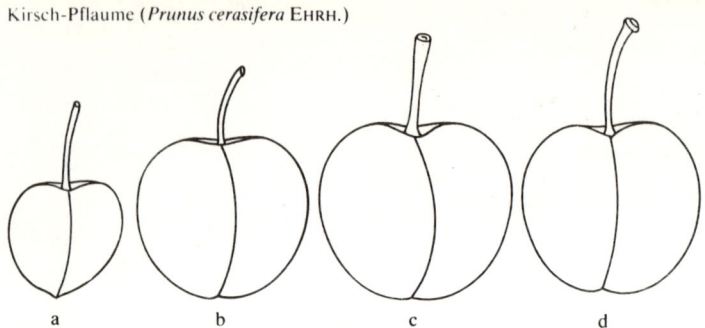

    a   b   c   d

Früchte von Kreuzungsnachkommen der Türkischen Pflaume aus dem Müncheberger Material (nach MURAWSKI u. BLASSE)
a und b   je eine Frucht vom Sämling (diploid, nat. Größe)
c und d   je eine Frucht vom Sämling (tetraploid)

Wichtige Inhaltsstoffe

Über die Inhaltsstoffe der Kirsch-Pflaume liegen keine Untersuchungen vor, die auf besonders wertvolle, aus dem Rahmen fallende Substanzen schließen lassen. Wie die meisten Pflaumen, haben sie ein ausgewogenes Zucker-Säure-Verhältnis. Dabei überwiegt jedoch bei manchen Typen die Säure etwas zu sehr, so daß stärker gezuckert werden muß. Der höhere Säuregehalt wirkt beim Verzehr aber keinesfalls unangenehm. Betont sei jedoch, daß sie nicht für den Rohgenuß gedacht sind, sie zählen zu den typischen Einmachfrüchten.

Anbau

Standortansprüche

Besonders hervorzuheben ist die bemerkenswerte Widerstandsfähigkeit gegenüber Trockenheit (KRÜMMEL/GROH/FRIEDRICH 1956/59). Entsprechend ihrer Herkunft ist die Kirsch-Pflaume jedoch nicht besonders winterhart. In sehr kalten Wintern leiden die Knospen unter Frosteinwirkung. Besonders kritisch wird die Situation, wenn durch warme Witterung um die Jahreswende oder in den ersten Monaten des Jahres der Austrieb angeregt wird und der Saftstrom in Gang kommt. Es sind dann nach erneuten Kälteeinbrüchen starke Frostschäden zu erwarten. In regelmäßig ablaufenden, auch sehr kalten Wintern ist das Holz sehr frosthart, gefährdet ist jedoch immer die sehr frühe Blüte.

Die Ansprüche an den Boden sind außerordentlich gering. Es genügen Böden mit einer nur flachen, schwach humosen Ackerkrume, besonders dann, wenn im Untergrund Lehm oder Ton vorhanden ist, der von den Wurzeln noch erreicht werden kann. Geeignet sind auch noch sehr trockene Böden, das trifft vor allem für Pflanzungen in hängigem Gelände zu, wo das Regenwasser stark abfließt. Allerdings ist der Wuchs, wie bei fast allen Pflanzen, auf besseren Böden stärker als auf sehr leichten. Besonders Myrobalanen entwickeln unter diesen Umständen riesige Kronen. Was jedoch nicht vertragen wird, sind stark Feuchtigkeit speichernde, vor allem im Herbst wassergesättigte Böden. Die Triebe reifen dort nicht aus, und dadurch erhöht sich die Frostempfindlichkeit sehr. Spätfrostgefährdete Lagen sind wegen der außerordentlich frühen Blüte grundsätzlich zu meiden.

Sorten und Sortenwahl

Im Jahre 1955 wurden drei Sorten «Türkische Pflaumen» in die Sortenliste der DDR aufgenommen, wegen zu geringer Nachfrage jedoch später wieder gestrichen. In vielen Baumschulkatalogen werden Kirsch-Pflaumen angeboten, sehr oft dunkelrotblättrige Zierformen, aber auch fruchttragende Bäume. Die Auswahl erfolgt also meist nicht nach der Fruchtqualität, sondern nach dem Zierwert der Gehölze. Viele tragen jedoch Früchte, die sich als Konserven ähnlich Mirabellen verwerten lassen.

Vermehrung

Bei uns in Gärten vertretene Kirsch-Pflaumen entstammen meist Myrobalanen-Unterlagen, bei denen die aufveredelte Ertragssorte aus irgendwelchen Gründen ausfiel. Nicht selten ist dabei Unverträglichkeit zwischen Unterlage und Ertragssorte mit im Spiel. Kulturformen der Kirsch-Pflaume werden durch Veredlung auf *P. cerasifera*-Sämlinge erzogen. Auch vegetativ vermehrte Auslesen von Myrobalanen sind als Unterlagen geeignet. Ob sie geeigneter sind als Sämlinge, kann nicht entschieden werden, da Erfahrungen hierüber fehlen. Die Anzucht der Gehölze erfolgt ebenso wie bei der Pflaume. Man kann die Bäume als Hoch-, Halb- oder Viertelstämme und auch als Büsche formieren.

Pflanzung

Die Pflanzung erfolgt im Herbst, es ist darauf zu achten, daß die Gehölze unmittelbar nach der Rodung gepflanzt oder zumindest eingeschlagen werden. Bei plantagenmäßigem Anbau setzt man die Bäume in Reihe. Die Müncheberger Kirsch-Pflaumen-Sorten sind relativ schwach im Wuchs. Derart gedrungene Formen kann man mit 5 m Reihenentfernung und 2 bis 3 m Abstand in der Reihe pflanzen. Stärkerwüchsige Formen, so wie sie im Süden Europas üblich sind, brauchen weit mehr Platz, es dürften dann Reihenabstände von 6 bis 8 m und Abstände in der Reihe von 4 bis 6 m notwendig sein. Bei Reihenpflanzungen ist die Flächenlockerung mit Großgeräten angebracht.
Meist wird man Einzelbäume setzen. Dazu gräbt man eine Baumgrube von 1 m × 1 m Fläche und etwa 50 cm Tiefe. Das ausgehobene Erdreich wird mit Kompost und etwa 500 g eines Volldüngers angereichert. Nach dem Pflanzen wird der Boden gut eingeschlämmt.

Pflegemaßnahmen

Bodenpflege und Düngung

Auf leichten Böden ist es angebracht, das Erdreich zumindest im Bereich der Baumscheibe ganzjährig offen zu halten. Da Kirsch-Pflaumen in der Regel Bäume zur Nutzung geringwertiger Standorte sind, dürfte es auch bei größeren Beständen zweckmäßig sein, das Unkraut durch Herbizide ganzflächig zu beseitigen und den Boden ständig frei von Bewuchs zu halten. Für ausreichende Feuchtigkeit ist die Kirsch-Pflaume besonders im Frühjahr dankbar. Dagegen ist ein feuchter Herbst oder auch Bewässerung im Spätsommer ungünstig, weil dann die Triebe nicht genügend ausreifen. Die Düngung entspricht der von Pflaumen. Man gibt Mineraldünger in Anlehnung an die Ergebnisse der Bodenuntersuchung. Begründet durch die geringwertigen Standorte ist es günstig, die Mineralstoffzufuhr, insbesondere die Stickstoffdüngung, auf mehrere Gaben zu verteilen. Zweckmäßig ist eine Verbindung der Düngung mit der Bewässerung. Nach Jahresmitte sind Düngung und Bewässerung einzustellen.

Schnitt

Der Erziehungsschnitt wird ähnlich wie bei der Pflaume gehandhabt. Den Pflanzschnitt führt man – auch bei Herbstpflanzung – erst im Frühjahr durch. Man schneidet die als Leitäste benötigten Triebe etwas zurück. Die übrigen bindet man herunter oder läßt sie, wenn sie sehr schwach sind, unbehandelt. Nur was die Krone zu sehr einengt und später keinen Platz haben dürfte, wird ganz entfernt. Ist die Krone einmal formiert, so wird nur noch korrigiert; man kann sich dann ganz auf das Auslichten und Entfernen abgetragenen Holzes konzentrieren. Bei der hohen Ertragsleistung der Kirsch-Pflaume ist das Herausschneiden ganzer Fruchtholzpartien zur Verjüngung der Krone von Zeit zu Zeit angebracht.

Pflanzenschutz

Kirsch-Pflaumen leiden unter den gleichen Schaderregern wie die Pflaumensorten der Gruppe *Prunus domestica* L.
Von den Pilzkrankheiten kann vor allem die Botrytisfäule der Früchte (*Botrytis cinerea* PERS.), begünstigt durch den büschelweisen Fruchtansatz, sehr große Schäden verursachen. Die Gefahr ist besonders groß, wenn kurz vor der Erntezeit feuchtwarme Witterung vorherrscht. Es sind dann rechtzeitig Behandlungen mit Fungiziden angebracht.
Besonders in wenig gepflegten Beständen können Pflaumengespinstmotten (*Hyponomeuta padella* L. und *H. evonymella* ZELL.) auftreten. Man bekämpft sie durch eine Winterspritzung mit Dinitromitteln und Nachblütespritzungen mit Insektiziden.
Sägewespen (Schwarze und Gelbe Pflaumensägewespe, *Hoplocampa minuta* CHRIST. und *H. flava* L.) können, besonders wenn Pflaumenbäume in der Nähe stehen, Schaden verursachen. Durch Behandlungen der Bäume mit Insektiziden, insbesondere Systeminsektiziden oder auch Spezialmitteln zur Sägewespenbekämpfung unmittelbar nach der Vollblüte, gelingt die ausreichende Reduzierung der Schädlinge.

Ernte und Lagerung

Die Erntemengen sind in der Regel zumindest bei den Müncheberger Kultursorten sehr hoch. Sie tragen früh und fast überreichlich. Um hohe Erträge zu sichern, ist es notwendig, mehrere Sorten bzw. Sämlingsnachkommen zu pflanzen, da die Kirsch-Pflaume meist, wenn auch nicht in jedem Fall, selbststeril ist. Dabei müssen sich Türkische Pflaumen untereinander befruchten, eine Fertilität mit der Gruppe *P. domestica* besteht nicht. Die Reife variiert bei den einzelnen Formen sehr. Sie beginnt relativ zeitig, meist Mitte bis Ende August. Die Früchte fallen leicht und lassen sich bei Vollreife gut schütteln. Pflaumen sind je nach Sorte bei −1 bis +1°C und 90 bis 95% relativer Luftfeuchte bis 14 Tage lagerfähig. Für Kirsch-Pflaumen liegen keine entsprechenden Erfahrungen vor. Es ist jedoch zu erwarten, daß sie, wenn bei der Ernte eine kontinuierliche Verarbeitung nicht möglich ist, ebenfalls kurzfristig im Kühllager aufbewahrt werden können.

Nutzung

Die Kirsch-Pflaume ist nicht für den Frischverzehr, sondern ausschließlich für die Verarbeitung geeignet. Industriell werden die Früchte am besten wie Mirabellen als Naßkonserven aufbereitet, sie ergeben ein wohlschmeckendes Kompott. In der Küche werden sie wie Pflaumen verwendet. Insbesondere ist das Einkochen ganzer Früchte zu empfehlen (siehe Rezeptteil).

Abschließende Beurteilung

Der Anbau von Kirsch-Pflaumen, insbesondere der Müncheberger Züchtungen, konnte sich nicht durchsetzen. Die ausgelesenen Sorten waren vorwiegend für leichte, anderweitig nur schwer nutzbare Böden gedacht. Sicherlich ist die sehr frühe Blüte eine Gefahr, denn Spätfröste sind um diese Zeit häufig. Unabhängig davon und unter Berücksichtigung der außerordentlich geringen Standortansprüche der Kirsch-Pflaume war das mangelnde Interesse an dieser damals für uns neuen Obstart unberechtigt. Man sollte heimische Rohstoffe nutzen und in diesem Zusammenhang auch die Wiederbelebung des Anbaus der Kirsch-Pflaume erwägen. Dabei sind die hohe Trockenresistenz und die geringen Bodenansprüche von Vorteil. Die volle Befruchtung ist durch Pflanzung von mehreren Sorten zu sichern. Der Anbau auf rekultivierten Flächen ist möglich.

Kornelkirsche

Andere deutsche Namen Corneliuskirsche, Cornille, Echter oder Gelber Hartriegel, Erlitze, Dürrlitze (Schwaben), Hörlitze (Thüringen), Hornkirsche, Knüten (Mecklenburg), Krakebeere, Welsche Kirsche, Zis(s)erle (Franken), Beinholz und weitere
Wissenschaftlicher Name *Cornus mas* L.
Synonym Cornus mascula HORT.
Familie Hartriegelgewächse *(Cornaceae)*
Namen in anderen Sprachen

albanisch	thanë e kuge
bulgarisch	drjan obiknoven
dänisch	kornel, korneltrae
englisch	cornel, cornelian cherry, dogwood (amer.); cornelberry, cornel-cherry (Frucht)
finnisch	kirsikkakanukka
französisch	cornuillier mâle, cormier, fuselier; corne, cornuille (Frucht)
italienisch	corniolo, corgnolo, crognolo, crugnale
niederländisch	gele kornoelje
polnisch	dereń wlaściwy
rumänisch	corn
russisch	kizil nastojashhijj, kizil muzhskojj, kizil obyknovennyjj, deren muzhskojj, deren s'edobnyjj
schwedisch	cornell
serbokroatisch	dren
slowakisch	drieň obyčajny
spanisch	cornejo macho; cornizola (Frucht)
tschechisch	dřin obecný
ungarisch	húsos som

Biologische Grundlagen

Herkunftsgebiete und natürliche Verbreitung

Die Kornelkirsche ist ein sowohl in Mittel- und Südeuropa als auch in Klein- und Mittelasien einschließlich des Kaukasus beheimatetes Gehölz. Vor allem in den lichten Bergwäldern ist diese Art stärker verbreitet. Infolge der mitunter häufigen Anpflanzung als Ziergehölz kommt sie zuweilen auch verwildert vor.

Kulturgeschichtliche Bedeutung

Steine der Kornelkirsche fand man neben solchen von Zwetschen und Vogelkirschen in den Tongefäßen der oberitalienischen und schweizerischen Pfahlbauten. Daher kann vermutet werden, daß vielleicht schon die mit-

telsteinzeitlichen Heilpriester durch Vergären des Fruchtfleisches ein leicht
berauschendes und schmerzstillendes Getränk herzustellen vermochten, so
daß diese Wildobstart als uralter Rauschspender anzusehen wäre.
HOMER erwähnte die roten Kornellen wiederholt in den Gesängen der Odys-
see: Sie galten als gewöhnliches Futter der erdeaufwühlenden Schweine.
Von Odysseus wird berichtet, daß er eine Lanze aus dem Holz der Kornelkirsche gegen die Barbaren richtete. Und das bejahrte Ehepaar Philemon
und Baucis bewirtete die unerkannt einkehrenden Götter Zeus und Hermes
mit gekochten Kornellen.
Nach DIOSKURIDES und COLUMELLA war die Kornelkirsche im Altertum sehr
geschätzt und wohl allgemein bekannt. THEOPHRAST, PLINIUS und VERGIL
loben die Qualität des Holzes zur Herstellung von Waffen wie Lanzen,
Speere und Pfeile. Die Früchte galten als Heilmittel bei Katarrhen und hit-
zigen Fiebern, sie wurden auch unreif wie Oliven sauer eingelegt. Zur Zeit
des Kaisers CALIGULA (um 40 n. u. Z.) soll auf dem Palatinischen Hügel bei
Rom noch eine Kornelkirsche gestanden haben, die angeblich aus dem
Wurfspieß des Stadtgründers ROMULUS (753 v. u. Z.) hervorgegangen sein
soll.
Im Mittelalter wurde das Gehölz vor allem in den Klostergärten der Bene-
diktiner wegen des zähen Holzes und der medizinischen Nutzung kultiviert. Die HEILIGE HILDEGARD hielt die «süße Feuchtigkeit», gewonnen als
wäßrige Mischung von Rinde, Holz und Blättern der «Erlize», für ein Heilmittel gegen Gicht. Der Genuß frischer Früchte sollte den Magen reinigen
und kräftigen. Auch in den bekannten Kräuterbüchern von BOCK, MEGEN-
BERG und GESNER wird die «Dirlitze» erwähnt.
Nach der durch PARACELSUS geförderten Ähnlichkeitslehre sollte der rote
Saft der Früchte vor allem gegen die «Rote Ruhr» helfen. Von daher rührt
der Beiname «Ruhrkirsche». Neben dieser sehr mit vom Aberglauben bestimmten Verwendung spielte die Kornelkirsche aber seit langem in der
Volksmedizin eine nicht zu unterschätzende Rolle, die auch gegenwärtig
wieder erhöhte Aufmerksamkeit erfährt. Es wird z. B. erzählt, daß in alter
Zeit alle bekannten Mediziner, die nach Taurien (Krim) kamen, dort nicht
seßhaft werden wollten, weil sie in der weit verbreiteten Kornelkirsche den
besten natürlichen Arzt erkannten.
Von der einst allgemeinen Wertschätzung durch die Bevölkerung künden
die zahlreichen volkstümlichen Namen des Gehölzes. In Bulgarien gilt die
Kornelkirsche nach wie vor als einer der populärsten Sträucher, dessen
Zweige einen symbolischen Gesundheits- und Glücksbringer darstellen. So
bildete sich z. B. der beliebte Neujahrsbrauch heraus, daß die Kinder mit
den durch Schleifen, Papier und Spiegelscherben bunt geschmückten Zweigen, den sog. «Surowaknizi», am Morgen von Haus zu Haus ziehen und
den Rücken aller Bewohner zu diesem Zweck leicht mit dem Zweigwerk beklopfen.

Stand des internationalen Anbaues

Der Anbau erfolgt gegenwärtig in geringem Umfang – meist für den Eigen-
bedarf und weniger als Marktfrucht – in Portugal und den Mittelmeerländern (Spanien, Italien, Jugoslawien, Griechenland, Türkei) sowie in Bulga-

rien und im Süden der Sowjetunion (Moldavien, Ukraine, Krim, Armenien, Aserbeidshan). Außerhalb dieser Gebiete ist der Anbau noch seltener und reduziert sich meistens auf die gelegentliche Nutzung als Wildfrucht oder als Nebennutzung der Frucht des häufigen Ziergehölzes.

Im Kaukasus ist die Frucht durch ausgedehnte Wildvorkommen sehr beliebt, dennoch erfolgt nur sporadisch bewußter Anbau und dann auch nur in Form von einzelnen Bäumen oder kleinen Gruppen, z.B. entlang von Bewässerungskanälen oder am Rande von Obstanlagen und Weinbergen. Bemerkenswert ist das ehemals sehr hohe Ernteaufkommen der Krim, von wo aus nach SIMIRENKO jährlich bis zu 10 000 Pud (1 638 dt) Früchte in 8-kg-Körben in die russischen Großstädte geliefert wurden. Hier bildet das verbreitete Gehölz das Unterholz in Wäldern der Krimkiefer.

1951 wurde die jährliche Ernte sämtlicher Wildvorkommen der UdSSR auf die beachtliche Menge von 30 000 bis 40 000 t geschätzt.

Morphologische Merkmale

Die Kornelkirsche bildet einen Großstrauch oder kleinen Baum von 2 bis 6 m Höhe und Breite mit einer dichten, rundlichen Krone. Das Gehölz wächst vor allem in der Jugend sehr langsam und wird etwa 100 Jahre alt. Die grünlichen Triebe tragen zweischuppige, gegenständige Knospen. Die ursprünglich glattrindigen Zweige und der Stamm zeigen im Alter eine abblätternde Borke.

Die dicken, elliptisch-eiförmigen Blätter sind ganzrandig, oft leicht gewellt und 6 bis 8 cm lang. Sie sind oberseits glänzend sattgrün und weisen eine gelbe Herbstfärbung auf. Unterseits sind die 0,5 bis 1 cm lang gestielten Blätter heller gefärbt und besonders in den Aderwinkeln weißlich behaart. Der natürliche Laubfall tritt erst im Spätherbst ein. Die kugeligen, sitzenden Blütendöldchen bestehen aus 15 bis 25 kleinen, leuchtend gelben, 4zähligen Einzelblüten, welche vor dem Aufblühen durch gelbliche Hüllblätter geschützt sind. Die sehr frühe Blüte erfolgt im Vorfrühling, oft schon ab Februar. Die Blüten öffnen sich – wie bei den ebenfalls extrem früh blühenden Ziersträuchern Seidelbast *(Daphne)*, Zaubernuß *(Hamamelis)* und Jasmin – vor dem Laubaustrieb. Der mitunter gebräuchliche Volksname «Fürwitzel» deutet auf den zeitigen Aufbruch der Blütenknospen hin. Die Blütezeit liegt deutlich vor jener des Goldglöckchens *(Forsythia)*, unseres bekanntesten Frühblühers unter den Ziergehölzen. Die Blüte sondert reichlich Nektar ab, welcher den Insekten frei zugänglich ist, so daß neben den ersten Bienen auch Käfer und Fliegen angelockt werden. Blütenbiologisch scheinen dennoch mitunter gewisse Schwierigkeiten zu bestehen, die den teilweise relativ geringen Fruchtansatz bedingen. Es wurde sowohl die zeitliche Nichtübereinstimmung der vollen Befruchtungseignung der männlichen und weiblichen Blüten (Dichogamie) als auch das Vorkommen männlicher Sterilität beobachtet. Andererseits wurde aber auch die mögliche Befruchtung im Ballonstadium der Blüte festgestellt.

Die glänzend roten, ovalen Früchte («Dirndln») stellen hängende Scheinbeeren dar. Sie sind bis 2,5 cm lang und 1,2 cm dick. Die Einzelfruchtmasse erreicht normalerweise 1,6 bis 2,6 g, bei besonders großfrüchtigen Herkünften sogar bis 4 g. Die kleinen, entfernt kirschähnlichen Früchte («Welsche

Kirsche», «Judenkirsche») reifen ab September folgernd. Die korallenrote Frucht färbt sich bei zunehmender Vollreife vor dem Abfallen tief dunkelrot. Das erfrischend herbsäuerliche Fruchtfleisch löst sich schlecht vom zweisamigen, spindelförmigen Stein, der etwa 20 bis 30 % der gesamten Fruchtmasse ausmacht.

Wichtige Inhaltsstoffe

Die Früchte enthalten 70 bis 90 mg/100 g Vitamin C, das ist deutlich mehr als bei allen anderen Steinobstarten. Die organischen Säuren (1,0 bis 2,4 %) werden überwiegend durch Apfelsäure gebildet, und der Zuckergehalt (7,3 bis 8,5 %) geht vor allem auf Glukose und Fruktose zurück. Etwa 0,75 % Pektine sowie um 0,4 % Duft- und Farbstoffe (Anthocyan, Anthocyanidin) sind im Fruchtfleisch vorhanden.

Anbau

Standortansprüche

Die Ansprüche an Klima, Boden und Lage sind sehr gering. Das äußerst genügsame und harte Gehölz bevorzugt humose, kalkhaltige Lehmböden sowie halbschattige Lage, wie es auch seinem natürlichen Vorkommen am Waldsaum entspricht. Sowohl in der Ebene als auch im Hügelland bis in kühlere Gebirgslagen gedeiht die Kornelkirsche etwa gleich gut. Auch sonnige oder schattige Lage – dann aber geringeres Blühen und Fruchten – werden ohne weiteres vertragen. Im Extremfall verkraftet das Gehölz sogar ausgesprochene Trockenstandorte wie felsigen Untergrund oder lockere Schotterböden, aber auf feuchteren Standorten steigen natürlich Wuchsleistung, Ertrag und Fruchtgröße an.

Sorten und Sortenwahl

Obwohl CHRIST 1797 schon 12 Spielarten beschreibt, existieren bisher in Mitteleuropa kaum spezielle Sorten. Dieser Autor erwähnt bereits damals eine erhebliche Variation der Fruchtfarbe, indem er neben der normalen hochroten Form auch fast weiße (wachsgelbe) und – wenn auch als selten bezeichnet – sogar gelbe sowie auch fast schwarzrote Früchte aufzählt. Später waren zeitweise großfrüchtige Formen als Cornus mas macrocarpa (DIPP.) SCHNELLE zur bevorzugten Fruchtnutzung im Handel.
Bemerkenswert ist die Tatsache, daß in der ČSSR seit 1981 die beiden reichtragenden Selektionen 'Titus' und 'Devin' zum Anbau empfohlen werden.
In der Sowjetunion, wo die Frucht am meisten genutzt wird, war man durch die Existenz sehr reicher Wildbestände lange Zeit nicht zur Züchtung übergegangen. Lokalsorten und sog. Volksselektionen stellen deshalb noch die am stärksten vermehrten Formen dar. Ihre Namensgebung resultierte vorwiegend aus der Form und Farbe der Frucht. (s. Abb.). Die überwiegende Vermehrung der Hartholzart Cornus mas durch Aussaat hat andererseits auch nicht zur Verbreitung echter Sorten beigetragen. Dies hat sich aber geändert, und vor allem unter Leitung des Allunionsinstitutes für Pflanzen-

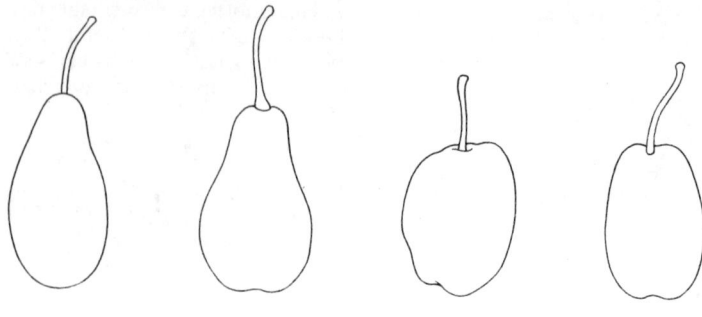

Variabilität der Fruchtform bei Lokalsorten der Kornelkirsche
(nach KOVALEVA 1950, verändert)

bau (VIR) wurde die genetische Vielfalt dieser Art zielgerichtet erforscht. NAROJAN (1956) nennt 28 in Armenien selektierte Formen. VITKOVSKIJ (1972) erwähnt 12 vom Botanischen Garten der Ukrain. Akademie der Wissenschaften zum Anbau auserwählte Sorten von der Krim und aus Aserbeidshan, die sich in der Fruchtform (rundlich bis flaschenförmig) und in der Reifezeit erheblich unterscheiden.

Auch in Jugoslawien wird die Selektion großfrüchtiger, zuckerreicher Wildformen aus Serbien und Mazedonien betrieben (STANKOVIĆ und SAVIC 1975). Die Sortensituation wird sich also allmählich verbessern und bei der ökologischen Anpassungsfähigkeit des Gehölzes dürften die Züchtungserfolge auch für andere Länder nutzbar sein.

Vermehrung

Am verbreitetsten ist immer noch die Vermehrung durch Saatgut, welches allerdings trotz Stratifizierung erst nach 2 Jahren keimt. In der UdSSR bewirkte dreitägige Behandlung der Samen mit Schwefelsäure (2 %) das Keimen unstratifizierten Saatgutes innerhalb von 5 bis 6 Monaten.

Die Ausbeute an Pflanzgut durch vegetative Vermehrungmethoden wird wie folgt eingeschätzt: Okulation 70 bis 80 %, Abrisse 85 bis 90 %, Grünstecklinge im Sprühnebel 60 bis 90 %. In den Jugendjahren bilden die Büsche teilweise zahlreiche Wurzelschosse, welche auch durch den Freizeitgärtner zur eigenen Vermehrung des beliebten Gehölzes genutzt werden können.

Als hocheffektive Vermehrungsmethode ist nach SMYKOV et al. (1984) die Stecklingsvermehrung im Sprühnebel zu betrachten. Dadurch ist es möglich, selektierte Formen sortenecht in hohen Stückzahlen gewerblich zu vermehren. Es wird wie folgt vorgegangen: Während der Zeit intensiven Wachstums oder beginnender Verholzung der Triebe (Juni/Juli) aus dem mittleren Triebteil Stecklinge mit 3 bis 4 Blattpaaren schneiden und das untere Blattpaar entfernen. Die Stecklinge stellt man mit dem Basalteil 10 bis 15 min zur Desinfektion in eine 5 %ige Fundazol-Lösung und taucht sie anschließend 15 s in eine Lösung von Indolylbuttersäure (IBA), 5 g je Liter Alkohol (50%). Es werden 200 bis 250 Stück / m² in Perlit-Sand-Substrat (1:1), 1 bis 2 cm tief, gesteckt. Der Bewurzelungserfolg von 37 verschiedenen Formen lag bei 50 bis 100%. Ohne IBA traten jedoch nur 0 bis 40% Bewurzelung ein. Es wird hervorgehoben, daß im Jahr der Bewurzelung nur ein geringes Sproßwachstum erfolgt.

Pflanzung

Es ist rechtzeitiges Pflanzen im Herbst oder im Frühjahr anzustreben, da ein früher Austrieb erfolgt und das Anwachsen wie bei anderen Hartholzarten leicht etwas beeinträchtigt werden kann. Ein starker Pflanzschnitt, der einen kräftigen Austrieb veranlaßt, ist zu empfehlen. Für Einzelgehölze sind 3 bis 4 m Pflanzabstand zu wählen. Wenn eine Hecke gepflanzt werden soll, dann ist der Abstand auf etwa 0,5 bis 1 m zu verringern.

Pflegemaßnahmen

Bodenpflege und Düngung

Durch gute Bodenpflege kann das zögernde Jugendwachstum etwas gefördert werden. Nur nach der Pflanzung ist gelegentliches Wässern des sonst weitgehend trockenresistenten Strauches erforderlich. Die Tatsache, daß kalkhaltiger Boden besonders gern angenommen wird, ist schon bei der Standortwahl zu berücksichtigen oder bei der Bodenverbesserung durch eine leichte Kalkung zu beachten.

Schnitt

Kornelkirschen vertragen den Schnitt sehr gut. Durch regelmäßige Eingriffe in die Krone, meist gekoppelt mit der Entnahme von Blütenzweigen, kann dem Überbauen derselben vorgebeugt werden. CHRIST bemerkte richtig, daß «in allen beträchtlichen Gärten» gepflanzte Dirlitze «in allerley Gestalten, als Hochstamm, Kugelbaum und besonders Pyramide» gezogen werden kann, weil sie «das Messer gut verträgt». Außerdem lasse sie sich leicht zu Hecken formen, da sie «gut buschet». Sowohl natürliche, frei erzogene Hecken als auch – wie bei Buxbaum – extrem strenge, dem Formschnitt unterliegende Hecken sind erziehbar, ohne daß dadurch die Blühwilligkeit erwachsener Pflanzen verlorengeht. Sogar nach radikaler Verjüngung verfügt die Kornelkirsche über ein enormes Regenerationsvermögen aus dem Wurzelstock. Man kann sie also «auf den Stock» zurücksetzen.

In der Regel reicht die Entnahme dicht mit Blütenknospen besetzter Zweige, die man in der Vase durch Verfrühen (fälschlich «Treiben») zeitig zur Blüte bringen kann, schon für eine ausreichende Verjüngung und macht jeden weiteren Schnitt entbehrlich.

Pflanzenschutz

Infolge der hohen Resistenz gegen Trockenheit, Frost (Blüte, Holz), Schädlinge und Krankheiten ist das Gehölz sehr gesund und erfordert keinerlei Pflanzenschutz.

Ernte und Lagerung

Die ab September sehr stark folgernd reifenden Früchte fallen vollreif –
dann meistens schon purpurrot verfärbt – von selbst vom Strauch, ohne dabei Schaden zu nehmen. Sie lassen sich am besten durch wiederholtes Auflesen, eventuell unterstützt durch vorheriges Abschütteln, ernten. Durch
das Auflesen kann eine Person täglich etwa 20 kg Früchte ernten, die Leistung läßt sich aber durch das Unterlegen von Tüchern oder Planen weiter
steigern.
Die aufgelesenen, mittelharten Früchte lassen sich, vor allem wenn sie nach
Reifezustand und Größe sortiert werden, etwa 10 Tage lang lagern. Während
dieser Nachreife werden die Früchte weicher, ihr herb säuerlicher Geschmack wandelt sich in angenehm süßsauer, und sie nehmen einen typischen Duft an. Der Pomologe Knoop bemerkte bereits 1766, daß der Geschmack der Früchte – im Gegensatz zu ihrem Aussehen – «mehr an
Pflaumen als an Kirschen» erinnert.
Auf keinen Fall dürfen nasse Früchte geerntet werden, wenn kein Sofortver-
brauch vorgesehen ist. Für den weniger üblichen Transport müssen die
Früchte baumreif in rosafarbenem Zustand gepflückt werden, sie zeigen
aber auch dann eine gute Nachreife.
Infolge der Selbstfruchtbarkeit und der unempfindlichen, reichen sowie
lang andauernden Blüte ist mit jährlich regelmäßigen Erträgen zu rechnen.
Der Ertrag tritt etwa mit dem 6. Standjahr ein und nimmt nur allmählich
zu. Man kann bei erwachsenen Gehölzen mit etwa 5 bis 10 kg, unter guten
Bedingungen im Alter mit 20 bis 40 kg und in Ausnahmefällen bei Baum-
riesen in günstigen Jahren sogar mit 80 bis 100 kg Ertrag rechnen.

Nutzung

Das Holz weist einen dunkelrotbraunen Kern und einen rötlich-weißen
Splint auf. Es ist zäh, fest und schwer (spezifisches Gewicht 0,92). Der latei-
nische Gattungsname *Cornus* («Horn») deutet auf die Härte des Holzes hin
und kommt auch in der deutschen Gattungsbezeichnung Hartriegel zum
Ausdruck. Für die Art Kornelkirsche trifft dies in besonderem Maße zu.
Auch der volkstümliche Name «Beinholz» beinhaltet die Güte des Holzes.
Infolge dieser speziellen Eigenschaften wurde das Holz seit langem geschätzt und früher besonders gern zu Wagen- und Mühlrädern sowie zu
Zahnrädern für die Uhrenindustrie verarbeitet. Auch die Fertigung von We-
berschiffchen, Waffen, Griffen, Werkzeugen, Knöpfen und Schuhstiften
war üblich. Da das Holz gut polierfähig ist, verwundert es nicht, daß es auch
bei Instrumentenbauern und im Drechslerhandwerk in hoher Gunst steht.
Als Besonderheit ist zu erwähnen, daß in Thüringen – wie in anderen Gegenden (Tessin/Schweiz, Dagestan/Grusinien) – aus den geschälten, braun-
fleckig gebrannten Zweigen Spazierstöcke hergestellt wurden. Diese dauer-
haften Knotenstöcke fertigte man bis nach 1930 in dem nahe Jena
gelegenen Dorf Ziegenhain, und durch die Jenaer Studenten wurden die sogenannten «Ziegenhainer» weithin bekannt.

Die harten Samen werden teilweise zu billigen Rosenkränzen verarbeitet. Aus Holz und Rinde läßt sich ein gelber Farbstoff gewinnen. Blätter und Rinde, die bis 18 % Gerbstoffe (Tannide) enthalten, können zum Gerben dienen.

Die Frucht wird nur selten roh verzehrt. In den Hauptgebieten des Anbaues sind allerdings das Kandieren und das Trocknen der Früchte sehr verbreitet. Man rechnet mit einem Eintrocknungsverhältnis von 10:1 und trocknet künstlich bei guter Belüftung und Temperaturen von 45 bis 80°C oder natürlich an der Sonne. Derartige Trockenprodukte sind besonders im Kaukasus unter den Bezeichnungen «Turschu» und «Lavasch» (an der Sonne getrocknete dünne Pastillen aus geriebenem Fruchtfleisch mit 15 bis 22 % Wassergehalt) sehr populär und stellen zugleich ein gut transportables Vitamin C-Präparat dar. «Lavasch» wird dort täglich als Zutat für verschiedene Gerichte verwendet.

Durch das intensiv gefärbte Fruchtfleisch weisen alle Verarbeitungsprodukte eine schöne rosarote Färbung auf. Die Früchte ergeben vor allem Gelee, Sirup und Konfitüre von ausgezeichneter Qualität. Marmelade wird auch zusammen mit säurearmen Arten (Apfel, Birne, Melone) bereitet. Weiterhin lassen sich erfrischende Getränke wie Saft, Süßmost und Fruchtsaftlimonade herstellen. Letztere sind in südlichen Ländern und im Orient, besonders in der Türkei, unter der Bezeichnung «Scherbet» allgemein bekannt.

Infolge des hohen Steinanteiles ist die Kompottbereitung etwas erschwert. Süßsauer eingelegte Kornelkirschen kann man wie Preiselbeeren zu Wildgerichten reichen.

Noch etwas unreife Früchte können in Salzwasser mit Lorbeerblättern und Fenchel eingelegt werden. Sie nehmen dadurch ein olivenartiges Aussehen und einen solchen Geschmack an.

Auch zu schmackhaftem Likör und zu einem rubinfarbenen, dem Hagebuttenwein ähnlichen Wein läßt sich die Frucht verarbeiten. In Polen ist die Spirituose «Dereniak» ein Kornelkirsch-Produkt, «Dernovka» nennt man den Likör in der Sowjetunion. In der Volksmedizin werden frische und getrocknete Früchte vielseitig verwendet. Sie gelten z. B. als fieber- und blutdrucksenkend, antidiarrhetisch sowie antiseptisch. Getrocknete Früchte dienen allein oder als Färbungsbeigabe zur Bereitung von Erfrischungstee (siehe auch Rezeptteil).

Als Gehölz ist die Kornelkirsche ein frühblühender Zierstrauch, die auch als Bienenweide und Heckenpflanze sehr gut geeignet ist. Vor Jahrhunderten war es üblich, durch Verflechten der Triebe aus Kornelkirschen lebende Zäune zur Einfriedung von Anwesen zu formen.

Abschließende Beurteilung

Die Kornelkirsche ist ein sehr anspruchsloses und pflegearmes, kalkholdes Ziergehölz, welches durch seine extrem frühe und reiche Blüte auch eine wertvolle Bienenweide darstellt. Sie ist eine Heckenpflanze, die sehr gute Schnittverträglichkeit aufweist.

Die vielfältige Nutzung der herb säuerlichen, kirschähnlichen Herbstfrucht für köstliche Produkte der Obstverwertung ist vielen Leuten noch unbekannt. Aber dennoch verfügt die Kornelkirsche über lange kulturgeschichtliche Traditionen, welche auch die Verwendung der Wildfrucht in der Volksmedizin und die Nutzung des harten Holzes mit einschließen.

Das gesunde, völlig frostharte und trockenresistente Gehölz sollte verstärkt bei der Bepflanzung von Wochenendgärten und städtischem Grün sowie als Flurgehölz in Landschaftsschutzpflanzungen und für Hecken berücksichtigt werden. Die Kornelkirsche ist auch für Höhenlagen gut geeignet und nimmt durch Schnitt jede gewünschte Form an.

Mahonie

Andere deutsche Namen Gemeine Mahonie, Stechdornblättrige Mahonie, Fieder-Berberitze
Wissenschaftlicher Name *Mahonia aquifolium* [Pursh] Nutt.
Synonym Berberis aquifolium Pursh
Familie Sauerdorngewächse *(Berberidaceae)*
Namen in anderen Sprachen
albanisch	mahone
bulgarisch	makhonija
dänisch	mahonie
englisch	trailing mahonia, holly leaved berberry; oregongrape (amer.)
finnisch	mahonia
französisch	mahonie à feuilles de houx
italienisch	maonia
niederländisch	mahonia
norwegisch	mahonia
polnisch	mahonia ostrolistna
rumänisch	mahonie
russisch	magonija padubolistnaja
schwedisch	mahonia
serbokroatisch	mahonija
slowakisch	mahónia
spanisch	mahonia
tschechisch	mahonie
ungarisch	mahónia, borbolya

Biologische Grundlagen

Herkunftsgebiete und natürliche Verbreitung

Die Mahonie erhielt ihren Namen zum Andenken an den amerikanischen Gärtner M'Mahon. Der Strauch hat sich als Ziergehölz fast überall in der Welt einen Platz erobert. Die Gemeine Mahonie *(Mahonia aquifolium)* ist in Nordwestamerika beheimatet, aber auch im pazifischen Nordamerika verbreitet. Die Kriechende Mahonie (*M. repens* [Lindl.] G. Don.; syn. Berberis repens Lindl.) wächst im pazifischen Nordamerika von British Columbia bis New Mexiko. Die Graue Mahonie (*M. fremontii* [Torr.] Fedde; syn. Berberis fremontii Torr.) stammt wie die Gemeine Mahonie aus dem pazifischen Nordamerika. Dagegen kommt die Bleiche Mahonie *(M. pallida* [Hartw.] Fedde; syn. Berberis pallida Hartw.) aus Südmexiko. Die Japanische Mahonie (*M. japonica* Thunb. Dc.; syn. Berberis japonica Thunb. R. Br. und Ilex japonica Thunb.) kommt aus Ostasien, während die Starknervige

Mahonie (*M. nervosa* [PURSH] NUTT.; syn. Berberis nervosa PURSH; M.glumacea DC.) wiederum dem pazifischen Nordamerika entstammt. Eine weitere Art, Fortunes-Mahonie (*M. fortunei* [LINDL.] FEDDE; syn. Berberis fortunei LINDL.), wächst in Nordchina.

Es werden noch weitere Arten in der Literatur beschrieben. In der gärtnerischen Praxis kennt man auch zahlreiche Kulturhybriden, so daß die Zuordnung der zur Gartengestaltung verwendeten Formen zu einer bestimmten Art oft nicht exakt möglich ist. Entwicklungsgeschichtlich interessant ist die ausgestorbene Art *M. stenophylla* PAX aus dem Tertiär des Zsiltales in den Karpaten.

Kulturgeschichtliche Bedeutung

Eine kulturgeschichtliche Bedeutung als Obstart hat die Mahonie nicht aufzuweisen. Der Strauch wird zwar seit langer Zeit in Gärten und Anlagen als Ziergehölz verwendet und aus dem Saft der Beeren werden bzw. wurden in den Heimatländern der einzelnen Arten oft Wein oder auch Branntwein gewonnen, aber zuverlässige Nachrichten über die Nutzung als Obstart fehlen, ein planmäßiger Anbau der Mahonie für die Fruchtgewinnung, so wie das bei anderen Obstarten üblich ist, existiert noch nicht.

Morphologische Merkmale

Die Gemeine Mahonie bildet bis etwa 1,5 m hohe, bei freiem Stand ausladende, immergrüne Stäucher. Diese haben wechselständige, unpaarig gefiederte, am Rand oft stachelspitzige, lederartige Blätter. Blattfarbe und Blattausbildung sind je nach Kulturform unterschiedlich, teils gelbgrün, teils tiefgrün, mehr oder weniger stark glänzend. Bei manchen Formen ist die Blattspreite ausgeschweift, dornig-zähnig. Im Herbst färben sich die Blätter rot, wobei von blutrot bis hell-ziegelrot viele Farbvarianten zu beobachten sind. Die Zweige entstehen in dichter Folge am Haupttrieb. Die Büsche bilden bei engem Stand kurze, kräftige Seitentriebe.

Die Rinde ist braun-grau, rissig. Das Holz des Triebes wie der Wurzel ist auffällig safrangelb gefärbt und sehr zäh. Die Blüten mit etwa 0,6 bis 1 cm Durchmesser stehen in rispenartig zusammengedrängten Trauben, sie sind kräftig gelb gefärbt. Die Blätter der Blütenhülle sind in dreigliedrigen Quirlen angeordnet, wovon zwei die Kelchblätter bilden. Die Staubblätter sind reizempfindlich. Die Blütezeit fällt in den April/Mai. Die Blüten werden von Bienen gern aufgesucht, da sie reichlich Nektar und Pollen spenden. Die erbsengroßen Beeren sind kugelig geformt, blau bereift, mit dunkelpurpurrotem Saft. Entfernt man den Reif durch Abwischen, so kommt die schwarze Fruchtschale zum Vorschein. Die Frucht enthält 2 bis 5 glänzend rotbraune Samen. Die Fruchtreife fällt in den August/September, die Früchte bleiben aber, äußerlich kaum verändert, bis in den Winter am Trieb hängen.

Wichtige Inhaltsstoffe

Die Pflanze enthält vor allem in der Rinde Alkaloide (Berberin, Oxyacanthin, Berbamin). Der Alkaloidgehalt der Frucht ist jedoch gering (0,05 %). Das Berberin gilt als schwach giftig. Durch Trocknen und Lagern nimmt der Berberingehalt ab. Der Genuß vor allem noch unreifer Früchte ist nicht zu empfehlen. Die Beeren enthalten Zucker (9,8 g/100 ml), weiterhin Vitamine, vor allem Vitamin C, und Fruchtsäuren (48,7 g/l), wenn auch nicht so viel wie die Früchte des Sauerdorns (Berberitze). Die Beeren sind nicht zuletzt wegen ihres starken Farbstoffgehaltes interessant. Obwohl sich aufgrund der wertvollen Inhaltsstoffe der Früchte Verwendungsmöglichkeiten anbieten, hat die Mahonienfrucht bisher kaum Verwertung im Haushalt gefunden.

Anbau

Der planmäßige Anbau für die Beerengewinnung ist nicht üblich, dagegen wird die Mahonie als Ziergehölz im Garten oft verwendet. Man sollte zukünftig mehr beachten, daß sich Mahonienfrüchte gut verwerten lassen und daß bei heckenförmigem Anbau in größerem Umfang doch recht beträchtliche Mengen an Beeren anfallen.

Standortansprüche

Die Mahonie läßt sich in Gärten und Grünanlagen überall anbauen. Sie stellt weder an das Klima noch an den Boden besondere Ansprüche. Geeignet sind gegen kalte Winde geschützte Lagen. Die Sträucher wachsen am besten in voller Sonne, vertragen aber auch halbschattige Lagen. Nachteilig kann starke Sonneneinstrahlung bei starkem Frost sein, weil dann die Blätter geschädigt werden, verbräunen und abfallen. Das Wachstum ist am besten in nährstoffreichen, mittleren Böden, dort überwintern die Pflanzen auch sicherer als auf leichten Böden. Besonders vorteilhaft sind gut und ständig durchfeuchtete Humusböden. Kalkhaltige Standorte sind für Mahonien weniger geeignet.
Die Mahonie gehört bei uns zu den robusten immergrünen Laubgehölzen, die auch kältere Winter überstehen. Wenn infolge starker Fröste oder auch durch Sonnenbrand Schäden im Astgerüst entstehen, so regenerieren sich diese sehr bald.

Sorten und Sortenwahl

Da der Schauwert der Sträucher und nicht die obstbauliche Eignung im Vordergrund steht, wird man Sorten bzw. Formen wählen, die besonders dekorativ sind, wie z. B. die Neuheit 'Jupiter', welche sich durch aufrechten Wuchs und attraktive rote Blattfärbung im Herbst und im Winter auszeichnet. Obstbaulich sind die verschiedenen Formen anscheinend gleich gut zu beurteilen. Erfahrungen, die konkrete Schlüsse zulassen, fehlen. Weiter in der DDR im Handel befindliche Sorten sind 'Mirena' und 'Pamina'. Letztere ist ein ausgezeichneter Bodenbedecker mit starker Ausläuferbildung und besonders auffälliger Blüte sowie dekorativem Laub.

Vermehrung

Die gewöhnliche Mahonie wird am besten durch Samen vermehrt. Entweder sät man die aus den zerstoßenen Früchten gewonnenen Samen im gleichen Herbst des Jahres aus, oder man stratifiziert sie in der für Steinobst üblichen Weise und sät Anfang April in das Freiland. Aber auch durch Ableger bzw. mit Hilfe anderer Methoden der vegetativen Vermehrung lassen sich neue Pflanzen gewinnen. Diese Vermehrungsart muß bei allen speziellen Zierformen angewandt werden.

Pflanzung

Die Pflanzsysteme sind wiederum vom Standpunkt des Schmuckwertes aus zu beurteilen. Bei größeren Gehölzpflanzungen wird man Mahonien nesterweise in andere Baum- oder Buschgruppen eingliedern. Anders ist die Situation, wenn man als Ab- oder Umgrenzung eine Hecke wünscht. Die Pflanzen werden in diesem Fall auf etwa 75 cm Entfernung gestellt. Soll die Hecke dicht und breit sein, so wird man versetzt auf wiederum etwa 75 cm Reihenentfernung eine zweite Reihe pflanzen.

Gepflanzt kann sowohl im Frühjahr als auch im Herbst werden, wobei nach dem Setzen die Büsche kräftig anzugießen sind, eine Maßnahme, die bei Trockenheit noch mehrfach wiederholt werden soll. Bei Containerpflanzen ist die Pflanzung das ganze Jahr über möglich.

Pflegemaßnahmen

Bodenpflege und Düngung

Die Mahonie verlangt keine besondere Pflege. Man wird vor allem auf leichten Böden bei Trockenheit bewässern. Für ausreichende Mineralstoffversorgung, man verwendet dazu eine Volldüngermischung, ist die Mahonie dankbar. Zweckmäßig ist eine Bodenbedeckung um die Pflanzen herum mit humushaltigem Material.

Schnitt

Der Schnitt wird gestalterischen Gesichtspunkten untergeordnet. Wenn man eine Hecke schneidet, so wird man von der gewünschten Heckenform ausgehen ohne Rücksicht auf sonstige Belange. Bei Gruppenpflanzungen innerhalb anderer Bestände ist vor allem darauf zu achten, daß die Mahonie nicht zu sehr wuchert und die anderen Gehölze unterdrückt. Entfernt werden in jedem Falle durch Frost oder sonstige Einwirkungen abgestorbene Triebe. Nach einigen Jahren, wenn die Neigung zur Verkahlung hervortritt, sind die Gehölze zu verjüngen. Der Rückschnitt nach der Blüte fördert dichten, gleichmäßigen Wuchs.

Pflanzenschutz

Bei der Robustheit der Mahonie ist Pflanzenschutz kaum nötig. Schaderreger, die sich besonders auf Mahonien bemerkbar machen, sind nicht bekannt. Die Früchte werden auch kaum von Vögeln gefressen. Gelegentlich tritt Befall von Blattrost («Scharlachkrankheit») auf. Die Blätter werden rotfleckig. An der Blattunterseite entstehen braune Pusteln. Befallene Triebe sind abzuschneiden und zu verbrennen.

Ernte und Lagerung

Die Beeren erntet man am besten ziemlich spät im Jahr, weil sie sich dann leichter pflücken lassen als zur Reifezeit. Die Ernte ist relativ einfach, weil die Früchte vorwiegend an den Triebenden sitzen, so daß die stacheligen Blätter nicht stören. Die Beeren sind einige Tage lang haltbar, eine längere Lagerzeit ist nicht erforderlich.

Nutzung

In ihrer Heimat werden Mahonienbeeren zur Bereitung von Wein und auch Branntwein genutzt. Es liegen uns jedoch hierfür keine verallgemeinerungswürdigen Rezepte vor. Für die häusliche Verwendung ist wichtig, daß die reife Beere einen guten Eigengeschmack besitzt. Man kann den karminroten Saft zur Gelee- und Süßmostbereitung verwenden. Auch für das Färben von Obstwein ist der Saft gut geeignet. Da die Beeren genügend Säure besitzen, sind sie auch als Zusatz zu säurearmen Mosten zu empfehlen. In Nordamerika verwendet man die Beeren weiterhin für die Herstellung von Likör, aber auch in der Zuckerbäckerei. Mahonien sind auch für den Rumtopf geeignet. Der Fruchtsaft kann wie Zitronensaft verwendet werden. Auch Quark und Joghurt lassen sich mit dieser Wildfrucht kombinieren. Die säurereiche Frucht läßt sich am besten als Mischungskomponente zusammen mit säurearmen Früchten zur Herstellung von Marmelade, Konfitüre, Fruchtlikör usw. verwenden.
Grundsätzlich dürfen unreife Früchte nicht verarbeitet werden, weil es zu Magenverstimmungen kommen kann.
Allgemein bekannt ist der hohe Wert der Mahonie als Ziergehölz mit ihrem immergrünen Laub sowie den dekorativen Blüten und Früchten. Außerdem hat die Mahonie große Bedeutung in der Kranzbinderei.

Abschließende Beurteilung

Gepflegte Mahonien sind ein vorbildlich schönes, industriefestes, immergrünes Gehölz für sonnige bis voll schattige Standorte. Wertvoll für kleine Hecken, unverwüstlich als Vor- und Unterpflanzung, auch für Flächenpflanzungen im Wohngrün und zur Einbindung von Anlagen (z.B. der Wasserwirtschaft) in die Landschaft hervorragend geeignet. Gut kombinierbar mit anderen Immergrünen wie Rhododendron und Kirschlorbeer.
Die Mahonie sollte nicht nur wegen ihres dekorativen Wertes Interesse finden, sondern zukünftig auch stärker als Obstart beachtet werden.

Mandel

Andere deutsche Namen Mandelbaum
Wissenschaftlicher Name *Amygdalus communis* L.
Synonyme Prunus amygdalus STOKES, Prunus dulcis (MILL) D. A. WEBB.
Familie Rosengewächse *(Rosaceae)*
Namen in anderen Sprachen

albanisch	bajame
bulgarisch	badem
dänisch	mandeltrœ, mandel
englisch	almond tree; almond (Frucht)
finnisch	manteli
französisch	amandier, amandier commun; amande (Frucht)
italienisch	mandorlo, mandolo; mandorla (Frucht)
niederländisch	amandelboom, amandel
norwegisch	mandel
polnisch	migdał, migdałowiec, sliwa migdał
portugiesisch	amendoeira
rumänisch	migdal
russisch	mindal'
schwedisch	mandelträd, mandel
serbokroatisch	badem
slowakisch	mandla
spanisch	almendro, almendrero, almendrera, allozo; almendra (Frucht)
tschechisch	mandloň
ungarisch	mandula(fa)

Biologische Grundlagen

Herkunftsgebiete und natürliche Verbreitung

Wildformen der Mandel sind nur vom westlichen Mittelasien (Afghanistan, Turkestan) bis Transkaukasien, aus dem Iran und Syrien bekannt. Verwildert und völlig eingebürgert ist die Mandel in China, Indien, im ganzen Mittelmeergebiet bis in die Atlas- und Alpenländer. Kultiviert wird sie vielfach in wärmeren Gegenden West- und Mitteleuropas und in Amerika. Man findet sie sogar noch an günstigen Standorten der norwegischen Küste.

Nach HEGI ist die Heimat des Mandelbaumes nicht mehr sicher zu bestimmen, weil viele schon im Altertum als wild bezeichnete Formen wahrscheinlich bereits verwilderte Kulturformen waren. Im Tertiär gab es eine Wildform sogar in Mitteleuropa, die aber im Pliozän wieder ausgestorben ist.

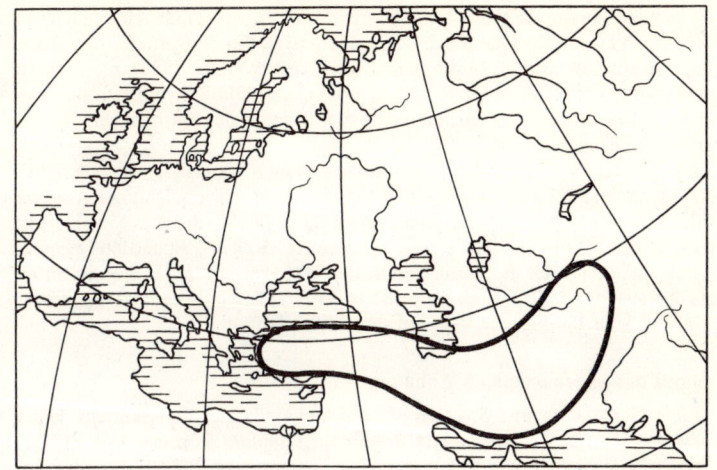

Natürliches Verbreitungsgebiet der Mandel
(aus BACHTEEV, 1970, verändert)

Kulturgeschichtliche Bedeutung

In der altrömischen Literatur fand die Mandel bereits viel Beachtung. Es wird berichtet, daß vor allem in Syrien und Palästina, aber auch im nördlichen Afrika Mandeln wild wachsen. Ebenso wird die Mandel in den Büchern der Juden oft erwähnt. Sie gehörte zu den besten Früchten, die der Orient zu bieten vermochte. Die ältesten griechischen und phäakischen Schriften nennen sie jedoch nicht, was zu der Annahme berechtigt, daß sie dort erst später kultiviert wurde. Nach der Einbürgerung in Griechenland fand die Mandel schnell den Weg nach Italien, das dürfte etwa im 2. Jahrhundert v. d. Z. gewesen sein. Die Römer behielten die griechischen Namen für Baum und Frucht: «griechische», «thasische» oder «lange» Nuß (nux graeca, thasia, longa) bei.

Die Mandelkultur ist durch die Römer bis in die Alpenländer vorgedrungen, doch hat der Anbau dort weder im Mittelalter noch in der Neuzeit größere Bedeutung erlangt. In Deutschland scheint die Mandel im Jahre 812, in Frankreich 716 eingeführt worden zu sein. ALBERTUS MAGNUS, KONRAD VON MEGENBERG, die HEILIGE HILDEGARD u. a. beschreiben Mandelbäume und Mandelsorten.

Noch Anfang unseres Jahrhunderts hat der Mandelanbau in der Pfalz eine Rolle gespielt. Im Mittelalter soll es dort wahre Mandelwälder gegeben haben (KÖNEMANN 1943). Trotzdem ist in der deutschsprachigen Literatur nur wenig über den Mandelanbau zu finden. Daran ändert auch die Tatsache nichts, daß ZSCHOKKE (erwähnt bei KÖNEMANN) berichtet, daß es im Mittelalter «über die Maßen viele Mandeln gab, daß auch ganz Deutschland davon gespeiset wird». Sicherlich ist diese Angabe übertrieben, trotzdem hat es den Anschein, daß der Mandelanbau, der in der Pfalz, aber auch im Rheingebiet am Kaiserstuhl, bei Weingarten an der Bergstraße, um Stuttgart im Neckar- und im Maintal eine Rolle spielte (HEGI 1923), nicht allein wegen nicht ausreichender Ertragszuverlässigkeit allmählich erlahmte, sondern daß vor allem die ausländische Konkurrenz den heimischen Anbau unrationell werden ließ.

Die Mandel in großem Umfang wieder anbauen zu wollen wäre verfehlt. Wer jedoch in seinem Garten einen Mandelbaum schon wegen der schönen Blüte an einer geschützten Stelle pflanzen möchte, der kann mit etwas Glück den Mandelbedarf seines Haushaltes decken. Sicherlich wäre es heute möglich, aus der Fülle der in der Welt vorhandenen Mandelsorten einige auszulesen, die auch für den Liebhaberanbau bei uns besser geeignet sind als jene Bäume, die jetzt auf den Markt kommen.

Stand des internationalen Anbaues

Heute sind Italien und Spanien die Hauptanbauländer für Mandeln. Nach den Angaben in der Pomologia Republicii Populare Romine, Vol. VI, Bucuresti 1967, stehen von den in der Welt vorhandenen 95 Mill. Mandelbäumen etwa 39 Mill. in Italien, 37 Mill. in Spanien, 5 Mill. in Marokko, 3,5 Mill. in Portugal, 2,3 Mill. in der Türkei, 2,2 Mill. in den USA (Kalifornien), 1,5 Mill. im Iran, 1,4 Mill. in Frankreich, 1,2 Mill. in Tunesien und in zahlreichen kleinen Pflanzungen vieler anderer Länder.

Der Mandelanbau konzentriert sich seit langer Zeit rund um das Mittelmeer. Trotz vieler Versuche, auch in anderen Gebieten der Erde den Mandelanbau zu intensivieren, sind und bleiben die alten Anbaugebiete nach wie vor dominierend.

Morphologische Merkmale

Der Mandel begegnet man als Strauch oder mäßig hohem, nur selten bis zu 10 m großem Baum mit schwach rot gefärbten, bei der Wildform verdornenden, bei Kulturformen unbewehrten Zweigen.

Die Laubblätter mit 1,2 bis 2,5 cm langem, drüsigem Stiel haben je nach Sorte eine kahle, länglich-lanzettlich-spitze oder nur undeutlich zugespitzte, 4 bis 10 cm lange, am Rande scharf drüsig-gesägte bis kerbig-gesägte, ziemlich derbe, glänzend dunkelgrüne Spreite. An derem Grunde sitzen zuweilen 1 bis 2 Drüsen.

Die Blüten stehen meist zu zweit, seltener einzeln oder zu dritt, auf sehr kurzen, die Knospenschuppen öfters überragenden Stielen. Die Blüte erscheint vor dem Austrieb der Laubblätter. Der Kelchbecher ist glockig geformt, krugförmig. Die Kelchblätter sind oval, stumpf, am Rande filzig behaart, die Kronblätter verkehrt-eiförmig gestaltet, etwa 20 mm lang, benagelt, an der Spitze oft ausgerandet, am Grunde keilförmig, zart rosa bis weißlich mit dunkleren Adern. Die Staubblätter erreichen nicht die Länge der Krone.

Die Frucht ist länglich-eiförmig, zusammengedrückt und je nach Sorte sehr unterschiedlich proportioniert, 3,5 bis 4,6 cm lang, 2,5 bis 3 cm breit, graugrün gefärbt, samtartig-filzig behaart. Das Fruchtfleisch ist ledrig-zäh, nicht

Verschieden ausgebildete Blütentriebe der Mandel

saftig. Es springt bei der Reife mit einem glatten Längsriß oder auch unre-
gelmäßig-rissig auf. Jede Frucht enthält einen, seltener 2 Steinkerne. Die
Steinschale ist gelb, hart, seitlich zusammengedrückt, an der Vorder- und
Rückseite scharf gerandet, außen mit punktförmigen, unregelmäßigen Gru-

Mandel (nach HEGI)

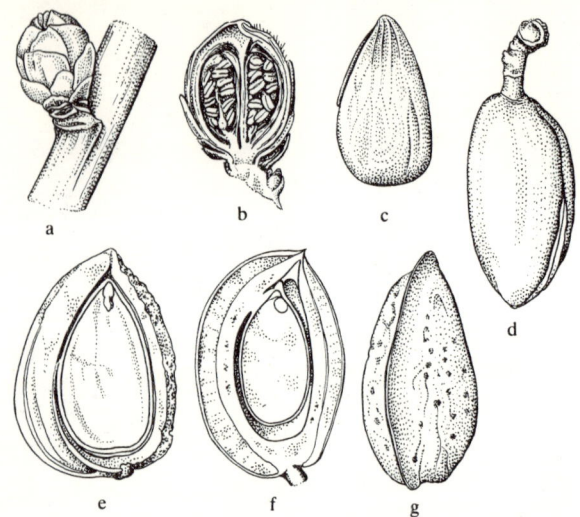

a Blütenknospe   b Blütenknospe im Längsschnitt   c Same
d Frucht   e Steinkern im Längsschnitt   f Frucht im Längsschnitt
g Stein

ben versehen, innen glänzend glatt, je nach Sorte dick- oder dünnschalig
und dann zerbrechlich. Die Samen sind zimtbraun, abgeplattet, etwa 2 cm
lang und 1,2 bis 1,5 cm breit.
Von der Mandel kennt man zahlreiche Sippen, die stark variieren. Am
übersichtlichsten, wenn auch nicht immer korrekt im Sinne der Pflanzen-
systamtik, ist eine praktischen Gesichtspunkten folgende Ordnung:
Steinmandel, *Amygdalus communis* L. var. *dulcis.* Sie hat eine harte Schale
und entspricht der bisher beschriebenen Form. Der Kern ist süß.
Krachmandel, *Amygdalus communis* L. var. *sativa* (syn. Prunus amygdalus
STOKES var. fragilis, Prunus dulcis [MILL.] D. A. WEBB. var. fragilis [BORKH.]
BUCHHEIM, Prunus amygdalus BATSCH. var. fragilis [BORKH.] FOCKE). Diese
Form ist eine Abart der Süßen Mandel. Die dünne Schale läßt sich mit den
Fingern leicht zerdrücken.
Bittermandel, *Amygdalus communis* L. var. *amara* DC. (syn. Prunus amygda-
lus BATSCH. var. amara [DC.] FOCKE, Prunus dulcis [MILL.] D. A. WEBB var.
amara [D. C.] BUCHHEIM
Diese Form dürfte die Ausgangsform der Kulturmandel darstellen. Sie hat
eine sehr harte Schale, der Kern schmeckt bitter. Der Same enthält gering-
fügige Mengen Amygdalin, bei dessen Zersetzung Blausäure frei wird. Giftig ist die Bittermandel für den Menschen jedoch nur beim Genuß großer
Mengen. Kleine Tiere, insbesondere Vögel, sind weit empfindlicher.

Beispiele für die Formenfülle der Samen von Mandelbäumen
(aus Pomologia Rep. Pop. Romine)

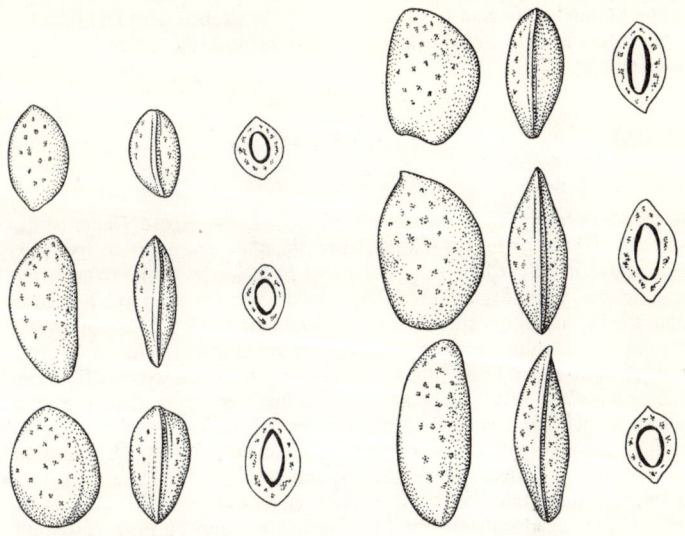

Eine als «Großfrüchtige Mandel» bezeichnete Form wird von GOETHE-
JUNGE noch besonders hervorgehoben: *Amygdalus communis* L. var. *macro-
carpa* (syn. Prunus amygdalus STOKES var. macrocarpa SER., Prunus dulcis
[MILL.] D. A. WEBB var. macrocarpa). Die Frucht ist sehr groß und besitzt
einen meist harten Steinkern.
Es werden bei der Mandel noch zahlreiche weitere Sippen unterschieden.
Aus dieser Formenfülle seien nur noch einige allgemein interessierende
Zierformen mit ihren dekorativen purpurroten Blütenblättern genannt wie
Amygdalus communis L. var. *dulcis* 'Purpurea' oder Sorten mit hängenden
Zweigen, mit weiß gefleckten bzw. geränderten Blättern oder mit gefüllten,
röschenartigen Blüten, die als Zierbäume häufig zu finden sind.

Wichtige Inhaltsstoffe

Der wertvollste Bestandteil der Mandel ist das Mandelöl. Aus bitteren Samen werden durch Pressen 20 bis 40%, aus süßen 40 bis 55% Öl gewonnen.
Als oleum amygdalarum spielt Mandelöl seit dem Altertum eine wichtige
Rolle in der Medizin. Aber auch kosmetische Präparate haben oft Mandelöl
als Grundlage. Das Bittermandelöl enthält geringe Mengen Amygdalin (2
bis 4%). Es ist an sich ungiftig, zerfällt aber unter Einwirkung des im Samen enthaltenen Enzyms Emulsin in Benzaldehyd, Glukose und Blausäure. Da bei der Zerkleinerung der Samen das Ferment Emulsin aktiv wird

und Blausäure entsteht, sind Bittermandeln für kleine Säugetiere und Vögel möglicherweise tödlich. Für Menschen sind sie erst in größerer Menge schädlich. Durch Kochen oder Rösten verliert sich die Blausäure. Frische Mandelkerne sind wasserarm (etwa 27%). Neben dem Öl enthalten sie vor allem Protein und Zucker sowie nur wenig Mineralstoffe und Vitamine (B_1, B_2, C).

Anbau

Standortansprüche

Die Mandel verlangt mehr Wärme als Pfirsich oder Aprikose. Dabei ist das Holz gar nicht so frostempfindlich, aber die Blüte erscheint so früh (Februar/März), daß die Chance des Fruchtens zu gering ist. SCHANDERL vertrat allerdings die Meinung, daß die Ertragsausfälle vorwiegend durch Selbststerilität, die bei Sämlingsgemischen häufig ist, bedingt seien. Man solle daher stets mehrere Sämlinge zusammenpflanzen, um eine Befruchtung der Blüten zu sichern. Diese Feststellung erscheint wichtig, solange keine für unser Klima geeigneten selbstfruchtbaren Sorten zur Verfügung stehen. Eigene Beobachtungen besagen, daß an einem ziemlich rauhen Standort, der für Mandeln gar nicht geeignet erschien und wo auch morphologisch deutlich unterscheidbare Formen nebeneinander standen, die Büsche fast regelmäßig Früchte ansetzten. Wenn das Blühwetter im Februar/März günstig ist, sind zur Zeit der Maifröste die Mandelfrüchte schon zu etwa Haselnußgröße entwickelt und mit einem dichten Haarpolster umgeben. In diesem Zustand überstehen sie kurze Frosteinbrüche anscheinend recht gut. Trotzdem wird man empfehlen müssen, Mandelbäume nur im Weinbauklima bzw. an sehr geschützten Stellen zu pflanzen.

Der Anbau der sehr wärmebedürftigen Mandel für die Marktbelieferung ist in unserem Klimaraum nicht möglich, das bleibt südlicheren Ländern vorbehalten. Der Liebhaberanbau würde jedoch sehr wahrscheinlich mehr Chancen haben, wenn auch für unser kaltes Klima besser geeignete Sorten aus dem Weltsortiment ausgelesen und bereitgestellt würden.

Mandeln stellen keine hohen Ansprüche an die Bodenqualität. Sie wachsen noch, so z.B. am Balaton, auf armen Schotterböden, sind dann jedoch gegenüber allen Außeneinflüssen sehr anfällig. Am besten gedeihen sie in tiefgründigen Lößböden, die auch etwas trocken sein dürfen. Auch kalkhaltiger Boden ist brauchbar. Abzulehnen sind nasse, kalte Böden, auf denen die Mandel versagt.

Sorten und Sortenwahl

In der deutschsprachigen Literatur finden sich u.a. Beschreibungen der Sorten 'Dürkheimer Hartschalige', 'Große Hartschalige' und 'Prinzeßmandel' (eine Krachmandel), GOETHE-JUNGE nennen die Sorten 'De Dames' und 'Le Flot'. Es liegen jedoch keine ausreichenden Unterlagen vor, um die eine oder andere dieser Sorten, bei denen auch nicht überschaubar ist, inwieweit sie noch angebaut werden, besonders zu empfehlen. In der Lehr- und Forschungsanstalt Geisenheim/Rhein wurden einige für den Liebhaberanbau geeignete Sorten ausgelesen, die vorerst die Nummern 1 bis 5 tragen und die aus dem Dürkheimer Anbaugebiet, wo der Mandelanbau schon lange zu Hause ist, stammen. Diese noch mit Nummern versehenen Sorten sind im Handel. Brauchbar dürften für uns einige Sorten aus der Slowakai (ČSSR) sein. In den tschechischen und slowakischen Mandelanbaugebieten hat sich die süße, dickwandige Mandel 'Della Regina' (Typ Nr. 8) bewährt. Sie ist den aus Italien eingeführten Mandeln praktisch gleichwertig. Der 'Typ Nr. 3' ist ebenfalls eine sehr gute Sorte, und zwar eine dünnwandige, süße Papier-Krachmandel. In der Slowakei bei Bratislava wird sie als 'Prinzeßmandel' bezeichnet, wahrscheinlich weil sie mit der ehemaligen französischen Sorte 'Princess' identisch ist. Diese beiden Mandelsorten haben einen festen Platz im Sortiment. Es ist anzunehmen, daß sie auch für unsere Standorte geeignet sind und ein besseres Material darstellen als Sämlinge unbekannter Herkunft.

Grundsätzlich ist zur Sortenfrage zu bemerken, daß es bei uns an Erfahrungen im Mandelanbau überhaupt fehlt. In anderen Ländern, in denen diese Obstart wirtschaftliche Bedeutung hat, so z. B. auf der Krim (UdSSR), bemüht man sich mit Hilfe der Züchtung um die bessere Akklimatisierung. Dabei geht es vor allem darum, zu geringe, stark schwankende Erträge durch regelmäßig und gut tragende Sorten abzubauen. Die Anzahl der Mandelsorten in den mandelanbautreibenden Ländern ist sehr groß. Es sollte möglich sein, aus der Fülle des Materials auch für unser Gebiet etwas Brauchbares auszulesen.

Vermehrung

Es gibt samenechte Formen, die am robustesten sein sollen (ZSCHOKKE, in KÖNEMANN 1943). Eine Aufspaltung der Erbeigenschaften ist jedoch wie beim «Kernechten Pfirsich» nicht vermeidbar. Daher wird man besser veredelte Bäume definierter Sorten pflanzen. Mandelsämlinge sind gute Unterlagen, wobei geeignete Sämlingsauslesen den Vorzug verdienen. In Gebieten, in denen die Mandel seit uralter Zeit heimisch ist, werden bei Neupflanzungen die reifen Kerne in einer Entfernung von 3 m × 3 m 5 cm tief in den Boden gesteckt und nach dem Aufwachsen an Ort und Stelle veredelt. Dieses Verfahren ist für uns nicht mehr empfehlenswert. Man wird baumschulmäßig erzogene Mandelbäume auf Mandel- oder Pfirsichunterlage verwenden. In der Pfalz wurde früher mit Erfolg die 'St. Julien-Pflaume' als Unterlage genutzt, die, ähnlich wie sich auch an Aprikosenbäumen am Süßen See bei Halle zeigte, sehr gesunde, alt werdende Bäume ergibt. 'St. Julien' ist jedoch nicht mehr verfügbar, und es wäre zu prüfen, inwieweit unsere heute gebräuchlichen Pflaumenunterlagen für Mandel geeignet sind. Das Veredeln geschieht Ende Juli/Anfang August durch Okulieren.

Für leichte, trockene Böden werden Mandel oder Pfirsich als Unterlagen empfohlen, für bessere Böden mit zuverlässiger Wasserführung die Pflaume. Die Mandel wird nach der Veredlung als Busch, Halb- oder Hochstamm erzogen. Meist wird man den Busch wählen, zumal man dann nach Frosteinwirkung ausfallende Triebe leicht durch aus der Stammbasis treibende Schosser ersetzen kann.

Pflanzung

Auf die Mandel lassen sich weitgehend die für Pfirsich gültigen Erfahrungen anwenden. Gepflanzt werden im Frühjahr einjährige Veredlungen. Beim Pflanzen kürzt man die Triebe stark ein, es besteht sonst die Gefahr des Vertrocknens. Gegen heiße Frühjahrssonne und austrocknende Winde sind Mandeln sehr empfindlich. Es ist zweckmäßig, den Baum in dieser Situation etwas zu beschatten. Nährstoff- und Wasserbedarf sind während der Anwachsphase hoch. Man pflanzt, wenn möglich, mehrere Sorten, um die Befruchtung zu sichern. Die Reihenabstände bei der Pflanzung von Beständen kann man wie bei Sauerkirsche wählen. Bei einer Reihenentfernung von 4,5 m setzt man die Bäume in der Reihe mit 2,5 bis 3,5 m Abstand, wobei die weitere Entfernung für bessere Böden gilt. Pflanzungen von Einzelbäumen werden wie bei Pfirsich durchgeführt.

Pflegemaßnahmen

Bodenpflege und Düngung

Leichte Böden werden am besten ganzjährig durch oberflächige Lockerung offengehalten. Auf besseren Böden wird wahrscheinlich auch das Grasmulchsystem mit offengehaltenen Baumstreifen und bewachsenen Arbeitsgassen anwendbar sein. Erfahrungen hierüber liegen nicht vor.
Die Düngung sollte man, solange keine exakten Versuchsergebnisse für Mandelbäume vorliegen, wie beim Pfirsich handhaben. Bei Phosphor und Kali ist eine mittlere Versorgung anzustreben. Die Bemessung der Gaben erfolgt in Anlehnung an die Ergebnisse der Bodenuntersuchung. Für Stickstoff dürften 50 kg je ha und Jahr ausreichen. Auf genügende Kalkversorgung des Bodens ist zu achten. Sind nur einzelne Bäume im Garten vorhanden, so bezieht man diese in die übliche Obstbaumdüngung mit ein.

Schnitt

Bezüglich der Schnittmaßnahmen ist die Mandel ähnlich zu behandeln wie der Pfirsich. Man sollte jedoch einen zu starken Schnitt meiden. Wichtig ist es, trockenes Holz zu entfernen, auszulichten und zu alte Äste nach und nach durch Neutriebe zu ersetzen. Für unsere Verhältnisse ist die Erziehung der Mandel als Busch besonders anzuraten, weil man mit den ständig von unten nachwachsenden Trieben die Krone auch dann noch relativ leicht erneuern kann, wenn Fröste starke Holzschäden verursacht haben. Da das Holz oft nicht ausreift und die inneren und unteren beschatteten Kronenpartien, vor allem aber vorzeitige und schwache Jahrestriebe, häufig kümmern, schneidet man neben den toten Trieben auch zu schwach entwickelte heraus. Ein starker Rückschnitt oder auch eine Regenerationswelle nach Holzfrostschäden verursachen nicht selten einen übermäßig starken Neutrieb, der zu einer Verdichtung der Krone führt. In diesem Falle ist es notwendig, im Sommer durch Grünschnitt wieder eine lichte Krone herzustellen. Diese Arbeiten werden erleichtert, wenn die Büsche niedrig sind und die Krone in die Breite gezogen wird. Eine manchmal notwendige Verjüngung der Mandel ist am besten unmittelbar nach der Ernte durchzuführen.

Die Mandel ist ähnlich wie der Pfirsich nicht frei von Schaderregern. Sehr nachteilig wirkt sich auch in gepflegten Beständen manchmal der Pfirsichmehltau (*Sphaerotheca pannosa* [WALLR.] LEV. var. *persicae* WOR.) aus. Etwa 4 Wochen nach der Blüte zeigen die Blätter auf der Unterseite den für Mehltau charakteristischen Belag. Sie krümmen sich aufwärts, rollen vom Rande her ein, vertrocknen und fallen ab. Der Erreger überwintert in den Knospen als Myzel. Er ist dem Rosenmehltau zwar verwandt, aber auf Pfirsich und Mandel spezialisiert. Die Infektion der Blätter beginnt etwa einen Monat nach der Blüte und dauert die ganze Vegetationszeit über an. Gegenüber Schwefelmitteln können Mandeln sehr empfindlich sein. Es ist zu empfehlen, spezifische Mehltaupräparate zu verwenden und während der Blattentwicklung mehrfach, d. h. solange immer wieder neue Blattmasse zuwächst, zu spritzen. In Kleingärten kann man sich auch durch regelmäßiges Abschneiden befallener Triebe recht gut helfen.

Der Baumweißling (*Aporia crataegi* L.) befällt in den südlichen Hauptanbaugebieten die Mandelbäume häufig, bei uns spielt dieser Schädling für Mandeln keine Rolle.

Der Rindenwickler (*Laspeyresia woeberiana* SCHIFF.) frißt bei älteren Bäumen gelegentlich unregelmäßige Gänge zwischen Kambium und Borke. Gummifluß und Absterben von Ästen oder ganzen Bäumen können die Folge sein. Abkratzen lockerer, abgestorbener Rinde im April und Spritzungen befallener Stämme mit Lindan-Mitteln sollen helfen.

Ernte und Lagerung

Über Erträge der Mandel findet man in der Literatur wenig Angaben. Belastend ist die Unregelmäßigkeit der Ernten. Dabei sind die Erträge, auf die Anbaufläche bezogen, nicht zuletzt wegen des geringen Anteils an wirklich verwertbarer Frucht relativ gering. Unabhängig davon kann es Jahre mit sehr hohen Ernten geben, auch in den traditionellen Anbaugebieten der Pfalz und der Bergstraße. KÖNEMANN (1943) weist darauf hin, daß die unbefriedigenden Ernten wohl auch ein Ergebnis der fast überall unzureichenden Pflege der Bäume sind. Abzuhelfen ist diesem Mangel nur durch Intensivierung, vor allem aber durch Züchtung bzw. Auslese spätblühender, frostfester und frühreifender Sorten. SCHNEIDERS (zit. bei KÖNEMANN) hat sich mit der Erforschung der Befruchtungsverhältnisse befaßt und dabei wesentliche Erkenntnisse gewonnen. Er konnte nachweisen, daß weniger der Frost, sondern vor allem das Nichtbeachten der Befruchtungsverhältnisse und mangelnde Pflege die Ursachen für unbefriedigende Ernten sind. GOETHE und JUNGE (zit. bei KÖNEMANN) berichten, daß 10- bis 11jährige Mandelbäume in Österreich 300 bis 600 kg grüne Früchte gebracht hätten. Unter unseren Bedingungen kann nur mit 3 bis 10 kg je Baum gerechnet werden.

Die Mandeln fallen bei der Reife ähnlich wie Walnüsse von selbst herunter. Bei manchen Sorten bzw. Formen muß man jedoch durch Herunterschlagen der Früchte mit Ruten nachhelfen. Das Erntegut wird in einem luftigen Raum in dünner Schicht getrocknet. Die fleischige Hülle zerspringt dabei, und die Steine werden frei. Diese entkernt man dann entweder sofort oder trocknet weiter. Die entsteinten Mandeln müssen wiederum locker und luftig gelagert werden, und zwar so lange, bis sie alles überflüssige Wasser verloren haben. Dann kann man sie in festen Behältern ein bis zwei Jahre lang aufbewahren.

Nutzung

Süße Mandeln können roh gegessen werden, man kann sie auch zu Süßspeisen, zu Kuchen und Torten, zu Puddings, Pralinen, Makronen, zu Mandelmilchgetränken und insbesondere zur Herstellung von Marzipan verwenden (siehe Rezeptteil).
Bittere Mandeln dienen der Verbesserung des Geschmacks insbesondere bei Backwaren. Ihr schädliches Amygdalin, das während des Verdauungsvorganges Blausäure abspaltet, wird bei Erhitzen neutralisiert, so daß bei der hausüblichen Verwendung keinerlei Bedenken zu bestehen brauchen.
Industriell spielen Mandeln noch bei der Herstellung von Mandelöl eine Rolle, das für kosmetische und medizinische Zwecke sehr gesucht ist.

Abschließende Beurteilung

Mandeln bei uns in großem Umfang anbauen zu wollen wäre verfehlt, weil unser rauhes Klima dafür ein zu großes Risiko darstellt. An geschützten Orten im Kleingarten, an günstigen Standorten im Weinbauklima, besonders an Hängen, jedoch Mandeln in bescheidenem Umfang in das Obstsortiment einzugliedern kann durchaus empfohlen werden. Der Mandelanbau wird sicherlich interessanter, wenn es gelingt, aus dem Weltsortiment Sorten auszulesen, die bei uns anbauwürdiger sind als die jetzt in Baumschulen meist gehandelten Sämlinge.

Mispel

Andere deutsche Namen: Mispelbaum, Mispelstrauch, Deutsche Mispel, Echte Mispel, Gemeine Mispel, Hespel (Sachsen), Mespel (Rhein), Mespele (Mittelfranken), Mespelen (Tirol), Mispele (Schweiz), Nespel, Wispelte (Westfalen)

Wissenschaftlicher Name *Mespilus germanica* L.

Synonym *Mespilus vulgaris* RCHB.

Familie Rosengewächse *(Rosaceae)*

Namen in anderen Sprachen

albanisch	mushmulle
bulgarisch	mushmula
dänisch	mispel
englisch	medlar, medlar tree; common medlar, common wild medlar (Frucht)
finnsich	saksanmispeli
französisch	néflier commun, néflier d'Allemagne, mele; néfle (Frucht)
italienisch	nespolo; nespola (Frucht)
niederländisch	mispel
norwegisch	mispel
polnisch	nieszpułka zwyczajna, niesplik
portugiesisch	nespereira da Europa
rumänisch	moşmon
russisch	mushmula, mushmula obyknovennaja, mushmula germanskaja
schwedisch	mispel
serbokroatisch	mišmula
slowakisch	mišpul'a
spanisch	nispero común; nispero (Frucht)
tschechisch	mišpule
ungarisch	borizü naspolya, kerti naspolya

Biologische Grundlagen

Herkunftsgebiete und natürliche Verbreitung

Entgegen ihrem botanischen Namen *Mespilus germanica* L. war die Mispel ursprünglich nicht in Mitteleuropa beheimatet. Sie stammt vielmehr aus einem weiten Gebiet Vorderasiens, welches den Kaukasus, Transkaukasien, Nordiran und Kleinasien umfaßt. Die Mispel gilt als submediterranes Florenelement. Im Kaukasus kommt sie in waldigen Berglagen bis 1 000 m Höhe vor. Durch Paläobotaniker wurde die Existenz dieser Art im Nordkaukasus und in Grusinien bereits für die Zeit des Tertiär nachgewiesen. Deshalb wird die Mispel in der UdSSR-Fachliteratur teilweise «kaukasische

Mispel» genannt. Bemerkenswert ist der Fund eines fossilen Mispelabdrukkes aus dem Riß-Wurm-Interglazial im Travertin von Burgtonna in Thüringen (VENT 1978).

Die heutige Verbreitung der Mispel in Mitteleuropa geht auf die Einwanderung aus Vorderasien oder auf Verwilderungen bzw. Relikte von früher häufiger angebauten Kulturmispeln zurück. Solche meist sehr zerstreut liegende Vorkommen an wärmebegünstigten Standorten, an denen das Gehölz oft nur vereinzelt wächst, befinden sich z. B. in Baden (Bergstraße), in Sachsen (Elbhügelland), in Thüringen (im Erfurter Steigerforst seit 1860 beobachtet), in der Schweiz, in Südtirol und in Niederösterreich.

Man findet die Mispel vor allem auf sonnigen Hängen, an Waldrändern, in lichten Trockengebüschen und Hecken, oft vergesellschaftet mit Wacholder, Eiche, Weißdorn und Hundsrose.

Kulturgeschichtliche Bedeutung

Vermutlich begann die Mispel-Kultur etwa 1 000 Jahre v. u. Z. in den Regionen um das Kaspische Meer. In Babylonien war die Mispel jedenfalls schon lange vor der Eroberung durch die Perser (519 v. u. Z.) als Handelsobjekt gut bekannt. Von dort gelangte sie über Kleinasien nach Griechenland, wo sie ARCHILOCHOS (um 650 v. u. Z.) erwähnt.

THEOPHRAST (um 300 v. u. Z.) bezeichnet die Mispel als häufig angepflanzt in griechischen Obstgärten. Zu den Römern und auf den Balkan soll die Mispel erst nach dem Mazedonischen Krieg (um 200 v. u. Z.) gekommen sein. Deshalb wird sie auch von CATO noch nicht beschrieben. In den ersten Jahrhunderten u. Z. war die Mispel im Donaubecken und auf der Krim, auf der sie aber nach VAVILOV nicht beheimatet ist, in Kultur. Später gelangte sie durch die Römer nach West- und Mitteleuropa und in die Länder nördlich der Alpen.

KARL DER GROSSE gibt in den Anweisungen zur Pflege und Verwaltung seiner Domänen auch Empfehlungen zur Anpflanzung von Mispeln, welche auch im Bepflanzungsplan des Klostergartens von Sankt Gallen (Schweiz) um 820 mit enthalten sind.

Im Mittelalter war die Mispel auch in Mitteleuropa als Gehölz und Frucht allgemein geschätzt. Ein Beweis dafür ist u. a. die Bemerkung von WIELAND in seinem dichterischen Werk, daß ein Einsiedler in seinem Wald «von Mispeln und Nüssen lebt», wie es seinem Klausnerstand gebührt. Vor allem aber die zahlreichen landschaftsgebundenen alten deutschen Bezeichnungen für die Mispel belegen ihre damalige Verbreitung: Mespel, Mäspel, Misple, Mischele, Nespel, Wispel, Hespel, Espel, Aspel u. a.

Die eigenartige Frucht der Mispel gilt u. a. als Symbol des Arboretums im Museum für Naturkunde der Humboldt-Universität zu Berlin.

Stand des internationalen Anbaues

Die Mispel hat heute nur noch eine geringe Bedeutung und spielt im internationalen Fruchthandel praktisch keine Rolle. Dennoch wird sie in fast ganz Europa noch in sehr geringem Umfang gepflanzt, ausgenommen sind Polen und der Norden Skandinaviens und der UdSSR. Ihre Kultur hat noch eine gewisse Bedeutung in den Balkan- und Donauländern wie Jugoslawien, Bulgarien, Ungarn und Rumänien, wo Mispeln in Obstanlagen vorkommen. Ferner wird die Mispel noch in mäßigem Umfang in Italien, Holland und England kultiviert. Im Süden der UdSSR (Krim, Kaukasus, Dagestan, Talych-Niederung in Aserbeidshan) spielt die Mispel lokal z. T. eine beachtliche Rolle. Nach Nordamerika gelangte sie erst vor etwa 100 Jahren. Das Klima von Kanada ist jedoch für die Mispel zu rauh und jenes von Nordafrika zu heiß.

Morphologische Merkmale

Die Gattung Mispel *(Mespilus)* umfaßt – wie die Quitte *(Cydonia)* – nur die eine Art. Sie ist mit den Gattungen *Eriobotrya* (Wollmispel), *Cotoneaster* (Zwergmispel), *Amelanchier* (Felsenbirne) und *Crataegus* (Weißdorn) nahe verwandt. Es ist darauf zu achten, daß die Mispel wegen der Ähnlichkeit ihres Namens nicht mit der Schmarotzerpflanze Mistel *(Viscum album)* verwechselt wird, die zu den Mistelgewächsen *(Loranthaceae)* gehört.

Die Mispel bildet einen breit ausladenden Strauch oder kleinen Baum von 2 bis 6 m Höhe. Die Kurztriebe sind z. T. einfach bedornt, bei Kulturformen aber weitgehend unbewehrt.

Die kurzgestielten, ganzrandigen, lanzettlichen Blätter sind oberseits trüb dunkelgrün und unterseits hellgrün mit filzig behaarten Blattnerven. Sie zeigen im Herbst eine braunrote bis dunkelgelbe Laubfärbung.

Die weißen Einzelblüten stehen endständig an Haupt- und Seitentrieben (Kurztrieben) und sind weitgehend selbstfruchtbar. Am Blütengrund wird ein blaßgrünes Hochblatt ausgebildet. Die sehr späte Blüte erfolgt erst im Mai/Juni und weist 5 bis 8 Tage Blühdauer auf.

Die kurz gestielte Scheinfrucht stellt botanisch – wie Himbeere und Brombeere – eine Sammelsteinfrucht dar, welche die Bezeichnung Steinapfel verdienen würde. Sie ist oben typisch abgeflacht, mehr oder weniger apfel- bzw. birnförmig bis verkehrt kegel- bzw. kreisförmig und wird von den verlängerten und verlaubten Kelchblättern über einer tiefen, schüsselförmigen Kelcheinsenkung (Kelchbecher, «Nabel») gekrönt. Dabei stehen die zipfelartigen Kelchblätter aufrecht oder sie sind zusammengeneigt. Die alten volkstümlichen Bezeichnungen «Hundsärsch» (Rheinland) bzw. «Apenars» (Schleswig), welche z. T. auch bei anderen Obstarten wie Quitte und Pfirsich gebraucht werden, sind Anspielungen auf die seltsame Fruchtform. Unter günstigen Bedingungen erreichen die Früchte von Kultursorten die Größe kleiner Äpfel (50 bis 60 mm). Kleinere Früchte (20 bis 30 mm) haben eine Fruchtmasse von 15 bis 20 g. Die reife Frucht ist innen und außen «mispelbraun» gefärbt. Normalerweise enthält die Frucht bis zu 5 Samen, und ihr Fleischanteil macht etwa 80 % aus. Sie hängt im Spätherbst bis nach dem Laubfall fest am Gehölz und ist erst während der Nachreife im Lager bzw. nach Frosteinwirkung genießbar.

Wichtige Inhaltsstoffe

Gegenüber anderen Obstarten ist die Mispel besonders reich an Stärke (3 bis 4 %), Pektin (0,8 bis 1 %), Zucker (6 bis 9 %, im Kaukasus bis 17 %) und Zellulose (8,5 bis 9,5 %). Der Vitamin-C-Gehalt erreicht Werte von 22 bis 30 mg/100 g. Die Mineralsalze machen 1 % der Fruchtmasse aus.

Anbau

Standortansprüche

Die Klimaansprüche sind nicht spezifisch, das geht auch aus dem ehemals in ganz Mitteleuropa bis nach Großbritannien erfolgten Anbau hervor. Sonnige oder leicht schattige Lagen werden den Forderungen der Mispel am ehesten gerecht, vor allem, wenn der Standort wärmegetönt ist. In wärmeren Lagen und an Hängen fühlt sie sich besonders wohl und ist im Mittelmeerraum bis in 1000 m Höhenlage anzutreffen. Ein Anbau in Nord- oder Osteuropa verbietet sich weitgehend, weil ihm in harten Wintern ab −18° bis −20°C auftretende Holzfrostschäden klimatische Grenzen setzen. Demgegenüber ist die spät erfolgende Blüte relativ frostfest, aber empfindlich gegen Nässe und Nebel.

Von ihr werden genügend feuchte, nährstoffreiche, lehmige, etwas kalkhaltige, warme Böden, die auch flachgründig und kiesig sein können, eindeutig bevorzugt. Sie gedeiht aber auch noch in rauhen Lagen und bei ausreichender Feuchtigkeit sogar auf mageren, steinigen Böden. Zu feuchte Böden sind bei der Standortwahl auszuschließen, weil sie den ohnehin sehr späten Triebabschluß im Herbst verzögern und dadurch die Holzfrostgefahr erhöhen. Zu trockene Böden hingegen sind zu meiden, da sie das langsame natürliche Wachstum unnötig bremsen.

Sorten und Sortenwahl

Die exakte Herkunft und Nomenklatur der Sorten sind bei Mispeln sehr problematisch. Bereits THEOPHRAST begann mit dem Durcheinander, indem er über drei in Griechenland und auf Kreta verbreitete Sorten berichtet: 'Anthedon', 'Anthenoides' und 'Sataneios' (bzw. 'Satanion', 'Satanien' oder 'Setanios'). Von ihnen dürfte nur letztere eine echte Mispelsorte gewesen sein. EVREINOFF (1954), der sich eingehend mit der Sortenfrage befaßte, bemerkt, daß 'Anthedon' eine sogenannte Welsche Mispel bzw. ein Azarolapfel (*Crataegus azarolus* L.), also eine Weißdornart, war. 'Anthenoides' hingegen ist wahrscheinlich eine spontane Gattungshybride zwischen Mispel und Weißdorn gewesen, die auf generativem Wege (× *Crataegomespilus*) oder als Pfropfbastarde (+ *Crataegomespilus*) entstehen können. Letztere stellen Periklinalchimären dar.

DIOSCORIDES, PLINIUS d. Ä. und COLUMELLA trugen durch Verwechslungen mit Weißdorn auch nicht zur Aufhellung der Sortenunklarheit bei. Im Mittelalter wurden großfrüchtige Formen – analog den sogenannten »Pferdenüssen« unter den Walnüssen – als »Pferdsmespeln« bezeichnet.

Die «jüngsten» Mispelsorten sind meist weit über 100 Jahre alt, da diese Obstart züchterisch nicht mehr bearbeitet wurde. MICHURIN nutzte die Kreuzung Gemeine Eberesche × Mispel zur Züchtung einer bitterstoffarmen Ebereschensorte mit mispelähnlicher Fruchtform ('Michurina Desertnaja'). Unabhängig von den beiden natürlich vorkommenden Formen, die sich nur in der Fruchtform unterscheiden (f. *fructu turbinata* = breitrundkreiselförmig und Kelch offen sowie f. *fructu allongata* = kleiner, länglicheirund, Kelch nahezu geschlossen), existieren in Mitteleuropa gegenwärtig vor allem folgende Sorten (Kurzbeschreibung nach EVREINOFF 1954):

'Evreinoffs Monströse' (f. *culta evreinoviana*) 1941 von EVREINOFF in Mirabel, Tarn-et-Garonne/Frankreich, aufgefunden. Wuchs schwach, wenig verzweigt, Frucht äußerst groß (70 bis 80 mm), breit kreiselförmig, hellgrau bis sandgelb, Fleisch rosa bis bräunlich. Reife sehr spät (Ende November), Ertrag relativ gering.

'Holländische' (Monstreuse de Hollande, Holländische Großfrüchtige, Große Ancienne, Große Gartenmispel, Faustmispel)
Sorte sehr alt, Wuchs relativ stark, Blatt lorbeerähnlich, Frucht groß, auch sehr groß, flach kreiselförmig, bronzegrün bis bräunlich, Fleisch braun, angenehmer Geschmack, Reife Oktober, sehr ertragreich.

'Kernlose' (var. *apyrena* KOCH, var. *apyrena* HORT., Sans pépins, Mispel ohne Kern, Mispel ohne Stein)
Halbkulturform, nach DOCHNAHL im 18. Jahrhundert auf dem Balkan gefunden, Wuchs mittel, Frucht meist klein, kreiselförmig, bronzebraun, Fleisch sehr schmackhaft und samenlos (parthenokarp). Reife Oktober, relativ ertragreich.

'Königliche' (Royal, De ménage)
1870 bei RIVERS in Sawbridgeworth/England entstanden. Wuchs buschig, Wuchsstärke mittel, Frucht mittelgroß, länglichrund, graubraun, Kelch geschlossen, Geschmack angenehm. Reife Oktober, ertragreich. Typ. Abb.: Nach der Arbeit – Wien (1941) Folge 35, Tafel 177.

'Krim'
um 1840 durch HARTWISS in Jalta/Krim in Kultur genommen, Wuchs relativ stark, Frucht groß bis sehr groß, rundlich-kreiselförmig, gelblich-braun, Fleisch süßsäuerlich. Reife Ende September, ertragreich.

'Nottingham' (Frühe Englische)
um 1850 bei HOOG in England gezüchtet, Wuchsstärke und Fruchtgröße mittel, Frucht fast kugelig, gelblich bis malvenfarben, Fleisch dunkelbraun, für feuchtere Böden geeignet.

'Riesenfrüchtige' (Maxima, à très gros fruits, var. *macrocarpa* HORT., var. *macrocarpa* KOCH, var. *gigantea* KIRCHNER)

'Ungarische' (Balkanmispel, Serbische Mispel)
Sorte sehr alt, Wuchs schwach, sehr buschig, Frucht bis mittelgroß, etwas länglich, goldbronze, Kelch geschlossen, Fleisch schmackhaft, Reife September, sehr ertragreich.

In Aserbaidshan, wo sich im Talysch-Gebiet umfangreiche Wildvorkommen der Mispel befinden, werden erfolgreich einige einheimische Lokalsorten kultiviert, die jährliche Erträge von 60 bis 80 kg/Strauch aufweisen (RADZHABLI 1956). Außer den Fruchtsorten existieren auch Zierformen der Mispel mit panaschierten Blättern.

Vermehrung

Die Vermehrung der Sorten erfolgt nur durch Veredlung. Die Baumschulen dürften jedoch nur selten die großfrüchtigen Sorten zur Verfügung haben. Ihre Beschaffung aus botanischen Gärten oder Sortimenten wäre dem Anbau der Mispel sehr dienlich. Ch. REICHART, der verdiente Förderer des Erfurter Gartenbaues, hob in seinem «Land- und Gartenschatz» (1753, S. 137) schon hervor, daß wilde und gepfropfte Mispeln wohl meist gleich gut schmecken, letztere aber «zwey bis dreymal größere Früchte haben, und das Maul besser füllen».

Für Busch und Niederstamm, die gebräuchlichsten Baumformen, dient der Weißdorn noch immer als Hauptunterlage, daneben sind auch die Mispel selbst sowie Quitte und Birne (früher für höhere Baumformen genutzt) als Unterlage verwendbar.

PALLADIUS erwähnte einst neben der Veredlung durch Spaltpfropfen auf Apfel oder Birne noch die Vermehrung durch Setzreiser (Steckholz) und Samen. Die Vermehrung durch Samen ist aber langwierig, weil das Saatgut nach dem Stratifizieren oft ein Jahr überliegt. Deshalb ist sie heute nicht mehr gebräuchlich.

Neuerdings wird auch über erfolgreiche Vermehrung durch bleistiftstarke Wurzelschnittlinge sowie durch fingerlange Kopf- oder Fußstecklinge, gewonnen aus Stockausschlägen am natürlichen Standort, berichtet. In letzterem Fall tritt bei Vermehrung Ende Juni die Bewurzelung im Sprühnebel nach 8 Wochen ein, wenn die basale Schnittfläche mit Indolylbuttersäure behandelt wurde (BECKER 1982).

Die Mispel selbst dient auch als Unterlage bei der Anzucht der subtropischen Obstart Wollmispel *(Eriobotrya japonica)*.

Pflanzung

Bei Einzel- oder Gruppenpflanzungen sind Abstände von 3 bis 4 m ratsam. Niedrige Baumformen sind zu bevorzugen. Infolge des langsamen Jugendwachstums wird der Standraum erst nach etwa 8 Jahren voll genutzt.

Pflegemaßnahmen

Bodenpflege und Düngung

Es liegen keinerlei artspezifische Besonderheiten vor. Die Mispel ist vielleicht am ehesten in ihren Ansprüchen mit der Quitte vergleichbar. Baumscheiben oder offener Boden leiten ein zügigeres Wachstum als an natürlichen Standorten ein, leichte Düngung kann diesen Prozeß unterstützen.

Schnitt

Keinesfalls sollte die Mispel streng erzogen werden. Die überwiegend endständige Blütenbildung an den Kurztrieben verbietet einen reglmäßigen, intensiven Schnitt von selbst. Naturgemäße Entwicklung ist die beste. Sie gestattet eine weitgehend freie Kronenausbildung. Mispeln wachsen unregelmäßiger als Quitten. Später genügt Auslichten alten Holzes, um den Neutrieb anzuregen. CHRIST's Bemerkung im Handbuch der Obstbaumzucht (1797), daß der Mispelbaum «sehr unförmlich wächset, wenn man ihn nicht von seiner ersten Jugend an wohl pfleget und bindet» deutet wohl auf gewisse Spaliererziehung von damals hin.

Ernte und Lagerung

Generell gilt die Mispel als jährlich reichtragendes Gehölz. Das bewirkt auch die Tatsache, daß es durch den Blütenbau zu spontaner Selbstbestäubung kommt. Schon wenige Jahre nach der Pflanzung beginnt die Mispel zu fruchten. Man rechnet mit 12 bis 18 Ertragsjahren. Infolge nur weniger Sorten und des geringen Anbauumfanges existieren kaum Angaben über Erträge aus Versuchspflanzungen oder aus der Praxis. Eine Ausnahme bilden die Daten von GROVEN (1970) aus Ronhave/Dänemark (Niederstamm, 4,0 m×3,0 m, Unterlage Weißdorn), welcher folgende Erträge (dt/ha) ausweist:

Sorte	Standjahr					Mittel
	3.	4.	5.	6.	7.	
Gemeine Mispel	17	26	4	102	48	38
Große Holländische	25	30	10	125	40	45

Daraus ist ersichtlich, daß unter günstigen Bedingungen jährliche Gehölzerträge von 30 kg und mehr ohne weiteres erreichbar sind, und in Einzeljahren lassen sich durchaus Erträge von über 100 dt/ha erzielen.

Die Früchte hängen bis nach dem natürlichen Laubfall fest am Baum, so daß die Ernte infolgedessen nicht auf einen kurzen Zeitraum beschränkt bleibt. Die hartreifen Früchte werden im Spätherbst ab Ende Oktober geerntet (Tagespflückleistung etwa 20 bis 40 kg). Die Fruchtfarbe ändert sich von anfangs schmutzig braungrün mit zunehmender Reife durch Bildung von Melanoidin in rost- bis schokoladenbraun («mispelbraun»). Auf diese typische Färbung geht die mundartliche Bezeichnung »Drecksäcke«, welche auch für den Speierling gebraucht wird, zurück. Die Früchte sind aber erst genießbar, wenn das harte und herbe Fruchtfleisch weich (teigig) wird. Diesen Zustand der Genußreife erlangen die Früchte erst nach Eintritt der ersten Frühfröste oder bei der Nachreife im Lager. Um diesen Reifeprozeß während der Lagerung geregelt ablaufen zu lassen, ist es üblich, die Früchte reihenweise aufzuhängen oder so auszulegen, daß sie sich gegenseitig nicht berühren. Außerdem können sie mit Stroh oder Spreu abgedeckt werden. Aus diesem Brauch resultieren auch alte sprichwörtliche Redewendungen wie z. B. «Autoren und Mispeln gedeihen am besten, wenn sie einige Zeit auf dem Stroh liegen». Wärme vermag die Nachreife zu beschleunigen. Mit dem Weichwerden geht gleichzeitig eine Fermentierung der Frucht einher, welche dieselbe milder, saftiger, süß und aromatisch werden läßt, woraus der typische Mispelgeschmack resultiert. Das teigige Fruchtfleisch hat eine pastenartige Struktur und ist auch roh verzehrbar. Die Frucht ist, obwohl mitunter auch 4 bis 6 Wochen genannt werden, nur etwa 15 bis 20 Tage lagerfähig und geht dann von der Genußreife leicht in Fäulnis über.

Nutzung

Das gelblichbraune Holz ist schwer und wird wegen seiner Zähigkeit von Drechslern geschätzt. MEGENBERG schreibt im 14. Jahrhundert: «Von des nespelbaums holz macht man gar gout knütel ze kämpfen und ze vehten».

Rinde, Blätter und junge Früchte wurden wegen ihres hohen Gerbstoffgehaltes zum Gerben verwendet sowie in der Volksmedizin gegen Blutungen, Nierensteine, Halsleiden und zur Regulierung der Darmtätigkeit eingesetzt. H. BOOK schreibt 1551 in seinem Kräuterbuch, daß Nespeln gebraucht werden, «um den flüssigen Bauch zu stopfen».

Die Früchte schmecken genußreif angenehm aromatisch und süßsäuerlich. In ihren Heimatgebieten, wie im Kaukasus, oder von Kennern wird die Mispel als beliebtes Naschwerk auch roh verzehrt, aber die Verwertung der Frucht ist sonst die Regel. Die Früchte dienen der Brennerei und geben auch guten Obstwein (Cider), denn sie wurden – wie der Speierling – wegen ihres hohen Gerbstoffgehaltes (0,06%) gern zum Schönen von Obstweinen benutzt. Sie eignen sich ferner zur Bereitung von Saft, Likör und Kompott, besonders als Bestandteil von Mischkompott. Weiterhin lassen sich aus den pektinreichen Früchten Gelee, Obstpaste, Mus, Marmelade oder Konfitüre herstellen (siehe Rezeptteil).

PALLADIUS berichtet, daß man Mispeln in gut verpichten Gefäßen in Most oder Wein, dem man Wasser zusetzte, einlegte. Daneben war im Altertum das Einlegen in Honig gebräuchlich. Mispeln kann man auch wie Gemüse als Essig- oder Zucker-Essig-Früchte einsäuern; in Bulgarien sind die sogenannten «Muschmulnica» solche pikanten, sauren Mispeln. Nach CHRIST (1797) schmecken Mispeln mit Butter, Wein und Zucker gedämpft am besten.

Infolge ihres hohen Stärkegehaltes lassen sich Mispeln in wärmeren Gebieten leicht trocknen und zu aromatischem Mehl verarbeiten, das im Konditoreigewerbe breite Anwendung findet.

Abschließende Beurteilung

Der Wert der Mispel als Obst tritt gegenwärtig infolge der Konkurrenz mit schmackhafteren Obstarten gegenüber ihrem Zierwert durch schmückenden Blütenbesatz, reichen Fruchtbehang und die Herbstfärbung des Laubes zurück. Als Ziergehölz kann man die Mispel in Parkanlagen und Gärten für Einzel- und Gruppenpflanzungen verwenden. Der Liebhaber schätzt jedoch die Frucht dieser heute selten gewordenen Obstart, beachtet ihre Eigenheiten und führt sie – angebaut oder als Wildobst gesammelt – der häuslichen Verwertung zu.

Gemeine Moosbeere
und Großfrüchtige Moosbeere

Die beiden Arten spielen, was ihren obstbaulichen Wert betrifft, eine ganz unterschiedliche Rolle. Die Gemeine Moosbeere ist eine weit verbreitete Sammelfrucht, die bei uns allerdings nur zerstreut in Hoch- und Übergangsmooren anzutreffen ist.
Die Großfrüchtige Moosbeere ist vorwiegend in Nordamerika zu Hause. Sie hat als Sammelfrucht keine wesentliche Bedeutung, dagegen nehmen ihre Kulturformen dort in der Obstversorgung einen wichtigen Platz ein.

Gemeine Moosbeere

Andere deutsche Namen Sumpf-Moosbeere
Wissenschaftlicher Name *Vaccinium oxycoccos* L.
Synonyme Oxycoccus quadripetalus GILIB., Oxycoccus palustris PERS.
Familie Heidekrautgewächse *(Ericaceae)*
Namen in anderen Sprachen

bulgarisch	blatna borovinka
dänisch	tranebaer
englisch	European cranberry, mossberry, moorberry, fan-berry, heath-berry, bog-berry; small cranberry (amer.)
finnisch	karpalo
französisch	canneberge commune, airelle des marais, canneberge des marais, atoca
italienisch	mortella die palude, vaccinio palustre, ossicocco palustre, mortella di palustre
niederländisch	veenbes
norwegisch	tranebær
polnisch	żurawina błotna
rumänisch	răchitele de malaştini
russisch	kljukva chetyrekhlepestnaja, kljukva bolotnaja, kljukva obyknovennaja
schwedisch	tranebår
serbokroatisch	kljukva
slowakisch	kl'ukva močiarna
spanisch	arándano europeo, arándano agrio, baya roja de Norte, baya de turbera
tschechisch	klikva
ungarisch	tözegáfonya

Biologische Grundlagen

Herkunftsgebiete und natürliche Verbreitung

Die Gemeine Moosbeere hat ein ähnliches Verbreitungsgebiet wie die Preiselbeere, sie stellt auch ähnliche Standortansprüche. Man findet sie in ganz Mittel- und Nordeuropa bis hin nach Lappland, südwärts bis nach Zentralfrankreich, jedoch nicht mehr in den Pyrenäen und in Spanien oder auch nicht in Norditalien bzw. Südeuropa überhaupt. Sie ist im Norden des europäischen Teils der UdSSR weit verbreitet, südlich bis Charkow, Saratow und Samara. Im Kaukasus fehlt sie, dagegen kann man sie im Ural und durch ganz Sibirien bis zur nördlichen Mandschurei antreffen. Auch im Altai, im Baikalgebiet, in Nord- und Mitteljapan oder auch in Kamtschatka wächst sie. Ebenso ist die Gemeine Moosbeere im borealen Amerika südwärts bis Nord-Carolina, Michigan, Minnesota und Britisch Columbia vertreten. In Grönland soll sie, wenn auch nur selten, ebenfalls gefunden worden sein.

Bei uns wächst die Gemeine Moosbeere zerstreut in Hoch- und Übergangsmooren, sie wird im Süden seltener und ist dann fast ausschließlich auf Sphagnum-Hochmooren anzutreffen. In den Alpen steigt sie so hoch wie die zusammenhängenden Sumpfmoosteppiche reichen, maximal bis 1 830 m im Engadin. Im Erzgebirge gibt es Standorte, die bis 1 100 m hoch liegen. In den Hochmooren des Vogtlandes bei Brambach ist die Moosbeere nicht selten. Die Fundorte der Gemeinen Moosbeere beziehen sich auf ökologisch spezialisierte Hochmoorgebiete. Der Abbau der Moore vermindert jedoch die natürlichen Standorte zusehends. Moosbeerenbestände gibt es im Saarkohlenbecken bei Weissenburg und im Hagenauer Wald, im Schwarzwald nordwärts Herrenalb, im Osten die Nagold nicht überschreitend. Fundorte sind weiterhin die Gebiete der Schwäbischen Alp; in Oberschwaben ist die Gemeine Moosbeere auf Hochmooren, die meist über 600 m hoch liegen, bis zum Bodenseegebiet hin verbreitet. Im Bayrischen Alpenvorland steigt sie bis zu 1 250 m an. Sie fehlt im bayrischen Jura- und Muschelkalkgebiet sowie auch im Frankenwald. In Böhmen und Mähren ist die Gemeine Moosbeere verbreitet. Im Schweizer Mittelland trifft man sie überall an geeigneten Standorten an, jedoch nicht in den Kantonen Basel, Uri und Tessin.

Außer der Typus-Sippe subsp. *oxycoccus* kann eine zweite, heute meist als eigene Art aufgefaßte Sippe, die kleinfrüchtige Moosbeere, *Vaccinium oxycoccus* subsp. *microcarpus* [TURCZ.] BLYTT (syn. Oxycoccus microcarpus TURCZ. ex RUPR.) unterschieden werden. Sie ist durch erheblich kleinere Dimensionen der Laubblätter, Blüten und Früchte und den kahlen oder nahezu kahlen Blütenstiel (bei der subsp. *oxycoccus* deutlich behaart) gekennzeichnet, wobei Zwischenformen mit intermediären Merkmalen vorkommen. Die Verbreitung deutet auf eine Glazialreliktpflanze hin, die im Norden der DDR zerstreut zu finden ist. Auch im Schweizer Jura und einigen anderen kalten Torfmooren wurde sie festgestellt.

Vaccinium oxycoccos L. zeigt in bezug auf Blattform, Blattgröße sowie Fruchtform, Samenzahl und Fruchtgröße beträchtliche Unterschiede. *Vacci-*

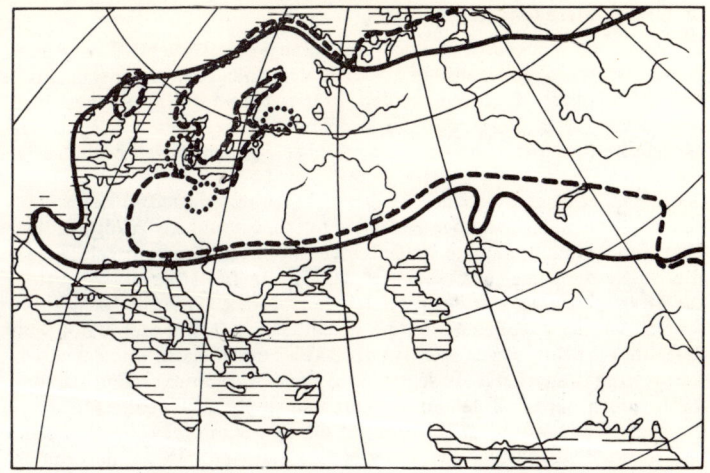

Natürliches Verbreitungsgebiet der Moosbeeren-Arten
(nach Cherkasov; Butkus; Gorbunov 1981):

———————— Gemeine Moosbeere
– – – – – – Kleinfrüchtige Moosbeere
. . . . Riesen-Moosbeere

nium oxycoccos L. gehört zu den charakteristischen Arten der mitteleuropä-
ischen Sphagnum-Moore.
Eine großfrüchtige, als eigene Art geführte Sippe ist *Vaccinium gigas* HAGE-
RUP (siehe dazu die Verbreitungskarte).

Kulturgeschichtliche Bedeutung

Die Bezeichnung «oxycoccos» wurde aus dem Griechischen übernommen.
Dabei bedeuten oxýs = sauer und kókkos = Beere. Der Name rührt vom
sauren Geschmack der Früchte her. Die Gemeine Moosbeere ist seit Urzeiten eine Sammelfrucht. Nach ihrem Standort im Moor wird sie auch oft als
Moorbeere bezeichnet. Es gibt darüber hinaus zahlreiche landschaftsgebundene, oft völlig eigenständige Namen. So spricht man an der unteren Weser
von Moorbeēn oder auch von Bultbeeren (Bulten = kleine Bodenerhebun-
gen im Moor), im Niederdeutschen von der Fenn-(= Sumpf-)beere. In
Schleswig nennt man die Moosbeere Kram(s)beere oder auch Tuttebeere
(in Anlehnung an die dänische Bezeichnung). In Osnabrück spricht man
von Kreimken. Der Bayer sammelt Filzklobenbeeren (Filz = Hochmoor),
der Kärntner Moschbeer, der Schweizer Seebock-Beeren.
Die zahlreichen ortsgebundenen Namen, deren Fülle hier nur angedeutet
wurde, lassen auf die Bedeutung der Moosbeere in Gegenden, in denen sie
wächst, schließen.

121

Stand des internationalen Anbaues

Die Gemeine Moosbeere ist noch eine reine Sammelfrucht. Wegen ihrer sehr spezifischen Bodenansprüche dürfte der Anbau schwierig sein. Erste Schritte in dieser Richtung werden zwar in der UdSSR unternommen (CHERKASOV et al. 1981), aber für den Marktanbau ist die Großfrüchtige Moosbeere (Cranberry, auch Kulturpreiselbeere genannt) weit besser geeignet.

Trotz des fehlenden Anbaues ist darauf hinzuweisen, daß in der Sowjetunion die Gemeine Moosbeere eine enorme Bedeutung als Wildfrucht hat. Ihre Verarbeitungsprodukte stellen einen begehrten Exportartikel dar, wie dies in Nordamerika für Cranberries der Fall ist. In der Sowjetunion stellt die Moosbeere etwa 15 % des gesamten Wildobstaufkommens. Nach Schätzungen von 1975 beliefen sich die potentiellen Erntemengen auf 1,3 bis 1,4 Mill. t Früchte, wovon 90 % auf die RSFSR entfallen. Infolge der entvölkerten und weitgehend unwegsamen Standorte (Sumpf, Moor, Tundra) kann jedoch nur ein Bruchteil der Vorkommen beerntet werden.

Im Mittel der Jahre 1971/78 wurden in der Sowjetunion 19 607 t Moosbeeren staatlich aufgekauft. Von dieser Menge entfielen 20 % auf den europäischen Teil der RSFSR sowie 9,7 % auf die Belorussische SSR, 5,1 % auf die baltischen Sowjetrepubliken und 3,8 % auf die Ukraine. Die Erträge der Naturstandorte übersteigen allerdings nur selten 5 dt/ha. Sie erreichen im Süden der Litauischen SSR oft 15 dt/ha und liegen in Karelien maximal bei 18 bis 26 dt/ha. Man bemüht sich auch, durch verschiedene Maßnahmen in der Forstwirtschaft die Wildvorkommen produktiver zu gestalten: Auswahl bester Bestände, Beseitigung von Holzwuchs, Grundwasserregulierung, Mineraldüngung und Erhöhung der Bestandsdichte (Zwischenpflanzung, Zwischensaat). Selektion wird in den natürlichen Vorkommen seit 1930 betrieben, um großfrüchtige Kulturformen zu schaffen. Um 1960 wurden diese Arbeiten zur Kultivierung der Gemeinen Moosbeere im Vergleich zu Cranberries wieder aufgenommen.

Morphologische Merkmale

Die Gemeine Moosbeere bildet einen Zwergstrauch mit weit kriechendem, bis etwa 80 cm langem, dünnem, verholzendem Stengel sowie kurzen, dünnen, senkrecht aufstrebenden Blütentrieben.

Die Laubblätter sind wintergrün, derb ledrig, eiförmig, zugespitzt, ganzrandig, am Rande umgebogen, oberseits dunkelgrün, unterseits von bleibender Wachsschicht blaugrün bereift, mit kleinen Drüsenhaaren locker besetzt, etwa 3 bis 7 mm lang und 2 bis 4 mm breit, am Grunde gestutzt, schwach herzförmig und sehr kurz gestielt. Der Mittelnerv unterseits tritt stark hervor.

Die Blüten sind seitenständig (scheinbar endständig) zu 1 bis 4, nickend, lang gestielt. Der Blütenstiel ist dünn, rötlich, mehrfach länger als die Blüte, unmittelbar unter dem Kelch gelenkig und an dieser Stelle sehr zerbrechlich, in der Mitte mit 2 etwa 1 mm langen, lanzettlichen, spitzen Vorblättern. Der Kelch ist 4- (bis 5-) lappig, mit kurzen, breiten und stumpfen, am Rand feinbewimperten Lappen; die Krone ist turbanartig gebaut, 6 bis

Moosbeere (nach HEGI)

Staubblätter

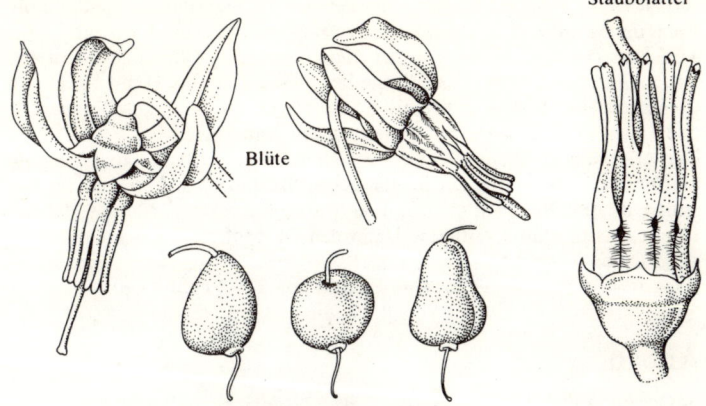

Blüte

Fruchtformen der *microcarpus*

7 mm breit, 4- (bis 5-)teilig, karminrosa. Die Kronblätter sind zurückge-krümmt, die Staubblätter, 8 bis 10 an der Zahl, sind mit purpurnen, seitlich und auf dem Rücken behaarten Staubfäden besetzt und haben gelbe Anthe-ren. Diese werden ebenso lang oder wenig länger als die Staubfäden. Die Antheren sind bekörnelt, unbespornt, mit geradeaus gerichteten, langen Hörnern, an ihrer Spitze die Pollen tragend. Die Pollen sind weiß. Die Blü-tezeit liegt zwischen Juni und August.

Die Frucht ist eine saftige, mehrsamige, überwinternde Beere von meist tiefroter Färbung, kugelig, seltener birnenförmig, 4 bis 5 mm breit, auf dün-nem, zuletzt niederliegendem Stiel. Die eilänglichen Samen sind an der Spitze mehr oder weniger sichelförmig vorgezogen, 1,5 bis 2,8 mm lang mit netzig-grubiger Samenschale. Die als Unterart oder Kleinart einzustufende Kleinfrüchtige Moosbeere und die Zwischenformen, die möglicherweise hy-brider Natur sind, haben kleinere Blüten und Früchte, die Beeren sind oft deutlich verlängert, manchmal birnen- oder zitronenförmig, und die Blüte erfolgt früher.

Während bei *Vaccinium oxycoccos* subsp. *oxycoccus* die Blütenstiele behaart sind, bleiben sie bei subsp. *microcarpus* meist kahl. Der Staubfaden ist län-ger als die Anthere. Diese Sippe kommt bei uns in Mecklenburg und im Erzgebirge (z. B. am Großen Kranichsee), ferner im Schwarzwald und im Murnauer Moor vor. Sie zeigt verminderte vegetative Entwicklung, ist wie Cranberry nur diploid (2n = 24) und wird teilweise als zirkumpolarer Cran-berry-Abkömmling angesehen.

Wichtige Inhaltsstoffe

Der Gehalt an Inhaltsstoffen schwankt sehr in Abhängigkeit von den geo-graphischen und ökologischen Bedingungen. Der Trockensubstanzgehalt erreicht nach CHERKASOV et al. (1981) 8 bis 15 %. Hoch sind die Gehalte an

Mineralstoffen (0,2 bis 0,3 %) und Pektin (0,4 bis 0,8 %). Der Zuckergehalt beträgt zwar 2,4 bis 6,1 %, aber – ähnlich wie die Preiselbeere – enthält die Gemeine Moosbeere reichlich organische Säuren (2,1 bis 4,9 %, oft 2,5 bis 3,5 % der Trockensubstanz), wobei die Zitronensäure deutlich überwiegt. Die auch in den Früchten enthaltene Benzoesäure (11 bis 41 mg/100 g) und Chlorogensäure wirken antiseptisch und tragen zu der guten Haltbarkeit und Lagerfähigkeit sowie zur medizinischen Anwendung bei.

Der Reichtum an Vitamin C (15 bis 30 mg/100 g Frischsubstanz) bedingte die frühere Verwendung der Beeren gegen Skorbut. Daneben sind die Vitamine B_1 und B_2 sowie vitamin-P-aktive Bioflavonoide (300 bis 600 mg/100 g Frischsubstanz) vertreten. Unter den Duftstoffen (0,1 bis 0,3 %) überwiegt China-Tannin.

100 g frische Früchte liefern eine Energie von 148,2 J (35,4 cal).

Anbau

Intensiver Anbau kommt für die an sehr spezifische Standorte gebundene Gemeine Moosbeere nicht in Betracht. Die Großfrüchtige Moosbeere (Cranberry) ist dafür bei weitem geeigneter.

Ernte und Lagerung

Die Früchte werden meist erst nach Frosteinwirkung manuell gepflückt, weil sie durch den Kälteeinfluß weicher und auch süßer werden. Man kann die Ernte bis in das Frühjahr des darauffolgenden Jahres verschieben. Die Früchte lassen sich gut transportieren und lagern. Da die Beeren meist gleich nach der Ernte im Haushalt verarbeitet werden, erübrigt sich eine Lagerung. Gefrostet zeigten die Früchte während 5monatiger Lagerung keine Veränderungen der Inhaltsstoffe.

Nutzung

Die Gemeine Moosbeere wird im Haushalt wie die Preiselbeere verwendet (siehe Rezeptteil). Wer den sauren Geschmack liebt, kann sie roh vom Strauch essen. Meist wird man jedoch aus den Früchten köstliche Konfitüren, oft unter Beimengung anderen Obstes, herstellen. Der Saft, der kalt oder durch Dampfentsaften hergestellt wird, ist sehr vitaminreich und schmeckt, vor allem bei großer Hitze, vorzüglich. In der UdSSR und in Finnland, wo durch Sammeln große Mengen an Moosbeeren zusammenkommen, stellt man auch alkoholische Getränke aus dieser Frucht her.

Abschließende Beurteilung

Die Sammelfrucht bildet dort, wo sie wächst, eine angenehme Bereicherung unseres Obstsortiments. Allerdings sind diese Standorte in Mitteleuropa auf spezifische Lagen, meist Hochmoore in Höhenlagen, begrenzt.

Großfrüchtige Moosbeere

Andere deutsche Namen Kulturpreiselbeere, Krannbeere; im englischen
Sprachgebiet als Cranberry bezeichnet
Wissenschaftlicher Name *Vaccinium macrocarpon* AIT.
Synonyme Oxycoccus macrocarpos (AIT.) PURSH
Familie Heidekrautgewächse *(Ericaceae)*
Namen in anderen Sprachen

dänisch	amerikansk tranebær
englisch	american cranberry, large american cranberry
französisch	canneberge
italienisch	ossicocco palustre americano, mirtillo rosso
niederländisch	amerikaanse veenbes
russisch	krupnoplodnaja kljukva
schwedisch	amerikanskt tranebaer
spanisch	arándano americano, arándano trepador

Biologische Grundlagen

Herkunftsgebiete und natürliche Verbreitung

Die bei uns allgemein bekannte Preiselbeere ist mit der in Amerika häufig
angebauten sogenannten Kulturpreiselbeere nicht unmittelbar verwandt,
wie der deutsche Name vortäuscht. Es handelt sich bei letzterer vielmehr
um eine nordamerikanische Art der Moosbeeren. Sie gehört also in die Ver-
wandtschaft der bei uns heimischen, zirkumpolar weit verbreiteten Gemeinen Moosbeere.
Das natürliche Verbreitungsgebiet der Großfrüchtigen Moosbeere ist der
Nordosten des nordamerikanischen Kontinents. Die Wildvorkommen er-
strecken sich von Neufundland bis nach Minnesota im Westen und North
Carolina und Arkansas im Süden. Sie umfassen ferner die Staaten Virginia,
Ohio, Indiana und Illinois. Auch in Kanada ist diese Art in ihrer Wildform
ziemlich weit verbreitet. Die Anbauzentren der Kulturpreiselbeere in den
Staaten Oregon und Washington sind erst später entstanden (LIEBSTER
1972).
In Europa hat sich die Kulturpreiselbeere bisher nicht durchsetzen können.
In Holland strandete im Jahre 1844 ein Schiff mit Kulturpreiselbeeren an
Bord, die Samen wurden durch Überflutung weit in das Land hinein getrie-
ben, und die daraus entstandenen Pflanzen und Früchte fanden zwar Inter-
esse, es kam aber nicht zu einem Anbau.
In der DDR und in der Bundesrepublik Deutschland ist die Großfrüchtige
Moosbeere in einigen Hochmooren eingebürgert. Man findet sie in der
DDR z. B. im Zadlitzbruch bei Eilenburg.

Kulturgeschichtliche Bedeutung

Die Kulturpreiselbeere oder zumindest ihre Ausgangsform, die Großfrüchtige Moosbeere, hat eine sehr lange Kulturgeschichte. Die amerikanischen Indianerstämme kannten sie und hatten auch sehr verschiedene Namen dafür. Die Indianer im Osten nannten sie ‹Sassamanesh›, in Wisconsin bei den Algonquians hieß sie ‹Atoqua›. In New Jersey galten die Früchte als eine Art Friedenssymbol. Die Indianer bereiteten ein Gericht aus Wildbret, Fett und Cranberries, das als getrocknetes Mischbrot sehr haltbar war. Getrocknete Früchte wurden den Winter über aufbewahrt, um immer zur Verfügung zu stehen. Wunden durch vergiftete Pfeile wurden mit einem Brei aus Cranberries behandelt. Nicht zuletzt war der Saft der Beeren gut zum Färben von Stoffen geeignet.

Stand des internationalen Anbaues

Der Anbau der Großfrüchtigen Moosbeere hat eine lange Geschichte. Im Jahre 1667 schenkten Siedler aus Massachusetts dem englischen König 10 Fässer mit Cranberries, aber auch das führte trotz aller Wertschätzung für die seltenen Früchte nicht zu einer Entwicklung des eigenen Anbaus. Dazu kam es erst viel später. Etwa zu Anfang des 19. Jahrhunderts begannen See-Kapitäne in Amerika mit der planmäßigen Pflanzung, weil sie erkannt hatten, daß die begehrte Frucht Seereisen gut übersteht. 1833 entstanden die ersten Erwerbsplantagen um Boston. Etwa ab 1850 gab es in Massachusetts bereits 1 600 ha Anbaufläche. Die Kultur breitete sich bald nach New Jersey und westlich bis Wisconsin aus (LIEBSTER 1972). Sehr schnell kam es dann zu einer Ausweitung der Pflanzungen. Es entstanden auch nach und nach zuverlässig tragende Sorten. Bald schlossen sich die Anbauer organisatorisch zu Vereinigungen zusammen, deren Nachfolgeeinrichtungen oft noch heute bestehen. Mit Erweiterung des Anbaus entwickelte sich etwa vom Jahre 1850 ab eine leistungsfähige Verarbeitungsindustrie. 1866 wurde die Cranberry Growers Association gegründet. Weiterhin entstand eine Versuchsstation in Massachusetts, die alle Fragen der industriemäßigen Großproduktion bearbeitet und moderne Produktionsverfahren entwickelt. Südost-Massachusetts liefert heute etwa die Hälfte des Weltbedarfs (1970:43 448 t). Große Torfflächen, einst wertlos und ungenutzt, sind jetzt hochproduktive Kulturanlagen. In letzter Zeit konzentrierte sich der Anbau auf Plymouth County sowie in den Counties Barnstable, Middlesex, Bristol, Dukes und Nantuchet. 1936 erschien das erste Heft der Fachzeitschrift «Cranberries».

An zweiter Stelle in der Produktion steht der Staat Wisconsin, wo ebenfalls günstige Anbaubedingungen bestehen und die Erfahrungen mit der Cranberrykultur auch schon weit über 100 Jahre alt sind. Die Produktion betrug im Jahre 1970 etwa 34 141 t und steigt weiter an. Der Ausgangspunkt der Pflanzungen war etwa um das Jahr 1865 die Stadt Berlin in Green Lake County. Die Pflanzungen haben sich inzwischen auf etwa 19 Counties des Staates Wisconsin verbreitet. Hauptanbaugebiete sind sandige, moorige Flächen in den Flachländern.

Im Staate New Jersey erzeugte man im Jahre 1970 etwa 9130 t. Seitdem nehmen die Anbauflächen weiter zu. Im Staate Michigan wächst das Interesse an der Cranberry-Kultur ebenfalls, und nach LIEBSTER (1972) dürften etwa 20 000 ha für den Anbau in Frage kommen.

Auch in Kanada ist das Interesse für Cranberries wach geworden. In Nova Scotia, New Brunswick, Quebec, Prince Edward Island, in Ontario und besonders in British Columbia im Fraser River Valley werden die Kulturen ausgeweitet. Nach REDMOND (zit. bei LIEBSTER 1972) betrug die Produktion an Cranberries in Kanada im Jahre 1959 = 2 871 t, 1963 = 4 177 t und 1967 = 13 154 t. Die steigende Tendenz ist nicht zu verkennen.

Interessant ist weiterhin, daß um das Jahr 1970 herum die Gesamtanbaufläche in den USA praktisch nicht größer war als bereits um 1900, daß aber infolge der Intensivierung der Produktion in sieben Jahrzehnten der Ertrag von etwa 14 500 t auf 94 750 t angestiegen ist. Diese Entwicklung beruht vor allem auf der Einführung neuer leistungsfähiger Sorten. Auch die Anbausysteme und Pflegemaßnahmen wurden ständig verbessert.

Sieht man von spärlichen Versuchen zur Erzeugung von Kulturpreiselbeeren in anderen Ländern ab, so muß man feststellen, daß diese Obstart heute noch fast ausschließlich in den USA angebaut wird. Dabei gab es neben neueren Versuchen in anderen Ländern, wie z.B. der Sowjetunion, auch bei uns schon Ansätze. Der Beerenobst-Spezialist H.L. MAURER in Jena hat bereits im Jahre 1871 Pflanzen aus Amerika beschafft. Kleine Kulturen entwickelten sich auch in Moorgebieten um Bremen. Es kam jedoch trotz vieler Startversuche nie zu einem lohnenden Anbau. Wahrscheinlich war und ist der Kleinanbau immer zum Scheitern verurteilt. Um die Vorteile der mechanisierten Pflege und Ernte zu nutzen, benötigt man große Anbauflächen, so wie es moderne Produktionsverfahren in den USA verdeutlichen.

Es ist mit großer Wahrscheinlichkeit anzunehmen, daß es von der Bodenbeschaffenheit und vom Klima her genügend potentielle Standorte für Cranberries gibt.

HÄCKEL (1975) hat diese für die Bundesrepublik Deutschland in einer Kartenskizze markiert. Er stellt insbesondere Hochmoorstandorte und saure Podsolböden heraus. Solche Lagen sind z.B. in dem Gebiet zwischen Neumünster, Schleswig und nördlich bis Flensburg vertreten. Die weite Landschaft der Lüneburger Heide, beginnend mit geeigneten Böden bei Braunschweig/Hannover, nördlich über Celle bis Lüneburg reichend, bietet zweifellos geeignete Standorte. Ferner werden genannt: das Teufelsmoor bei Bremen, das Münsterland bis nördlich nach Lingen, das Bourtanger Moor im Emsland und Moorgebiete um Aurich. Saure Sandböden mit eingestreuten Mooren finden sich ferner bei Trier/Deuselbach, weiterhin bei Bamberg, Erlangen, Bayreuth und Amberg. Im Süden dürfte der Anbau von Cranberries auch bei Kochel, Prien, Traunstein und Rosenheim möglich sein. Moore gibt es auch in Oberschwaben, ebenso Böden mit sauren Sanden.

Für die DDR wurden von SCHMIDT (Eberswalde) Vorschläge für potentielle Standorte unterbreitet. Grundsätzlich geeignet sind Podsol- und Braunpodsolböden, d. h. saure sandige Böden, die sowohl grundwassernah als auch grundwasserfern sein können. Das sind vor allem die Bodenformen: Sand-Braunpodsol, Sand-Podsol (Dünengebiete), Sand-Braungley und Sand-Gley. Solche Böden sind in Niederungen mit Grundwassereinfluß manchmal auch von flachgründigen Niedermooren durchsetzt. Geeignete Anbauflächen dürften unter diesen Bedingungen zu finden sein: im Bezirk Schwerin, bei Boizenburg, Hagenow, Ludwigslust, Dömitz und weiter südlich bis Wittenberge; bei Wittenberge selbst beiderseits der Elbe; um Salzwedel, bei Osterburg, Stendal ebenfalls rechts und links der Elbe sowie in der Gegend von Klötze, bei Gardelegen und Öbisfelde. Die gesamte Altmark und daran angrenzende Gebiete dürften somit für den Cranberry-Anbau geeignet sein. Zahlreich sind auch potentielle Standorte bei Potsdam vertreten, so z. B. bei Rathenow, Brandenburg, Genthin, Belzig und Wiesenburg. Dann bieten sich wiederum der Elbe folgend größere Flächen bei Dessau und Wittenberge an, weiterhin im Bezirk Cottbus zwischen Cottbus und Forst sowie bei Spremberg, Elsterwerda und Falkenberg, und zwar im Bereich der Spree und der Schwarzen Elster.

Die sauren Moore der Altmoränengebiete sind meist nur noch geringmächtig (0,4 bis 0,8 m), aber sie dürften den Anbaubedingungen entsprechen. Unter den Buntsandsteinböden Thüringens finden sich stellenweise vielleicht auch geeignete Anbauflächen. Diese Böden sind zwar unter Wald sauer, unter Ackerbenutzung jedoch im pH-Wert meist stark erhöht. Sie weisen von der Körnungsart her meist lehmigen Sand oder sandigen Lehm auf.

Sicherlich gibt es örtlich noch brauchbare Sonderstandorte. Cranberries können z. B. im Bereich der Heidesandterrasse im Dresdner Elbtal gedeihen, vor allem, wenn auf den grundsätzlich geeigneten Sandböden für die nötige Humuszufuhr gesorgt wird.

Morphologische Merkmale

Die Großfrüchtige Moosbeere ist der Gemeinen Moosbeere ähnlich, hat jedoch größere Blätter und Blüten sowie wesentlich größere, runde, ovale oder birnenförmige und auch wohlschmeckende Früchte. Die Kulturformen sind außerdem der Gemeinen Moosbeere und der Preiselbeere in bezug auf den Fruchtansatz der Einzelpflanze erheblich überlegen. Die Kulturpreiselbeeren bilden wie ihre europäischen Verwandten Zwergsträucher, die aus kriechenden, am Boden langlaufenden, verholzenden Trieben bestehen. Es sind langlebige Pflanzen, die 100 Jahre und älter werden können und die regelmäßig tragen.

Der Strauch ist immergrün, hat wechselständige Laubblätter, das einzelne Blatt bleibt 2 bis 3 Jahre lang funktionstüchtig. Junge Blätter sind zart, hellgrün, unterseits graugrün, ausgewachsene Blätter oval, 1 bis 1,5 cm lang und im Sommer dunkelgrün. Im Herbst wird ein Teil des Chlorophylls im Blatt abgebaut, und es entwickelt sich dafür Anthozyan. Die Blätter überwintern daher mit rotbrauner Färbung, gewinnen aber im warmen Frühjahr ihren Glanz und ihre frische Farbe zurück. Die Kriechtriebe können in einer Vegetationsperiode etwa 1,80 m lang werden. Damit breiten sich die Pflanzen aus und bilden bald einen geschlossenen Teppich. Die Kriechtriebe wurzeln auf ihrer ganzen Länge und schließen im Herbst mit verhältnismäßig

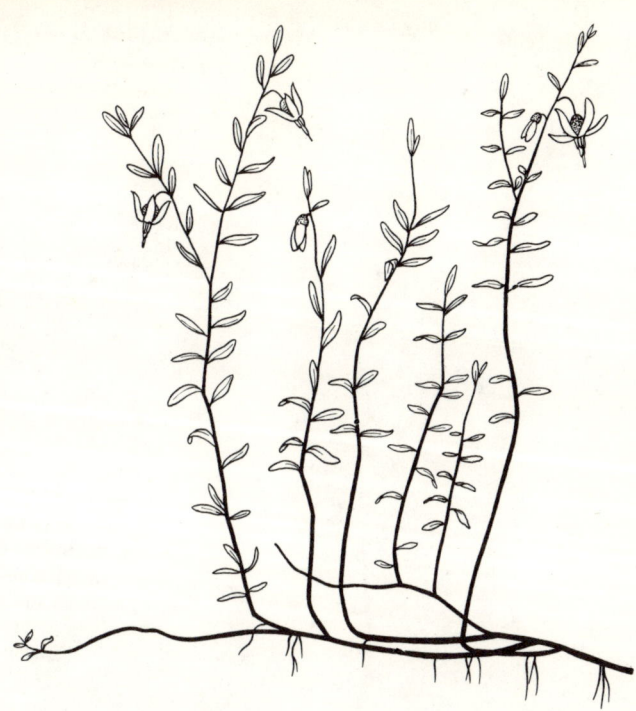

Auf Ranken entstandene „Ständer" mit Blüten (nach Liebster)

großen Endknospen ab. Aus diesen entwickeln sich im Frühjahr kräftige beblätterte Triebe, die auch einige Blüten und große Früchte tragen können. Zwischen den Sorten bestehen beträchtliche Wuchsunterschiede.

An den Kriechtrieben bilden sich aus den Achselknospen viele kürzere, senkrecht stehende Triebe, die sogenannten Ständer (siehe SW-Abb.). Sie sind die produktivsten Organe der Pflanze und bringen etwa 95 % des Ertrages, die restlichen 5 % kommen von anderen Trieben. Die Ständer wachsen im Jahr 5 bis 15 cm und schließen meist mit einer schuppigen, gemischten, d. h. Blatt- und Blütenanlage enthaltenden Knospe ab. Die Blütenanlagen in den Endknospen entwickeln sich im Juli/August. Kulturpreiselbeeren sind Langtagpflanzen, daher die späte Blütenentwicklung. Die Blütenknospen sind im Vergleich zu vegetativen Knospen größer und plumper. Die Blütenknospe einschließlich Blattrosette ist schüsselförmig ausgebildet, dagegen werden die vegetativen Knospen von mehr aufrecht stehenden Blättern umhüllt. Im Folgejahr wächst aus der Endknospe ein Blütenknospen und Früchte tragender Trieb. Die Ständer mit Blütenknospen können im darauffolgenden Jahr steril sein und ein Jahr später wieder Blüten ansetzen. Ein Ständer wächst zunächst ein bis zwei Jahre lang senkrecht, ohne umzu-

fallen. Wird er zu lang, stützt er sich möglicherweise an der Masse der benachbarten Ständer ab, oder er neigt sich mit seinem basalen Teil zum Boden und hält nur das obere, etwa 10 bis 12 cm lange Ende aufrecht. Das ist
bei weiterem Wachstum die Regel. So kann ein Ständer eine erhebliche
Länge erreichen, obwohl immer nur seine Spitze aufrecht steht. Aus den
Achselknospen der Kriechtriebe bzw. der niedrigen Teile entstehen laufend
neue Ständer.
Die Ständer treiben im Frühjahr aus den Spitzenknospen und einigen dar-
unterstehenden Achselknospen aus, die Blütenknospen schwellen schon
Anfang Mai. Bevor die Blüten erscheinen, entwickelt sich aus ihnen ein 5
bis 10 cm langer Trieb. Über den Blüten setzt der Trieb sein vegetatives
Wachstum fort.
Ende Juni/Anfang Juli entfalten sich die weißlich zartrosa gefärbten, 6 bis
10 mm großen Blüten. Sie sitzen auf kurzen, schlanken Stielchen, die sich
seitlich aus dem Neutrieb oder auch aus der Achsel des Ständers entwikkeln. Anfangs stehen die ein bis 7, im Mittel drei Blütenknospen aufrecht,
neigen sich aber in dem Maße, wie sie schwerer werden, im Bogen nach unten, so daß die Blüten selbst schließlich hängen. Die unterste Blütenknospe
am Ständer geht zuerst auf. Die Blüte öffnet sich an warmen Sommertagen

fast schlagartig. Die vier Blütenblätter rollen sich im Laufe des Tages rückwärts ein und geben dabei acht Staubgefäße frei. Diese stehen ringförmig dicht beieinander und bilden einen Schlauch.

Die Pollensäcke der Staubgefäße entlassen bei trockenem Wetter große Mengen Blütenstaub. Die Pollenkörner sind relativ schwer, so daß sie vom Wind nur in die unmittelbare Nachbarschaft getragen werden. Die Windbestäubung spielt daher bei der Kulturpreiselbeere kaum eine Rolle, die Pflanze ist auf Insektenbestäubung angewiesen. Die an der Basis der Staubgefäße stehenden Nektarien locken die Insekten an. Der Stempel besteht aus dem unterständigen 4teiligen Fruchtknoten mit den Samenanlagen am Grunde der Blüte, dem Griffel und einer abgeflachten Narbe am oberen Ende. Auf der klebrigen Oberfläche haften die Pollenkörner. Bei trockenem Wetter bleibt die Narbe etwa 8 Tage lang empfängnisbereit, bei kühlem Wetter entsprechend länger.

Kulturpreiselbeeren sind prinzipiell selbstfruchtbar, jedoch sind sie wegen Protandrie auf Pollenübertragungen von anderen Blüten angewiesen. Hummeln sind anscheinend für die Pollenübertragung wichtiger als die sehr wetterempfindlichen Bienen. Unabhängig davon bringen die amerikanischen Farmer zur besseren Befruchtung Bienenvölker in die Nähe blühender Pflanzungen.

Blüten, die keine Frucht ansetzen, fallen nicht ab, sondern trocknen ein und bleiben eine Zeitlang am Trieb hängen. Die junge, sich entwickelnde Frucht wirft Staubbeutel und Blütenblätter ab. Die an fädigen Stielen hängenden Beeren wachsen rasch heran. Sie werden je nach Sorte 75 bis 100 Tage nach der Blüte im September/Oktober reif. Die Früchte sind etwa 20 mm lang und 15 mm breit und je nach Sorte rund, oval, glocken- oder birnenförmig. Beim Reifen verändert sich die Farbe von hellgrün zu weißlichgrün, später zu rosa und schließlich rot. Zunächst ist nur die äußere Fruchtschale rot gefärbt, das innere Fruchtfleisch färbt sich erst mit Fortschreiten des Reifungsprozesses. Die Beeren sind je nach Sorte tiefrot, blaurot, bräunlich oder auch fast schwarz. In den vier Samenkernen befinden sich zahlreiche kleine, braune Samen. Ähnlich wie bei anderen Obstarten besteht eine gesicherte Beziehung zwischen der Anzahl gut ausgebildeter Samen und der Größe der Beeren. Zur Sicherung der Fremdbefruchtung sollen mehrere Sorten nebeneinander angebaut werden. Dadurch wird auch die Qualität der Früchte gefördert. Die Zahl der Ständer mit Blütenknospen ist sehr groß, die Fruchtungstendenz jedoch sehr gering. Die durchschnittliche Anzahl der Beeren je Ständer liegt mit 1,25 (LIEBSTER 1972) recht niedrig.

Das Wurzelsystem der Kulturpreiselbeere ist nicht so ausgedehnt wie bei der wildwachsenden Moosbeere. Es besteht ausschließlich aus sehr feinen Faserwurzeln, die sich in den obersten Schichten des Bodens entwickeln. An ihren meist feuchten Standorten wurzeln die Pflanzen selten tiefer als wenige Zentimeter, offenbar auch, weil es in den tieferen Schichten an Sauerstoff fehlt. Bei guter Drainage und häufigem Übersanden der Fläche gehen die tätigen Wurzeln auch etwas tiefer. Im Gegensatz zu anderen Kulturpflanzen besitzen Kulturpreiselbeeren keine Wurzelhaare, sondern unterhalten ein Symbioseverhältnis mit verschiedenen Mikroorganismen.

Wichtige Inhaltsstoffe

Nach MATZNER (1971 a,b) enthalten Sorten der Kulturpreiselbeere im Mittel etwa 13,3 % Trockensubstanz. Der Säuregehalt beträgt, bezogen auf die Fruchtmasse, etwa 2,25 %. Die Gemeine Moosbeere hat bei etwa 12,5 % Trockensubstanz durchschnittlich 2,86 % Säure. Bei der Preiselbeere liegt das Trockengewicht etwas höher, um 15,2 %. Wertvoll sind ferner die in den Beeren enthaltenen Mineralstoffe, über die folgende Tabelle Auskunft gibt.

Inhaltsstoffe der Kulturpreiselbeere
(nach FELLERS und ESSELEN 1955, bezogen auf die Frischsubstanz)
Mineralstoffe in mg/100 g

Kalium	53	Jod	0,005
Natrium	2	Eisen	0,4
Kalzium	13	Mangan	0,6
Phosphor	8	Kupfer	0,4
Schwefel	5		

Vitamine

Vitamin A	40 IE		
Vitamin C	10,5 bis 7,5 mg/100 g (nach MATZNER bei Sorten durchschnittlich 30,3 mg/100 g)		
Vitamin B-Komplex	mg/100 g		
Vitamin B_1	13,5	Pantothensäure (Vitamin B_5)	25,0
Vitamin B_2	3,0	Pyridoxin (Vitamin B_6)	10,0
Nikotinsäureamid	33,0	Biotin (Vitamin H) Spuren	

organische Säuren in %

Zitronensäure	1,10	Chinasäure	0,5 bis 1,0
Apfelsäure	0,26	Benzoesäure	0,065

Anbau

Standortansprüche

Für den Marktanbau wird man grundsätzlich hohe Maßstäbe an die Eignung der Standorte stellen müssen, um das ökonomische Ergebnis zu sichern. Nur dort, wo die Ökologie den Anforderungen der Kulturpreiselbeere entspricht, wird man mit einem befriedigenden Wuchs und Ertrag rechnen können. Um dies zu gewährleisten, ist es notwendig, Temperatur- und Niederschlagsverhältnisse, relative Luftfeuchte, Sonnenscheindauer, Lichtintensität und andere Klimafaktoren zu untersuchen. Als Vergleichswerte dienen Messungen an Standorten, an denen die Moosbeere als Wildform verbreitet ist. Die Kulturpreiselbeere bevorzugt ein Klima mit mäßig kühlem Sommer. Wärmere Gebiete scheiden für den Anbau aus. Tiefe Wintertemperaturen, etwa bis $-18\,°C$, werden ohne Schaden vertragen. Bei lang anhaltender Kälte besteht die Gefahr des Vertrocknens. Nach Untersuchungen an der Universität British Columbia (EATON 1971) ist der Anbau nur dort sinnvoll, wo im Frühjahr bei 9 Stunden Tageslicht wenigstens 650 Stunden lang Temperaturen von +5 bis +6°C wirken können. Das ist notwendig, um die Winterruhe der Blütenknospen zu brechen und diese zu einem normalen Austrieb zu veranlassen. Aus diesen Beobachtungen wird die enge Beziehung zwischen Triebwachstum und Photoperiodizität deutlich. Die Dauer der vorangegangenen Kälteperioden beeinflußt auch die Länge der Blühzeit. Die erforderlichen Temperaturen und Tageslängen sind bei uns in der Regel gegeben.

Die Blüte der Kulturpreiselbeere ist wenig frostgefährdet, da sie erst Ende Juni bis Anfang Juli erscheint. Wichtig ist weiterhin ein ausreichend langer Herbst, um den gesamten Bestand zur Vollreife kommen zu lassen.

Wenn auch die Blüte zu einer Zeit erfolgt, zu der, außer in Höhenlagen, nicht mehr mit Spätfrösten zu rechnen ist, so ist doch die Pflanze als Ganzes im zeitigen Frühjahr recht kälteempfindlich. Im Mai vertragen die austreibenden Blätter und Blüten nur höchstens −2°C, aber auch diese Temperatur darf nicht lange andauern. In kalten Strahlungsnächten ist daher ein Schutz der Anlagen gegen Spätfröste notwendig. In den amerikanischen Anbaugebieten geschieht dies meist durch Überfluten der Pflanzen. Die direkte Wärmeabstrahlung des Wassers verhindert Kälteschäden. Die Pflanze braucht dabei nicht völlig mit Wasser bedeckt zu sein, es genügt, wenn der Wasserspiegel etwa 5 bis 7 cm unter den Triebspitzen steht. Ein Kälteschutz ist auch mit Hilfe der üblichen Frostschutzberegnung möglich. Man beginnt, sobald die Temperatur auf wenig über 0°C absinkt und beregnet so lange, wie Eis auf den Pflanzen ist. Fröste bis −8°C können so sicher abgewehrt werden.

Die Ansprüche der Kulturpreiselbeere an den Boden sind gering. Als natürliche Standorte gelten feuchte, sumpfige Geländestücke, auf denen auch andere typische Pflanzen der Hoch- und Übergangsmoore vorkommen. Man findet die Kulturpreiselbeere ebenso wie die Preiselbeere aber auch auf sandigen und selbst lehmigen Böden, sofern ihnen der Säuregrad des Bodens zusagt. Der optimale Bereich für den pH-Wert der Kulturpreiselbeere liegt bei 3,2 bis 4,5. Andere Autoren nennen 4,2 bis 5,0. Übereinstimmend wird jedoch der Wert von 5,5 bis 6,0 als oberste Grenze angesehen. Wichtig ist, daß das Substrat eine saure Reaktion besitzt. Kalkreiche, alkalische Niederungsmoore scheiden für den Anbau aus. Als geeignete Böden für Kulturpreiselbeeren werden Moor- und Sumpfböden mit einem Sanduntergrund in 30 cm Tiefe bezeichnet. Es hat sich aber auch erwiesen, daß auf sehr flachgründigen Böden dieser Art die Kulturpreiselbeere noch gut gedeiht, und zwar selbst auf rein sandigen Böden, sofern die notwendigen Nährstoffe durch Düngung verabreicht werden. Der optimale Grundwasserstand während der Vegetationszeit soll 25 bis 30 cm betragen (FRANKLIN und STIEVENS 1946).

Sorten und Sortenwahl

Bereits im Jahre 1850 gab es in Nordamerika Sorten für die Cranberry-Kultur. Noch jetzt werden dort in den Hauptanbaugebieten die aus dem 19. Jahrhundert stammenden Sorten 'Early Black', 'Searles', 'Howes' und

'Mac Farlin' gepflanzt. Auf sie entfielen um 1955 etwa 90% der Gesamt-ernte. Möglicherweise können diese Sorten, die in Amerika unter härteren Klimabedingungen gedeihen, auch für uns von Bedeutung sein.

'Early Black' ist die Standardfrühsorte in Anbaugebieten entlang der Atlan-tikküste und die meist verwendete Sorte in Amerika überhaupt. Sie wächst rasch, hat dünne Triebe, kurze Ständer, wenig Ausläufer und kleine, helle Blätter. Die mittelgroßen, bis zu 21 mm langen und 19 mm breiten Beeren reifen in der ersten Septemberhälfte. Sie sind birnenförmig, schwarz-rot, glänzend.

Als die derzeit wohl wichtigste Sorte nennt STANG (briefl. Mitt. 1983) 'Sear-les', welche im Tafelteil (S. 251) abgebildet und beschrieben ist. Diese alte Sorte liefert die Haupterntemenge in Wisconsin. Die mittelstarken Pflanzen haben kräftige Ständer und bilden nur wenige Ausläufer. Die Frucht reift mittelspät in der 3./4. Septemberwoche. Die Beeren sind tiefrot, glanzlos, oval und recht gleichmäßig groß, bis 23 mm lang und bis 18 mm breit.

Die älteste Sorte 'Howes' wurde 1843 aus Wildvorkommen ausgelesen. Es ist die Standardspätsorte. Die mittelroten, stark glänzenden, länglichen, gleichförmig großen, maximal 23 mm langen und 18 mm breiten Beeren reifen erst im Oktober.

Die Sorte 'Mac Farlin' ist an der Pazifischen Küste weit verbreitet. Die Ernte fällt in die 2./3. Oktoberwoche. Die länglichen, unregelmäßig großen, bis 27 mm langen und 24 mm breiten Beeren müssen bei der Ernte tiefrot sein.

In den letzten Jahrzehnten gelangten die ersten Sorten in den Handel, wel-che nicht Selektionen von Wildformen entstammen, sondern auf bewußte Kreuzungen zurückgehen. Für diese Sorten liegen auch aus der Sowjet-union (Belorussische SSR) schon Anbauerfahrungen aus Versuchen vor:

Sorte	Ertrag dt/ha	100-Frucht-masse (g)
'Bekuit' (im Handel seit 1961)		
= Mac Farlin × Early Black, spät, dunkelrot	38 bis 48	193
'Bergman' (1961)		
= Early Black × Searles, mittelfrüh, rot	55 bis 63	129 bis 179
'Franklin' (1961)		
= Early Black × Howes, früh, leuchtend rot	65 bis 67	133
'Piligrin' (1961)		
= Profilic × Mac Farlin, spät, purpurn	–	206
'Stevens' (1950)		
= Mac Farlin × Potter, mittelfrüh, dunkelrot	280	138
'Wilcox' (1950)		
= Howes × Searles, früh, leuchtend rot	41 bis 56	132

Das Sortiment dieser Obstart umfaßt bereits 175 Sorten. In den USA wird in mehreren Versuchsstationen Züchtung betrieben. In der UdSSR bemüht man sich um die entfernte Hybridisation bei dieser Obstart. Dabei wird auch versucht, durch Behandlung mit chemischen Mutagentien polyploide

Formen zu erzielen. Im Unterschied zur Gemeinen Moosbeere ist nämlich die Große Moosbeere nicht tetraploid (2 n = 48), sondern diploid (2 n = 24).

Aus der VR Polen liegen auch erste Versuchsergebnisse zum Anbau der neuen Cranberry-Sorten vor.

Vermehrung

Die Vermehrung geschieht durch Stecklinge und wird im Gewächshaus oder unter Folie bei 20 bis 25 °C Luft- und Bodentemperatur und möglichst hoher Luftfeuchte durchgeführt. Im Juli/August, wenn die Jahrestriebe zu verhärten beginnen, werden Ständer als Stecklinge von älteren Pflanzen geschnitten oder auch an den Verzweigungen gerissen und unmittelbar danach in Schalen mit einem Torf-Sand-Gemisch (3:1) gesteckt. Spritzen und Schattieren erfolgen wie üblich. Unter Sprühnebel dürfte wegen der größeren Sicherheit dieses Verfahrens die Erfolgsquote noch günstiger liegen. Die Stecklinge bilden innerhalb von 4 Wochen gleichmäßig über die Sproßlänge verteilt Adventivwurzeln. Von diesem Zeitpunkt an wird zunehmend gelüftet, um die Pflanzen für das Freiland abzuhärten. Die Wurzeln der Jungpflanzen wachsen nach dem Umsetzen in das Freiland meist willig und zügig. Bei guter Pflege bedecken die Jungpflanzen nach 3 bis 5 Jahren den Boden vollständig mit Kriechtrieben und Ständern und erste größere Ernten dürfen erwartet werden.

Pflanzwürdige Jungpflanzen müssen eine gesunde, kräftige Entwicklung erkennen lassen. Die Sortenechtheit ist dabei unbedingt zu fordern.

Pflanzung

Wird auf moorigen Boden gepflanzt, so ist es notwendig, das Land durch Gräben zu entwässern und den Boden so weit trockenzulegen, daß man ihn betreten und bearbeiten kann. Eine wirksame Drainage ist unter diesen Umständen für das gute Gedeihen der Pflanzen außerordentlich wichtig. Ist zeitweilige Wasserüberstauung vorgesehen, dann muß die Fläche weiterhin mit kleinen Wassergräben durchzogen werden, und zwar so, daß diese mit der Stauvorrichtung bzw. mit dem Hauptgraben oder Wasserspeicher in unmittelbarer Verbindung stehen und ein rascher Zu- und Abfluß des Wassers erreicht wird. Man legt die Quergräben etwa im Abstand von 30 m an. Sie sollen etwa 50 cm breit und 60 bis 90 cm tief sein und möglichst senkrechte Seitenwände besitzen (LIEBSTER 1972). Den Grabenaushub nutzt man zum Aufsetzen von Dämmen um die Gesamtanlage oder einzelne Quartiere herum. Der Damm verhindert bei Anstauen, daß Wasser abfließt. Die Vorstellung von einer Pflanzung vermittelt die Abbildung. In den Anlagen, in denen nicht mit Überstau gearbeitet werden kann, entfällt das Anlegen der Gräben und Dämme. Wichtig ist, daß in jedem Falle die Vorbereitung des Bodens sehr sorgfältig durchgeführt wird. Die Fläche ist gartenmäßig herzurichten.

Die Pflanzung erfolgt Ende April bis Anfang Juni. Die Wurzelbildung ist bei früher Pflanzung besser als bei später, möglich sind aber auch Herbstpflanzungen. Pflanzmaterial gewinnt man im Großanbau dadurch, daß man Kriechtriebe von gesunden Pflanzen im Frühjahr noch vor dem Austrieb

Pflanzung der Kulturpreiselbeere auf Feldern mit Be- und Entwässerung (nach LIEBSTER)

Wasser-Speicher

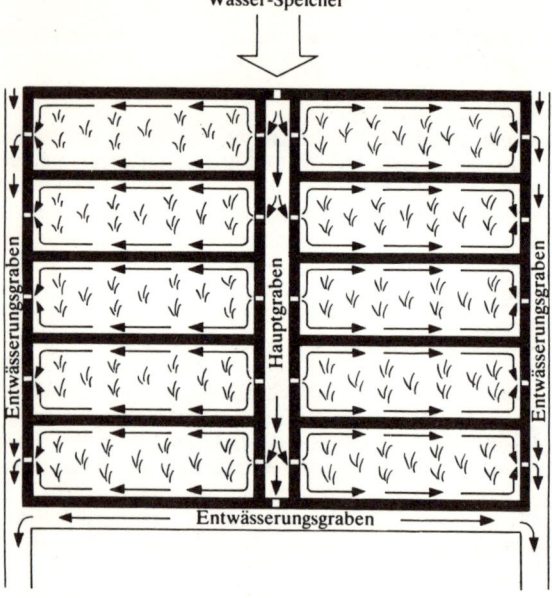

mit der Hand oder mit der Mähmaschine abmäht. Leicht fahrbare Mähmaschinen mit Fingerbalken lassen sich dazu gut verwenden. Nach dem Mähen werden die abgeschnittenen Triebe mit dem Handrechen zusammengeharkt.

Neben bewurzelten Pflanzen werden auch unbewurzelte Kriechtriebe gehandelt. Man packt sie für den Versand in Ballen, in denen sie genügend feucht bleiben müssen. Für einen Hektar benötigt man etwa 1 135 kg Triebe. Mit einem starken Messer oder mit der Axt werden die Triebe auf dem Hackklotz in 15 bis 20 cm lange Stücke zerteilt. Diese streut man mit der Hand breitwürfig und gleichmäßig über die gut feuchte, aber nicht überflutete Fläche und tellert sie mit der Scheibenegge oder mit einem Spezialgerät so in den Boden ein, daß sie mit ihren Enden etwa 10 cm tief im Sand stehen. Die Scheiben dürfen jedoch keinesfalls scharf sein, die Stecklinge sollen beim Pflanzen nicht beschädigt oder zerschnitten werden. Wenn die Maschine in einer Richtung quer über die Stecklinge gefahren ist, kann sie ein zweites Mal rechtwinklig dazu fahren, um zu sichern, daß alle Triebe in guten Kontakt mit dem Boden gebracht werden.

Neuerdings gibt es auch Spezialmaschinen, welche die Stecklinge in einem Arbeitsgang ausstreuen und pflanzen. Die Stecklinge sollen nur wenige Zentimeter aus dem Boden herausragen, um nicht vom Wind weggeweht zu werden oder auszutrocknen. Es ist möglich, insbesondere bewurzelte Stecklinge auch von Hand zu je 4 bis 5 Stück etwa 10 cm tief zu pflanzen, wobei der Abstand 25 cm × 25 cm bis 40 cm × 40 cm betragen kann. Je enger die Pflanzen gesetzt werden, um so weniger Unkraut kommt auf.

Auch Beetpflanzungen können empfohlen werden, meist wird jedoch die ganze Fläche gleichmäßig besetzt. Um die Neuanlage unkrautfrei zu halten, ist es möglich, Simazin oder ähnlich geeignete, amtlich für diesen Zweck zugelassene Herbizide vor der Pflanzung auszubringen. Neupflanzungen werden regelmäßig bewässert, um das Anwachsen zu fördern, das Wasser soll sich jedoch nicht stauen.

Nach der Wurzelbildung, bei Frühjahrspflanzungen etwa im Juli, kann durch schwache Düngergaben das Wachstum der Stecklinge weiter gefördert werden. Die Mineralstoffzufuhr erfolgt durch Nährstoffverregnung oder Ausstreuen des Düngers.

Pflegemaßnahmen

Bodenpflege und Düngung

Die Bodenpflege ist vorwiegend darauf ausgerichtet, das Unkraut niederzuhalten. Die Herbizidanwendung ist jedoch bei den sehr oberflächig wurzelnden Kulturpreiselbeeren immer kritisch zu beurteilen. Als eine ganz spezifische Kulturmaßnahme hat sich in den amerikanischen Anbaugebieten das **Übersanden** der Neupflanzungen bewährt. Die Sandschicht als Mulchdecke verhindert das Austrocknen des Bodens und ermöglicht trotzdem eine gute Durchlüftung. Das Besanden der Fläche bietet aber noch weitere Vorteile:

Die Kriechtriebe wachsen auch in älteren Beständen fortlaufend weiter. Die fruchtbaren, kräftigen Ständer kriechen dabei mit wesentlichen Teilen ihrer Länge am Boden entlang, ohne Wurzeln zu bilden. Wuchs und Ertrag werden gefördert, wenn die Kriechtriebe möglichst viele Neuwurzeln entwikkeln und damit der Weg von der Wurzel zur fruchtbaren Triebspitze verkürzt wird. Das Übersanden hat auch den Zweck, die unbewurzelten Ranken zu überdecken und damit die Wurzelbildung anzuregen. Die Fläche wächst schneller zu, der Vollertrag setzt früher ein und ist höher. Gleichzeitig wird auch die Gefahr der Verunkrautung vermindert.

Mit Sand abgedeckte, abgestorbene Pflanzenteile bilden eine, wenn auch nur dünne Humusschicht. Diese kann jedoch bei älteren Beständen die beträchtliche Stärke von mehreren Dezimetern erreichen.

Übersandete Flächen sind auch weniger frostgefährdet. Die luftdurchlässige Sandschicht speichert am Tag viel Wärme und gibt sie in der Nacht auch schnell wieder ab.

Die helle Sandschicht reflektiert, besonders im trockenen Zustand, einen wesentlichen Teil des auffallenden Lichtes und fördert dadurch die Assimilationsleistung. Das ist bei Kulturpreiselbeeren besonders wichtig, weil hohe Erträge immer nur in Jahren mit intensiver Sonneneinstrahlung zu erwarten sind. (Auch die Blütenknospendifferenzierung für das Folgejahr wird durch einen strahlungsintensiven Sommer gefördert.)

Das Überfluten der Bestände im Winter ist in einigen USA-Staaten eine übliche Pflegemaßnahme, um Schutz gegen Frostschäden durch Austrocknen und Erfrieren zu bieten. In anderen nordamerikanischen Anbaugebieten ist es weniger gebräuchlich oder entbehrlich. HAECKEL (1974, 1975) stellte fest, daß Cranberries in der Bundesrepublik Deutschland gegenüber denen in den USA weniger winterfrostgefährdet sind. Demnach wäre das Überfluten auch weniger erforderlich. In simulierten Winterbedingungen durch künstliches Frosten erwies es sich, daß bei nicht zu starkem Wind etwa −16 bis −18°C eine kritische Wintertemperatur darstellen, weil 20 bis 25% der Pflanzen erfrieren. Der Ausfall erreichte bei −22°C etwa 50% und bei −26°C sogar 90%. Überfluten des Bestandes ergibt bei −20°C etwa die gleiche Schutzwirkung wie das Abdecken, welches bei Kleinflächen zumutbar wäre. Dabei hatten Folie, Schnee, Reisig und Stroh in dieser Reihenfolge abnehmende Schutzwirkung. Bei höheren Temperaturen gewährleistet das Überfluten einen geringeren Schutz als das Abdecken. Es wäre zweckmäßig, das Fluten schichtweise durchzuführen, wenn tiefere Temperaturen zu erwarten sind, denn bei dem Nachfluten tauen maximal 1,5 cm der Eisschicht wieder auf.

In schneesicheren Gebieten bietet der natürliche Schneefall ab 4 cm Schneehöhe einen sicheren Frostschutz.

Die Regulierung des Wasserhaushaltes während der Vegetationsperiode ist für die Ertragsbildung besonders wichtig. Auf den mageren sandigen Böden leiden die Pflanzen in den Sommermonaten oft unter Trockenheit. Das flachstreichende Wurzelsystem erhöht diese Gefahr noch. Man kann dort, wo der Grundwasserstand regulierbar ist, durch Einstellung des Wasserspiegels auf 20 bis 30 cm Tiefe von unten her für ausreichende Wasserzufuhr sorgen. Höhere oder tiefere Grundwasserstände wirken negativ. Zweckmäßig ist es, dort, wo kein Grundwasser ansteht, Regenanlagen anzubringen und dem Witterungsablauf entsprechend zu beregnen. Die Regenanlage soll so installiert werden, daß sie auch zur Frostschutzberegnung dienen kann.

Auf mageren Böden ist es besonders notwendig, die Pflanzen von Zeit zu Zeit mineralisch zu düngen. Dabei ist es besser, die Düngung zu beschränken als einen überhöhten Nährstoffspiegel zu schaffen. Wichtig ist, daß nur saure Dünger verwendet werden. Stickstoff muß in sorgfältig abgewogener Menge gegeben werden. Dagegen ist der Bedarf an Phosphorsäure verhältnismäßig hoch, nicht zuletzt weil auf diesen sauren organischen Böden die Bindung des Phosphors sehr stark ist und weil diese von Natur aus wenig Phosphor enthalten. Man verwendet Düngemittel mit leicht aufnehmbarem Phosphor. An Kali besteht kein nennenswerter Bedarf. Der Kalziumgehalt in leichten, sauren Böden ist in der Regel gering. Auf sehr sauren Böden ist eine leichte Kalkgabe im Herbst oder Winter durchaus nützlich. Keinesfalls darf dadurch jedoch der optimale pH-Wert überschritten werden. Auch der Bedarf an Spurenelementen wie Eisen, Zink, Kupfer, Mangan und Bor ist nur gering, so daß in den meisten Böden diese Nährstoffe genügend vorhanden sind. Bei absolutem Mangel ist eine Düngung jedoch nötig.

Als optimales N:P:K-Verhältnis gibt LIEBSTER 1:2:1 bis 1:3:1 an. Die Nährstoffversorgung soll durch Bodenuntersuchungen und Blattanalysen kontrolliert werden. Die Blattfarbe und besonders die Länge der neu gebildeten Ständer zeigen ebenfalls den Grad der Mineralstoffversorgung an. Sind die

Kulturpreiselbeere (*Vaccinium macrocarpon* AIT.)

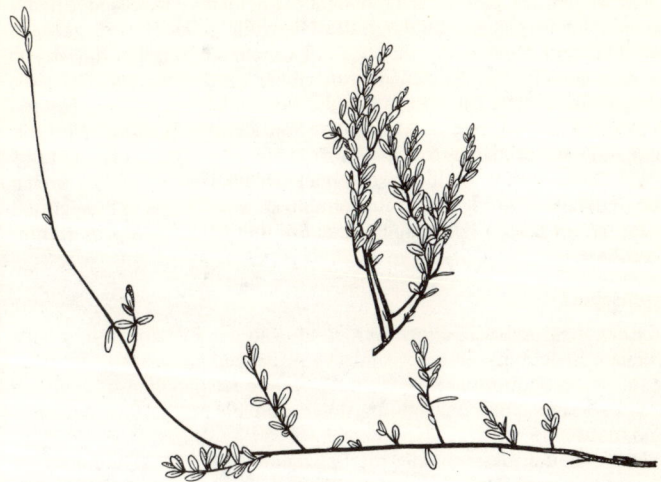

Zu starkes vegetatives Wachstum als Folge zu hoher Stickstoffgaben (oben) im Vergleich zu normaler Entwicklung (unten) (nach LIEBSTER)

Triebe und Blätter gelbgrün oder rötlich und die Ständer kürzer als 2,5 cm, so sollte man die N-Gaben erhöhen oder Harnstoffspritzungen einschalten. Sind die Ständer wesentlich länger, braucht wenig oder gar kein Stickstoff gegeben zu werden. KRÜGER und NAUMANN (1981) empfehlen für höchste Erträge Düngergaben von 50 kg N, 11 kg P und 83 kg K je Hektar. In den USA führte man Düngungsversuche bei der Sorte 'Early Black' auf moorigem Sandboden aus. Nach diesen Erfahrungen brachte die niedrigste Stickstoffstufe (17 kg/ha) den höchsten Ertrag, während bei den höheren (34 bzw. 51 kg/ha) bereits Ertragsdepressionen auftraten. Es wird nützlich sein, sich bei der Bemessung der Düngung für Kulturpreiselbeeren weitgehend an die Pflanzenentwicklung anzulehnen. Zu beachten ist auch, daß insbesondere höhere N-Gaben die pilzparasitären Fäulen der Beeren stark fördern. Die Ausbringung des Düngers erfolgt auf den leichten Böden zweckmäßigerweise in mehreren Teilgaben im Frühjahr und Sommer. Man kann den Dünger von Hand oder mit der Maschine streuen, Beregnungsanlagen für die Nährstoffzufuhr einsetzen oder den Hubschrauber zum Streuen nutzen.

Schnitt

Der für Obstgehölze übliche Schnitt entfällt bei der Kulturpreiselbeere. Man schneidet nur, um übermäßigen Wuchs zu bremsen. Bei zu starker Düngung entwickeln viele Pflanzen 1,5 m oder länger werdende Kriechtriebe. Der Pflanzenbestand wird dadurch zu hoch und zu dicht. Man lichtet, indem die bei der Ernte hochgezogenen bzw. die nach der Naßernte auf der Wasseroberfläche schwimmenden Triebe zurück- bzw. völlig abgeschnitten werden. Es gibt dafür besondere Schneidemaschinen oder handgezogene Schneiderechen, die durch die Pflanzung gefahren bzw. gezogen werden. Die Schnittarbeit ist sehr sorgfältig durchzuführen, bei rücksichtslosem Ausschneiden ist der Schaden oft größer als der Nutzen. Das trifft dann zu, wenn zu viele fruchtende Ständer weggeschnitten werden. In kleineren Beständen wird man besser selektiv von Hand schneiden. Wird ein Bestand an Kriechtrieben und Ständern zu üppig, so genügt es oft und führt eher zum Ziel als das Schneiden, wenn man die Pflanzen etwas vom Boden abzieht und dadurch einige Wurzeln zerreißt, sie von der Stelle bewegt und dann wieder anwachsen läßt. Durch diese Störung wird der Wuchs zumindest vorübergehend geschwächt.

Pflanzenschutz

Die Krankheiten und Schädlinge werden etwa in der Rangfolge ihrer wirtschaftlichen Bedeutung für amerikanische Anbauverhältnisse angeführt.

Die Zahl der an Kulturpreiselbeeren auftretenden Krankheiten ist ziemlich groß, so daß eine ganze Bekämpfungsfolge, ähnlich wie bei der Apfelproduktion, notwendig wird.

An Pilzkrankheiten treten häufig die Spitzendürre und Hartfäule auf (top blight und hard rot). Der auch auf Kulturheidelbeeren vorkommende Pilz (*Monilinia vaccinii – corymbosi* [READE] HONEY) befällt im Frühjahr den Neuwuchs, die Triebspitze wird braun, mißgestaltet, und es entwickeln sich daran Massen staubförmiger grüner Sporen. Diese übertragen die Krankheit noch während der Blüte auf junge Fruchtansätze. Die Beeren wachsen anfangs normal, verfärben sich jedoch bei beginnender Reife, bleiben gelb und werden hart. Sie fallen schließlich ab, überwintern am Boden und entlassen im folgenden Frühjahr aus schüsselförmigen Fruchtkörpern zahlreiche Sporen.

Das Triebsterben (die-back), verursacht durch den Pilz *Diaporthe vaccinii* SHEAR, führt zum Absterben der Sprosse von der Spitze her. Es besteht eine deutliche Sortenanfälligkeit. Heißes Wetter zu Beginn der Vegetationszeit scheint die Krankheit zu begünstigen.

Rote Gallen (red gall) verursacht der Pilz *Synchytrium vaccinii* THOMAS. Knospen, Blätter, Triebspitzen und junge Früchte zeigen kugelförmige Gallen, häufig wird die Frucht noch vor dem Fruchtansatz vernichtet. Da fließendes Wasser zur Verbreitung der Sporen notwendig ist, läßt sich die Krankheit einschränken, indem man das Überfluten unterläßt und statt dessen beregnet.

Hexenringe (fairy rings), ähnlich wie man sie auf Wiesen und Weiden, hervorgerufen durch bestimmte Bodenpilze, beobachten kann, ersticken die Wurzeln und bringen die Pflanzen zum Absterben. Die Krankheit, verursacht durch *Psilocybe agrariella* ATK. var. *vaccinii* CHARLES, dehnt sich kreisförmig um ein Zentrum herum aus.

Die Schwarzfleckenkrankheit (black spot) (*Mycosphaerella nigromaculans* SHEAR.) bedingt, daß bei feuchter Witterung schwarze, krebsige Stellen sich zunächst auf dem Stengel ausbreiten, die schließlich zum Absterben der Triebe und der ganzen Pflanze führen.

Selbst an lagernden Früchten treten noch Pilzkrankheiten auf. Der gefähr-
lichste Fruchtfäuleerreger ist der Pilz *Godronia cassandrae* PECK. f. *vaccinii*
GROVES. Er ruft die Endfäule hervor, die meist am Kelchende der Frucht an-
setzt, sie kann aber auch vom Stiel her und auch von der Seite her beginnen. Die befallenen Früchte werden weich und wäßrig, oft verfärben sie
sich, schrumpfen und trocknen zusammen.

Mit den genannten Schadbildern ist die Fülle der möglichen Krankheiten
der Kulturpreiselbeere noch nicht erschöpft. Der Interessent wird sich in
der Spezialliteratur informieren. Zur Bekämpfung der Pilzkrankheiten werden Behandlungen meist in 10 bis 14tägigen Abständen, beginnend mit der
Vollblüte, mit dafür zugelassenen organischen Fungiziden notwendig.

Auch tierische Schädlinge können die Bestände und die Ernte reduzieren.
Zunächst ist der Käfer *Lichnanthe vulpina* HENTZ. zu nennen, dessen Larve
an der Wurzel der Pflanzen frißt. Die dadurch verursachte kümmerliche
Entwicklung (cranberry root grub) führt zur Verunkrautung und zu Ernte-
verlusten. Man bekämpft den Käfer mit dafür zugelassenen Insektiziden,
und zwar allein oder in Verbindung mit der Ausbringung von Mineraldünger bis zu etwa 10 Tagen vor der Blüte.

Der stumpfnasige Blattfloh (*Scleroracus vaccinii* VAN. D.) wird dadurch ge-
fährlich, daß er die gefürchtete «false-blossom»-Virose überträgt. Er überwintert als Ei, das im Juli/August in die Rinde zarter Stengelpartien einge-
schoben wird. Im zeitigen Frühjahr schlüpfen die Blattflöhe, sie sind nach
einigen Nymphenstadien ab Anfang Juli erwachsen. Die Bekämpfung erfolgt mit bienenungefährlichen Insektiziden zu Beginn der Blüte. Weitere
Behandlungen wird man ansetzen, bevor die erwachsenen Blattflöhe erscheinen.

Die Raupen des Falters *Crambus hortuellus* HUEBNER (cranberry girdler) gehören zu den gefährlichsten Schädlingen der Kulturpreiselbeere. Sie leben im
Boden und ernähren sich von Trieben oder Wurzeln. Meist verursachen sie
großflächigen Schaden. Gegenmaßnahmen beginnen mit der Bekämpfung
der Falter im Juni, unmittelbar nach dem Schlüpfen und vor der Eiablage,
durch ein- oder mehrmalige Behandlung mit dafür zugelassenen Insektiziden. Bei starkem Befall wird man dort, wo es möglich ist, spätestens bei
beginnender Blüte, kurzfristig überfluten und damit den Großteil der
Schädlinge abtöten. Auch das in vielen Anbaugebieten gebräuchliche Übersanden hemmt den Schädling in seiner Entwicklung und fördert den Neu-
austrieb der Pflanzen.

Als «spanworms» bezeichnen die Amerikaner Spannerraupen, die an Blättern fressen, sie zusammenspinnen, minieren bzw. skelettieren, so daß es
bei starkem Befall zu Kahlfraß kommen kann. An dem Befall sind mehrere
Arten beteiligt. Die Falter fliegen in der Dämmerung, die Eiablage erfolgt
auf der Unterseite der Blätter an der Basis der Ständer. Im Mai schlüpfen
die Raupen, fressen zuerst an den alten Blättern, gehen dann auf aufbre-
chende Knospen über und zerstören die Ernte, bevor dies zu erkennen ist.
Zur Bekämpfung wurden die Anlagen früher etwa 10 Stunden lang überflutet, sobald im Frühjahr die gefräßigen Raupen der ersten Generation in
Massen auftraten. Heute spritzt man kurz nach Beginn des Austriebes, auf
jeden Fall jedoch vor der Blüte, mit Insektiziden.

Die «cutworms» sind Raupen kleiner Nachtschmetterlinge (Eulen, *Noctuidae*), welche die Knospen, Blütenblätter und kleinen Beeren befressen und abbeißen. Sie skelettieren etwa ab Mitte April die Blätter und können ganze Pflanzungen vernichten. Zur Bekämpfung auch dieser Gruppe verwendet man die gebräuchlichen Insektizide.

Zu den «hairy worms», einer Gruppe, deren Raupen stark behaart sind, gehört auch der bei uns bekannte Schwammspinner. Er ist außerordentlich schädlich. Die Raupen fressen zuerst die Terminalknospe, später alles andere. Oft entstehen große Schäden, bevor man die Raupen bemerkt. Mehrfache chemische Behandlungen, kombiniert mit winterlicher Überflutung, dienen der Bekämpfung.

Die als «cranberry tipworm» bezeichneten Larven der Gallmücke *Dasyneura vaccinii* SMITH schlüpfen im Frühjahr aus überwinterten Kokons am Boden. Sie legen ihre Eier an die Basis der Endblätter ab. Die daraus schlüpfenden mattgelben bis orangefarbenen kopf- und fußlosen Larven befressen die Triebspitzen, ohne zunächst wesentlichen Schaden anzurichten. Die Larven der ersten Generation verpuppen sich in befallenen Triebspitzen. Aus den Puppen schlüpfen nach einigen Tagen, in der Regel wenn die Pflanzen in voller Blüte stehen, die Gallmücken der zweiten Generation. Sie sind wesentlich schädlicher als die der ersten Generation. Durch ihre Saugtätigkeit beschädigte Blätter sind becherförmig deformiert, sie welken und fallen schließlich ab. Die normale Entwicklung der Terminalknospen wird verhindert. Die Mücke wird mit Parathion oder anderen zugelassenen Mitteln kurz vor der Blüte, nötigenfalls auch ein zweites Mal bekämpft.

Ein unserem Apfelblütenstecher ähnlicher Rüsselkäfer, *Anthonomus musculus* SAY. («cranberry weevil»), kommt im Frühjahr aus seinem Winterversteck und nagt beim Reifungsfraß die Unterseite der alten Blätter und die noch ruhenden Knospen an. Bei Beginn des Neutriebes schädigt er junge Blätter und sich öffnende Knospen, die später vertrocknen, braun werden und abfallen. Die Eiablage erfolgt in die sich gerade öffnenden Blütenknospen. Die schlüpfende Larve zerfrißt das Innere der Blüte, die daraufhin abfällt. Eine Bekämpfung ist durch Spritzen oder Stäuben mit Insektiziden beim Reifungsfraß der Käfer vor der Eiablage, und zwar meist im letzten Mai-Drittel, möglich.

Ein sehr gefährlicher Schädling ist weiterhin die Fruchtmotte *Acrobasis vaccinii* RILEY («cranberry fruitworm»). Sie ist in Nordamerika heimisch und schädigt Wildbestände wie Kulturpflanzen. Die bald nach der Blüte aus den Eiern schlüpfenden Raupen sind erst im Herbst erwachsen und vernichten bis dahin jeweils mehrere Beeren. Die Larve überwintert in einem Kokon nahe der Bodenoberfläche. Der Falter erscheint etwa zur Blütezeit und legt seine Eier ab. Als bestes Mittel gegen diesen Schädling galt früher ein langzeitiges Überfluten, das bis Mitte/Ende Mai ausgedehnt werden sollte. Heute steht die chemische Bekämpfung im Vordergrund. Sie erfolgt zum Zeitpunkt des Falterfluges, der Termin wird mit Hilfe der Bestandsüberwachung festgelegt. Die Kulturen werden mit den zugelassenen Insektiziden in etwa 10tägigen Abständen behandelt.

Die Kulturpreiselbeere wird noch von weiteren Schädlingen befallen, die jedoch im einzelnen hier nicht aufgeführt werden sollen.

Zu erwähnen sind noch die Virosen, die ebenfalls Schäden verursachen können. Wirtschaftlich wichtig ist die Ringfleckenkrankheit. Die erkrankten Früchte zeigen braune nekrotische Flecken am Blütenende, kleine Beeren sind oft völlig verbräunt. Zu Beginn der Fruchtreife beobachtet man weißliche, bleiche Ringe und Flecken auf der Schale, geschädigte Früchte fallen weitgehend Lagerfäulen zum Opfer.

Eine andere Virose ist die «Falsche Blüte» («false blossom»). Möglicherweise handelt es sich dabei auch um ein Mykoplasma. Ihren Namen verdankt die Krankheit der abnormen Ausbildung der Blüte erkrankter Pflanzen. Im Anfangsstadium steht die normalerweise hängende Blüte aufrecht, die Blütenblätter sind nicht wie bei gesunden Pflanzen blaßrosa, sondern dunkelrosa, rot oder grün. Die kranken Blüten und ihre Stiele verbräunen, sie bleiben 1 bis 2 Jahre lang an den Trieben hängen. Kranke Bestände zeigen oft Besenwuchs, die Triebe bringen nur kleine rötliche Beeren hervor, der Ertrag befallener Pflanzen ist minimal.

Nicht unwesentlich ist die Gefährdung der Kulturpreiselbeere durch Nematoden, die verschiedenen Gattungen und Arten angehören können. Nematodenverseuchung führt zu einer beträchtlichen Wuchshemmung der Wurzeln und damit der gesamten Pflanze.

Ernte und Lagerung

Obwohl neu gepflanzte Bestände schon während der ersten Jahre Früchte ansetzen, ist mit nennenswerten Erträgen doch erst vom 4. Standjahr an zu rechnen. Nach NORTON und SOULE (1968) betrugen die Ernten im Mittel der Jahre 1963 bis 1967 etwa 7 700 kg/ha. Von 1968 bis 1970 sind durch weitere Verbesserungen der Kulturbedingungen die Erträge auf durchschnittlich 9 420 kg angestiegen (LIEBSTER 1972). Inwieweit man die unter amerikanischen Verhältnissen erzielten Erträge auf Europa übertragen kann, läßt sich vorerst nicht sagen. Zumindest darf behauptet werden, daß bei ähnlich hohem Ertrag der Anbau durchaus wirtschaftlich sein wird.

Die Ernte der Cranberries erstreckt sich je nach Sortenspiegel auf die Zeit von Anfang September bis Ende Oktober. Ähnlich wie bei Äpfeln ist es nicht sinnvoll, bis zur Vollreife der Früchte zu warten, weil diese dann das optimale Erntestadium überschritten haben und nicht mehr lagerfähig sind. Anderseits darf auch nicht zu früh geerntet werden, weil zumindest manche Sorten sich dann nicht mehr genügend ausfärben.

Man kennt zwei grundsätzliche, unterschiedliche Erntemethoden: die Trokkenernte und die Naßernte.

Bei der Trockenernte können die Beeren von Hand gepflückt werden, das ist allerdings sehr arbeitsaufwendig, wenn auch bei kleinen Anlagen durchaus tragbar. Rationeller ist bereits das Abernten der Beeren mit einem rechenartigen Pflückkamm mit langen, hölzernen Zinken in etwa 1 cm Abstand voneinander (siehe SW-Abb.). Ein ähnliches Gerät wird bei uns für die Ernte von Heidelbeeren verwendet. Die Beeren werden von unten her von den Ständern abgekämmt und in einem unmittelbar hinter den Zähnen des Kammes angebrachten Behälter aufgefangen. Mit dem Pflückkamm kann

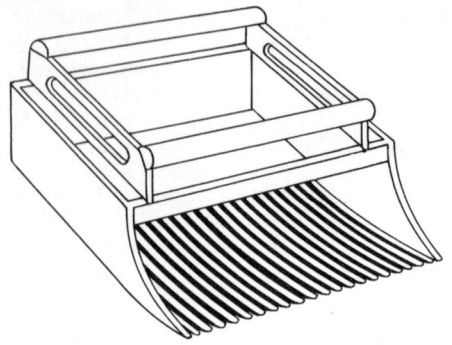

Pflückkamm
für die Handernte
von Kulturpreiselbeeren

eine Arbeitskraft 6 bis 7 dt am Tag ernten (LIEBSTER 1972). In Amerika gibt es außerdem Maschinen, die relativ klein sind und ähnlich wie ein Rasenmäher von einer Arbeitskraft gefahren werden. Sie schneiden gleichzeitig die Triebe mit ab. Neuere Konstruktionen von Erntemaschinen werden entwickelt. Bereits vorhandene Versuchsmuster lassen erkennen, daß damit die Ernte sauberer und verlustloser durchzuführen ist. Das Arbeitsprinzip der Erntemaschinen gleicht dem des Pflückkammes. Die Beeren werden von den Trieben, die zwangsläufig mit erfaßt werden, durch ein Gebläse getrennt. Der Nachteil aller Trockenerntemethoden ist der hohe Verlustanteil, der dadurch entsteht, daß bis 20% der Beeren zu Boden fallen und verlorengehen. Mit Hilfe der Trockenerntemaschine abgepflückte Beeren halten sich jedoch besser als die durch Naßernte geborgenen.

Bei der Naßernte, wobei man vor allem Beeren für die Verarbeitungsindustrie gewinnt, werden die Flächen 15 bis 20 cm hoch überflutet, jedoch höchstens 24 Stunden lang, damit die Qualität der Beeren nicht leidet. Bei der maschinellen Naßernte kämmen motorgetriebene Maschinen mit Hilfe einer Walze, die zahlreiche Zähne besitzt, die Beeren von den Pflanzen. Die Früchte gelangen automatisch auf ein Förderband, das die Transportkisten mit sich führt. Bei einem anderen Verfahren dient die Maschine lediglich dazu, mit einer Art Wasserrad die Beeren von den Trieben abzuschlagen. Diese schwimmen nun auf dem Wasser. Die Anlage wird dann kurzfristig so hoch überflutet, daß auch die höchsten Triebe einige Zentimeter unter Wasser stehen, so daß die schwimmenden Beeren ohne Behinderung vom Wind an das Ufer geweht und mit Hilfe schwimmender Holzstangen an einer Stelle zusammengeschoben werden können. Dort fängt man sie ab oder pumpt sie auch über ein Förderband in einen Tankwagen. Reinigung und Trocknung der geernteten Beeren für den Abtransport erfolgen weitgehend mechanisiert.

Die mit der Cranberry-Kultur erzielbaren Erträge sind, optimale Standortverhältnisse und gute Pflege vorausgesetzt, beachtlich. In den USA stiegen die mittleren Erträge seit Anfang des 20. Jahrhunderts von 18 dt/ha bis auf 112 dt/ha im Jahre 1975 an. Besonders hoch war die Ertragssteigerung zwischen 1950/54 (45 dt/ha) und 1966/70 (89 dt/ha). Rekorderträge können noch weit höher liegen (Wisconsin 1976 = 165 dt/ha).

Nutzung

Cranberry-Produkte sind etwa seit den 20er Jahren ein wichtiger Handelsartikel. Neben vielfältig verwendbaren Fruchtkonserven spielt im Ursprungsland USA der Cranberry-Juice-Coctail eine Rolle. Das ist ein ausgezeichnetes erfrischendes Getränk, nicht zu süß, vitaminreich und von herrlich leuchtend roter Farbe. Cranberry-Saft zum Frühstück oder als appetitanregender Aperitif ist ein in ganz Amerika geschätztes Getränk. Er wird entweder unvermischt verkauft oder gemischt mit Apfel-, Aprikosen-, Pflaumenoder Traubensaft.

Der Cranberry-Juice spielt neben der Fruchtkonserve eine fast gleichwertige Rolle. Ferner gibt es Marmelade, Gelee, Sirup, Gefrierfrüchte, fertige Vorspeisen, Pasteten, Suppen, Salate, Pudding, Eiscreme, Kuchenplätzchen, Pralinen, kandierte Früchte, Babynahrung usw., die alle Cranberries enthalten. Auch Cranberry-Brot wird hergestellt. Vorschläge für die häusliche Verwertung, welche derjenigen der Preiselbeere entspricht, werden im Rezeptteil unterbreitet.

Abschließende Beurteilung

Die Cranberries haben auch bei uns eine Zukunft, wenn der marktbeliefernde Obstbau sich ihrer annimmt. Mit den vorhandenen Sorten, die allerdings unter den jeweiligen Standortbedingungen erst geprüft werden müssen, dürfte es möglich sein, einen lohnenden Anbau zu entwickeln. Da die Cranberries auf kargen, sonst für die Landwirtschaft kaum nutzbaren Flächen (Grenzertragsböden) wachsen, wäre diese Kultur durchaus der Förderung wert. Die vielfachen Verwendungsmöglichkeiten gestatten es, mit Hilfe der Kulturpreiselbeere das Angebot an Obst-Verarbeitungsprodukten wesentlich aufzulockern und zu verbessern.

Es handelt sich um eine langlebige Kultur auf spezifischen Standorten und mit speziellen Kulturmaßnahmen. Erfahrungen dafür müssen bei uns noch gesammelt werden.

Preiselbeere

Andere deutsche Namen Wald-Preiselbeere, Kronsbeere, Steinbeere
Wissenschaftlicher Name *Vaccinium vitis-idaea* L.
Familie Heidekrautgewächse *(Ericaceae)*
Namen in anderen Sprachen

bulgarisch	chervena borovinka, kokoz
dänisch	tyttebær
englisch	cowberry, red whortleberry, red bilberry; mountain cranberry (amer.)
finnisch	puolukka
französisch	airelle rouge, myrtille rouge, canche, myrtille à feuilles persistantes, airelle lingonne
italienisch	mirtillo rosso, uva di monte
niederländisch	rode bosbes (vossebes)
norwegisch	tyttebær
polnisch	borówka brusznica, brusznica
rumänisch	merişoare, afine, coacăza
russisch	brusnika, borovika
schwedisch	lingon
serbokroatisch	brusnica
slowakisch	brusnica
spanisch	arándano rojo, arándano encarnado
tschechisch	brusinka
ungarisch	vörös afonya

Biologische Grundlagen

Herkunftsgebiete und natürliche Verbreitung

Die Preiselbeere ist in Europa fast in allen Ländern zu finden. Das Areal des winterharten Halbstrauches weist seine größte Ausdehnung von der nördlichen gemäßigten Zone bis hin zum aktisch-zirkumpolaren Klimabereich auf. Man trifft die Preiselbeere sogar noch im Norden Skandinaviens bis 71° 7′ nördl. Breite an, und in Grönland (var. *pumilum* HORN.) werden einige noch weiter nördlich gelegene Standorte genannt.

In der DDR ist die Preiselbeere in den Waldgebieten der Mittelgebirge, aber auch im Flachland in Kiefernwäldern und Heidelandschaften, so z. B. in der Dübener und in der Dahlener Heide, oder auch in der Lausitz u. a. bei Niesky anzutreffen, wo man oft ansehnliche Bestände vorfindet. Im Norden der Bundesrepublik Deutschland gehört sie zur sogenannten «Waldheide», sie geht aber auch in die offene Heide über. Weiter südlich ist sie im herzynischen Gebiet in der montanen und subalpinen Stufe weit verbreitet, so auch in den Südvogesen bis hin zur Zaberner Steige, und zwar meist in höheren und mittleren Lagen, kaum in der Ebene. Sie ist weiterhin

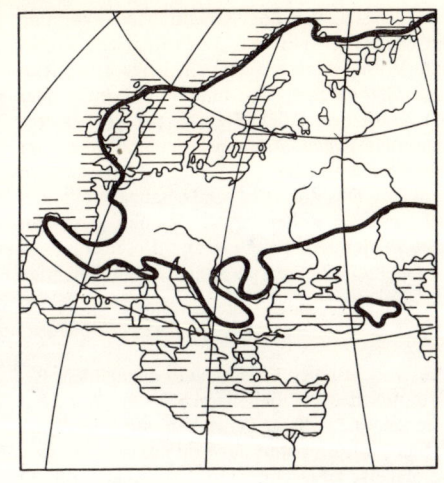

Natürliches
Verbreitungsgebiet
der Preiselbeere
(nach Atlas ... 1979,
verändert)

im Schwarzwald, der Schwäbischen Alb, in Oberschwaben besonders auf Hochebenen, im Bayerischen und Böhmerwald sowie im Alpenvorland vertreten. In der Steiermark steigen die Fundorte bis zu 2 700 m hoch an, in Südtirol in Tallagen von nur 400 m bis zu 2 970 m am Ascherkogel im Ötztal (Österreich). In den Schweizer Alpen ist die Preiselbeere allgemein verbreitet, meist zwischen 1 000 und 2 500 m Höhe, aber auch in tieferen Lagen.

In Asien gibt es Preiselbeeren im Kaukasus, die Pflanze wandert dort bis zu 2 750 m Höhe empor. Sie findet sich im Ural, im Altai, im Himalaja-Gebiet und selbst in Nordsibirien bis zur Lenamündung (72° nördl. Breite), auf Nowaja Semlja, in Kamtschatka und Sachalin. Auch in Japan ist die Preiselbeere anzutreffen. Man begegnet ihr sogar im arktischen Amerika, sie ist dort von Alaska und Labrador bis zu den USA verbreitet (Massachusetts, nordöstliches Minnesota).

Von der Preiselbeere sind zahlreiche morphologische Abänderungen mit geringem systematischem Wert bekannt.

Kulturgeschichtliche Bedeutung

Die Preiselbeere ist eine Obstart, die sich dem Menschen heute noch in der ersten Entwicklungsstufe darbietet. Das ist umso verwunderlicher, weil sie eine außerordentlich gesuchte, qualitativ hochwertige Frucht liefert. Im Gegensatz zu anderen Obstarten wurde sie in der Vergangenheit – von bescheidenen Versuchen in neuester Zeit abgesehen – kaum züchterisch bearbeitet. Sie blieb daher bis in unsere Tage hinein eine Sammelfrucht.

Der Name Preiselbeere ist erst in neuhochdeutscher Zeit aus dem gleichbedeutenden tschechischen brusnice, brusina entlehnt worden. Dem tschechischen Wort ähneln heute noch eine Anzahl deutscher Namen wie Brunschnetzen, Bruinschlize, Braunschnitzer (Thüringen), Preisslitz (Böhmerwald) u. a. Auch die Ausdrücke Graslatzbeer oder Graslitzbeer (Egerland, Erzgebirge) dürften slawischen Ursprungs sein. Das niederdeutsche Kronsbeere, auch Krambeere (Untere Weser) könnte vielleicht «Beere des Kranichs» bedeuten. In Bayern und Österreich spricht man von Granten oder Grandl, in der Steiermark von Kranklbeer. Viele Namen der Preiselbeere beziehen sich auf die buchsbaumähnlichen, immergrünen Blätter, so der Ausdruck Wintagrüan (Niederösterreich) oder gar Wilder Buchsbaum in Hessen, Buchsbeeri in der Schweiz. Die Zahl der landschaftsgebundenen Namen für die Preiselbeere ist kaum überschaubar, die Vielfalt kann hier nur durch Beispiele angedeutet werden. Aber gerade aus dieser Namensfülle darf man schließen, daß die Preiselbeere seit altersher eine wichtige Rolle als Sammelfrucht spielt.

Stand des internationalen Anbaues

Die Preiselbeere gilt wegen ihres vorzüglichen Geschmacks als Delikatesse. Trotzdem ist sie bisher nur Sammelfrucht geblieben. In Ländern mit riesigen Ödland- und Brachlandflächen, wie z. B. in Schweden, sind die Wildvorkommen so großflächig, daß nur ein Bruchteil der Früchte geerntet werden kann. Es bestehen auf diese Weise Überschüsse an Preiselbeeren nicht nur in Schweden, sondern auch in Norwegen, der Sowjetunion und besonders in Finnland. Diese Wildvorkommen werden nur in geringem Maße versorgungswirksam, weil die Ernte der Wildbestände in meistens abgelegenen und wenig besiedelten Gebieten durch Sammler eben Grenzen hat.
Der Versuch, die Preiselbeere als Feldfrucht anzubauen und das Produktionsverfahren bis hin zur Ernte zu mechanisieren, ist daher nicht neu. Begonnen hat in Schweden die Novia-Lebensmittel-Industrie AG. Man bemühte sich um wertvoll erscheinende Typen der Preiselbeere, erarbeitete rationelle Vermehrungsmethoden und schuf Voraussetzungen für den feldmäßigen Anbau. Am Fortgang des Projektes besteht bei den schwedischen Landwirten großes Interesse (LIEBSTER 1975). Auch in Finnland wurden vom Jahre 1968 ab Versuchspflanzungen im Forschungsinstitut für Gartenbau Piikkiö, Südwestfinnland, angelegt. Hier geht es zunächst einmal um die Ermittlung des für Wuchs und Ertrag günstigsten Kultursubstrates. Die ersten Ergebnisse sind durchaus erfolgversprechend, wenn sie auch noch nicht zu richtungweisenden Empfehlungen führen können. In der Bundesrepublik Deutschland arbeitet man an der Inkulturnahme. Besonders hat sich LIEBSTER am Institut für Obstbau der Technischen Universität München in Weihenstephan dieser Problematik angenommen, nachdem dort auch Kulturheidelbeeren und Cranberries schon lange intensiv bearbeitet werden. Es wurden wertvolle, aussichtsreiche Anfangsergebnisse erzielt. Notwendig ist es, geeignete Methoden zur Gewinnung von Pflanzmaterial zu erarbeiten und die Reaktion der Wildpflanzen auf kulturtechnische Maßnahmen zu prüfen. Man hat unterschiedliche Herkünfte aus Gebieten, so z. B. aus der Lüneburger Heide, dem Sauerland, der Oberpfalz, dem Schwarzwald, von der Weinstraße usw., nach Weihenstephan gebracht, um diese und ihre Eignung für den Anbau zu testen (MÜLLER 1982). Nach einem vorgegebenen Versuchsprogramm erfolgt die weitere Bearbeitung dieser Wildobstart.

Auch in der DDR gibt es Versuche zur Kultivierung der Wald-Preiselbeere, allerdings stehen sie vorerst nur auf sehr schmaler Basis. Einige interessierte Baumschuler haben geeignete Wildformen gesammelt, ausgelesen und weiterkultiviert. Sie verkaufen diese an Interessenten, die vorwiegend Kleingartenbesitzer sind und die sich als Hobby ein paar Preiselbeeren anbauen möchten. Eine gezielte Versuchsarbeit gibt es in der DDR noch nicht. Dagegen sind genügend potentielle Anbaugebiete, die sich etwa mit denen der Kulturpreiselbeere decken, vorhanden. Im Gegensatz zur Moosbeere ist die Wald-Preiselbeere jedoch kaum an moorige Böden gebunden, sie wächst auch auf fast reinem Sand, vorausgesetzt, er besitzt genügend Nährstoffe. Sie ist fast noch anspruchsloser als die Kulturpreiselbeere (Cranberry).

Morphologische Merkmale

Die Preiselbeere ist ein niedriger, 10 bis 30 cm hoher Zwergstrauch mit unterirdischen, wurzelnden, schuppig beblätterten Kriechtrieben. Laub- und Blütensprosse entspringen reihenweise aus den Achselknospen der Kriechtriebe. Die Zweige sind büschelig aufstrebend, zart, rundlich, junge Zweige zeigen noch eine flaumige Behaarung, ältere dagegen sind kahl.

Die Laubblätter sind zweizeilig angeordnet, wechselständig, eiförmig oder meist verkehrt eiförmig, vorn abgerundet, stumpf und auch etwas ausgerandet, wintergrün, derbledrig, ½ bis ¾ mm dick, ganzrandig oder schwach gekerbt, am Rande eingerollt, oberseits dunkelgrün, unterseits matt bleichgrün mit zerstreuten braunen Drüsenzotten, undeutlich nervig, kurz gestielt.

Die Blüten sitzen in gedrängten, mehr- oder vielblütigen, endständigen, hängenden Trauben, sie sind weiß, rötlich angelaufen, von schwachem Geruch. Der fünflappige Kelch ist häutig, die dreieckigen Lappen sind bewimpert. Die Krone ist offen, überhängend, 8 bis 10 mm lang, glockig, bis zur Hälfte fünf-, seltener vierspaltig mit zugespitzten, auswärts gekrümmten Lappen. Die Blüte besitzt am Grunde behaarte Staubblätter, die langen An-

Preiselbeere (*Vaccinium vitis idaea* L.) (nach HEGI)

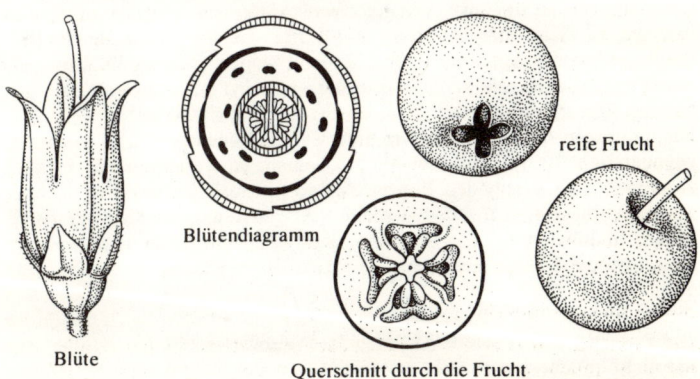

Blütendiagramm

reife Frucht

Blüte

Querschnitt durch die Frucht

theren sind zweispitzig, ohne besondere Anhängsel. Der Griffel ragt aus der Blüte hervor.

Die Beeren sitzen in einseitswendigen, dichtgedrängten Trauben. Sie sind zuerst weiß, dann scharlachrot, glänzend, kugelig, mehlig, vielsamig, oben den Rest des Kelches tragend. Der Geschmack ist leicht bitter. Die Samen sind rotbraun, schwach halbmondförmig, 1,5 bis 1,8 mm lang. Die Samenschale ist grubig, netzig.

Wichtige Inhaltsstoffe

Die Preiselbeere hat einen relativ hohen Trockensubstanzgehalt (um 15,2%). Das Aroma bilden vor allem organische Säuren, von denen Zitronen-, Benzoe-, China-, Salicyl- und Bernsteinsäure vertreten sind. Den bitteren Geschmack erhält die Frucht u. a. durch Gerbstoffe. Ferner ist reichlich Pektin vorhanden. An Vitaminen spielen neben Vitamin C (10 bis 20 mg/100 g) auch Provitamin A und B_1, B_2 und B_3 eine Rolle. An Mineralstoffen treten besonders Kalium, Kalzium, Magnesium und Phosphor hervor. Der Komplex der Inhaltsstoffe wirkt anregend auf die Magensekretion. Der Genuß von Preiselbeeren soll dazu beitragen, einen hohen Cholesterolgehalt im Blut zu senken. Die Beeren wirken auch appetitanregend.

Anbau

Standortansprüche

Die Preiselbeere ist sehr frosthart, sie verträgt Wintertemperaturen bis −22 °C ohne Schaden. Sie hält sich wegen ihrer Frosthärte auch in kälteren Gebieten, zumal sie auch noch während der Vegetationsperiode bis −3 °C verträgt. Da die Blüte erst Ende Mai beginnt, ist auch die Gefährdung durch Spätfröste gering, obwohl in Gebirgslagen damit gerechnet werden muß, daß bis in den Juni hinein leichte Bodenfröste auftreten. Ähnlich resistent ist die Preiselbeere gegen Austrocknung. Sie hat eine typisch xeromorphe Struktur, wie man sie bei Pflanzen an nährstoffarmen Standorten, die teils feucht, aber auch sehr trocken sein können, oft findet. Die gute Anpassungsfähigkeit an ungünstige Standortverhältnisse läßt auch darauf schließen, daß es nicht allzu schwierig sein dürfte, für den Anbau der Preiselbeere geeignete Flächen zu finden. Es fehlt jedoch noch an Erfahrungen, die es ermöglichen, die Standortansprüche so exakt zu präzisieren, wie das bei den Kulturpreiselbeeren (Cranberries) bisher der Fall ist.

Nicht nur vom Klima her, sondern auch was die Bodenansprüche anbetrifft, begnügt sich die Preiselbeere mit bescheidensten Verhältnissen. Es sind noch leichteste Sandböden für den Anbau geeignet. Zu erwarten ist, daß mit der Verbesserung der Bodenverhältnisse, durch angemessene Nährstoffgaben, Stabilisierung des Wasserhaushaltes, ausreichende Humusversorgung usw. die Erträge ansteigen und regelmäßiger werden.

Sorten und Sortenwahl

Die Tatsache, daß es bereits Auslesen der Preiselbeere gibt, hat zu einer früher nicht üblichen, weil nicht notwendigen, neuen Begriffsbildung geführt.

Die Wildsippen der Preiselbeere werden in Abgrenzung zu den Kulturformen neuerdings oft als Wald-Preiselbeere bezeichnet. Den Ausdruck Kulturpreiselbeere darf man für Selektionen der Preiselbeere nicht verwenden, er ist bereits für die Kulturformen der Großfrüchtigen Moosbeere, die man besser als Cranberry bezeichnen sollte, vergeben.

Von der Preiselbeere gibt es nur wenige definierte Sorten. Bekannt sind die Sorten 'Koralle', die aus Holland stammt, sowie 'Erntedank', die im Großen Moor bei Uchte (Bundesrepublik Deutschland) gefunden wurde. Es werden in letzter Zeit in verschiedenen Ländern die Anbauversuche intensiviert, so z.B. in Schweden. Man arbeitet an Sorten, die eine weitgehende Mechanisierung der Pflege und vor allem der Ernte zulassen. Die manchmal in Baumschulen für den Kleinverbraucher angebotenen Pflanzen sind keine definierten Sorten, sondern Auslesen aus Wald-Preiselbeeren, die durchaus wertvoll sein können.

Vermehrung

Bei der Preiselbeere ist es möglich, Pflanzgut durch Aussaat von Samen oder auch auf vegetativem Wege zu gewinnen. Für die Massenanzucht von Jungpflanzen scheidet die Aussaat aus, da sie zu langwierig ist und bis zur Ertragsphase zu viel Zeit erfordert. Die Preiselbeere hat, ähnlich wie Obstgehölze, eine mehrere Jahre lang andauernde unfruchtbare Jugendphase, und die generative Nachkommenschaft spaltet stark auf. Die Aussaat hat nur für die Züchtung und Auslese wertvoller Sorten Bedeutung, nicht für die Anzucht von Pflanzgut.

Stecklinge gewinnt man von wertvollen Mutterpflanzen, die man auch in Wildbeständen bei konsequentem Suchen finden kann. Die Vermehrungsmethoden für Preiselbeeren sind im Prinzip bekannt. Um die zweckmäßigsten Rezepte mitteilen zu können, fehlt es aber noch an Erfahrung. Als Substrat dient ein flaches, mit Nährstoffen angereichertes Beet aus einem Sand-Torf-Gemisch. Die Vermehrung erfolgt im Frühsommer, weil dann die Frühjahrstriebe ausgereift sind (MÜLLER 1982). Es ist vorteilhaft, die Stecklinge mit Hilfe der Sprühvermehrung zur Bewurzelung zu bringen. Auf gleichmäßige Luft- und Bodentemperaturen ist zu achten.

Bei der Preiselbeere wurde beobachtet (LIEBSTER 1975), daß aus Samen gezogene Pflanzen eine starke Neigung zur Ausläuferbildung zeigen, während die Wurzeln der Stecklinge kaum Rhizome aus dem Stock entwickeln. Bei der Reihenpflanzung ist diese Eigenschaft der aus Stecklingen gewonnenen Pflanzen als Vorteil zu betrachten, da das ständige Entranken während der langjährigen Kultur entfällt.

Da der Handel vorerst wohl kaum genügend Jungpflanzen zur Verfügung stellen kann, empfiehlt LIEBSTER (1975) die Gewinnung von Pflanzgut im Walde, am besten von nahe gelegenen günstigen Standorten mit dichten, ertragreichen Beständen.

Pflanzung

Die Frage nach dem optimalen Pflanzsystem beim Großanbau ist für die Preiselbeere noch nicht völlig geklärt. Zweckmäßig dürfte eine Reihenpflanzung sein, die bei der Unkrautbekämpfung und Bodenbearbeitung

Vorteile bietet. Man wird, solange keine präziseren Erfahrungen und Empfehlungen vorliegen, sich an die Verhältnisse bei der Kulturpreiselbeere anpassen (siehe Seite 135).

Pflegemaßnahmen

Bodenpflege und Düngung

Die Bodenpflege ist vorwiegend darauf ausgerichtet, das Unkraut durch Hacken oder mit Herbiziden niederzuhalten. Die Herbizidanwendung ist jedoch wegen des flachen Wurzelverlaufes bei Preiselbeeren kritisch zu beurteilen. Spezialherbizide für diese Kultur sind noch nicht bekannt bzw. erprobt. Auf den mageren Böden ist es notwendig, die Pflanzen von Zeit zu Zeit mit zusätzlichen Mineralstoffen zu versorgen. Es fehlt vorläufig für bewährte Düngungsrezepte noch jede Erfahrung. Man wird sich daher vorerst an der Kulturpreiselbeere orientieren und die dort gesammelten Versuchsergebnisse übernehmen.

Nach KRÜGER (1983) gilt die Preiselbeere als sehr chlorempfindlich. Dies ist bei der Düngung unbedingt zu berücksichtigen. Bei einer Bestandsdichte von 3,8 Pflanzen/m^2 im Großanbau wäre mit einem jährlichen N-Bedarf von 20 kg/ha zu rechnen. Erste Richtwerte für die günstigsten Nährstoffgehalte bei optimaler Wuchs- und Ertragsleistung wurden durch die Blattanalyse ermittelt (% Trockensubstanz): 1,1 bis 1,3 N, 0,12 bis 0,16 P, 0,60 bis 0,90 K, 0,50 bis 0,60 Ca und 0,20 bis 0,22 Mg.

Schnitt

Auch für den Schnitt können noch keine gesicherten Versuchsergebnisse mitgeteilt werden. Ähnlich wie bei der Kulturpreiselbeere wird man schneiden müssen, um übermäßigen Wuchs zu bremsen.

Pflanzenschutz

Die wildwachsenden Preiselbeeren an unseren Standorten sind in der Regel kaum von Schaderregern befallen. Bei intensiver Kultur könnten jedoch Krankheiten und Schädlinge auftreten, die im natürlichen Bestand keine Rolle spielen.

Als mögliche Schädiger werden insbesondere verschiedene *Sclerotinia*-Arten genannt (*Sclerotinia vaccinii* WORON., *S. urnula* WEINM., *S. oreophila* SACC.), welche die Blätter schädigen. In Nord- und Mitteleuropa wurden auch Schäden durch *Phacidium vaccinii* FR. und *P. arctostaphyli* KARST. sowie durch *Lophodermium melaleucum* [FR.] DE NOT. beobachtet. Auf lebendem und abgestorbenem Holz findet man gelegentlich den über ganz Europa verbreiteten Krankheitserreger *Gibbera vaccinii* [SOW.] FRIES. Es ließen sich noch viele weitere Pilzparasiten nennen, die an Preiselbeeren beobachtet wurden. Sie sollen hier nicht näher beschrieben werden, weil nicht bekannt ist, inwieweit sie wirklich Intensivkulturen gefährden würden. Sofern in Beständen Pilzkrankheiten auftreten, wird man sie mit den für diese Zwecke zugelassenen Fungiziden bekämpfen.

Erwähnt sei noch, daß die Beeren selbst nur selten von Pilzkrankheiten befallen werden, was ihrem Gehalt an Benzoesäure zugeschrieben wird.

152

Ernte und Lagerung

Die Fruchtreife beginnt ab Ende August/Anfang September und zieht sich über 5 bis 6 Wochen hin. Mit nennenswerten Erträgen ist erst einige Jahre nach der Pflanzung zu rechnen. Über die Höhe der zu erwartenden Erträge können vorerst noch keine Angaben gemacht werden. Eine Lagerung der Preiselbeeren ist in der Regel nicht vorgesehen. Sie werden meist sofort der häuslichen Verwertung zugeführt.

Nutzung

Preiselbeeren werden vorwiegend als Konserve verwendet. Die zahlreichen Möglichkeiten der Nutzung werden im Rezeptteil (S. 285) genannt. Verschiedene Fruchtzubereitungen sind eine wichtige Beilage für Wildgerichte, erfrischende Kaltschalen sind äußerst beliebt. Auch die Bereitung von Branntwein («Steinbeerwasser») ist bekannt.
Durch Kochen mit wenig Wasser bei mittlerer Hitze werden die meisten Bitterstoffe zerstört, und der arteigene herbe Geschmack bleibt erhalten.

Abschließende Beurteilung

Die Preiselbeere sollte in Form von Auslesen oder besser noch in Sorten zukünftig häufiger in Kleingärten angebaut werden. Man wird zwar nie riesige Mengen von kleinen Beständen ernten, aber man hat doch, zumindest bei festlichen Anlässen, ein «besonderes Obst» auf dem Tisch. Wieweit die Preiselbeere einen Großanbau lohnt, muß die Zukunft erweisen. Die Versuche in Schweden und anderen Ländern geben zu Hoffnungen Anlaß, daß sich die Wald-Preiselbeere mit ihren für die Verwertung sehr begehrten Früchten von einer typischen Wildsammelfrucht zur Kulturobstart entwikkeln kann.
Die Frucht wird oft verwechselt mit der ebenfalls eßbaren Gemeinen Moosbeere.

Rosen

Wissenschaftlicher Name *Rosa sp.*
Familie Rosengewächse *(Rosaceae)*
Namen in anderen Sprachen

albanisch	trëndafil
bulgarisch	rosa shipka, shipka
dänisch	rose, hyben
englisch	rose, rose bush; rose hip (Frucht)
finnisch	ruusu
französisch	rosier, églantier; cynorrhodon (Frucht)
italienisch	rosa
niederländisch	roos
norwegisch	rose
polnisch	róża
portugiesisch	roseira
rumänisch	trandafir, răsură, roză
russisch	roza, shipovnik
schwedisch	ros, nypon
serbokroatisch	ruža, šipak
slowakisch	ruža
spanisch	rosal, gavanzo, escaramajo; cynorrodon (Frucht)
tschechisch	růže
ungarisch	rózsa

Für die häusliche wie auch für die industrielle Verarbeitung der Früchte (Hagebutten) sind viele Rosenarten geeignet. Es kann hier nur eine Auswahl von Wildrosen mit großen, vitaminreichen Früchten gebracht werden. Ferner wird eine speziell für die Hagebuttengewinnung gezüchtete, qualitativ wertvolle Vitamin-Rose vorgestellt. Im speziellen Tafelteil werden diese Arten abgebildet und einzeln beschrieben.

Auswahl einiger Wildrosen mit vitaminreichen Früchten sowie einer speziell für die Hagebutten-Gewinnung gezüchteten Kulturform

Deutscher Hauptname	Andere deutsche Namen	Wissenschaftlicher Name	Synonyme
Alpen-Rose	Gebirgs-Rose	*Rosa pendulina* L.	Rosa rupestris CRANTZ
Apfel-Rose	Weichhaarige Rose	*Rosa pomifera* HERRM. emend. MANSF.	Rosa villosa L. (pro parte)

Deutscher Hauptname	Andere deutsche Namen	Wissenschaft-licher Name	Synonyme
Bibernellblätt-rige Rose	Bibernell-Rose, Dünen-Rose, Gratröschen	*Rosa spino-sissima* L.	Rosa pimpinelli-folia L. ssp. spinosissima (L.) LEMKE
Hunds-Rose	Gemeine Hecken-Rose, Hecken-Rose, Wild-Rose	*Rosa canina* L.	Rosa communis ROUY ssp. canina ROUY
Kartoffel-Rose	Kamtschatka-Rose, Runzel-Rose	*Rosa rugosa* THUNB.	Rosa ferox LAWR. non BIEB., Rosa kamtschatika REDOUTE
Pillnitzer Vitamin-Rose Pi Ro 3	–	Kreuzung aus *Rosa dumalis* BECHST. × *Rosa pendulina* L. var. *salaevensis* (RAP.) R. KELLER	
Wein-Rose	Schottische Zaun-Rose	*Rosa rubiginosa* L.	Rosa eglanteria L.

Biologische Grundlagen

Herkunftsgebiete und natürliche Verbreitung

Zur Gattung *Rosa* gehören viele Arten und noch mehr Bastarde. Nach SAA-KOV (1976) kennt man 138 Arten, die von REHDER (1949) in 10 Serien (Sek-tionen) untergegliedert werden. Diese Sektionen sind ungleich groß, einige davon enthalten weit verbreitete Arten, andere dagegen haben nur eine enge Bedeutung.

In jeder Sektion gibt es diploide, tetraploide und oft auch polyploide Arten. Für uns ist interessant, daß sich mit zunehmender Chromosomenzahl meist auch die Hagebutten vergrößern. Je größer aber die Frucht, um so leichter und effektiver ist auch das Pflücken. Die weltweite Verbreitung der Gattung *Rosa* und ihrer Arten hier ausführlich beschreiben zu wollen würde den Umfang dieses Beitrages weit überschreiten. Es kann daher nur ein kurzer und damit auch recht unvollständiger Überblick über die Herkunft ver-schiedener Arten gegeben werden. Der Interessent sei auf die sehr anschau-liche Darstellung von SAAKOV (1976) verwiesen.

Formen der Sektion *Pimpinellifoliae* (Bibernell-Rosen) stammen aus China, Afghanistan, Himalaja, Korea, Hinterindien, Westasien, Europa und Sibi-rien. Die Sektion *Gallicanae* (Essig-Rosen), zu der u. a. auch die bei uns ver-tretene *Rosa gallica* L. (Essig-Rose) gehört, ist in Kleinasien und im Kauka-sus beheimatet. Die Sektion *Cinnamomeae* (Zimt-Rosen) findet man auf der

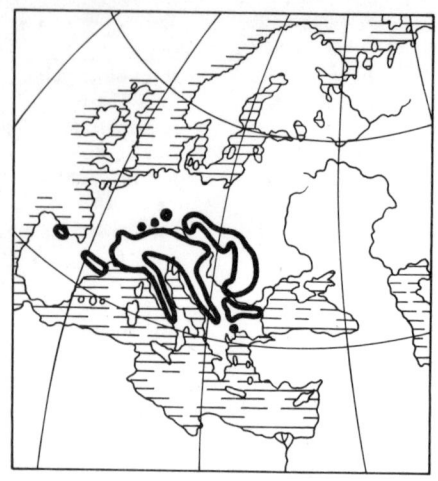

Natürliches Verbreitungsgebiet
der Alpen-Rose,
Rosa pendulina L.
(nach Atlas ... 1968, verändert)

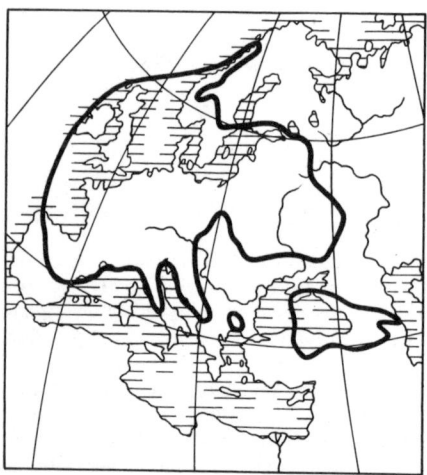

Natürliches Verbreitungsgebiet
der Apfel-Rose, *Rosa villosa* L.
(nach Atlas ... 1981, verändert)

Osthalbkugel wie auf der Westhalbkugel der Erde und selbst im Polargebiet.
Hierzu gehören z. B. *Rosa rugosa* Thunb. (Kartoffel-Rose), die im Himalaja,
in Kamtschatka, Nordamerika und Nordiran wächst, sowie die in Nordchina, Westchina, Mittelasien, den Alpen und Ungarn beheimatete *Rosa
pendulina* L. (Alpen-Rose).
Die Sektionen *Carolinae* (Nordamerika), *Banksianae* (China, kultiv.), *Leavi-
gatae* (China) und *Bracteatae* (China, Indien) sind für uns weniger interessant.

Natürliches Verbreitungsgebiet
der Hundsrose, *Rosa canina* L.
(nach Atlas ... 1981, verändert)

Zur Sektion *Systylae* (Verwachsengrifflige Rosen), die in den Gebieten China, Himalaja, Korea, Japan, Nordasien und Nordamerika angesiedelt ist, gehören u. a. *Rosa multiflora* THUNB. (Büschel-Rose) und *Rosa arvensis* HUDS. syn. R. repens SCOP. (Kriechende Rose). Die Sektion *Chinenses* (Bengal-Rosen) ist bei uns durch *Rosa chinensis* JACQ. (China-Rose) vertreten. Die Sektion *Caninae* (Hunds-Rosen) enthält die in Europa und Asien weit verbreitete *Rosa villosa* (pro parte) syn. R. pomifera HERRM. emend. MANSF. (Apfel-Rose) und die in Europa und Westasien wachsenden Arten *Rosa canina* L. (Hunds-Rose) sowie *Rosa stylosa* DESV. (Verwachsengrifflige Rose). Nach den heutigen Erkenntnissen trifft nach MANSFELD die übliche Eingliederung der Apfel-Rose in die Art *R. villosa* nur noch z. T. zu. Es ist daher korrekter, sie mit dem Namen *Rosa pomifera* J. HERRM. emend. MANSF. zu belegen.

Wenn REHDER im Jahre 1951 die Zahl der Rosenarten mit 138 beziffert, so hat diese Zahl keineswegs absolute Bedeutung. HEGI nannte vor ihm (1923) 70 Arten und von ALMQUIST wurden schon vor HEGI 380 angegeben. Die Zahl der Arten schwankt somit in der Literatur sehr. Die große Formenmannigfaltigkeit der Rosen geht auf die oft zu beobachtende Polyploidie und die so umfangreiche Bastardierung zurück. So kann man beispielsweise die Art *Rosa canina* L. kaum noch als Art im Sinne der botanischen Systematik ansprechen, es handelt sich um einen Formenkreis mit stark variierenden Typen.

Kulturgeschichtliche Bedeutung

Die Rosenkultur scheint sich mit den Indogermanen aus deren Urheimat verbreitet zu haben. Im alten Persien gab es schon planmäßig bewirtschaftete Rosengärten. Allerdings ging es damals wohl weniger um die Rose als Blume und auch nicht um die Nutzung der Hagebutten, Ziel war die Gewinnung von Rosenöl und Rosenwasser. HERODOT berichtet, daß die Babylonier die Rosenkultur von ihren persisch-medischen Besiegern übernommen haben (HEGI 1923), er beschreibt auch die herrlichen Rosengärten des Königs MIDAS in Thrakien. Man kann diese als antike Vorläufer der heutigen bulgarischen Rosenkulturen werten.

Die ältesten Hebräer scheinen die Rose nicht gekannt zu haben, denn erst in jüngeren Teilen des Alten Testaments wird sie erwähnt. Auch in Ägypten war die Rose zu Anfang der Kultur noch nicht bekannt, später wird sie auf Hyroglyphen aus der Zeit RAMSES II. (um 1200 v.u.Z) oft erwähnt. Das älteste Sanskrit hatte auch noch kein Wort für «Rose», doch nicht viel später wurde LAKSCHMI, die Göttin des Reichtums und Gemahlin von WISCHNU, in einer 1000blättrigen Rose ruhend dargestellt.

Nach Griechenland kamen die Gartenrosen wahrscheinlich über Kleinasien, Thrakien und Mazedonien. Erste Urkunden hierüber gibt es um 1200 v. u. Z. Bei diesen Angaben handelt es sich jedoch immer um die Kulturrose, einheimische Wildarten dürften schon lange vorher überall verbreitet gewesen sein.

Die Rosenkultur gelangte mit griechischen Kolonisten nach Ägypten und Italien. Über wundervolle Rosengärten erzählen uns berühmte Römer der Kaiserzeit. Selbst der Rosenimport aus Ägypten nach Italien per Schiff war schon damals keine Sensation mehr.

Die Berichte über Kulturformen der Rose ließen sich noch lange weiterführen. Sie besagen, daß die Gartenrose schon in alten Kulturen die Stellung als «Königin der Blumen» einnahm und im zivilen Leben, vor allem aber bei Kulthandlungen, eine wichtige Rolle spielte. Geradezu verschwenderisch ging man mit Rosenblüten in Ägypten und im Römischen Reich um (Rosenfeste, Rosenkränze als Körperschmuck, Rosengebinde).

Die Kelten und Germanen kannten, wie in Pfahlbauten gefundene Reste ergaben, ebenfalls die Rose. Es handelte sich dabei aber um einheimische Wildrosen, welche um Opferstätten und Grabfelder gepflanzt wurden.

Die orientalischen Gartenrosen und auch der Name «Rose» wurden in West- und Nordeuropa erst durch Araber, Türken und die Kreuzfahrer bekannt. Gartenrosen beschreiben u. a. das Capitulare de villis und der Klosterplan von St. Gallen. *Rosa gallica* L. (Essig-Rose) als die älteste Kulturrose überhaupt und *Rosa × damascena* MILLER (Portland-Rose) scheinen schon früher nach Westeuropa gelangt zu sein als *Rosa centifolia* L. (Hundertblättrige Rose) und *Rosa alba* L. (Weiße Rose), die erst ab Ende des 16. Jahrhunderts hier nachweisbar sind.

Seit etwa 1200 war die Rose in Europa allgemein bekannt. Zunächst war sie mehr Heil- als Zierpflanze, dies galt z.B. besonders für *Rosa gallica* «Officinalis». In den mittelalterlichen Klostergärten war die Moschusrose verbreitet in Kultur.

Schon im Altertum galten Rosen als Symbol und Gleichnis für Liebe, Freude und Jugendfrische. Im Mittelalter wird die Rose in Verbindung mit dem Marienkult zum Sinnbild von Unschuld und Reinheit. In vielen Liedern wird sie besungen. Dabei ist sie die Blume des Frühlings, des Dorfangers und der Gärten. Frauen werden mit Rosen verglichen, ebenso Mund, Wange und Kinn. Reich dargestellt wird die Rose auch auf Gemälden in

Verbindung mit Marienbildern, Liebes- und Schäferszenen. Selbst in der Küche wurden Rosen vom 13. bis 18. Jahrhundert in Europa stark verwendet. Seitdem blieb ihre allgemein hohe Wertschätzung bei uns erhalten, und allenthalben gewinnt sie neue Liebhaber und Verehrer.

Dominierend ist heute der Zierwert der Rose als Kulturpflanze. Während bei den orientalischen Kulturvölkern der Hauptzweck des Rosenanbaues die Gewinnung von Rosenöl und Rosenwasser gewesen sein dürfte, spielte in Nordeuropa schon in vorgeschichtlicher Zeit auch die Hagebutte als Frucht eine Rolle.

Die erste Silbe des Wortes Hagebutte ist auf den Stamm hag = dichtes Gestrüpp zurückzuführen. Aus der zweiten Silbe butzen = Klumpen entstanden Namen wie Buddeln (Westfalen) oder Boddele (Nahegebiet). Von hag leiten sich Bezeichnungen ab wie Hagebutze (Thurgau), in Göttingen sammelt man Habutjes, in Gotha Hombuezen. Der Franke erfand dafür das Wort Hawodele, liebevoll bezeichnet der Elsässer seine Hagebutten als Buttenrösle. In Franken findet man auch die Bezeichnungen Hiefe oder Hüffe, Wortbildungen, die auf das althochdeutsche hiufo = Dornenstrauch zurückzuführen sind. Der Badenser nennt die Hagebutte Hiefeheck, der Hesse Hahiefe, der Thüringer kennt neben anderen Bezeichnungen auch den Ausdruck Hainhiffe. Der Ostfriese sammelt Jeepkerdorn, im plattdeutschen Sprachgebrauch findet man Wepelduurn oder Wipelduurn. Der Österreicher spricht von Hetschepetschen und im Böhmerwald wachsen Hekapekas.

Schon die Vielfalt der Namen, die hier nur angedeutet werden kann, unterstreicht die Stellung der Rose als Kulturpflanze, die in Europa seit Urzeiten auch als Nutzpflanze für die menschliche Ernährung Bedeutung besitzt.

Stand des internationalen Anbaues

Die Rose wird in allen Ländern der nördlichen Halbkugel angebaut, jedoch nicht für die Gewinnung der Hagebutte als Rohstoff für verschiedene Verarbeitungsprodukte, sondern als Zierpflanze für kulturelle Zwecke. Dort, wo Rosen für Verarbeitungszwecke im Großen kultiviert werden, dienen sie der Gewinnung von Rosenöl. In Asien gibt es zahlreiche kleine oder größere Betriebe, die Rosenfelder unterhalten, um Rosenöl zu erzeugen. In Europa ist in diesem Zusammenhang allein das «Rosental» in Bulgarien weithin bekannt. Noch vor wenigen Jahrzehnten konnte man auch bei uns fast unübersehbare Rosenfelder bewundern, und zwar in Miltitz bei Leipzig. Dort dienten die Rosen einer Fabrik für Duftstoffe und ätherische Öle als Rohstoffgrundlage.

Für die Gewinnung von Hagebutten waren in der Umgebung von Pillnitz bescheidene Pflanzungen mit «Pillnitzer Vitamin-Rosen» angelegt worden. Sie sind zu Unrecht wieder in Vergessenheit geraten. Somit ist die Hagebutte nach wie vor eine Sammelfrucht. Ein Anbau, insbesondere der Pillnitzer Vitaminrose Pi Ro 3, an Stellen, wo eine Hecke zum Schutz eines Geländes notwendig wird, ist nach wie vor sinnvoll. Auch zur Abgrenzung einer Kleingartenanlage, von Sportfeldern oder Tierproduktionsstätten und selbst Fabrikanlagen wirkt eine Rosenhecke ästhetischer als ein Bretter- oder Drahtzaun.

In der ČSSR bemüht man sich vor allem in den Karpaten um eine wirtschaftliche Nutzung der Hagebutten. In der Sowjetunion ist man bestrebt, die Hagebutten auch in halb forstwirtschaftliche Anbausysteme einzubeziehen, wobei unter Umständen Ödlandstandorte noch sinnvoll genutzt werden können. Zu diesem Zweck wurde z. B. in der Litauischen SSR ein sog. «halbnatürliches polydominantes Ökosystem» mit weitgehender Selbstregulation entwickelt.

Die Hagebutte ist wertvoll genug, um zukünftig außer zur Drogengewinnung auch planmäßig in die obstbauliche Rohstoffgewinnung einbezogen zu werden. Es ist weder zu fordern noch zu erwarten, daß Vitaminrosen industriemäßig angebaut werden, aber für diese Nebennutzung von Hecken gibt es zahlreiche Möglichkeiten, die bei weitem noch nicht ausgeschöpft worden sind.

Morphologische Merkmale

Wildrosen bilden zumeist niedrige, manchmal aber auch fast baumähnliche, zuweilen kletternde Sträucher mit bestachelten, mitunter Stieldrüsen tragenden, in seltenen Fällen kahlen Achsen. Die Wuchsform der Rose hängt maßgeblich von den Standortfaktoren ab. Das läßt sich sogar auf engem Raum beobachten. So bilden Hunds-Rosen (*Rosa canina* L.) auf fast nacktem Gestein von Porphyrkuppen, z. B. am Petersberg bei Halle, kleine, fast kriechende Kümmerformen. Jedoch auf Lößböden, z. B. in unmittelbarer Nähe des Süßen Sees bei Eisleben, besonders dort, wo der Boden genügend Feuchtigkeit speichert, findet man die gleiche Form als dichtes, undurchdringliches Gestrüpp. Auch das Licht hat einen betont formenden Einfluß. Starke Sonneneinstrahlung, z. B. im Gebirge, läßt gestauchte, niedrige Büsche mit nur kleinen Blättern entstehen. Im Schatten feuchter Waldesränder bildet aber die gleiche Art große, weiche Blätter und fast vergeilt lange Triebe. Die starke Standortabhängigkeit der Entwicklung betont die Formenmannigfaltigkeit und Wandelbarkeit der Rose und führte oft dort zu Artabgrenzungen, wo keine Berechtigung dafür vorliegt.

Die Bestachelung bei Rosen des Formenkreises *Caninae* kann sehr unterschiedlich sein (s. Abbildung). Ausbildung und Verteilung der Stacheln unterscheiden sich vor allem an den Langtrieben (a und b), aber auch im Knospenbereich und am Stammgrund.

Die Laubblätter der Rose stehen spiralig (2/5) und sind meist 3- bis 9zählig gefiedert. Die Nebenblätter sind krautig, meist hoch hinauf mit dem Blattstiel verbunden.

Die Blüten stehen in end- und blattachselständigen, traubigen bis rispigen, zuweilen doldig verkürzten oder auf einige Blüten reduzierten Blütenständen. Die Kelchblätter sind kugelig-eiförmig oder flaschenförmig, oben mit einem bald breiten, bisweilen kegelförmigen Wulst und schmaler, kanalförmiger Umrandung des Becherhohlraumes (HEGI 1923). Die Anzahl der Kelchblätter beträgt 5, selten 4, sie sind laubartig entwickelt, ungeteilt oder die zwei äußersten beiderseits, das mittlere einseitig fiederspaltig. Die meist 5 Kronblätter sind verkehrt eiförmig bis verkehrt herzförmig, oft karminrot, seltener weiß oder gelb gefärbt und sehr hinfällig. Staubblätter sind zahlreich vorhanden, sie besitzen nach einwärts gewendete Antheren. Die

Bestachelungsformen von Rosen aus der Sektion *Caninae* (nach HEGI)

a   b   c   d   e   f

c und f   Triebe mit Winterknospen   d und e   Stammgrund

Fruchtblätter stehen in der Vielzahl frei im Grunde des Kelchbechers auf kurzem Stiel oder sind aufsitzend. Die Griffel sind endständig, öfters etwas seitenständig. Die Narbe ist kahl, kopfig, teils wollig behaart.
Die Früchte sind nußartig, einsamig, von dem stark fleischigen, innen meist behaarten Kelchbecher umschlossen. Sie bilden mit dieser Scheinfrucht die Hagebutte.
Hagebutten werden in großen Mengen von Vögeln gefressen. Stare, Amseln, Drosseln, Krähen, aber auch Eichelhäher und selbst Füchse sorgen auf diese Weise für die Verbreitung der Rose. So ist es auch erklärbar, daß Steinhalden am Feldrand, wenig begangene, nicht landwirtschaftlich genutzte Hügelkuppen oder sonstiges Unland häufig mit Rosengestrüpp bewachsen sind. Da trockene Hagebutten leicht schwimmen, trägt ein Fluß, an dessen Rand Rosenbüsche stehen, diese oft kilometerweit weg, wo sie, durch Zufall an Land geschwemmt, die Art weiterverbreiten. Die Keimung der Samen erfolgt in der Regel erst im zweiten Jahr; dieses Überliegen, das für Rosensamen typisch ist, bereitet dem Baumschuler bei der Unterlagenanzucht gewisse Probleme.
Das Geschlecht der Rosen regte die Phantasie vieler Systematiker an. Teilte LINNÉ die Rosen noch in morphologisch eindeutig unterscheidbare Arten auf, so bewerteten viele seiner Nachfolger die LINNÉschen Arten als Sammelarten und führten Art-Zerlegungen oft aufgrund übertriebener Wertung

161

selbst minimaler Merkmalsabweichungen durch, die eher Verwirrung als Klarheit brachten.

Wichtige Inhaltsstoffe

Schon im Altertum galt die Hagebutte als Heilmittel bei verschiedenen Krankheiten. Es waren vor allem solche, die durch Vitamin-C-Mangel hervorgerufen oder begünstigt wurden. Zumindest beschleunigten die Inhaltsstoffe der Hagebutte den Heilungsprozeß. Auch heute noch wird vor allem der hohe Vitamin-C-Gehalt geschätzt. So haben Wildrosen des Formenkreises *R. canina* etwa 400 bis 600 mg Vitamin C in 100 g Frischsubstanz, es gibt aber auch Rosensorten mit weit höheren Gehalten. Im Formenkreis *R. pendulina* findet man Werte um 2 000 mg, damit ist aber das Maximum, das bei 3 500 mg liegen dürfte, noch nicht erreicht. Neben dem Vitamin C spielen Mineralstoffe eine Rolle, wobei relativ hohe Kalium- und Magnesiumwerte herausragen. Der Mineralstoff- und Vitamingehalt bleibt auch bei der Verarbeitung der Hagebutte zu Mark, Saft oder Tee weitgehend erhalten, woraus sich die günstige Wirkung bei der Heilung von Krankheiten, aber auch als Vorbeugungsmittel gegen Erkältungserscheinungen, erklärt. Am besten kommen die Wirkstoffe zur Geltung, wenn man, was besonders an heißen Tagen als angenehm und durststillend empfunden wird, ab und zu entkernte Hagebutten kaut. Sie schmecken angenehm süß-sauer, besser als Kaugummi, und sind auch ernährungsphysiologisch wertvoller.

Anbau

Standortansprüche

An das Klima stellen Rosen keine besonders hohen Ansprüche. Es besteht zwar die Gefahr, daß sie in Extremwintern herunterfrieren, aber die Regeneration aus dem überlebenden Wurzelstock bzw. aus den unter dem Schnee geschützt gewesenen Triebstücken ist die Regel. Viel mehr scheint der Rose die Luftverschmutzung zu schaffen zu machen. Im Bereich mancher Großstädte bzw. Industrieanlagen sind Wildrosen schon rar geworden. Abgase, besonders wenn sie Schwefeldioxid enthalten, vernichten Rosenbestände sehr schnell.

Rosen gedeihen auf kargem, flachgründigem Boden, allerdings bleiben die Sträucher dann klein und bilden Kümmerexemplare. Unabhängig davon überstehen sie auch in solchen Situationen widrige Klimabedingungen. So erklärt es sich auch, daß selbst sehr karge, trockene Standorte noch mit Wildrosen bewachsen sind, während viele andere Pflanzen auf diesen Böden nicht mehr existieren können. Am besten gedeihen Rosen auf mittelschweren, warmen, nährstoffreichen, nicht zu trockenen, aber auch nicht dauernd nassen Böden. Die meisten Arten sind etwas kalkhold, nur die Apfel-Rose, *R. pomifera* HERRM. emend. MANSF., syn. Rosa villosa L. pro parte, scheint kalkfeindlich zu sein. Selbst stark eisenhaltige Böden eignen sich noch für Rosen, wenn man aus diesem Verhalten auch nicht einen Eisenanspruch ableiten sollte. Sehr trockene Standorte vertragen *R. gallica* L. (Essig-Rose), die Gruppe der *R. rubiginosa* L. (Wein-Rosen) und *R. spino-*

sissima L., syn. R. pimpinellifolia L. ssp. spinosissima (L.) LEMKE (Bibernell-Rose). Bei den Gartenrosen liegen die Verhältnisse etwas anders. Man
muß beim Anbau der Kulturrosen davon ausgehen, daß diese meist auf die
Unterlage *R. canina,* L. veredelt sind. Auch diese hat hinsichtlich der Bodenqualität grundsätzlich eine sehr große Anpassungsbreite, wächst aber
am besten auf gutem, nicht zu bindigem Lehm-, Löß- oder Sandboden.
Kalte, nasse Standorte sind ungeeignet. Kalkarme Sand- oder Humusböden
müssen gekalkt werden. Völlig ungeeignet ist grober, nährstoffarmer Kies-
boden. Zu beachten ist ferner, daß beim Nachbau von Rosen sehr schnell
mit Bodenmüdigkeit zu rechnen ist. Man muß die Kulturen wechseln, oder,
wo dies nicht möglich ist, den Boden in der Pflanzgrube vor Neubepflan-
zung austauschen oder mit Kompost stark anreichern.

Sorten und Sortenwahl

Da es in unserem Fall um die Nutzung der Rose, genauer gesagt der Hage-
butte, geht, kommen nur wenige Sorten in Frage. Zu empfehlen sind die
Pillnitzer Vitamin-Rose Pi Ro 3, ferner *R. rugosa* THUNB. (Kartoffel-
Rose), *R. pendulina* L. (Alpen-Rose), *R. pomifera* HERRM. emend. MANSF.
(Apfel-Rose), *R. rubiginosa* L. (Wein-Rose) sowie andere, von einigen
Baumschulen und Züchtern herausgestellte großfrüchtige Vitamin-Rosen.
In der Sowjetunion wurden schon einige Sorten gezüchtet, um den Hage-
butten-Anbau zweckmäßiger zu gestalten. Dabei wurden in die Artkreu-
zung auch einige in Mitteleuropa weniger bekannte Arten wie *Rosa majalis*
HERRM. (syn. R. cinnamomea sensu L.), mit der auch in der VR Polen Se-
lektion betrieben wird, einbezogen. Die bekanntesten Sorten, für welche
auch befruchtungsbiologische Untersuchungen vorliegen, sind:
'Vitaminnyjj VNIVI' = *R. majalis* HERRM. × *R. webbiana* ROYLE
'Besshipnyjj VNIVI' = *R. webbiana* ROYLE × *R. rugosa* L., Sorte z. T. selbst-
fertil. 'Voroncovskijj' und 'Pozdnespelyjj' – sie gehören zu *R. webbiana*
ROYLE.
In der ČSSR wird vor allem mit *R. pomifera* gearbeitet. Die bekannteste
Sorte ist 'Karpatia', eine Züchtung von J. SIMANEK aus dem Institut für
Zierpflanzenbau und Obstbau in Bojnice/Mittelslowakei. Sie wurde dort
1974 in das Standardsortiment aufgenommen. Durch weitere Kreuzungen
mit *R. rugosa* L. wurden inzwischen einige noch bessere Sorten geschaffen.
Bei Pflanzungen im öffentlichen Grün kann auch auf Zierformen zurückge-
griffen werden, welche sich für das Straßenbegleitgrün oder für frei wachsende Hecken eignen. Dies gilt z. B. für *R. rugosa* 'Moje Hamarberg' (mittelhoch, blutrot), *R. rugosa* 'Max Graf' (niedrig, rosa), *R. rugosa* 'White
Hedge' sowie *R. canina* 'Kiese' (leuchtend rot).

Vermehrung

Die Anzucht erfolgte schon im Altertum durch Ableger, die herabgebogen
und bis zur Bewurzelung mit Erde bedeckt werden. Die neuen Triebe sind
rechtzeitig aufzubinden. Manche Arten lassen sich auch durch Ausläufer
vermehren, so z. B. *R. pomifera* HERRM. emend. MANSF. (Apfel-Rose) und *R.
spinosissima* (L.) LEMKE (Bibernell-Rose). Diese Vermehrungsart ist heute
aber nicht mehr die Regel. Pflanzgut erzeugt man fast ausschließlich durch

Veredlung auf Unterlagen. Diese entstammen vorwiegend *R. canina* L. (Hunds-Rose), wobei bestimmte Auslesen bevorzugt werden. Veredelt wird durch Okulieren. Die Veredlung erfolgt im Juli/August, sobald sich die Rinde leicht vom Holz ablösen läßt. Kurz vor der Veredlung schneidet man die Reiser. Sie werden in feuchten Tüchern, in denen sie sich einige Tage lang halten, aufbewahrt. Zur Veredlung wird der Wurzelhals der Unterlage abgehäufelt und gesäubert. Die Okulation erfolgt mit der für Rosen typischen Technik. Die Okulierstelle ist nach erfolgter Okulation fest zu verbinden. Dazu wird meist Folienband verwendet. Darauf werden die Unterlagen wieder leicht angehäufelt. Nach zwei bis drei Wochen ist das Edelauge angewachsen, was man daran erkennt, daß sich der am Auge verbliebene Blattstiel schon bei leichtem Berühren löst. Zum Schutz gegen Winterfröste wird das Anhäufeln erneuert. Sobald im kommenden Frühjahr warme Witterung einsetzt, wird die Wildkrone über der Okulationsstelle abgeworfen, und man entfernt laufend die meist noch aufkommenden Wildtriebe. Im Herbst des gleichen Jahres sind die Rosen rode- und versandfertig. Das Roden sollte sorgfältig, d.h. unter Schonung der Wurzelmasse, erfolgen. Es ist besonders darauf zu achten, daß die Wurzeln nicht austrocknen. Gerodete Pflanzen sollen zügig, d.h. unmittelbar nach dem Roden, an den endgültigen Standort gebracht werden. Sofortige Pflanzung gibt die beste Garantie für gute Anwachsergebnisse und zügige Weiterentwicklung. Die Rosenanzucht verlangt, selbst was das Beschneiden nach dem Austrieb des Edelauges anbelangt, besondere Fachkenntnisse.

Bei Rosen ist besonders darauf zu achten, daß man nur wüchsige Büsche pflanzt, bei denen Unterlage und Edelreis gut verwachsen sind und die auch bereits eine gesunde Entwicklung der Edelsorte erkennen lassen. Ein kräftiges Wurzelsystem ist eine wichtige Voraussetzung für zügiges Weiterwachsen.

Pflanzung

Die Pflanzung kann im Herbst oder Frühjahr erfolgen. Bei geschlossenen Pflanzungen oder auch bei heckenförmigem Anbau wird der Boden tiefgründig mit Untergrundlockerern bearbeitet und mit Kompost, Stalldung und Mineraldünger angereichert. Zum Pflanzen braucht dann nur eine dem Wurzelumfang entsprechend große Grube ausgehoben zu werden. Setzt man Einzelsträucher, so gräbt man etwa 50 cm × 50 cm große und 40 cm tiefe Pflanzlöcher und mischt das ausgehobene Erdreich mit Kompost und etwa 50 g Volldünger je Gehölz.

Zweckmäßig ist ein leichtes Anhäufeln der gepflanzten Büsche. Nach erfolgtem Austrieb wird wieder abgehäufelt. Die Pflanzscheibe wird mit Kompost, Stalldung oder auch mit Folie abgedeckt. Wichtig ist besonders bei Trockenheit das Angießen.

Beim Pflanzen werden die Triebe bis auf einige Augen gekürzt. Bei starkem Trieb beläßt man vier bis fünf Knospen, bei schwachem nur zwei bis drei. Man schneidet auf nach außen stehende Augen, um einen lockeren Strauchaufbau zu erreichen. Bei Trockenheit im Pflanzjahr ist zu bewässern. Auch mehrfache Bodenlockerung, je nach Grad der Bodenverfestigung, ist erforderlich.

Pflegemaßnahmen

Bodenpflege und Düngung

Während der ersten Standjahre wird der Boden unter den Pflanzen ständig gelockert und unkrautfrei gehalten. Bei Breiterwerden der Büsche ist eine mechanische Bodenbearbeitung kaum noch möglich, man kann dann auf den Pflanzstreifen die Unkräuter mit Herbiziden bekämpfen.

Eine Düngung ist zwar bei Wildrosen kaum üblich, aber trotzdem zweckmäßig. Die Heckenstreifen erhalten jährlich 3 bis 5 kg eines Volldüngers auf 100 m^2. Auf sauren Böden wird man die regelmäßige Kalkung nicht vergessen und etwa doppelt so viel Kalk streuen wie Volldünger, jedoch zeitlich getrennt.

Zur Unkrautbekämpfung in Ertragsanlagen bewährte sich Linuron (1 kg/ha) im zeitigen Frühjahr vor Austrieb der Rosen. Es ist gegen einjährige Unkräuter wirksam und für Rosen weniger toxisch als Simazin.

Schnitt

Der Schnitt der Vitamin-Rosen beschränkt sich zunächst auf den Pflanzschnitt und später auf das Auslichten. Dabei ist nur darauf zu achten, daß die Büsche in die Breite gezogen werden und daß genügend Licht in das Kroneninnere gelangen kann. Zur guten Fruchtausbildung brauchen Rosen die volle Sonne. Schatten im Kronenraum wirkt ertragsmindernd auf die Quantität wie auf die Qualität des Erntegutes.

Zu dicht stehende Triebe werden an der Basis entfernt. Man wird besonders während der Jugendentwicklung darauf achten, daß nur so viele Triebe erhalten bleiben wie später im Kronenraum Platz finden. Nur während der ersten Jahre, in denen die Wurzel sich erst einmal entwickeln muß, ist der zusätzliche Rückschnitt langer Triebe angebracht. Ferner ist darauf zu achten, daß an veredelten Sträuchern austreibende Wildtriebe ganz entfernt werden.

Schnitterfahrungen mit Vitamin-Rosen besagen, daß ein 6 Jahre alter Strauch maximal 16 bis 20 Zweige besitzen sollte, möglichst mit einem gleichmäßigen Altersaufbau von 1 bis 3 Jahren. 3jährige Zweige werden als die produktivsten angesehen. Im Ertragsalter erfolgt das regelmäßige Auslichten über 4 Jahre alter Verzweigungen sowie unterentwickelter einjähriger Triebe. Es erwies sich als günstig, wenn die Strauchbasis keinen wesentlich größeren Durchmesser als 40 cm hatte. In den ersten Standjahren sollen nur äußerst wüchsige Jahrestriebe von über 2 m Länge um etwa 20 % eingekürzt werden, um eine bessere Verzweigung zu erreichen. Rosen besitzen eine äußerst hohe Regenerationsfähigkeit.

Pflanzenschutz

Die Rose hat sehr viele Schädlinge, namentlich unter den Insekten, aber auch Krankheitserreger sind zahlreich vertreten. Sie werden etwa in der Rangordnung ihrer wirtschaftlichen Bedeutung angeführt.

Bei Befall mit Echtem Rosenmehltau (*Sphaerotheca pannosa* [WALLR.] LEV. var. *rosae* GOR.), der Pillnitzer Vitamin-Rosen anscheinend weniger schädigt als Gartenrosen, entsteht im Sommer auf den Blättern ein mehlig weißer Belag. Man bekämpft die Krankheit durch Stäuben, besser noch durch Spritzen, mit den für diesen Zweck zugelassenen Schwefelmitteln. Die Behandlungen müssen in Abständen von 10 bis 14 Tagen mehrfach wiederholt werden.

Der an Gartenrosen häufige Falsche Rosenmehltau (*Peronospora sparsa.* BERK.) tritt bei Vitamin-Rosen kaum auf. Sollte dies doch einmal sein, so behandelt man die Büsche mit einem Mischpräparat aus organischen Fungiziden und Schwefel.

Bei Befall mit Rosenrost (*Phragmidium subcorticum* [SCHRANK.] WINTER), der im Frühjahr an Blattstielen, Blattrippen u. a. jungen Pflanzenteilen Schwielen verursacht, die sich im Sommer zu zahlreichen, mit gelbem Rand umgebenen roten Pusteln an der Unterseite der Blätter auswachsen, ist eine vorbeugende Spritzung mit Kupferoxid-Präparaten zur Zeit des Blattfalls zu empfehlen. Weitere Behandlungen bestehen in mehrfachen Spritzungen mit organischen Fungiziden und Schwefel während der Vegetationsperiode.

Der Sternrußtau (*Marssonina rosae* LIB.), der bei Gartenrosen sehr gefürchtet wird, kommt bei Vitamin-Rosen selten vor (STRITZKE 1981). Sollte er doch auftreten, so wird er wie Rosenrost bekämpft.

Die Knospenfäule (*Botrytis cinerea* PERS.) behindert vor allem bei kühlfeuchter Witterung die Blütenentfaltung und Befruchtung. Die Blüten verkümmern. Bekämpft wird die Krankheit durch mehrfache Behandlungen mit thiram- oder captanhaltigen Mitteln.

Von den zahlreichen Krankheiten der Rose konnten hier nur einige genannt werden. Auch von den tierischen Schaderregern seien nur die wichtigsten erwähnt.

Besonders auffällig sind die Rosengallen, verursacht durch die Cynipidenart *Rhodites rosae* L., die man an Trieben vielfach beobachtet. Sie entstehen durch Giftstoffe, welche diese kleine Wespe beim Stich in das Gewebe einspritzt. Die Gallen sind so auffällig, daß sie im Volksmund viele Namen tragen, so z. B. Rosenschwämme, Rosenäpfel oder Schlafäpfel.

Sehr zahlreich sind die auf Rosen lebenden Blattwespen (*Tenthredinidae).* Schädlich ist ferner die die Gipfeltriebe ausfressende Bürstenhornwespe (*Arge rosae* L.)

Die Rosentriebbohrer (*Ardis brunniventris* HTG. und *Monophadnus elongatulus* KLUG.) zerstören die jungen Triebe.

Parenchymgallen von *Blennocampa pusilla* KLUG. erzeugen Blattrollungen.

Der Rosenschneider (*Megachile centuncularis* L.) schneidet kreisrunde Flächen aus den Blättern.

Durch Saugen werden Rosenblattläuse (*Siphonphera rosarum* KOCH u. a. Arten) schädlich.

Die Kleine Rosenzikade (*Typhlocyba rosae* F.) ist fast immer vertreten.

Vom Rosenlaub ernähren sich zahlreiche Laubkäfer. Der Rosenkäfer (*Cetonia aurata* L.) frißt dagegen in den Blüten.

Die Rosenfruchtfliege (*Rhagoletis alternata* FALL.) wurde mehrfach erfolgreich mit biologischen Präparaten bekämpft.

Blattläuse und Rosenzikade bekämpft man mit Systeminsektiziden, wobei die Mittel möglichst oft gewechselt werden müssen, um keine Resistenz bei den Schädlingen zu erzeugen.

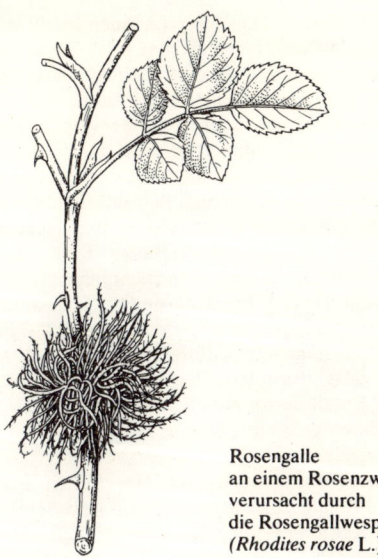

Rosengalle
an einem Rosenzweig,
verursacht durch
die Rosengallwespe
(*Rhodites rosae* L.)

Die Rosengallwespe, welche die «Rosenäpfel» erzeugt, unterdrückt man vor allem durch Abschneiden befallener Triebe.

Eine Bekämpfung der Wespen und Junglarven mit Hilfe von Systeminsektiziden im Frühjahr ist möglich, jedoch nur voll wirksam, wenn die Behandlungen in Abstimmung mit dem Flugtermin und der Eiablage erfolgen.

Die Okuliermade (*Thomasiniana oculiperda* Rübs.), die Larve einer Gallmücke, verursacht durch den Fraß der etwa 2 mm langen, zinnoberroten, fußlosen Maden im Bereich der Veredlungsstelle oft starke Ausfälle an Okulaten. Neben einem lückenlosen Verstreichen der Okulierstelle mit Baumwachs helfen Behandlungen mit Lindan- oder Parathion-Präparaten.

Ernte und Lagerung

Gepflückt wird, wenn die Früchte vollreif sind. Das ist meist im Oktober der Fall. Sie sollen gut rot gefärbt sein. Überreife, die zur Erweichung führt, ist ebenso nachteilig wie Frost. Vom Sammeln auszuscheiden sind daher unreife, überreife, aber auch weiche, schimmlige oder faulige Früchte. Man soll bei trockenem Wetter ernten. Langer Regen mindert ebenso wie Frost den Vitamin-C-Gehalt. Geerntete Hagebutten sind luftig aufzubewahren. Als Regel gilt, daß sie schnell nach der Ernte verarbeitet werden müssen, um Wirkstoffverluste zu vermeiden. Will man Hagebutten für die Teeherstellung oder auch für die spätere häusliche Verwertung, z. B. für Hagebuttenwein, verwenden, so kann man sie trocknen. Das soll an einem luftigen Ort geschehen, keinesfalls in praller Sonne.

Die Erträge an Hagebutten können bei Pi Ro 3 nach Stritzke (1981) bis zu 8 kg je Strauch betragen. Bei guter Pflege der Sträucher sind solche Erntemengen auch bei den großfrüchtigen Arten *R. rugosa* und *R. pendulina* möglich. Die kleinfrüchtigen Hagebutten von *R. canina* sind nicht nur mühevoller zu ernten, sie liefern auch weniger Erntegut. Die Erntemengen sind sehr unterschiedlich, und zwar nicht nur entsprechend der Stärke des Behanges, sondern auch in Abhängigkeit von der Fruchtgröße.

In den «halbnatürlichen, sich selbst regulierenden Ökosystemen» der baltischen Sowjetrepubliken, welche den Hagebuttenanbau auf nicht landwirtschaftlichen Standorten (Hänge, Kalk- und Steinbrüche, Dünen) verkörpern, wobei in den Zwischenreihen Gras-Leguminosen-Gemische ohne Schnittnutzung eng wachsen, wurde folgender Ertrag erreicht: 57,96 dt/ha (Mittel von 15 Jahren) bzw. maximal 95,82 dt/ha.

Frische Hagebutten dürfen nur in sehr dünner Schicht an einem luftigen Ort gelagert werden. Der Trocknungsprozeß dauert infolge der relativ großen Fruchtmasse ziemlich lange. Voll getrocknete Früchte lassen sich in größeren Gebinden lagern. Man kann dazu am besten weitmaschige Säcke verwenden.

Sehr beliebt sind entkernte Hagebutten. Insbesondere wenn die getrockneten Früchte zur Erfrischung roh gegessen bzw. gekaut werden sollen, würden Kerne und die zahlreichen kleinen Härchen in der Frucht stören. Das Entkernen ist sehr mühevoll, da es vorerst dafür kein maschinelles Verfahren gibt.

Nutzung

Das Holz der Rose spielt großtechnisch keine Rolle. Es ist lichtgelb gefärbt, und der Kunsttischler verwendet es gern für Drechsel- und Einlegearbeiten. Für diesen Zweck ist es wegen seiner Kontrastfärbung zu anderen Hölzern fast unentbehrlich.

Hauptnutzung der Wildrosen ist die Verwendung in Flur und Landschaft, wo sie neben ihrer Zierde zur Blütezeit einen wesentlichen Beitrag zur Lebendverbauung zu leisten vermögen. *R. rugosa* und *R. rubiginosa* bilden undurchdringliche, katzendichte Hecken, welche günstige Nistgelegenheiten für die heimische Vogelwelt bieten. Diese Arten sind sogar schnittverträglich, und es lassen sich strenger geformte Strauchhecken erziehen. Einzelpflanzen oder kleine Gruppen von Wildrosen können auch direkt in Gärten und Anlagen als Strauchrosen gestalterisch eingeordnet werden.

Die Rosenblüte wird zur Gewinnung von Rosenöl genutzt. Das bei dieser Technologie anfallende Rosenwasser dient ebenfalls als Duftstoff, aber auch zur Pfefferkuchenbäckerei.

Vielfältig ist die Nutzung der Hagebutte. Zur Herstellung von Muttersaft, Süßmost, Mark, Marmelade, Gelee, zur Aufwertung von Konfitüren, aber auch als erfrischenden vitaminhaltigen Tee oder zu Mixgetränken verschiedenster Art kann man sie verwenden. Die Qualität des Hagebuttenweins, der eine eigene, unverwechselbare Geschmacksnote besitzt, wird vom Kenner sehr geschätzt (siehe Rezeptteil).

Abschließende Beurteilung

Der Großanbau von Wildrosen-Arten zur Gewinnung von Hagebutten ist vorerst kaum zu empfehlen, weil die Ernte der Früchte noch nicht mechanisierbar ist und einen sehr großen Aufwand an Handarbeit erfordert. Mit Lösung der Probleme der mechanisierten Ernte könnte sich die Lage jedoch grundlegend ändern.

Unabhängig davon gibt es viele Möglichkeiten, Rosen anstelle von Zäunen, zur Landschaftsgestaltung, an Hängen und Böschungen, bei der Rekultivierung, in Vogelschutzhecken, auf mageren Böden usw. anzubauen. Diese Situationen sollten besser genutzt werden. Darüber hinaus ist die Forderung zu stellen, daß in solchen Fällen nicht irgendwelche Rosenarten gepflanzt werden, sondern solche, die großfrüchtige, vitaminreiche Hagebutten bringen. Insbesondere sollte der Anbau der Pillnitzer Vitamin-Rose ausgeweitet werden.

Sanddorn

Andere deutsche Namen Dornbusch, Fasanenbeere, Finnische Beere, Griesbeere, Haffdorn, Kiesdorn, Meerkreuzdorn, Sandbeere, Sandkreuzdorn, Seekreuzdorn, Stranddorn, Wehdorn, Weidendorn und weitere
Wissenschaftlicher Name *Hippophaë rhamnoides* L.
Familie Ölweidengewächse *(Elaeagnaceae)*
Namen in anderen Sprachen

albanisch	hipofaë
bulgarisch	z'rnastepovidno khipofae, oblepikha
dänisch	havtorn, havtidsel
englisch	sea buckthorn, seathorn
finnisch	tyrni
französisch	argousier faux nerprun, argasse, grisset, argouse
italienisch	olivella, olivello, spinoso, vetrice marina
niederländisch	duindoorn
norwegisch	tinnved
polnisch	rokitnik zwyczajny
rumänisch	čatină albă
russisch	oblepikha krushinovidnaja
schwedisch	havtorn
serbokroatisch	vučjitrn, pasjitrn, vukodržica
slowakisch	rakytnik
spanisch	espino falso, espino amarillo
tschechisch	rakytnik řešetlakový
ungarisch	homoktövis, ezüsttövis

Biologische Grundlagen

Herkunftsgebiete und natürliche Verbreitung

Dem Sanddorn ist eine sehr weite geographische Verbreitung eigen, die große Teile Eurasiens umfaßt. Dieses Areal reicht von Ostasien über Mittelasien und Kleinasien bis nach Mitteleuropa. In Asien ist er vor allem in Steppengebieten und den Flußtälern sowie im Saum der Bergflüsse verbreitet. Er bedeckt große Gebiete in Ost- und Westsibirien, besiedelt Schotter- und Schwemmlandböden und erreicht in den Gebirgen (Himalaja, Pamir, Hindukusch, Tienschan, Altai, Sajan-Gebirge, Ural, Kaukasus) beachtliche Höhen, in Tibet sogar 5000 m. Oft ist Sanddorn dabei einer der Erstbesiedler leichter Böden mit geregeltem Wasserhaushalt. Allein in Ostsibirien, besonders im Altai-Gebiet, umfassen die natürlichen Sanddornvorkommen über 17000 ha (BUKSHTYNOV 1977).
In Europa konzentriert sich sein Vorkommen auf drei Bereiche: Einmal ist es der Küstenrand von Nord- und Ostsee zwischen Südostengland und

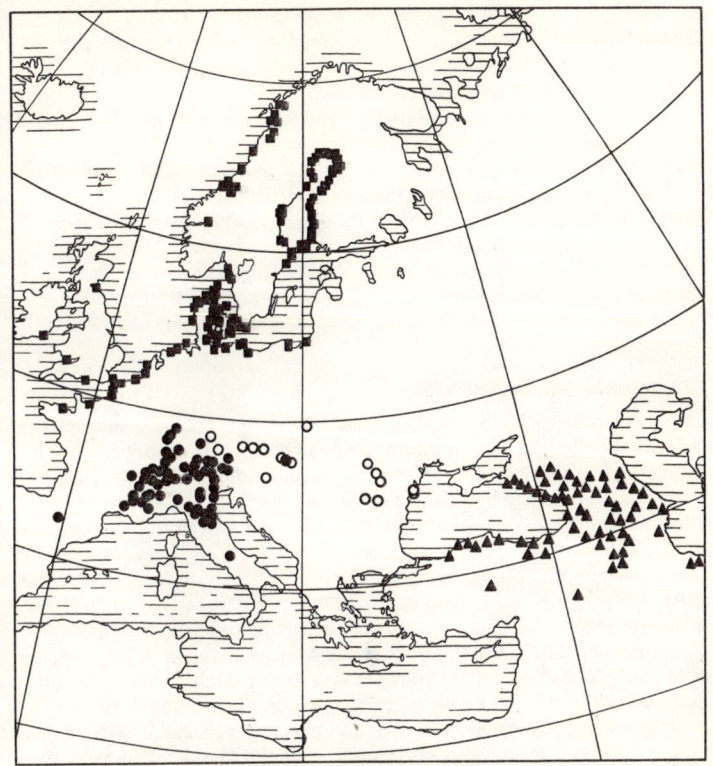

Natürliches Verbreitungsgebiet der Unterarten des Sanddornes in Europa
(nach ROUSI 1971, verändert)

ssp. *rhamnoides* ■   ssp. *carpatica* ○
ssp. *fluviatilis* ●   ssp. *caucasica* ▲

Nordnorwegen sowie Gdansker Bucht und den Aland-Inseln. Die alpinischen Vorkommen bilden einen weiteren Schwerpunkt, im submediterranen Bereich steigt der Sanddorn bis in 3 000 m Höhe, in den Nordalpen bis 975 m. Eine weitere Konzentration sind die Vorkommen (ssp. *carpatica*) in den Karpaten und ihren Ausläufern. Das heutige europäische Areal ist als Rest einer weiteren Verbreitung im Anschluß an die Eiszeit anzusehen. Durch die Wiederbewaldung wurde das licht- und rohbodenliebende Gehölz in Küstenbereiche und schroffe Gebirgslandschaften abgedrängt.

Das Heimatgebiet des Sanddornes muß in dem asiatischen Areal liegen, das einen Schwerpunkt seiner Verbreitung darstellt. Enorme Mannigfaltigkeit kennzeichnen diese Art, deren zahlreiche ökologische Typen bzw. geographische Rassen wiederholt Gegenstand wissenschaftlicher Untersuchun-

171

gen waren. ROUSI (1971) teilte aufgrund eingehender Studien der Blatt-, Samen- und Polleneigenschaften den Sanddorn in 9 Unterarten (subsp.), darunter 3 europäische, auf: subsp. *rhamnoides*, subsp. *fluviatilis* (maritime Vorkommen) und subsp. *rivularis* (alpinische Vorkommen), *carpatica, caucasica, turkestanica, mongolica* (sibirische Vorkommen), *chinensis, yunnanensis* und *gyantensis*.

Mitunter liegen auch auf engstem Raum morphologisch und biochemisch stark differenzierte Formen vor. GATIN (1963) grenzt z.B. die Formen des Sajan, Tienschan und Altai gegeneinander ab, wobei er dem Altai-Sanddorn, auf den zahlreiche Sorten zurückgehen, folgende Eigenschaften zuordnet: 8 mm × 5,5 mm große, dunkelgrüne Blätter, dicke, gerade Triebe, fehlende oder wenige Dornen von 2 bis 3 cm Länge, orangefarbene Früchte, weites Zucker-Säure-Verhältnis, geringer Vitamin-C-Gehalt und relativ hoher Ölgehalt.

Kulturgeschichtliche Bedeutung

Der wissenschaftliche Name *Hippophaë rhamnoides* erklärt sich aus dem Griechischen hippos (Pferd) und phaes (leuchtend). Da rhamnus Dorn bedeutet, ergäbe sich bei wörtlicher Übersetzung Pferde- bzw. Roßdorn. Der Name deutet die Verwendung in der Tierheilkunde des Altertums an, denn Pferde sollen durch Verzehr von Sanddornlaub ein glänzendes Fell erhalten haben.

Obwohl Sanddorn erst seit etwa 25 Jahren vom Wildobst zur Kulturobstart aufrückte, wurde er schon seit uralten Zeiten in den weiten natürlichen Verbreitungsgebieten teilweise sehr intensiv gesammelt und als Nahrungs- und Heilmittel genutzt. In der Volksheilkunde nahm man schon früh vom Sanddorn Notiz, so daß seine Erwähnung in den Kräuterbüchern des Mittelalters durch die Väter der Botanik nicht verwundert. J. K. BAUHIN schrieb im 17. Jahrhundert vielsagend: «Die Sanddornbeeren tuen durch ihren sauren Geschmack dem seekranken Magen und ekelerfüllten Gaumen wohl. Den Speichel locken sie hinreichend hervor und Fiebernden vertreiben sie den Durst …» Auch reinigende und verstopfende Wirkung sprach er ihm zu.

Insbesondere von den Völkerschaften der Sowjetunion wurde die Fruchtwerbung der natürlichen Bestände seit langem betrieben. Die besten Vorkommen wurden in die Nähe menschlicher Ansiedlungen geholt. Diese allgemeine Wertschätzung findet auch darin ihren Ausdruck, daß der Sanddorn in den Sprachen dieser Völker 23 verschiedene Namen trägt (JAKOVLEV-SIBIRJAK 1954), die sich auf seine Eigenschaften beziehen und ihn z.B. als Stachel- oder Milchstrauch und Bruchweidengebüsch bezeichnen. Der Name der usbekischen Stadt Dzhidda bedeutet «Sanddorn», und der russische Name «oblepikha» spiegelt inhaltlich das enge Anhaften der Früchte am Zweig wider.

Die zahlreichen deutschen Vulgärnamen beziehen sich vorwiegend auf Bedornung, Blattform, Vorkommen und Fruchtfarbe: u.a. Au-, Dünen-, Haff-, Rhein-, See-, Stech-, Strand- und Weidendorn, Rheinweide, Korallen- und Sandbeere sowie Rote Schlehe.

Teilweise wurde der Sanddorn unter Naturschutz gestellt, um seinen günstigen Einfluß auf die Umwelt in vollem Umfang zu erhalten.

Morphologische Variabilität der Fruchttriebe von Sämlingen des Sanddornes bei
verschiedener Saatgut-Herkunft (nach TROFIMOV 1976)

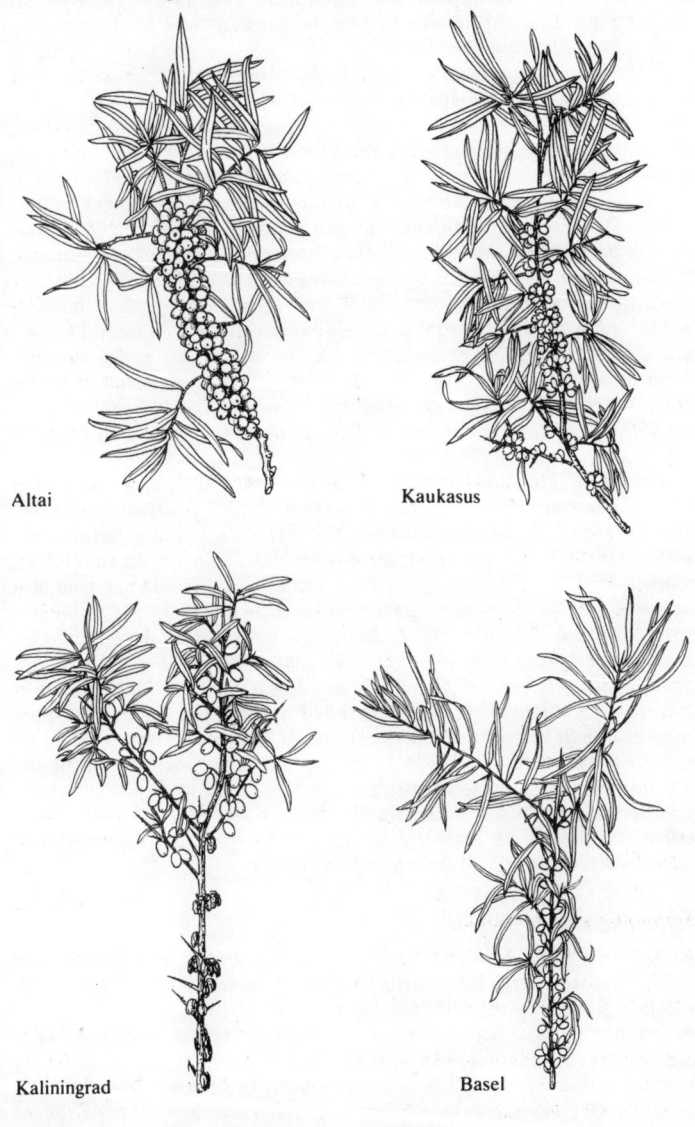

Altai

Kaukasus

Kaliningrad

Basel

Stand des internationalen Anbaues

Der seit jeher als Wildfrucht intensiv gesammelte Sanddorn erlangte vor allem durch die Fortschritte von Biochemie, Medizin und Obstverwertung zunehmendes Interesse als Obstart.

Aufgrund der außergewöhnlich starken Verbreitung polymorpher Formen des Sanddornes in verschiedenen Teilen der Sowjetunion ist es nicht verwunderlich, daß von dort die stärksten Impulse für eine gezielte Inkulturnahme ausgingen. Viele wissenschaftliche Einrichtungen wie Universitäten, Institute der Medizin, Land- und Forstwirtschaft, Versuchsstationen und botanische Gärten sowie Naturschutzgesellschaften schalteten sich in diesen Prozeß ein. Viele Veröffentlichungen, darunter einige Dissertationen und Monographien, unterstreichen diese Entwicklung. Schon vor 1900 war der Sanddorn in Rußland als Kulturpflanze der Zukunft im Gespräch.

Fortschritte in Züchtung, Vermehrung und Agrotechnik ließen das Ziel Realität annehmen. Heute wird in der UdSSR auf einigen Tausend ha Land Sanddorn angebaut, und es existieren Spezialbetriebe, die einige Hundert ha davon bewirtschaften. Mit der Aufnahme der drei ersten Sorten in das Obstsortiment begann 1960 das Stadium der Kulturpflanze Sanddorn. Bereits 1969 fand der erste allrussische Sanddornkongreß in Barnaul im Altai statt.

Der hohe gesundheitliche Wert des Sanddorns wird auch in anderen Ländern voll anerkannt, aber erst allmählich beginnt man ernsthaft seinen Anbau zu erwägen. In der Mongolischen Volksrepublik wird der Anbau auch in Spezialwirtschaften betrieben, er ergänzt das Sammeln dieser weitverbreiteten Wildfrucht. In der DDR, wo bereits 1952 durch DARMER eine Monographie des Sanddornes erschien, wird seit einigen Jahren auf geringwertigen Böden in den nördlichen Bezirken intensiv mit dem Sanddorn experimentiert. Spezialisten aus verschiedenen volkswirtschaftlichen Bereichen arbeiten seit 1982 unter Leitung der Zentralstelle für Sortenwesen in einer Arbeitsgemeinschaft Sanddornanbau zusammen, um verschiedene Probleme wie Sortenwahl, Mechanisierung der Ernte und Verwertung zu lösen. Der bekannteste den Sanddorn anbauende Betrieb ist gegenwärtig die GPG «Storchennest» in Ludwigslust.

In weiteren Ländern wie in der Bundesrepublik Deutschland und Ungarn besteht Interesse an der intensiveren Nutzung dieser Kultur als wertvollem Rohstofflieferant für die Nahrungsmittelindustrie.

Morphologische Merkmale

Der Sanddorn bildet bis 4 m hohe Sträucher oder bis 6 m hohe Bäume. Die Gehölze besitzen durch ihre sparrige Verzweigung eine bizarre Form. Viele verdornte Kurztriebe verursachen eine starke Bewehrung.

Im Gegensatz zu der bei anderen Strauchbeerenobstarten typischen basisbetonten Wuchsförderung, welche zur starken Triebbildung an der Strauchbasis führt und zur natürlichen Sproßerneuerung beiträgt, herrscht beim Sanddorn eine ausgesprochene Förderung des Wachstums an der Kronenperipherie vor. Im engen Zusammenhang damit steht auch die Eigenart, daß sich das obere Ende der Jahrestriebe in einen ungegliederten, spitzen

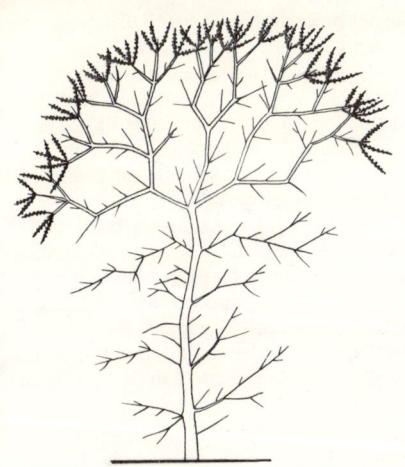

Verzweigungsschema
des Sanddornes –
Triebe
mit Dornspitze
(nach DARMER 1952)

Wurzelknöllchenbildung
bei Sanddorn
(nach DARMER 1952)

Sproßdorn umbildet. Schon während des Sommers setzt diese Verdornung ein, indem die Blattbildung nahe der Triebspitze allmählich eingeschränkt wird und die äußersten 5 bis 7 Blattknospen gar nicht ausgebildet werden. Statt dessen verholzt das anfangs verhornte Triebende bis zum Herbst zu einem verdornten Kurztrieb. Als Folge dieser Triebspitzenverkahlung werden die nächstfolgenden Knospen im Wachstum stark angeregt. Sie bilden im Folgejahr jeweils unverzweigte, aber untereinander durch ihre enge Benachbarung quirlartig angeordnete Langtriebe, deren Spitze wieder verdornt. Die Basisknospen der Triebe hingegen entwickeln sich stets bevorzugt zu Blütenknospen. Die Blütenbildung erfolgt in den ein- bis dreijährigen Fruchtastbereichen, nahe der Kronenperipherie.

Typisch für den Sanddorn sind also Verzweigungen durch drei- oder vierschenklige Gabeln mit einem Verzweigungsgrad von etwa 45° an der Strauchspitze und ausgeprägte Verkahlung der Strauchbasis.

Die silbergrau behaarten Triebe an den bronzefarbenen Zweigen tragen goldbraune Knospen. Die wechselständigen Blätter sind kurz gestielt, ledrig, ganzrandig und beidseits silberschilferig. Ihre Form ist schmal lineallanzettlich, sie sind 5 bis 7 cm lang und 2 bis 9 mm breit.

Die Wurzeln des Sanddornes bilden mit Strahlenpilzen eine Symbiose (Mykorrhiza), sie verlaufen, relativ wenig verzweigt, recht flach und weitstreichend und bilden nur einige tiefergehende Senkwurzeln aus. Aus den Wurzeln entwickeln sich willig Adventivsprosse (Wurzelschosse), die laufend zur Strauchverbreiterung und -verdichtung beitragen.

Besonders typisch ist die Zweihäusigkeit des Sanddornes. Bei ihm gibt es nämlich nur rein männliche oder rein weibliche Pflanzen. Erwachsene Gehölze lassen sich über Winter nur dadurch unterscheiden, daß die männlichen Blütenknospen rundlich-dick und größer als die weiblichen sind. Die Blütezeit liegt noch vor dem Laubaustrieb im März/April. Die Blüten sind klein, unscheinbar und besitzen – wie es bei Windbestäubung üblich ist – weder Kronenblätter noch Nektarien. Nach der Bestäubung mit Pollen aus den ährenartigen männlichen Blütenständen entwickeln sich aus den weiblichen Blüten erbsengroße, rundlich-eiförmige, einsamige Scheinfrüchte, die als Steinbeeren zu bezeichnen sind. Die Früchte sind gelb bis dunkelrot, oft orange gefärbt. Ihr Fruchtfleisch bildet sich aus der fleischig angeschwollenen Blütenhülle und besteht aus einer dünnbreiigen, ölhaltigen Flüssigkeit. Die Fruchthaut ist durch flache, schildförmige Schuppenhaare getüpfelt. Die Fruchtreife erfolgt ab September, aber die Früchte hängen bis in den Winter hinein fest an den Gehölzen. Die Früchte weisen einen angenehmen, ananasähnlichen Geruch auf,
Die kleinen, längsgefurchten Samen haben eine derbe Schale. Sie sind auch ölhaltig und durch Lufteinlagerung schwimmfähig.

Wichtige Inhaltsstoffe

Der Sanddorn ist mehr als andere Wild- und Kulturobstarten ein typisches Polyvitamingehölz. Überragend ist sein hoher Vitamin-C-Gehalt in der Frucht, welcher zwischen 150 und 300 mg/100 g liegt. Dieser Wert ist das Zehnfache vom Gehalt guter Apfelsorten, er wird nur von der Vitaminrose übertroffen. Allerdings ist der Vitamin-Gehalt mehr als andere Inhaltsstoffe stets sehr von Herkunft bzw. Sorte, Jahr, Standort und Erntezeitpunkt abhängig. Und gerade beim Sanddorn mit seinen Unterarten sind hierzu verständlicherweise die Literaturangaben sehr unterschiedlich. Der Vitamin-C-Gehalt kann beispielsweise von der Ostsee über das Mittelgebirge bis zu Standorten in den Alpentälern ansteigende Werte von 200, 700 oder gar 1 300 mg/100 g annehmen.
Neben Vitamin C sind im Sanddorn in beachtlicher Konzentration auch die wasserlöslichen Vitamine B_1 (Thiamin, 0,02 bis 0,04 mg/100 g), B_2 (Riboflavin, 0,03 bis 0,05 mg/100 g), B_9 (Folsäure, 0,8 mg/100 g) sowie die fettlöslichen Vitamine Karotin (4 bis 8 mg/100 g), Vitamin E (Tocopherol, 5 bis 15 mg/100 g) und Vitamin K (um 1 mg/100 g) enthalten. Außerdem enthält die Frucht 15 Spurenelemente, viele vitamin-P-aktive Bioflavonoide und strahlenschutzwirksame ungesättigte Fettsäuren (Vitamin F). In den medizinisch anwendbaren Produkten Sanddornöl und -konzentrat sind diese Wirkstoffe konzentriert. Beim Sanddorn liegt auch eine beachtliche Stabilität des Vitamin-Ensembles bei der Verarbeitung vor.
Sanddorn enthält auch das biogene Amin Cholin, einen basischen Bestandteil der Phospholipide vom Lezithin-Typ, welches die Fettablagerung im Körper vermindert. Der Gehalt an Duftstoffen resultiert besonders aus Oxidationsprodukten der Zimtsäure. Der Farbstoff der Früchte besteht aus einem Pigmentkomplex, welcher vor allem Karotine sowie Zeaxanthin und Quercetin enthält.

Anbau

Standortansprüche

Die Verbreitung des Sanddorns zeigt, daß er in den verschiedensten Klimagebieten vorkommt. Die Temperatur übt keinen entscheidenden Einfluß aus, der bei der Standortwahl zu berücksichtigen wäre. Licht und Feuchtigkeit sind für ihn bedeutsamer. Insbesondere hat er einen hohen Lichtbedarf und kann direkt als Lichtholzart bezeichnet werden. In der Natur weicht er auch dort zurück, wo wüchsigere Gehölze ihn bedrängen. Sowohl im Küstenbereich als auch im Hochgebirge gedeiht der Sanddorn am besten auf Standorten mit hoher Luftfeuchtigkeit und vollem Lichtgenuß. Daher ist der Sanddorn auch nicht geeignet, als Unterkultur angebaut zu werden. Sanddorn ist relativ gut trockenheitsverträglich.

Der Sanddorn ist geradezu ein Rohböden bevorzugendes Gehölz, besonders, wenn noch der Kontakt mit fließendem Grundwasser durch seine wenigen Stechwurzeln möglich ist. Gern werden von ihm Schwemmsande sowie humose, lehmige oder tonige Sande angenommen. Auch die Mischböden an Steilufern sagen ihm zu. Vor allem lockere und luftige Böden, auch mit Bodenbewegung durch Winderosion, sind für ihn gut geeignet. Dagegen versagt er auf sumpfigen oder lange Zeit überfluteten Böden völlig. Obwohl dem Sanddorn allgemein oft geringste Bodenansprüche nachgesagt werden und er auch als Pioniergehölz auf Halden und Kippen des Braunkohlenbergbaues eine ganz neue Verbreitungsmöglichkeit fand, ist er für eine begrenzte Bodenverbesserung dankbar.

Die Früchte zeichnen sich in Mitteleuropa durch ein Zucker-Säure-Verhältnis von etwa 1:1 aus. Der Ölgehalt der sowjetischen Sorten, bei denen dieses Zuchtziel neben dem Karotingehalt weiter energisch verfolgt wird, liegt bei 3,8 % bis 6,9 % und übersteigt im Samen sogar 10 %.

In ihrer gesamten biologischen Wertigkeit übertreffen die Früchte des Sanddornes unter den Obstarten die als sehr gesund bekannte Schwarze Johannisbeere um ein mehrfaches. In der Gegenwart, wo eine starke Rückbesinnung auf natürliche Heilpflanzen zu beobachten ist, erhält der Sanddorn als erstrangiger Vitamin- und Wirkstoffträger eine besondere Aufwertung als auch medizinisch sehr interessantes Obstgehölz.

Sorten und Sortenwahl

Angeregt durch die enorme Vielgestaltigkeit der großen Wildbestände in bezug auf morphologische Merkmalsausprägung und den Gehalt an Inhaltsstoffen wird in der UdSSR seit langem Sanddorn gezüchtet. Um 1900 nahmen sibirische Liebhaber die besten Wildformen persönlich in Kultur. Staatliche Einrichtungen schalteten sich nach 1920 in diese Bestrebungen ein. 1940 selektierte LEONOVA in Minusinsk die Sorten 'Skorospelka' und 'Kukuruzka', die aber in Verbindung mit den Kriegswirren verlorengingen. Seit 1934 arbeitete LISAVENKO in Barnaul an der Züchtung, noch heute liegt hier in dem nach ihm benannten Institut für Obstbau Sibiriens das eigentliche Zentrum der Sanddornforschung. Aus 2 500 Sämlingen wurden dort 1950 die besten 21 ausgelesen und 1956 fünf Zuchtklone der Sortenprüfung übergeben. Aus ihnen gingen die ersten fünf Sorten hervor, die sich unter anderem durch folgende Eigenschaften auszeichnen:

Sorte	100-Frucht-Masse (g)	mittl. Ertrag (kg/Strauch)	Vit-amin C mg/100 g	Karotin mg/100 g	Zucker %	Säure %	Bemer-kungen
'Novost Altaja'	50	14,3	50	4,3	5,5	1,7	unbewehrt
'Dar Katuni'	40	14,4	66	3,0	5,3	1,7	fast unbewehrt
'Zolotaja pochatka'	40	13,5	68	2,8	4,8	1,5	spät reif
'Maslichnaja'	37	11,2	64	7,6	4,0	1,5	–
'Vitaminnaja'	–	13,0	125	3,7	4,5	1,7	–

Später kamen weitere großfrüchtige, langstielige, teilweise unbedornte Sorten mit langem Fruchtstiel hinzu: 'Prevoskhodnaja', 'Obilnaja', 'Oranzhevaja' und 'Velikan'. Andere Auslesen stammen von SMIRNOV ('Bashkaus 6', 'Kudyrga 1'), SIMAKOV/Kradnodar und ELISEEV/Gorki ('Shherbinka' Nr. 1, 2 und 3), zahlreiche Ökotypen wurden in die Züchtung einbezogen.
Inzwischen orientierte man sich auf verschiedene Zuchtziele, da sich die unterschiedlichen Wünsche der Anbauer und der Verarbeitungsindustrie nur schwer in einem Zuchtprodukt vereinen lassen. Neuerdings werden gezielte Kreuzungen vorgenommen, um die Heterosiseffekte bei entfernter Hybridisation zwischen geographisch sehr verschiedenen Herkünften zu nutzen. An den genetischen Grundlagen der Vererbung wird gearbeitet. Bisher erwies es sich beispielsweise sehr schwierig, Vaterformen auszuwählen, die verstärkt zur Festigung positiver Eigenschaften unter den Nachkommen beitragen.
Die Altai-Formen, welche einen relativ geringen Vitamin-C-Gehalt haben, gelten als gute Überträger von Schwachwüchsigkeit, geringer Bedornung, Frühreife und hohem Ölgehalt. Der Wert der Kaukasus-Formen hingegen besteht in guter ökologischer Anpassung und hohem Ertrag. Unter ihren Populationen fand man auch Sämlinge mit kompakter Krone (Spur-Typen) und sehr geringer Bedornung (KIRTBAJA 1982).
Nachdem in der DDR DARMER (1952) und EICHHOLZ (1956) Grundlagen der züchterischen Bearbeitung des Sanddornes erarbeiteten, wurde im VEB Baumschulen Dresden mit der Züchtung dieser Kultur begonnen. Zunächst kam 1971 die zur biologischen Verbauung durch ihren gleichmäßigen Wuchs und die hohe Windfestigkeit besonders geeignete 'Auslese Rügen' in den Handel. 1979 kam die Sorte 'Leikora' hinzu, welche sich durch den hohen Säure- und Vitamin-C-Gehalt sehr gut zur Fruchtsaftgewinnung eignet. Damit wurde der auf Fruchtgewinnung orientierte Sanddornanbau in der DDR begründet. 1983 wurde das Sortiment durch die ertragreiche und

ertragsstabile Sorte 'Hergo' erweitert. Beide Sorten sind im Tafelteil abgebildet und beschrieben.

Ergänzend erfolgte in der DDR die Zulassung der ersten männlichen Sorte 'Pollmix', welche eine Mischung von 4 männlichen Zucktklonen darstellt. Damit wurde international erstmals ein wichtiger Schritt getan, um bei dieser auf Windbestäubung angewiesenen Obstart das Ertragspotential der weiblichen Sorten voll auszuschöpfen.

In der Bundesrepublik Deutschland ist u. a. die Sorte 'Friesdorfer Orange' im Handel, bei der aber der Zierwert im Vordergrund steht.

Da in der Sowjetunion mit 'Zolotistaja', 'Jantarnaja', 'Samorodok' und 'Chujskaja' weitere Sorten in den Handel gelangten, existieren gegenwärtig zirka 20 Sanddornsorten, welche gewissermaßen das Weltsortiment bilden.

International werden alle Möglichkeiten ausgenutzt, um das Sortiment züchterisch zu verbessern. Erste Erfahrungen liegen bereits über die Auslösung von Mutationen durch Behandlung mit Chemikalien oder Strahlen vor, so werden z. B. 15 bis 30 kr Gammastrahlen zur Samenbehandlung für diesen Zweck empfohlen. Im meristematischen Gewebe von Sanddorn wurde auch die Existenz von Zellen verschiedener Chromosomenzahl (Mixoploidie) beobachtet. Dies kann für die Erzeugung großfrüchtigerer Formen durch Gewebekultur bedeutsam sein (ELISEEV 1979).

Vermehrung

Ehemals war die Aussaat Hauptform der Vermehrung. Vom Saatgut, das zwei Jahre keimfähig bleibt, sollen 2 bis 6 g je laufenden Meter gesät werden, und zwar 1 bis 1,5 cm tief. Die Saat kann sofort nach der Ernte vollreifer Früchte erfolgen. Im ersten Standjahr werden die Sämlinge 2 bis 45 cm hoch. Bemerkenswert ist, daß die Wuchsintensität nach der Keimung mit zunehmender Bodengüte abnimmt (s. SW-Abb.). Zweijährige Sämlinge mit 80 bis 140 cm Höhe können gepflanzt werden. Unter den Sämlingen sind männliche und weibliche Pflanzen etwa mit gleichen Anteilen vertreten. Die Dezimierung der Männchen stellte immer ein Problem dar. Das Ausmerzen der größten Gehölze unter den zweijährigen Sämlingen zeigte gewisse Erfolge. Die Messung der Intensität der Atmungsfermentaktivität war nur als Labor-, aber nicht als Feldmethode zur Selektion geeignet.

Die vegetative Vermehrung hat deshalb entscheidende Vorteile zur Regulierung der Geschlechtsverhältnisse und wird überwiegend betrieben, vor allem bei Fruchtnutzung. Ökonomisch ist die Vermehrung durch Steckholz unter Folie möglich.

Bevorzugt erfolgt die Vermehrung jedoch durch Grünstecklinge im Sprühnebel-Verfahren. Den während der Zeit intensivsten Wachstums entnommenen Stecklingen werden 5 bis 7 Blätter ungekürzt belassen. Behandlung mit 0,5 %iger β-Indolyl-Buttersäure, gelöst in Azeton, wobei Azeton und destilliertes Wasser zu gleichen Teilen zugegeben wird, führt zu guten Bewurzelungsergebnissen. Es wurde beobachtet, daß sich männliche Pflanzen etwas schlechter bewurzeln als weibliche, was aber nicht auf den Klon 'Pollmix' zutrifft.

Als Sonderfall der Vermehrung führte in der Sowjetunion das Veredeln zweijähriger Sämlinge durch Kopulieren oder Spaltpfropfen mit 7 cm lan-

Wuchsleistung einjähriger Sanddorn-Sämlinge auf verschiedenem Boden
(nach GATIN 1963, verändert)

podsolierte Schwarzerde

Sand   Lehm   Rasenhumusboden

gen Reisern in 15 bis 20 cm Höhe über dem Wurzelhals zu einem Vered-
lungserfolg von über 70 %. Dabei konnten auch Sämlinge der nahe verwandten Art *Sheperdia* als Unterlage dienen.
Das Abnehmen der teilweise recht zahlreich gebildeten Wurzelschößlinge
zur Vermehrung kann vom Liebhaber für den Hausgebrauch praktiziert
werden.

Pflanzung

Bei der Pflanzung ist zu bedenken, daß man zumindest auch bei der Anlage von Schutzpflanzungen eine die Fruchternte einschließende Mehrfachnutzung vorsehen sollte. Das bezieht sich insbesondere auf die Bepflanzung von Dünen, Spülfeldern, Kliffs, Küstenstreifen sowie Schluchten, Böschungen, Dämmen und Halden. Dabei sollten die der Beerntung leichter zugänglichen Flächen an den Rändern und am Hangfuß mit den weiblichen Sorten (in der DDR 'Hergo' und 'Leikora') bepflanzt werden, während für die unzugänglicheren Bereiche bevorzugt Sämlinge oder die männliche Sorte 'Pollmix' zu berücksichtigen sind.

Im Intensivanbau zur Fruchtnutzung wurden bisher Abstände von 3 bis 4 m × 1,5 bis 2 m empfohlen. Da 'Leikora' sehr steil aufrecht wächst, können bei ihr versuchsweise Doppelreihenpflanzungen mit den Abständen 4,0 m × 1,25 m + 1,5 m angelegt werden, wodurch von vornherein eine höhere Bestandsdichte gewährleistet wird und in Verbindung mit der Ausläuferbildung fruchttragende Hecken entstehen.

Direkte Heckenpflanzungen zur Abschirmung oder Einfriedung sollten einreihig mit 1 bis 2 m Pflanzabstand angelegt werden.

Für den Fruchtertrag sind Anordnung und Anzahl der männlichen Befruchterpflanzen wichtig. In Literaturempfehlungen schwankt das Verhältnis zwischen männlichen und weiblichen Pflanzen von 1:8 bis 1:15. Das Verhältnis 1:10 genügt also auf jeden Fall. Nach GATIN (1963) ergaben 70 bis 80 männliche Pflanzen je ha den gleichen Ertrag wie 50% Männchenanteil. Es erscheint ihm durchaus möglich, die männlichen Gehölze bis auf 40 bis 50 Stück je ha zu reduzieren. Für den plantagenmäßigen Anbau ist die reihenweise Einordnung männlicher Gehölze, vor allem quer zur Hauptwindrichtung, zweckmäßiger als das Einstreuen derselben als Einzelpflanzen. Werden Sämlinge als Bestäuber vorgesehen, so muß ihr Anteil etwa 20% betragen, da nur die Hälfte tatsächlich männlich ist.

Eine Bodenverbesserung bei der Pflanzung kann sich nur vorteilhaft auswirken, falls sie überhaupt möglich ist. Es ist auch zu erwägen, ob eine Tiefpflanzung vorgenommen werden sollte, um das wenig verzweigte Wurzelsystem auf mehr Tiefgang zu orientieren und evtl. die Bildung zusätzlicher Wurzeletagen anzuregen.

Pflegemaßnahmen

Bodenpflege und Düngung

Die Bodenpflege sollte vor allem in der laufenden flachen Bodenlockerung und Unkrautbekämpfung bestehen. Sie ist auf den sandigen Böden, den bevorzugten Standorten des Sanddornanbaues, auch leicht möglich. Dadurch werden gleichzeitig die Wurzelstränge immer wieder in Reihenrichtung gezogen, so daß die Arbeitsgasse von wurzelbürtigen Adventivsprossen frei bleibt. Anderseits wird hiermit indirekt die heckenartige Verdichtung der Bestände in Reihenrichtung gefördert.

Als Herbizide waren bisher folgende Wirkstoffe mit dem Sanddorn verträglich: Alachlor, Atrazin, Probanil und Simazin. Außer einer Stickstoff-Startdüngung nach der Pflanzung ist eine weitere Stickstoffdüngung nicht erforderlich, da die endotrophe Mykorrhiza der Wurzeln mit Strahlenpilzen den freien Luftstickstoff zu binden vermag. Geringfügige Phosphordüngung kann den Ertrag positiv beeinflussen, wenn der Standort sehr nährstoffarm ist. Außerdem ist dafür zu sorgen, daß die Bodenreaktion möglichst im neutralen bis schwach alkalischen Bereich liegt.

Bei Pflanzungen im Wohn- und Siedlungsbereich kann jegliche Düngung unterbleiben. In derartigen Heckenpflanzungen sollten auch jährlich mehrmals die flachstreichenden Wurzeln in Reihenrichtung gezogen werden, um einer zu weiten seitlichen Ausdehnung entgegenzuwirken. Dazu kann man sich eines Handgrubbers bedienen.

Schnitt

Es ist zweifellos so, daß im plantagenmäßigen Anbau die Durchführung des Schnittes in Verbindung mit der Sanddornernte am aussichtsreichsten ist. Durch die Verwendung pneumatischer Schnittaggregate kann dabei der Kraftaufwand für die Hartholzart Sanddorn deutlich gesenkt und die Arbeitsleistung wesentlich gesteigert werden. Dieser «Ernteschnitt» zwei- und dreijähriger Verzweigungen hat einige Vorteile aufzuweisen:
– kontinuierliche Straucherneuerung von der Strauchbasis aus
– begrenztes Höhenwachstum
– gesteigerte Einzelfruchtgröße
– erhöhter spezifischer Ertrag (kg/m³ Kronenvolumen)
– fruchtschonende Ernte- und Transporttechnologie.

Der intensive Ernteschnitt bewirkt jedoch nur alle 2 Jahre eine volle Ernte, weil sich die Fruchtbildung sortentypisch am ein- bis dreijährigen Holz vollzieht, wovon zwangsläufig bei der Ernte ein hoher Anteil mit entfernt wird.

Auch der Liebhaber des Sanddornanbaues sollte zweckmäßigerweise wenigstens teilweise einen solchen Schnitt mit der Gartenschere vornehmen. Durch diesen Ernteschnitt kann nämlich eine dem üblichen Winterschnitt bei Obstgehölzen analoge Behandlung völlig entfallen.

Es bleibt abzuwarten, ob der Ernteschnitt auf die Dauer phytopathologische Nachteile und verkürzte Lebensdauer bewirkt, wie man es vermuten könnte.

Pflanzenschutz

In der DDR sind bisher außer Vögeln keine wirtschaftlich wichtigen Schädlinge bekannt geworden. Etwa 20 Arten fressen die Sanddornbeeren, darunter besonders verschiedene Drosseln, Krähenvögel, Elstern, Fasanen («Fasanenbeere» wird Sanddorn auch genannt), Seidenschwanz, Kernbeißer, Ringeltaube, Sturmmöwe, Hasel- und Birkhuhn. Rechtzeitige Ernte ist die beste Abwehr.

Bei vermehrtem Anbau als Monokultur dürften sich weitere Schaderreger einstellen. Zahlreiche Erfahrungen besagen, daß 35 tierische Schädlinge auftreten können, darunter Junikäfer, Ringel- und Schwammspinner sowie einige spezifische Sanddornschädlinge wie Sanddornfliege (*Rhagoletis batava* Hering), Sanddornmotte (*Jelechia hippophaealla* Schrk.), Sanddorngallmilbe (*Eriophyes hippophaenus* NAL.), Sanddornblattsauger (*Psylla hippophaes* RFRST.) und Sanddornlaus (*Capitorphorus hippophaes* WALK.). Alte Büsche leiden unter der Stamm- und Herzfäule durch den Falschen Sanddorn-Baumschwamm (*Phellinus robustus* var. *hippophaes* DONK.). Welkekrankheiten können bei Junggehölzen durch *Fusarium*- und *Rhizoctonia*-Arten und bei Altgehölzen durch *Verticillium dahliae* KLEB. ausgelöst werden.

Ernte und Lagerung

Die komplizierte Ernte ist bisher das Haupthemmnis für die Ausweitung des Anbaues. Sie wird durch folgende Faktoren erschwert und behindert:
- dichte Fruchtanordnung am Zweig
- festes Haften der Früchte am Zweig
- Platzen der Früchte unter Saftaustritt
- Bildung undurchdringlich dichter, dorniger Dickichte (Wildbestand) durch die zahlreichen Adventivsprosse.

Grundsätzlich kann die sehr arbeitsaufwendige Ernte in diesen Varianten vorgenommen werden:

1. Auspressen («Abmelken») vollreifer Früchte am Strauch mit kleinen Handpressen oder mit den Handschuhen, so daß der ölige Sanddornsaft unmittelbar gewonnen wird.

2. Abstreifen oder Abschütteln der Früchte mit Hilfsgeräten (Klammern, Haken, Drähten, Spezialmessern) in Gefäße oder auf Planen. Hierbei sind tägliche Ernteleistungen von 20 bis 25 kg je Arbeitskraft möglich.

3. Abschütteln gefrorener Früchte, manuell oder mit Handvibratoren. Diese Methode ist in der UdSSR in kalten, schneearmen Gebieten weit verbreitet. In der Mongolischen Volksrepublik wurden dabei täglich 100 bis 150 kg Sanddorn je Arbeitskraft geerntet.

4. Abbrechen oder Abschneiden der Fruchtzweige und deren Ablage zu Stapeln. Bei Frosteintritt werden auch hierbei die Fruchtstielchen spröde, und die Beeren fallen nach vorherigem Beklopfen mit Stöcken leicht auf die Unterlage. In der UdSSR wird diese Methode z. T. beim Wildfruchtsammeln angewandt.

5. Manuelles oder pneumatisches Abschneiden der Fruchtzweige mitsamt den Früchten bis auf einen Aststummel in Kombination mit vorheriger chemischer Entblätterung durch Wachstumsregulatoren oder durch bestimmte Salze als Defoliationsmittel (totaler Blattfall nach 5 Tagen). Das ist die zweckmäßigste und z. Z. in der DDR im Großanbau empfohlene Methode, denn der Ernteaufwand sinkt durch die Entlaubung um mindestens 50 %. Zugleich wird damit der Gehölzschnitt erledigt. Die entnommenen Fruchtzweige werden in 8 bis 10 cm lange Teile zerschnitten und so raumsparend zur Verwertung transportiert.

6. Ernte mit Beerenobstvollerntemaschinen. Voraussetzungen dafür wären Sorten mit geringem Strauchvolumen und guter Schüttelfähigkeit bzw. Vorbereitung der Fruchtablösung durch Wachstumsregulatoren.

Die Ernte ist nicht auf einen kurzen Zeitraum beschränkt. Die Reife tritt ab September/Oktober ein. Bei der Beerntung im Eigenanbau oder bei Wildobsternte – Naturschutzgenehmigung vorausgesetzt – kann ebenfalls nach dem Astschnittprinzip vorgegangen werden. Die Blätter sind aber manuell zu entfernen. Das Pressen oder Dampfentsaften im Haushalt kann dann auch mit den Holzanteilen erfolgen, welche etwa 25 % des Erntegutes ausmachen.

Die Ernte ist möglichst bei trockenem Wetter vorzunehmen. Das Erntegut ist umgehend der Fruchtverwertung zuzuführen, um eine inhaltsstoffschonende Verarbeitung zu gewährleisten. Bei 'Leikora' erwies sich eine kurzfristige Lagerung von 2 Wochen bei 2 bis 3 °C nicht als nachteilig für die Qualität.

Im Haushalt ist aber eine Lagerung der weichen Früchte keinesfalls anzustreben, wenn sie nicht gerade eingefrostet werden können.

Gegenüber der Aberntung von Wildbeständen, die im Mittel 15 bis 30 dt/ha erbringen können, liegen die Erträge von Flächenpflanzungen bedeutend höher. In der UdSSR wurden bei wildem Sanddorn bis 4 kg/Strauch geerntet, bei den angebauten Sorten sind 16 kg und mehr möglich, in Einzelfällen wurden schon 24 kg registriert. Somit lassen sich Erträge von 100 bis 150 dt/ha erreichen.

Von 'Leikora' wurden im 5. Standjahr 5 bis 7 kg reine Beeren je Strauch geerntet (ALBRECHT und KOCH 1982).

Nutzung

Das knorrige, harte und feste Holz mit einem gelblichen oder elfenbeinfarbenen Splint und braun geflammtem Kern wird von Drechslern geschätzt und eignet sich zur Herstellung kleiner Stücke wie origineller Stöcke, Griffe, Pfeifen, Mundstücke oder Billardkugeln.

Aus der Rinde kann das Alkaloid Hippophaein gewonnen werden, welches zu 0,3 bis 0,4 % in ihr enthalten ist und Antigeschwulstwirkung aufweist.

Aus den frischen, sehr gerbstoffhaltigen jungen Blättern und Trieben läßt sich ein schwarzer Farbstoff gewinnen, während die Beeren im Hausgebrauch dem Gelbfärben von Wolle oder Papier dienen können. Blätter und Jungtriebe eignen sich auch als Viehfutter sowie als natürliches Heilmittel für Tiere.

Die Früchte lassen sich sehr vielseitig verwenden. Empfehlenswert ist der Verzehr gezuckerter Sanddornbeeren.

Als Gehölz insgesamt ist die ingenieurbiologische Nutzung für den Küstenschutz und die Eignung als Pioniergehölz für die Rekultivierung von Halden im Braunkohlentagebau nicht zu unterschätzen. Ebenso ist Sanddorn auch ein rauchhartes Ziergehölz zur Begrünung im städtischen Fußgängerbereich sowie an Plätzen, wenn seine mögliche Belästigung durch Bedornung und Wurzelbrut beachtet wird. Auch zur Flankierung von Verkehrseinrichtungen ist er geeignet. Seine imposante Wirkung in Solitär- und Gruppenpflanzungen durch den bizarren Wuchs, das silberne Laub und den orangefarbenen Fruchtschmuck kommt auch in Sonderanlagen wie Dünen- und Ufergärten sowie gestalteten Latschengebüschen voll zur Geltung. Dabei ist der Kontrast zu dunkelgrünen Koniferen zu betonen. Wegen seines hohen Lichtbedürfnisses ist er aber nicht als Unterpflanzung geeignet. In Gemeinschaftsgartenanlagen und Wochenendsiedlungen kann der Sanddorn als natürliche Hecke zur Abgrenzung und Einfriedung herangezogen werden und zusätzlichen Fruchtertrag abwerfen. Erwähnenswert ist auch das Sanddorngebüsch als Brutstätte, Zufluchtsort und Nahrungslieferant für die heimische Vogelwelt. Insbesondere für Dorngrasmücke, Bachstelze, Bluthänfling, Sprosser und den Rotrückigen Würger bietet das dichte Geäst willkommene Nistgelegenheiten.

Der Sanddorn vereint in idealer Weise Zier- und Obstwert sowie medizinische Bedeutung mit landeskultureller Nützlichkeit.

Abschließende Beurteilung

Sanddorn ist eine Wildfrucht mit hoher ökologischer Plastizität, die seit einigen Jahren zur Kulturobstart aufgestiegen ist. Die Frucht ist durch den Vitaminreichtum gesundheitlich äußerst wertvoll, und ihr hoher Säuregehalt macht sie für die Früchteverarbeitung äußerst interessant. Eine Besonderheit für den Anbau ist die Zweihäusigkeit. Es fruchten nur die weiblichen Pflanzen, welche zur Windbestäubung einen Anteil von etwa 10% männlicher Gehölze benötigen. Die empfindlichen Früchte werden am besten mit dem Fruchtholz geerntet.

Das Gehölz ist relativ trockenheitsverträglich und sehr frosthart, es bestehen auch nur geringe Pflege- und Bodenansprüche. Trotz der frühen Blüte ist die Art sehr ertragsstabil. Es existieren leistungsfähige Sorten. Mit ihnen lassen sich auch plantagenmäßig geringwertige Sandböden bepflanzen, die anderer obstbaulicher Nutzung unzugänglich sind, sogar Splitter- und Restflächen sind ausnutzbar. Ideal ist das Gehölz für den Landschaftsschutz (Lebendverbauung im Küstenbereich, Halden-Rekultivierung, Vogelschutzgehölz). Zusätzlicher Nutzen ergibt sich als Ziergehölz, zur Schmuckreisiggewinnung und als Hecke. Sanddorn eignet sich zur Abgrenzung in Siedlungsbereichen, weniger direkt für Kleingärten.

Schlehe

Andere deutsche Namen Schlehdorn, Schwarzdorn, Prunelle sowie Dorn-schlehe, Dornstrauch, Hageldorn, Heckdorn, Kratzdorn und viele andere, auch mundartliche Bezeichnungen
Wissenschaftlicher Name *Prunus spinosa* L.
Familie Rosengewächse (*Rosaceae*)
Namen in anderen Sprachen

bulgarisch	trunka
dänisch	slaen, enbusk
englisch	blackthorn, sloe, sloebush, sloethorn, sloetree; sloe plum, sloe (Frucht)
französisch	prunellier, épine noire, prunier épineux; prunelle (Frucht)
italienisch	prugnolo; prugno, prugnola (Frucht)
niederländisch	sleedoorn; slee, sleebes (Frucht)
polnisch	śliwa tarnina, tarnina
rumänisch	porumbar
russisch	tern, ternovnik, sliva koljuchaja
schwedisch	slan, slanbär
spanisch	endrinera, endrino, espino negro, bruñera; endrina, bruño, amargaleja (Frucht)
tschechisch	slivon trnka
ungarisch	kökény, tövisfa

Biologische Grundlagen

Herkunftsgebiete und natürliche Verbreitung

Geographisch ist die Schlehe äußerst weit verbreitet und kommt in Europa nahezu überall vor. Sie stellt ein eurasisches Florenelement dar, dessen Ur-sprungsgebiet (Genzentrum) in Vorderasien liegen dürfte. Von dort ist das Gehölz spätestens in der Jungsteinzeit nach Mitteleuropa eingewandert. Hier erstreckt sich das ausgedehnte Verbreitungsareal zwischen 33° und 62° (z. T. sogar 68°) nördlicher Breite sowie zwischen 5° westlicher und 66° östlicher Länge. Es schließt große Teile von Skandinavien und der Sowjet-union ein und greift bis auf Nordafrika über. Im Kaukasus klettert sie bis in Höhenlagen von 1 600 m, in Südtirol werden immerhin noch 1 360 m und in der Westtatra sowie in Bulgarien 1 100 m erklommen. In Nordamerika kommt das Gehölz verwildert vor (Verbreitungskarte s. S. 78).
Ökologisch gilt die Schlehe als eine Sonne und Licht liebende kalkholde Art. Dementsprechend betreffen ihre oft zahlreichen Vorkommen vor allem Gebüsche, lichte Laubwälder, Waldränder, Kahlschläge, Geröllstandorte,

Wälle, Schluchten, Halden, Fels- und Schutthänge, Böschungen, Trocken-hänge, Weinberge und aufgelassene Steinbrüche oder Sandgruben.

Kulturgeschichtliche Bedeutung

Zahlreiche Funde von Schlehensteinen in Pfahlbausiedlungen beweisen, daß die Schlehe schon eine Sammelfrucht der Steinzeitmenschen dar-stellte. Seitdem dürfte sie über lange Zeit ein Begleiter menschlicher An-siedlungen gewesen sein. Dies bezeugt ihre allgemeine Verbreitung.

Die Schlehe ist sicher auch – wie die Kornelkirsche – ein uralter Rausch-spender des Menschen gewesen, lieferte doch ihr vergorener Fruchtsaft ein bekömmliches, gering alkoholhaltiges Getränk. Im Thüringer Raum wird wohl in Nordhausen und Königsee zuerst der Schlehengeist bzw. Schlehen-bitter gebrannt worden sein, der manchen oder manche geschwächt haben dürfte. Den alten Spruch «Viel Schlehen – wenig Jungfrauen» kann man sich vielleicht so erklären. Die HEILIGE HILDEGARD warnte ausdrücklich vor den Schlehen («spinis»), die «frebelkeit» – also Frevelhaftigkeit und Ver-wegenheit – hervorrufen.

Die Existenz vieler Volksnamen für den Schwarzdorn und die Ableitung zahlreicher Ortsnamen von der Schlehe (z. B. Schlehdorf, Schlechten, Schlieven, Schleinitz) bezeugen ihre Nähe zum Alltagsleben früherer Gene-rationen ebenso wie ihre Einbeziehung in die Reime des Volksmundes:

> «In blendend Linnen, klar wie Schnee,
> hüllt sich der schwarze Dorn, der Schleh.»

Auf die frühe Schlehenblüte als phänologischen Fixpunkt im naturverbun-denen Leben des Landmannes bezieht sich eine alte Bauernregel:

> «Soviel Tage vor Georgi (24. April) der Schlehdorn blüht,
> soviel Tage vor Jakobi (25. August) zur Ernte man zieht.»

Stand des internationalen Anbaues

Ein planmäßiger Anbau der Schlehe erfolgt noch nicht. Hier und da findet man sie vereinzelt in Bauerngärten. Ihre Nutzung als Frucht konzentriert sich auf das Abernten der zahlreichen natürlichen Vorkommen. Die Früchte werden besonders in südlichen Ländern gesammelt und gehandelt und finden dort ihre Liebhaber.

Morphologische Merkmale

Die Schlehe ist ein morphologisch außerordentlich variables Gehölz, wel-ches taxonomisch in 2 Varietäten, 4 Subvarietäten und 11 Formen einge-teilt werden kann. Die Hauptunterschiede beziehen sich dabei auf Ausmaß und Art der Behaarung von Blütenstiel und Blattunterseite sowie die Blü-ten- und Fruchtgröße, Austriebszeit (Blüte, Blatt), Größe und Form von Blatt, Dornen und Fruchtstein.

Der Schlehe begegnet man fast ausschließlich als dicht verzweigtem, 1 bis 3 m hohem Strauch. Die flach verlaufenden, weit reichenden Wurzeln bil-den, ähnlich dem Sanddorn, kräftige Schosse. Infolge dieser starken Ver-mehrung durch Wurzelbrut (Ausläufer) tritt das Gehölz meist gesellig auf,

Schlehe
(*Prunus spinosa* L.)
(nach HEGI)

Blütenknospe

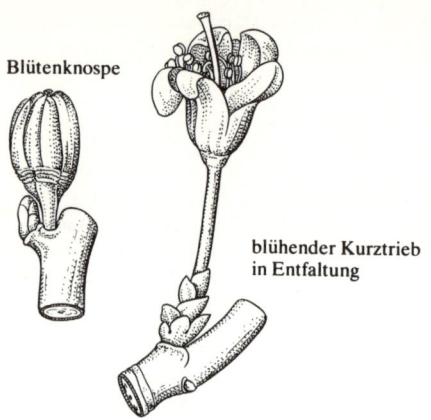

blühender Kurztrieb
in Entfaltung

z. T. sogar in geschlossenen Beständen. Die Äste sind reich verdornt («spinosa»), mit anfangs kantig-rundlichen und samtartig behaarten, rötlichbraunen Trieben besetzt. Die ältere Rinde wird dunkelgrau bis schwärzlich («Schwarzdorn») und etwas rissig. Die Knospen sind eikugelig, rot- oder hellbraun und zerstreut behaart sowie kurz und derb gewimpert.

Das gewellte Blatt hat einen keilförmigen Grund und ist länglich bis verkehrt eiförmig, stumpfspitzig oder zugespitzt, einfach oder doppelt gesägt. Die Unterseite trägt meist einzellige, gekrümmte Haare. Der meist behaarte, unbedrüste Blattstiel wird 2 bis 10 mm lang, die Nebenblätter werden noch länger. Das Blatt zeichnet sich durch eine deutlich xeromorphe Struktur (z. B. dicke Kutikula) aus.

Die Blüte entfaltet sich ab März, vor den Blättern – die Alten nannten dies «fürwitzig» – und vor anderen *Prunus*-Arten. Die bis 15 mm breite Blüte ist kleiner als bei den kultivierten Steinobstarten. Ihre 5 bis 8 mm langen Kronenblätter sind auffällig reinweiß, länglich eiförmig, kurz genagelt und stumpf. In der Blüte stehen 15 bis 20 (und mehr) etwa 5 mm lange Staubblätter, die überwiegend gelbe Staubbeutel tragen. Die dreieckig-eiförmigen Kelchblätter sind 4 mm lang, gesägt und vorn oft bedrüst. Der 3 bis 15 mm lange Blütenstiel ist gerade ausgebildet.

Die kugelige, kirschgroße Frucht (10 bis 15 mm Durchmesser) ist hellblau bis fast schwarz gefärbt und bläulich bereift. Ihr Fleisch schmeckt säuerlich-herb, wird erst nach dem Frost genießbar und löst sich sehr schlecht vom Stein, welcher etwa 20 % der Fruchtmasse ausmacht. Von KOCH (1984) wurde auf der Insel Rügen als Besonderheit eine Schlehe mit ovalen, zwetschenförmigen Früchten gefunden.

Wichtige Inhaltsstoffe

Die Schlehe enthält neben 0,4 bis 0,5 % organischer Säure und etwa gleichviel Pektin immerhin 4,6 bis 10,7 % Zucker und 1,1 bis 1,7 % Mineralsalze. Der Vitamin-C-Gehalt beträgt 45 bis 60 mg/100 g, im Blatt erreicht er sogar bis 195 mg/100 g.

Anbau

Standortansprüche

Die sehr weite Verbreitung der Schlehe besagt, daß ihre Klimaansprüche gering und wenig spezifisch sind. Sie gedeiht in südlichen Ländern ebensogut wie im kühlen Skandinavien und in Gebirgslagen.

Der Schlehdorn wächst auch auf kargen, steinigen Böden noch befriedigend, und er behauptet sich sowohl auf sauren als auch auf alkalischen Böden. Auffällig ist, daß das Gehölz nördlich der Alpen als besonders kalkhold anzusehen ist. Optimal für sein Gedeihen sind fruchtbare Mineralböden und kalkhaltige Lehme, sogar Schwarzerden. In ihrer Anspruchslosigkeit übertrifft die Schlehe noch den Weißdorn (*Crataegus*).

Sorten und Sortenwahl

Im klassischen Altertum gab es wahrscheinlich bereits Kulturformen der Schlehe. Möglicherweise war die Eselspflaume des PLINIUS (23 bis 79 u. Z.) eine großfrüchtige Schlehe, denn er schreibt, sie sei onyxfarbig und würde schlecht schmecken.

Sorten für den Fruchtanbau der Schlehe gibt es heute in Mitteleuropa jedoch noch nicht. Dagegen existieren Gartenformen mit gefüllter Blüte bzw. rosa Blütenfarbe. In Bayern und Württemberg ist man gegenwärtig bemüht, aus der vielgestaltigen Population die besten Formen zu selektieren.

Infolge ihrer hohen Resistenzeigenschaften (Frost, Hitze, Trockenheit, Pilzkrankheiten) erlangte die Schlehe jedoch international Bedeutung für Züchtungszwecke. Als erster kreuzte MICHURIN die Schlehe mit der Hauspflaume und erhielt einige neue Pflaumensorten, von denen 'Reneklod Ternovyj' («Schlehenreneklode»), hervorgegangen aus der Kombination Schlehe (Mutter) × 'Große Grüne Reneklode' (Vater), die bekannteste ist. Inzwischen wurden die zweckmäßigsten Eltern für die Kreuzung dieser beiden Arten ermittelt. Die Schlehe ließ sich aber darüber hinaus bisher auch mit Aprikose, Süßkirsche, Kirschpflaume, Pfirsich und weiteren 9 Wildarten der Gattung *Prunus* kreuzen. Sie ist auch an der züchterischen Synthese von komplizierten Hybriden, die aus mehreren Arten bestehen, als Elter beteiligt. Dieselben sind als Ausgangsmaterial für die weitere Züchtung von Interesse.

In diesem Zusammenhang ist es besonders bemerkenswert, daß der Schlehe eine große Bedeutung bei der Herausbildung der Kulturobstarten zukommt. Die 1931 von CRANE und LAWRENCE aufgestellte und von anderen Wissenschaftlern unterstützte Hypothese, daß die kultivierte Hauspflaume (*Prunus domestica* L.) möglicherweise aus natürlicher Hybridisierung zwischen Schlehe und Kirschpflaume (*Prunus cerasifera* EHRH.) hervorging, konnte inzwischen mehrfach durch das Auffinden «synthetischer» Hauspflaumen-Formen (*Prunus domart*) unter den Sämlingsnachkommenschaften reziproker Kreuzungen beider Arten bestätigt werden. Danach ist die hexaploide Hauspflaume (2n = 48 Chromosomen) als amphidiploider Bastard zwischen der tetraploiden Schlehe (2n = 32) und der diploiden Kirschpflaume (2n = 16) anzusehen. Außerdem kommen in den vermuteten Genzentren der Hauspflaume z. T. Schlehe und Kirschpflaume gemeinsam vor.

Vermehrung

Die Schlehe ist ein typisches Wildgehölz, eine Anzucht in Baumschulen geschieht zu dem Zweck, Vogel-, Windschutz- und Heckengehölze bereitzustellen. Die Vermehrung über Wurzelbrut ist leicht möglich, Sämlinge dagegen wachsen sehr langsam, allerdings ist nach Sofortaussaat eine nahezu 100%ige Keimung zu erwarten.

Pflanzung

Es ist zu beachten, daß sich Schlehen nur als junge Gehölze gut verpflanzen lassen. Ihre Anpflanzung geschieht bevorzugt zur Hangbefestigung oder als wertvolles Hecken- bzw. Vogelschutzgehölz, wobei sie vor allem Kleinvögeln, wie z. B. Dorngrasmücke, sehr gute Nistmöglichkeiten bietet. Großvögel wie Krähe, Dohle und Elster, welche die Schlehenfrucht fressen, tragen dauernd zur natürlichen Verbreitung des Gehölzes bei. Für Hecken pflanzt man mit 50 bis 100 cm Abstand, da die Gehölze langsam wachsen und erst mit 20 Jahren ihre volle Ausdehnung erreichen.

Pflegemaßnahmen

Bodenpflege und Düngung

Sie sind weitgehend entbehrlich, wenn die Schlehe ihr einigermaßen zusagende Bodenbedingungen vorfindet.

Schnitt

Will man Schlehen um der Früchte willen kultivieren, so wird man durch zeitweiliges kräftiges Auslichten vermeiden, daß die Gehölze so dicht werden, daß das Pflücken der Früchte im Inneren der Kronen unmöglich wird. Sogar strenger Schnitt wird von der Schlehe, die man auch gut als Hecke erziehen kann, problemlos vertragen. Den Rückschnitt ins alte Holz aber verträgt die Schlehe schlecht. Bei regelmäßigem Schnitt von der Jugend an lassen sich Schlehen sogar schmalkronig halten.

Pflanzenschutz

An tierischen Schädlingen sind die Pflaumengespinstmotten zu erwähnen, die gerade an Schlehen ziemlich regelmäßig und z. T. massenweise auftreten. Die beiden Arten *Yponomeuta padella* L. und *Y. evonymella* ZELL. bilden im späten Frühjahr dichte Gespinste, die oft den gesamten Busch einhüllen. In ihnen fressen gelbgraue bis grünliche Raupen mit dunkler Rückenlinie und dunklem Kopf. Bei Sommerbeginn erfolgt die Verpuppung innerhalb der Gespinste in aufgehängten Kokons. Im Sommer schlüpfen die hellen, schwach grauen Falter, die etwa 20 mm Flügelspannweite haben. Aus den Eiern schlüpfen im Herbst die Jungräupchen, die als winzige Tiere überwintern und im Frühjahr Knospen und Blätter befressen. Eine Bekämpfung der Gespinstmotten ist schon deswegen nötig, weil sonst Schlehen leicht zum Schädlingsreservoir für benachbarte Pflaumenbestände werden. Es ist eine Winterspritzung mit Dinitromitteln (DNOC) angebracht. Reicht

diese nicht aus, so muß im zeitigen Frühjahr eine insektizide Austrieb-
oder Vorblütespritzung folgen.

Auch die dunkelbraunen Raupen der Pfirsichmotte (*Anarsia lineatella* ZELL.)
schädigen gelegentlich im Frühjahr und Sommer durch Markfraß in den
Kurz- und Langtrieben, wodurch dieselben vertrocknen. Eine Winterspritzung mit Dinitromitteln und auch lindanhaltige Austriebspritzmittel dürften zur Bekämpfung geeignet sein.

Nicht selten wird die Schlehe vom Goldafter (*Euproctis chrysorrhoea* L.) befallen. Seine großen Raupennester sind im Winter gut erkennbar. Da es bei
dichtem Schlehengebüsch kaum möglich ist, dieselben alle durch den
Schnitt zu entfernen, sind insektizide Austriebspritzungen und evtl. weitere
Behandlungen zu Vegetationsbeginn notwendig.

Auch der Baumweißling (*Aporia crataegi* L.) kann als Schädling auftreten.
Er wird wie der Goldafter bekämpft.

Weitere Schadinsekten sind Schlehenspinner (*Orgyia antiqua* L.), Schlehen-
frostspanner (*Phigalia pedaria* F.) und Pflaumenwickler. Schildläuse sind
ebenfalls Schädiger des Schwarzdornes.

An Schlehen treten die gleichen Pilzkrankheiten wie bei Pflaumen auf, aber
die Schlehen sind dagegen weit resistenter.

Für den Pflaumenanbau können Schlehen jedoch zur ernsten Gefahr werden, wenn sie mit dem Scharka-Virus infiziert sind. Daher sind Schlehen in
weniger als 500 m Entfernung von Pflaumenbeständen zu roden.

Ernte und Lagerung

Höchste Erträge bringt die Schlehe auf Standorten, die voll sonnig sind und
lange, warme Sommer aufweisen. Hier sind Erträge von 30 bis 50 kg (und
mehr) je Strauch möglich. Die hartreif geernteten Schlehen lassen sich besser transportieren und lagern als die Früchte anderer Steinobstarten. Ihre
Verarbeitung ist am günstigsten, wenn die Früchte voll aromatisch sind.
Dieser Zustand ist erreicht, wenn sie im Lager runzlig und weich geworden
sind, oder – das ist das beste – wenn sie mehrmals vom Frost durchgefro-
ren wurden. Dann setzt der Abbau der Gerbstoffe ein, und die Frucht saftet
ergiebig.

Nutzung

Das feinfaserige Holz der Schlehe ist zäh und sehr hart. Es hat einen rötlichen Splint, welcher den braunroten Kern umgibt. Das Holz läßt sich gut
polieren und vom Drechsler zu kleinen Stücken verarbeiten. Aus geraden
Stämmchen kann man feste Bergwanderstöcke («Knotenstöcke») fertigen.
Die Dornen der Kurztriebe dienten in manchen Gegenden als Wurstspeile.
Das sparrige, dornige Zweigwerk der Schlehe setzte man in Gradierwerken
gern zur Konzentrierung der Salzsole ein, oder man nutzte es zum Einbin-
den der Stämme von Obstgehölzen gegen Wildverbiß. Der in Holz und
Rinde reichlich enthaltene Gerbstoff war ein Rohstoff der Fellgerberei. Die

Blätter wurden zuweilen als Ersatz für Tabak oder Schwarzen Tee genutzt. Neben Rinde und Wurzel wurden insbesondere die Blüten («Flores Acaciae nostratis») seit dem Altertum medizinisch verwendet. Der Wirkstoff der Blüte ist ein Flavonoidkomplex. Schlehenblüten sind eine harntreibende Droge. Der Tee dient auch in Frühjahrskuren zur Blutreinigung und gilt nach KNEIPP als mildes («schuldloses») Abführmittel. Schlehenblütennektar bzw. Schlehenblütensirup gebraucht man in der Homöopathie und verbreitet als mildes Abführmittel, Naschwerk und Brotaufstrich im Thüringer Wald und in der Rhön.

Die sehr herben Früchte sind für den Rohgenuß ungeeignet. Normal reif weisen sie einen stark adstringierenden Geschmack auf. Sie lassen sich aber nach Beginn des Gerbstoff- und Säureabbaues, besonders erst nach Eintritt der Herbstfröste geerntet, verschieden verarbeiten. Sowohl Mischfruchtsäfte, Mus und Kompott als auch Wein und Likör kann man aus Schlehen bereiten. Da die Früchte schnell und gut gelieren, liefern sie auch ein sehr gutes Gelee. Zubereitungen aus Schlehen, vor allem süß-sauer eingelegte Früchte, werden gern zu Wildgerichten gereicht. Gedörrte Früchte werden zuweilen als Hausmittel geschätzt (Sowjetunion, Österreich). Einst war es auch üblich, die Früchte beim Spinnen zur Beförderung des Speichels zu kauen (siehe auch Rezeptteil).

Als bodenständiges Gehölz ist die Schlehe für verschiedene Zwecke in der Landschaft bedeutsam. Das Ziergehölz Schlehe kommt in der Nachbarschaft von Wildrosen wirkungsvoll zur Geltung und läßt sich infolge seiner Industriefestigkeit auch in den Freiräumen von industriellen Ballungszentren in größeren Beständen anpflanzen. Die Schlehe ist als Bienenweide ein mäßiger Nektar- und ein guter Pollenspender.

Im Ausland dienen Schlehen teilweise als schwachwachsende Obstunterlage für Pflaume und Pfirsich, wobei allerdings ihre Wurzelschoßbildung negativ zu beurteilen ist.

Abschließende Beurteilung

Die Schlehe ist ein bodenständiges, kalkholdes, sehr blühwilliges Wildfruchtgehölz und in Feld und Flur allgemein verbreitet. Die Pflanzung erfolgt primär für den Landschaftsschutz auf Rainen und Böschungen sowie in Schluchten (Hangbefestigung, Hecken- und Vogelschutzgehölz). Schlehen sind absolut frosthart, äußerst genügsam (Boden, Trockenheit), robust und industriefest, verlangen aber volle Sonne. Auch als Ziergehölz, besonders vergesellschaftet mit Wildrosen, sind Schlehen mit ihrem Blüten- und Fruchtschmuck interessant. Außerdem stellen sie eine gute Bienenweide dar. In der Nachbarschaft von Pflaumen sind die Schlehen wegen Übertragbarkeit der Scharka-Virose zu meiden. Die sehr herben und sauren Früchte lassen sich erst nach dem Gerbstoffabbau, am besten nach Frosteintritt, verwerten.

Schwarze Maulbeere

Andere deutsche Namen keine, nur mundartliche Bezeichnungen wie Mulbeer (Elsaß), Rumelberboam (Helgoland)
Wissenschaftlicher Name *Morus nigra* L.
Familie Maulbeergewächse (*Moraceae*)
Namen in anderen Sprachen

albanisch	man i zi
bulgarisch	cherna chernica
dänisch	sort morbær
englisch	black mulberry tree; black mulberry (Frucht)
finnisch	musta silkkiäispuu
französisch	murier noir; mure noire (Frucht)
italienisch	gelso a frutto nero; mora, mera (Frucht)
niederländisch	zwarte moerbei (zwarte moerbezie)
norwegisch	svart morbærtre
polnisch	morwa czarna
portugiesisch	amoreira negra
rumänisch	dudul negru, dud negru
russisch	tut, shelkovica chernaja
schwedisch	svart mullbärträd
serbokroatisch	crni dud
slowakisch	moruša čierna
spanisch	moral, morera negra; mora (Frucht)
tschechisch	morušovnik černý, moruše černa
ungarisch	fekete v török szederfa, fekete eperfa, savanyú eperfa

Biologische Grundlagen

Herkunftsgebiete und natürliche Verbreitung

Die Schwarze Maulbeere ist vom Kaukasus bis Mittelasien beheimatet. Sie ist von dort aus vor einigen Jahrhunderten nach Europa eingewandert und wird heute in Südeuropa zur Fruchtnutzung angebaut.

Kulturgeschichtliche Bedeutung

Unter den Maulbeerarten haben die Schwarze und die Weiße Maulbeere die größte Bedeutung. Sie sind beide asiatischen Ursprungs und gehören mit zu den ältesten Kulturpflanzen des Menschen. Insbesondere gilt dies für die aus Ostchina stammende Weiße Maulbeere (*Morus alba* L.), welche mit ihrem Laub die Futtergrundlage für die Seidenraupenzucht bildet.
Es ist daher nicht verwunderlich, daß Maulbeeren in Brauchtum und Sprache seit langem Eingang fanden. Der taoistische Priester z. B. bereitet aus

dem Harz des Pfirsischbaumes («Yang») durch Mischen mit der Asche des Maulbeerbaumes eine Arznei, nämlich die «Pillen der Unsterblichkeit».
Bei den Griechen war die Schwarze Maulbeere dem Pan geheiligt und galt als Symbol der Klugheit, da der Baum seine Knospen erst entfaltet, wenn keine Kälte mehr zu befürchten ist. Daher nannte PLINIUS die Maulbeere auch «sapientissima arborum».
Die Bezeichnungen «tut» bzw. «tuta» für Maulbeere in der Sprache zahlreicher Türkvölker (z. B. Farsiden, Araber, Uzbeken, Turkmenen) sind ein Beweis für die allgemeine Wertschätzung dieser Gehölze seit altersher. Auch das «tula» des Sanskrit geht auf den gleichen Wortstamm zurück. Nachdem die Kenntnis der Seidenraupenzucht im 6. Jahrhundert zur Zeit des Kaisers JUSTINIAN bis nach Konstantinopel gelangte, drang wahrscheinlich die Kunde von jenem Erwerbszweig in Verbindung mit dem Maulbeeranbau weiter nach Westen vor. Im 12. Jahrhundert ist die Maulbeere jedenfalls in Europa bekannt, für das Ende des 15. Jahrhunderts wird dies für Frankreich und für das 16./17. Jahrhundert für Deutschland bezeugt.

Stand des internationalen Anbaues

Heute werden sicher überall dort, wo Maulbeeren angebaut werden, auch ihre Früchte als Nahrungsmittel oder Obst geschätzt und mit verwertet. Insbesondere gilt dies für Ostasien (Korea, China und Japan), Südostasien, Vorderasien (Iran, Türkei) und den Süden der UdSSR sowie Südeuropa. Oft gehen dabei sicherlich Seidenraupenzucht (Weiße Maulbeere) und Obstnutzung (Schwarze Maulbeere) parallel. In Brasilien erlangte die Schwarze Maulbeere stärkere Bedeutung als Frischobst und Obstkonserve. Andererseits dient das Mehl getrockneter Weißer Maulbeeren den Bergvölkern Asiens, wo die Maulbeere teilweise bis in 2000 m Höhe vordringt, als Nahrungsmittel.

Morphologische Merkmale

Maulbeeren gehören wie Feige und Gummibaum zur Familie der Maulbeergewächse (*Moraceae*). Die Schwarze Maulbeere bildet einen bis 15 m hoch werdenden Strauch bzw. Baum mit lockerer Krone, der einen sehr späten Blattaustrieb (Mai) zeigt. Jener fällt mit der Blüte zusammen.
Die z. T. buchtig gelappten oder eingeschnittenen, breit eiförmigen, oberseits rauhen Blätter enthalten wie die jungen Triebe weißen Milchsaft.
Aus den relativ unscheinbaren weiblichen Blüten entwickelt sich ein in Größe, Form und Farbe brombeerähnlicher Sammelfruchtstand. Die Maulbeere stellt eine Scheinbeere dar, weil der eßbare Teil aus den fleischig gewordenen Blütenhüllblättern hervorgeht. Bei nicht stattfindender Befruchtung können sich auch samenlose Früchte bilden. Die Früchte reifen ab Juni über mehrere Wochen hinweg folgernd. Sie sind vollreif glänzend purpurschwarz gefärbt, enthalten stark rotfärbenden Saft und schmecken fast aufdringlich süßlich. Ihr eßbarer Anteil macht etwa 95 % aus und die mittlere Einzelfruchtmasse beträgt 2,5 g. Die «Beeren» haben einen eigenartigen, aber angenehmen Duft. Sie sind sehr saftig und weich.

Wichtige Inhaltsstoffe

Neben dem bemerkenswerten Farbstoffgehalt des Fruchtsaftes ist vor allem der hohe Zuckergehalt der Frucht auffällig. Er kann etwa 7 % betragen, wobei Fruktose und Glukose überwiegen. Die organischen Säuren (Apfel- und Zitronensäure) und die Mineralsalze erreichen etwa einen Gehalt von je 0,5 % in den frischen Früchten. Der Vitamin-C-Gehalt von etwa 6 mg/100 g ist unbedeutend.

Anbau

Standortansprüche

Die Bodenansprüche sind gering, auch geringwertige Böden lassen sich ausnutzen. Lockere und frische Böden in gutem Kulturzustand fördern von Jugend an das Wachstum, welches relativ langsam erfolgt. Infolge Frostempfindlichkeit sind in Mitteleuropa für die Schwarze Maulbeere warme, sonnige und geschützte Lagen besonders zusagend. An solchen Standorten können die Gehölze ein hohes Alter erreichen.

Sorten und Sortenwahl

Von der Schwarzen Maulbeere existieren in Mitteleuropa keine Sorten. Dagegen gibt es einige Sorten der Weißen Maulbeere, die sich durch Veredlung vermehren lassen und wegen ihrer spezifischen Wuchseigenschaften z. T. von Liebhabern besonders geschätzt werden:
'Aurea' (gelbes Laub)
'Constantinopolitana' (großes Laub, dichter Wuchs, Frucht schwarzrot)
'Nana' (Zwergwuchs)
'Pendula' (Hängewuchs)
'Tatarica' (kleines Laub, Frucht meist tiefrot).

Vermehrung

Stratifiziertes Saatgut keimt bei Aussaat im April/Mai sehr gut und behält seine Keimkraft 2 bis 3 Jahre. Die Sämlinge fallen aber nicht echt aus. Die Veredlung auf Sämlinge der Weißen Maulbeere kommt primär für besondere Zierformen oder in Ländern mit Seidenraupenzucht für hochwertige, großblättrige Formen der Weißen Maulbeere selbst in Frage. Sie erfolgt in südlichen Ländern wie Italien im Freiland durch eine Sonderform des Pfropfens hinter die Rinde (sogenannte «Hechtschnabelveredlung») und in Mitteleuropa als Winterhand-Veredlung getopfter Sämlinge im Gewächshaus. Nicht angewachsene Veredlungen können durch Okulation nachveredelt werden. Unter Umständen ist auch Vermehrung durch Ableger möglich.

Pflanzung und Pflegemaßnahmen

Hierbei interessiert in erster Linie die Schwarze Maulbeere, welche bei uns meistens nur als Einzelgehölz angepflanzt werden dürfte. Dabei ist den Sträuchern bzw. Bäumen ein Pflanzabstand von etwa 6 m untereinander

195

oder gegenüber anderen Gehölzen zuzumessen. Wenn die Standortwahl richtig ist, so erübrigen sich weitere Pflegemaßnahmen weitgehend, denn die Maulbeere ist als jährlich sehr reich und regelmäßig fruchtendes Gehölz bekannt.

Bei der Pflanzung ist neben einem Pflanzschnitt der Krone auch die fleischige, safrangelbe Wurzel mit scharfem Messer stark einzukürzen und anschließend in Lehmbrei zu tauchen. Die Wurzeln faulen leicht bei der Herbstpflanzung, daher ist die Frühjahrspflanzung zu bevorzugen.

Ernte und Lagerung

Bereits nach wenigen Standjahren bringt die Maulbeere reiche, regelmäßige Erträge durch Fruchtansatz am vorjährigen Holz. Die Früchte reifen sehr folgernd, so daß sie im Verlaufe von etwa 6 Wochen nacheinander zur Reife gelangen. Die ersten reifen Früchte werden in der Regel von den Kindern bevorzugt genascht. Wenn die Hauptmenge der Früchte genußreif wird, dann sind diese auf breitliegende Folienplanen abzuschütteln. Die sehr saftigen Früchte sind im reifen Zustand nur 1 bis 2 Tage lagerfähig, da sie leicht in Fäulnis übergehen. Infolgedessen sind sie rasch roh zu verzehren oder der häuslichen Verwertung zuzuführen.

Es ist zu beachten, daß die weichen, reifen Früchte von selbst abfallen und dabei durch ihre Färbekraft, vor allem in öffentlichen Anlagen, leicht belästigend wirken können.

Nutzung

Das Holz der Schwarzen Maulbeere ist weit weniger wertvoll als das wegen seiner Härte, Dauerhaftigkeit und Polierfähigkeit sehr geschätzte Nutzholz der Weißen Maulbeere.

Die vollreif sehr süßen, saftigen und angenehm säuerlichen Früchte kann man zwar roh, aber nur in begrenzter Menge verzehren. Die Verwertung der Früchte ist deshalb die Regel.

Gut lagerbar sind Früchte, deren Wassergehalt von 89% durch Trocknung auf 15% zurückging. Diese Trockenfrüchte sind schmackhaft und farbintensiv. Aus ihnen läßt sich ein aromatischer Tee bereiten, welcher besonders bei Entzündungen der Mundhöhle heilend wirkt.

Frische Beeren dienen mitunter als Kuchenbelag. Die Früchte lassen sich auch zu Gelee, Marmelade, Kompott, Saft und honigartigem Sirup («Bekmes») verarbeiten. Diese Verarbeitungsprodukte werden in der Volksmedizin auch gegen Fieber sowie bei Störungen im Verdauungs- sowie Herz- und Gefäßsystem angewendet. Der Sirup, welcher eine schöne, durchscheinend rosa Färbung aufweist, mindert Schleimhautentzündungen im Hals und in der Mundhöhle, außerdem wirkt er schweißtreibend. Der intensiv rote Saft wird als natürlicher Farbstoff bei der Weinbereitung und in der Süßwarenindustrie geschätzt. Bereits Griechen und Römer verwendeten den Fruchtsaft zum Färben des Rotweines. Siehe auch Rezeptteil.

Zu Süßwaren wird in südlichen Ländern auch gern das Fruchtkonzentrat unter Zusatz von Bienenhonig benutzt.

Maulbeeren – die Früchte der Weißen Maulbeere sind extrem süß und fad im Geschmack – spielten bei zahlreichen südlichen Völkern eine besondere Rolle als Zuckerersatz. Die kleinen Samen der Frucht enthalten etwa 17 % Fett. Dieses schmackhafte Öl kann in der Nahrungsmittelindustrie, für kosmetische Erzeugnisse oder zur Lackherstellung genutzt werden.

Abschließende Beurteilung

Die Schwarze Maulbeere mit ihren süßen, brombeerartigen Früchten ist eine alte Kulturpflanze. Sie stellt geringe Bodenansprüche, bevorzugt aber geschützte, wärmere Lagen. Die Pflanzung erfolgt vorwiegend als Einzelbaum oder Großstrauch, auch in Parkanlagen. Als Hecke ist sie kaum geeignet. Laubaustrieb und Blüte erfolgen erst spät im Mai.

Die purpurfarbenen Früchte reifen ab Juni folgernd über mehrere Wochen hinweg. Sie eignen sich neben dem Rohgenuß, vor allem durch Kinder, zur Bereitung von Kompott und Marmelade im Haushalt. Der Saft ist ein intensiver Naturfarbstoff.

Oft bekannter als die Schwarze ist die Weiße Maulbeere mit deutlicher gelappten Blättern von sehr variabler Form und weniger wohlschmeckenden weiß-rosa gefärbten Früchten. Sie ist eine gute Heckenpflanze und bildet vor allem mit ihrem Laub die Futtergrundlage für die Seidenraupenzucht.

Schwarzer Holunder

Andere deutsche Namen Gemeiner Holunder, Holunderbusch, Holunder-
strauch, Holder, «Flieder»
Wissenschaftlicher Name *Sambucus nigra* L.
Familie Geißblattgewächse (*Caprifoliaceae*)
Namen in anderen Sprachen

albanisch	shtoy
bulgarisch	cheren b'z, svirchovina
dänisch	hyld
englisch	common elder, european elder, bourtree; elderberry (amer.)
finnisch	selja
französisch	sureau noir, sureau commun, grand sureau, seu, sus, arbre de Judas
italienisch	sambuco, zambuco, sambiig (im Tessin), sambuco nero
niederländisch	vlier
norwegisch	hyll
polnisch	dzika bez szarny, bez lekarski
portugiesisch	sambugueiro
rumänisch	boz negru, soc negru
russisch	buzina chernaja
schwedisch	fläder
serbokroatisch	bazga, zova
slowakisch	baza
spanisch	saúco, canillero, saúco negro
tschechisch	bez černy
ungarisch	fekete bodza, bodza(fa)

Biologische Grundlagen

Herkunftsgebiete und natürliche Verbreitung

Der Schwarze Holunder ist ein in Mitteleuropa heimisches Gehölz. Seine
ursprünglichen Standorte waren Auwälder und Flußufer. Heute ist die Art
fast in ganz Europa, von Skandinavien (bis 63° nördlicher Breite) bis zur
Donaumündung anzutreffen. Man findet ihn im Kaukasus, in Kleinasien,
selbst in Westsibirien und Nord-Afrika.
An Feldrainen, Zäunen und Dorfangern, auf Schutthalden, Müllkippen und
Eisenbahndämmen, in verwilderten Gebüschen und lichten, krautreichen
Wäldern sowie oft in Siedlungsnähe kommt er reichlich vor. Überall dort,
wo der Boden zumindest feucht und durch Abfalldeponie häufig noch stick-
stoffreich ist, siedelt sich Holunder fast schon als lästiges Unkraut an. Es ist
anzunehmen, daß Samen durch Vögel und mit modernen Verkehrsmitteln

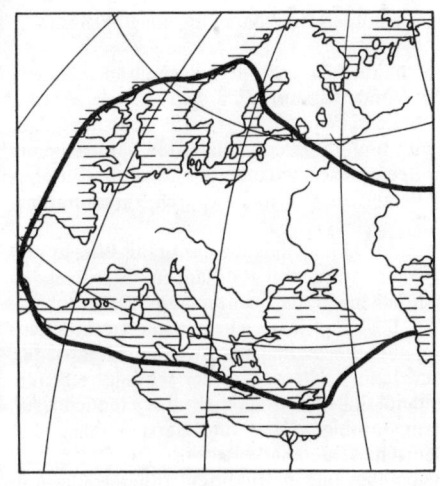

Natürliches
Verbreitungsgebiet
des Schwarzen Holunders
(nach Atlas … 1973,
verändert)

nach und nach auch in Gebiete gelangt, in denen er bis heute noch nicht
zur Landschaft gehört. Bei der großen Anbaubreite dürfte sich sein Vorkommen noch erweitern.

Kulturgeschichtliche Bedeutung

Der Schwarze Holunder hat viele volkstümliche Namen. Im Althochdeut-
schen bezeichnete man ihn als holantar oder holuntar. («hohl»). Die Nach-
silbe -tar bedeutet dabei Baum. Im mittel- und oberdeutschen Sprachraum
ist das Wort Holunder, oft verändert durch dialektische Abwandlungen, allgemein üblich. Im Niederdeutschen, aber auch oft in Sachsen, spricht man
von «Flieder.» Diese Bezeichnung gibt jedoch zu Verwechslungen mit dem
Gemeinen Flieder (*Syringa vulgaris* L.) Anlaß. Als landschaftsgebundene
Abwandlungen des Wortes Holunder gelten z. B. in Thüringen Hulandr, im
bayrisch-österreichischen Dialekt Holler oder Hulla, im Elsaß Hollert, Hau-
ler(t) oder Holdert, in der Schweiz und in Schwaben Holder(stock). Die niederdeutschen volkstümlichen Bezeichnungen gehen meist auf das Wort
Flieder zurück, so z. B. Fledderbeernbusch in Schleswig, Fledder in Ostfriesland, Fler und Flier in Lübeck. Streng landschaftsgebunden sind u. a.
Bezeichnungen wie Ellhorn in Ostfriesland oder Holstein, Alhören in Göttingen oder der typisch Leipziger Ausdruck Schiwicken bzw. Schiebchen in
Halle. Die Nennung ortsgebundener Namen ließe sich noch lange fortset-
zen. Die Vielfalt beweist die Bedeutung des Holunders, der auch im
Brauchtum mancher Völker, wohl hauptsächlich wegen der Heilwirkung
seiner Blüten, eine Rolle spielte.
Als Obst wird der Holunder schon seit Jahrtausenden genutzt. Wie Funde
beweisen, war bereits den Bewohnern der Pfahlbauten in der Stein- und
Bronzezeit die Nutzung des Holunders bekannt. Die Früchte dienten zum

Färben und zur Musbereitung, die hohlen Holzröhren als mit Bogensehnen betriebene Bohrer.

Dem Holunder schrieb man in zahlreichen Legenden, Sagen und Märchen der nördlichen Halbkugel viele Wunderwirkungen zu. Schon in der Antike galten seine Zubereitungen als heilend (Wurzelsaft gegen Wassersucht, Saft gekochter Rinde schweißtreibend und abführend, Blättertee harntreibend, Blütentee fiebersenkend, reife Beeren darmheilend), aber auch der infolge des Genusses grüner, unreifer Beeren ausgelöste Tod durch Verkrampfung war schon damals bekannt.

Im Mittelalter verzerrte Hexen- und Dämonenglaube das uralte Wissen um seine Heilkraft. Der Holunderstrauch wurde mit Hautlappen, Eiter, Nägeln und Zähnen kranker Menschen behangen, da man annahm, seine unbändige Wuchskraft verbrauche das Böse und in gleichem Maße gesunde der Kranke. Nach und nach fanden aber die zahlreichen Anwendungen wieder breiten Eingang in die Volksmedizin. Insbesondere der schweißtreibende «Flieder»-Tee wurde fester Bestandteil der Hausapotheke des Einödbauern. («Flieder» erklärt sich aus dem unruhigen Hin- und Herschwanken der Blätter im Wind; mittelhochdeutsch «vlederen» = flattern). Die Oleoiniker des Thüringer Waldes rieben, preßten und destillierten früher Heilmittel aus Rinden, Blättern, Blüten und Früchten dieses dankbaren Wildfruchtgehölzes. Mischungen aus Holunder (Blätter, Blüten), Hahnenfuß, Hartheu, Lorbeer, Mohn und Raute dienten eine Zeit lang als abtreibender «Muttertrunk».

In ländlichen Gegenden galt der Holunder seit der Zeit der Germanen auch als Sitz eines wohlgesonnenen Hausgeistes, und bei einem Schlaf in seinen Schatten würde man von Frau Holle bewacht. Daneben wurde in ihm ein Schutz gegen Ungeziefer in Haus und Hof sowie bei dem Vieh vermutet. Die tiefe Verwurzelung des Holunders im Volke fand auch in einem Gedicht aus dem 19. Jahrhundert seinen Ausdruck, das sich auf seine urwüchsige Vitalität und Regenerationskraft bezieht (LUDWIG 1982, S. 214):

Getreue Nachbarn

Nachbars Kinder und Nachbars Holunder
bannest Du nie auf die Dauer;
schließt Du ihnen die Türe, o Wunder,
klettern sie über die Mauer!

Die allgemeine Wertschätzung des Holunders auf dem Lande findet in der alten Redensart «Vor dem Holunder den Hut herunter!» seinen Ausdruck. Noch 1910 soll in dem Ort Crock südlich des Thüringer Waldes einem Holunderbusch durch Grüßen mit der Kopfbedeckung diese Ehrerbietung zuteil geworden sein.

Heute ist die sammelwürdige Wildfrucht Holunder allen bekannt, Holundersuppe und Holundersaft werden in ländlichen Gegenden hoch geschätzt.

Trotz der vielfältigen Verwendungsmöglichkeiten wurde Holunder bisher nicht planmäßig angebaut. Man erntete die Büsche ab, wo man sie fand. Sicherlich standen sie schon, solange Menschen Gärten pflegen, hier und da im Bauerngarten, und der Ertrag wurde genutzt. Als vollwertige Obstart wurde die wertvolle Frucht jedoch kaum behandelt. Erst in letzter Zeit mehren sich ernsthafte Versuche, um Holunderfrüchte mit Hilfe neuzeitlicher Anbauverfahren zu erzeugen. Holundersaft ist als Rohstoff für die Verarbeitungsindustrie interessanter geworden.

Stand des internationalen Anbaues

Um die Möglichkeiten zu prüfen, Holunder in großem Maßstab anzubauen und industriemäßig zu verarbeiten, werden mit dem Ziel, moderne Produktionsverfahren zu entwickeln, seit etwa 30 Jahren in verschiedenen Gebieten Versuche angestellt. Pionierarbeit leisteten für Europa Institute in Dänemark (DUGGEN 1977). Bereits 1954 begann man in Hornum (Jütland) mit der Selektion großfrüchtiger Formen. Dabei entstanden wertvolle Sorten. Gleichzeitig stellte sich heraus, daß sich diese hinsichtlich ihrer Inhaltsstoffe und Geschmackswerte deutlich unterscheiden können. So gibt es typisch saure wie süße Sorten.

Nicht weniger interessant sind die Bemühungen um die Entwicklung eines praxisreifen Produktionsverfahrens von STRAUSS und NOVAK (1971) in Österreich. Von Ausgangsmaterial aus den Klosterneuburger Donau-Auen selektierten sie Formen, deren Großanbau lohnen dürfte. Über erfolgreiche Bemühungen, wertvolle Herkünfte auszulesen, berichten aus den USA u. a. WAY und LAMB (1965), die Anbau, Düngung, Schnitt usw. von 10 verschiedenen Sorten erläutern. Auch in Kanada befaßt man sich neuerdings zielstrebig mit dem Holunderanbau (CRAIG 1966).

Die Holunder-Selektion begann in den USA in Ohio 1890, 1920 wurden durch D. ADAMS die ersten beiden Sorten gezüchtet. 1921 schuf L. BURBANK die Sorte 'Superb'.

Die Arbeiten am Schwarzen Holunder sind ein treffendes Beispiel dafür, wie man in relativ kurzer Zeit nicht nur aus einer Wildform eine Kulturpflanze machen, sondern darüber hinaus noch ein komplettes Produktionsverfahren entwickeln kann.

Zweifellos wird der Anbau des Schwarzen Holunders sich noch in vielen anderen Ländern durchsetzen. Dabei geht es nicht nur darum, Reserven zu erschließen. Im Vordergrund steht die echte Erweiterung der Rohstoffbasis für die obstverarbeitende Industrie durch einen leicht zu erzeugenden, ernährungsphysiologisch wertvollen und im Geschmack gegenüber anderen Obstrohstoffen andersgearteten Grundstoff.

Morphologische Merkmale

Schwarzer Holunder bildet große, rasch wachsende, bis etwa 5 m hohe Sträucher. Auch bis etwa 6 m hohe Bäume mit mehr oder weniger ausladender Krone und meist krummen, oft verkrüppelten, bis 40 cm starken Stämmen sind nicht selten. Die Krone, gleichgültig ob beim Strauch oder beim Baum, ist meist sehr ungleichmäßig entwickelt, lappig und häufig durch äußere Einwirkungen einseitig geworden.

Die Borke ist hellgrau bis schmutzig-braun gefärbt und tiefrissig. Der Holunder wurzelt nur flach.

Die meist bogenförmig nach unten gekrümmten Äste und Zweige sind hellgrau oder auch gelbbraun bis graugrün, kantig, mit vielen rostfarbenen Rindenporen. Auffällig ist das sehr locker aufgebaute, bis etwa 1 cm starke Mark. Der Holunder hat gegenständige, abstehende, kahle, nur am Grunde locker beschuppte Knospen, die gerade über den großen halbmondförmigen, fünfspurigen Stielnarben stehen.

Die Laubblätter erscheinen sehr früh, oft schon im März, lange vor den Blüten. Sie sind gegenständig, unpaarig gefiedert mit meist 5 elliptischen oder länglichen, geschweift-zugespitzten, grob und scharf gezähnten, spärlich behaarten, oberseits dunkelgrünen, unterseits helleren Fiederblättchen. Dabei sind die Endblätter größer als die seitlichen. Der Blattstiel ist oberseits rinnig. Am Blattgrund stehen kleine, drüsenartig-fadenförmige, hinfällige Nebenblätter. Der bewimperte Blattstiel sondert Honigseim ab, der von Ameisen willig aufgesucht wird.

Die Blüten des Holunders sind klein, gelblich-weiß, fünfzählig, in großen, reich- und dichtblütigen, an den Zweigen endständigen, 5strahligen, schirmförmigen, flachen Trugdolden angeordnet. Blühende Holunderbüsche verbreiten einen durchdringenden, nicht gerade angenehmen, süßlichen Geruch. Die Blüten sondern keinen Nektar ab.

Die kugeligen, beerenartigen Steinfrüchte des Holunders werden 5 bis 6 mm lang, sie sind meist 3fächerig, glänzend schwarzviolett, mit kräftig-rotem Saft. Die bräunlichen, nach außen gewölbten Samen haben eiförmige Gestalt.

Wichtige Inhaltsstoffe

Die Früchte des Holunders enthalten reichlich Apfel- und Weinsäure, jedoch keine Zitronensäure, ferner Baldrian- und Essigsäure. Neben etwas Eiweiß finden sich Gerbstoffe, die wesentlich dazu beitragen, die vorhandenen Vitamine zu stabilisieren. Von den Mineralstoffen ist neben Kalzium und Phosphor vor allem Kalium stark vertreten. Die Vitamingarnitur ist umfangreich und bleibt infolge der stabilisierenden Wirkung der Gerbstoffe auch bei der Konservierung weitgehend erhalten:

Wichtige Inhaltsstoffe der Holunderbeeren
(mg in 100 g Frischsubstanz), entnommen bei WIELOCH 1978

Karotin	0,20 bis 0,51	Vitamin C	18,0
Vitamin B_1	0,065	Natrium	0,5
Vitamin B_2	0,078	Kalium	305,0
Nikotinsäureamid	1,48	Kalzium	35,0
Pantothensäure	0,18	Phosphor	57,0
Vitamin B_6	0,25		

Infolge der günstigen Zusammensetzung ist der aus Früchten gewonnene Saft wohlschmeckend und wird zur Herstellung vieler Speisen verwendet.
Im Preßsaft, der 6 bis 10 g/l Mineralstoffe enthält, ist auch ein hoher Gehalt an Aminosäuren (5 bis 8 g/l) nachweisbar, wobei es sich zu 40 bis 50 % um essentielle Aminosäuren handelt. Dies macht den Holunder ernährungsphysiologisch interessant, allerdings erschwert sich durch diese Verbindungen auch seine Verarbeitung.

Der intensive Farbstoff der Beeren ist das Anthocyan Sambucyanin. Das Laub des Holunders ist ebenso wie die nicht vollreifen Beeren giftig. Es enthält das Blausäure abspaltende Glykosid Sambunigrin, ein dem Coniin ähnliches Alkaloid, und ein emulsinartiges Enzym, so daß aus 100 g frischen Blättern bis 10 mg Blausäure gewonnen werden können. Vor dem Genuß unreifer Beeren bzw. ungekochter Früchte überhaupt muß gewarnt werden. Möglicherweise in frischen Beeren noch vorhandenes Sambunigrin wird jedoch bei 100°C durch den Kochprozeß völlig abgebaut, so daß sterilisierter Saft grundsätzlich frei von Giftstoffen ist.

Die getrockneten Blüten, die im Gegensatz zu den übelriechenden frischen Blüten sehr aromatisch duften, sind seit Urzeiten ein wirksames Volksheilmittel. Sie enthalten ätherische Öle, welche die Drüsensekretion anregen, so daß über Schweißabsonderungen Krankheitsstoffe ausgeschieden werden und der Heilprozeß insbesondere bei fiebrigen Erkrankungen gefördert wird. Der «Fliedertee» hat auch eine stark harntreibende Wirkung. Man nutzt diese Eigenschaft, um Schlackenstoffe aus dem Kreislauf zu entfernen.

Anbau

Standortansprüche

Holunder ist sehr frosthart. Aus diesem Grunde findet man ihn auch oft in Höhenlagen, in den Alpen bis zu etwa 1 200 m hoch. Auch die Blüte zeichnet sich durch nur geringe Frostempfindlichkeit aus. Ausgesprochene Frostlagen sollte man jedoch vom Anbau ausschließen, sonst bestehen keine Einschränkungen. Der Holunder ist, auch was die Gefährdung der Blüten durch Spätfröste anbetrifft, unserem Klimaablauf sehr gut angepaßt. Er blüht in der Regel erst nach den Mitte Mai zu befürchtenden Frösten auf.

Holunder gedeiht am besten auf tiefgründigem, stets ausreichend feuchtem, fruchtbarem Boden. Für eine optimale Entwicklung muß man relativ hohe Ansprüche an die Bodenqualität stellen. Am geeignetsten sind gut mit Nährstoffen versorgte sandige Lehmböden. Sie sollen tiefgründig und gleichmäßig feucht sein. Böden, die zeitweilig unter stauender Nässe leiden, sind ungeeignet. Besonders während der zweiten Jahreshälfte trockene Standorte lassen keine guten Erträge erwarten. Bei geeigneten Böden in Waldnähe ist die Gefährdung durch Vogelfraß richtig abzuwägen.

Sorten und Sortenwahl

Insbesondere bei geschlossenen, größeren Pflanzungen ist auf die Wahl der für den Standort geeignetsten Sorten größter Wert zu legen. Bei planmäßigem Anbau dominieren jeweils bestimmte Gebietssorten.

So empfehlen STRAUSS und NOVAK (1971) die starkwachsende Sorte 'Haschberg', die hohe, zuverlässige Erträge bringt, ferner die allerdings schwer vermehrbare, aber wegen der um 10 bis 14 Tage früheren Reife als Arbeitsausgleich wichtige und obstbaulich wertvolle Sorte 'Donau'.

In Dänemark hat sich die Sorte 'Hamburg', eine starkwüchsige Form, bewährt. Besonders empfohlen werden jedoch wegen des sehr guten Holunderbeergeschmackes 'Korsör' und eine neue wertvolle Auslese, die den Namen 'Sambu' bekommen hat (DUGGEN 1977). 'Korsör' wächst aufrecht, kräftig, hat große, etwas lockere Fruchtstände mit roten Stielen und Stielchen. Die Reife erfolgt mit Ausnahme einiger Beeren gleichmäßig. Die Beeren sind rund und glatt, mit gutem, mildem und süßem Geschmack. Saft etwas hell, Reife mittelfrüh.

'Sambu' wächst mittelhoch, mittelkräftig mit einer großen Anzahl aufrecht stehender Triebe; Fruchtstände mittelgroß, gleichmäßig reifend, ohne Rotfärbung der Stiele. Die großen roten Beeren haben einen kräftigen Holundergeschmack sowie stark gefärbten Saft, sie sind nicht bitter und reifen früh.

Die in Dänemark geprüften amerikanischen Sorten konnten nicht befriedigen, sie hatten keinen typischen Holundergeschmack (DUGGEN 1977) und gehen wohl sämtlich auf *Sambucus canadensis* L. zurück.

Anbauempfehlungen für ausländische Sorten setzen, besonders wenn diese aus andersgearteten Klimagebieten kommen, in jedem Fall eine Prüfung am engeren Standort voraus.

Einige der älteren dänischen Sorten haben sich im Elbtal bei Pillnitz gut bewährt. Leider liegen keine exakten Sortenprüfungen vor.

Eine völlig industrieharte DDR-Sorte mit wachsüberzogenem, großem Laub für Zwecke der Landschaftsgestaltung ist 'Sörensens Glanzblatt'.

Vermehrung

Die Vermehrung erfolgt durch Steckholz (2 Internodien, mindestens 1 cm Durchmesser) oder Grünstecklinge. Sie ist in der Regel nicht schwierig. Nur bei Sorten, die sich mit der Stecklingsmethode sehr schwer anziehen lassen, gewinnt man Abrisse.

Nach STRAUSS (1972) gibt es zwei empfehlenswerte Wege der Steckholzvermehrung.

1. Zur Stecklingsvermehrung werden im Oktober die wegen der langen Internodien mindestens 20 cm langen Steckhölzer in gut vorbereiteten, lockeren, humosen Boden im Abstand von 100 cm × 30 cm gesteckt. Einer der sich im nächsten Jahr aus den Knospen entwickelnden Triebe wird zur Bildung der Mittelachse hochgebunden, die übrigen Triebe entfernt man. Im zweiten Jahr der Erziehung wird durch Rückschnitt und neuerliches Heften der Stammverlängerung während der Vegetationsperiode die Kronenbildung angeregt.

2. Der aus dem Steckholz sich entwickelnde Neutrieb bleibt zunächst unbehandelt. Im zeitigen Frühjahr des 2. Jahres werden die vorjährigen Triebe bis auf wenige Augen zurückgeschnitten oder – sofern sie ungünstig stehen – ganz entfernt. Infolge des starken Rückschnittes kommt es zu einem kräftigen Austrieb der verbleibenden Augen. Ein günstig stehender kräftiger Trieb wird als Mitteltrieb zur Stammbildung erzogen, alle anderen werden weggeschnitten. Nach der zweiten Vegetationsperiode wird entweder in der Baumschule ein Viertelstamm formiert, oder man pflanzt die Gehölze bereits an Ort und Stelle, und die weitere Formierung erfolgt dann am Standort. STRAUSS (1972) hält die Methode für die bessere.

Nicht schwierig ist die Vermehrung des Holunders mit Hilfe von Grünstecklingen unter Sprühnebel im Frühbeet oder Gewächshaus. Während der Sommermonate werden Grünstecklinge zur Bewurzelung gebracht. Die bewurzelten und getopften Stecklinge verschult man im folgenden Frühjahr in das Freiland und zieht sie in der üblichen Weise zu Viertelstämmen heran. Bei Sorten, die sich mit den bisher genannten Verfahren nicht vermehren lassen, gewinnt man Jungpflanzen durch Abrisse. Sie werden in gleicher Weise wie Apfelunterlagen erzeugt.

Nur kräftiges, sortenechtes Pflanzmaterial ist pflanzwürdig. Zu schwache Gehölze neigen zum Kümmern. Es ist besser, diese noch ein Jahr lang in der Baumschule zu kultivieren, bevor man sie auspflanzt.

Nicht sortenechtes Pflanzgut scheidet für den Anbau aus. Auch bei Holunder hat sich gezeigt, daß die Wahl der für den jeweiligen Standort und die dort mögliche Pflege richtigen Sorten die Pflanzenentwicklung und Ertragsbildung entscheidend beeinflußt.

Pflanzung

Die Reihenabstände sollen mindestens 5 bis 6 m betragen, die Entfernungen in der Reihe je nach Sorte und Erziehungsweise 3,5 m bis 4 m (STRAUSS und NOVAK 1971). Man benötigt somit je ha etwa 420 bis 570 Gehölze. Unter klimatisch und bodenmäßig sehr günstigen Bedingungen oder auch in hängigem Gelände dürfen die Reihenabstände etwas weiter sein. Auf leichteren Böden genügen die geringeren Entfernungen. Eine dichtere Pflanzung bringt, wie bei allen Obstarten, auch hier zumindest höhere Anfangserträge.

In Dänemark pflanzt man mit 5 m × 4 m, und in der Schweiz empfiehlt man 5 bis 5,5 m × 2,5 bis 3,5 m Abstand.

Gepflanzt wird im Frühjahr oder im Herbst. Da Holunderpflanzen mit ihren fleischigen Wurzeln leicht austrocknen, ist zu beachten, daß in der Baumschule gerodetes Material nicht erst herumliegt, sondern möglichst gleich nach der Rodung wieder in den Boden kommt. Zumindest bei trokkenem Boden müssen die Pflanzen angegossen werden. Um den Anwachserfolg zu sichern, ist es zweckmäßig, bei Trockenheit zu beregnen.

Pflegemaßnahmen

Bodenpflege und Düngung

In gleicher Weise wie beim Apfel kann für Holunder bei hohen Jahresniederschlägen ab etwa 700 mm, bzw. wenn in trockeneren Gebieten die Möglichkeit besteht, zu bewässern, das Grasmulchsystem empfohlen werden. Die Baumstreifen sind mit Herbiziden freizuhalten. Das Gras in den Arbeitsgassen wird jährlich etwa sechs Mal gemulcht. Es bleibt zur Bodenbedeckung liegen oder wird zur Abdeckung der bewuchsfreien Baumstreifen verwendet. Auf leichten Böden dürfte das ständige Offenhalten des Bodens dem Grasmulch vorzuziehen sein. Anfallendes Schnittholz wird mit dem Mulchhäcksler zerkleinert und bleibt ebenfalls in der Anlage liegen.

Ausreichende Mineralstoffversorgung ist bei dem starken Nährstoffbedarf des Holunders für die Ertragsbildung entscheidend. Es liegen in der Literatur zahlreiche Hinweise für Düngungsrezepte vor, jedoch fehlt es noch an langjährigen Erfahrungen. Bei der Anwendung des Grasmulchsystems dürfte die Verfahrensweise ähnlich sein wie beim Apfelanbau. Zunächst ist eine massive Stickstoffreserve unterhalb des Grasstreifens aufzubauen. In Dänemark wurden Stickstoffdüngungsversuche durchgeführt. Dabei steigerte man die N-Mengen bis zu 400 kg/ha. DUGGEN (1975) berichtet, daß Holunder zwar viel Stickstoff verbrauchen kann, aber daß die Größe der Fruchtstände ab etwa 100 kg N/ha nicht mehr zunimmt. STRAUSS und NOVAK vertreten die Meinung, daß Kali und Phosphor in den beim Apfelanbau üblichen Mengen gegeben werden sollten. Das Stickstoffangebot muß jedoch reichlicher sein. Während des Aufbaues der Grasdecke dürften etwa 300 kg/ha N angebracht sein. Ist dies nach 5 Jahren geschehen, so sollten höchstens 200 kg/ha N genügen. Nach Erfahrungen im Apfelanbau ist nach Aufbau der Grasdecke mit einem beträchtlichen Stickstoffgewinn auf natürliche Weise zu rechnen. Durch Zulieferung aus der Atmosphäre und Anreicherung durch stickstoffsammelnde Pflanzen kommt es zur Ausbildung eines Stickstoffreservoirs. Ist dies geschehen, dann können selbst für Holunder 100 kg/ha N als jährliche Dauerdüngung ausreichen. Wenn die Fruchtbildung durch weitere N-Düngung sowieso nicht gefördert wird, dann hat es auch keinen Sinn, den ohnehin starken Wuchs weiter anzuregen, sondern lieber durch Verminderung der N-Düngung zu zügeln.

Schnitt

Bei der Pflanzung muß entschieden werden, ob man die Gehölze als Sträucher oder Bäume ziehen will. Wegen der Vereinfachung der Bodenpflege, aber auch der besseren Befahrbarkeit der Arbeitsgassen zur Ernte ist die Baumerziehung vorteilhafter.

Als Schnittmethode empfehlen STRAUSS und NOVAK einen dem natürlichen Wachstumsbestreben des Holunders angepaßten Standard. Dieser geht vom Fruchtholzumtrieb aus. Abgetragene Äste werden regelmäßig entfernt und durch eine entsprechende Anzahl neuer Triebe ersetzt. Holunder bildet jährlich zahlreiche Langtriebe. An diesen entstehen im Jahr darauf seitliche Kurztriebe, die blühen und fruchten. Der **Fruchtholzumtrieb** findet somit eine gute natürliche Ausgangsbasis.

Bei der ebenfalls möglichen Heckenerziehung stellt der Fruchtholzumtrieb wie beim Standard das Grundprinzip dar. Die Kronenform ist jedoch längsorientiert. Dabei kann die Hecke an einem oder mehreren Drähten angeheftet werden (s. Abb.) Weiterhin ist es aber auch möglich, eine freitragende Hecke aufzubauen. In diesem Fall verlaufen die Gerüstäste nicht anders als

Schwarzer Holunder (*Sambucus nigra* L.)
Erziehung einer Hecke
mit Drei-Ast-Kronen
an Drähten
(nach STRAUSS u. NOVAK)

Holunder-Schnitt (nach STRAUSS u. NOVAK)

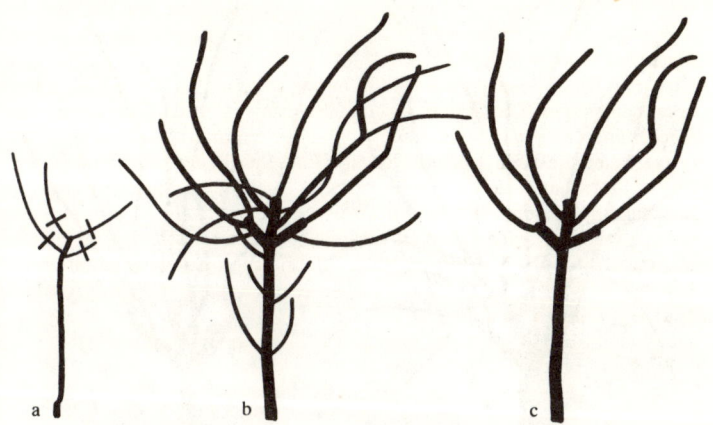

a   Pflanzschnitt, Kronentriebe werden auf etwa 2 Nodien geschnitten
b   Aufbauschnitt, vor dem Schnitteingriff. Im Herbst des 1. Standjahres erfolgt ein
    Auslichtungsschnitt. Dabei verbleiben etwa 7 möglichst kräftige, aufrechtste-
    hende, einjährige Triebe
c   Aufbauschnitt, nach dem Schnitteingriff

bei der freitragenden Apfelhecke längs des Baumstreifens. Man kann dabei
Holunder als Freie Spindel oder auch als Gerüstastspindel erziehen.
Ein Anbauversuch mit sehr strengem Schnitt brachte zu niedrige Ernten.
Man schnitt die Erträge weg und regte den Wuchs zu stark an. Komplizier-
tere Heckensysteme, die ebenfalls erprobt wurden, erfordern zwar einen höheren Aufwand, bringen aber keinen entsprechenden Nutzen.
Für die Standarderziehung geben STRAUSS und NOVAK folgende Anlei-
tung:
Pflanzschnitt: Nach der Pflanzung werden die als Kronentriebe ausgewählten Äste auf etwa zwei Nodien zurückgeschnitten.
Aufbauschnitt: Im Herbst des ersten Standjahres wird ausgelichtet. Dabei
verbleiben dem Baum etwa sieben möglichst kräftige, aufrechtstehende einjährige Triebe.
Erhaltungsschnitt: Gut im Wuchs befindliche Bäume bilden jährlich zahlreiche steil aufrechtwachsende Triebe, die während der Vegetationsperiode
1,5 bis 2 m lang werden. Daran entstehen im Folgejahr kurze, blütentra-
gende Seitentriebe. Diese neigen sich bei der Fruchtentwicklung infolge des
Fruchtgewichtes nach unten. Dadurch baut sich im Kroneninneren konse-
quenter als bei anderen Obstarten steilstehender Neuwuchs auf, der abge-
schnittenes Fruchtholz ersetzen kann. Zu beachten ist, daß das Gerüst (Gerüstastspindel) immer wieder stark zurückgenommen wird, um die Krone
bodennah zu halten.

Holunder-Erhaltungsschnitt (nach STRAUSS u. NOVAK)

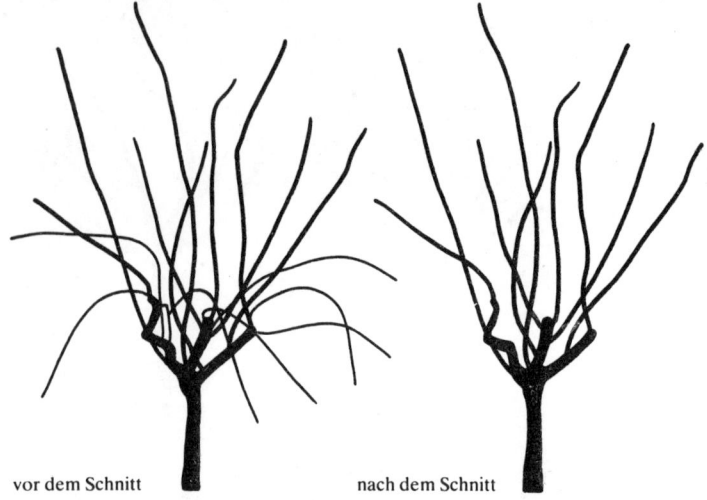

vor dem Schnitt   nach dem Schnitt

Fruchtastumtrieb! Entfernen der zweijährigen und älteren Äste, die abgetragen haben, sowie der abgestorbenen Triebe. Ableiten des alten Holzes knapp oberhalb der ausgewählten verbleibenden Triebe auf einen Jungtrieb. Entfernen der überzähligen und zu schwach entwickelten Triebe.

Durchführung der Schnittmaßnahmen: Beim Schnitt werden zunächst alle abgetragenen Fruchtäste völlig entfernt. Dabei ist darauf zu achten, daß, sofern das Gerüst dadurch nicht zu stark vergrößert wird, auf geeignete verbleibende Triebe abgeleitet wird. Vom Neutrieb werden je nach Baumgröße 7 bis 25 genügend starke, möglichst an der Basis entspringende Jungtriebe ausgewählt.

Schließlich sind alle überzähligen und zu schwachen Triebe bis auf Astring zurückzuschneiden.

Da der Schnittaufwand infolge des starken Wuchses des Holunders beträchtlich ist, lohnt der Einsatz pneumatischer Schnittgeräte.

Pflanzenschutz

Holunder ist wenig krankheits- und schädlingsanfällig. Was immer wieder auftritt, sind Blattläuse *(Aphis sambuci)*. Man bekämpft sie durch Behandlungen mit dafür zugelassenen Insektiziden. In machen Fällen mindert Vogelfraß die Erträge. Er könnte sich bei konzentriertem Anbau ähnlich wie bei Kirschen verstärken. Auch ist nicht auszuschließen, daß bei industriemäßigem Anbau Krankheiten oder Schädlinge verstärkt auftreten, die bisher keine Rolle spielten.

In Windlagen kommt es in den ersten Jahren häufig zu Windbruch. Verrieseln der Fruchtdolden hat folgende Ursachen: Kühle und Nässe zur Blütezeit, zu üppige vegetative Entwicklung.

Wildwachsender Schwarzer Holunder ist in der Regel stark virusverseucht. Es ist darauf zu achten, daß nur virusgetestete Sorten gepflanzt werden. Die Herstellung virusfreien Ausgangsmaterials für die Pflanzenzucht wird nach heutigen Erkenntnissen am zweckmäßigsten mit Hilfe der Gewebekultur erfolgen.

Ernte und Lagerung

Die Erträge setzen bei mäßigem Schnitt im zweiten Standjahr ein. Sie erreichen bereits im 3. Standjahr nennenswerte Höhen. Bis zum notwendig werdenden Verjüngungsschnitt steigen die Ernten ständig an.

Nach STRAUSS und NOVAK wurden während der Vollertragsperiode zwischen 15,5 und 21,5 t/ha geerntet. Die Erträge schwanken je nach Jahreswitterung etwas, aber keinesfalls so stark wie beim Apfel. Sie sind mehr vom Schnitt als von der Witterung abhängig. Die Ernte beginnt bei den frühen Sorten Ende August und zieht sich über 2 bis 4 Wochen hin. Die Büsche bzw. Bäume müssen zeitlebens so niedrig gehalten werden, daß die Hauptmenge der Beeren vom Boden aus gepflückt werden kann. Sehr hohe Äste dürfen bei der Ernte ganz abgeschnitten und dann am Boden abgeerntet werden. Bei der Pflücke wird der Fruchtstand locker erfaßt, dann schneidet man die Teildolden knapp über den Beeren mit Messer oder Schere ab. Die Sammelbehälter dürfen nicht zu groß sein, damit sich nicht durch Druck die Beeren gegenseitig beschädigen.

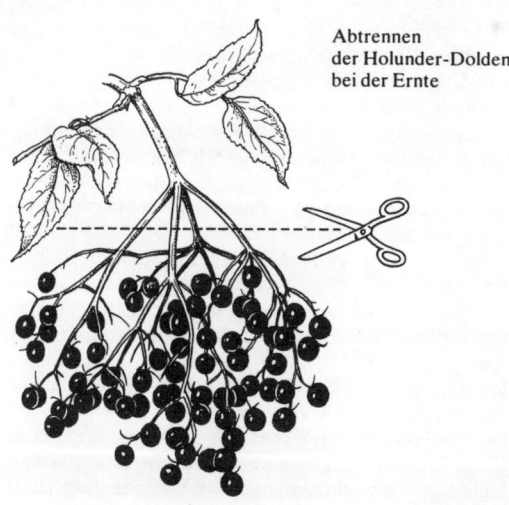

Abtrennen
der Holunder-Dolden
bei der Ernte

STRAUSS (1983, schriftl. Mitt.) stellte fest, daß bei der Ernte der Gesamtdolden mit einer Leistung von 50 kg/Akh gerechnet werden kann. Anschließend werden die Holunderbeeren mit einer Rebelmaschine abgerebelt und der Verarbeitung zugeführt. Werden mit einer Schere nur Teildolden geerntet, so vermindert sich der Anteil an unverwertbaren Bestandteilen beim Erntegut. Die Pflückleistung beträgt dann 35 kg/AKh. Eine mechanisierte Ernte allein der Beeren durch Vorbereitung des Ablösens der Früchte nach Spritzung mit dem Wachstumsregulator Ethephon (Ethrel) wird in Österreich aufgrund der dort gültigen Lebensmittelgesetze abgelehnt.

Für raschen Abtransport und schnelle Verarbeitung des Erntgutes ist unbedingt zu sorgen. Schon nach zwei Lagertagen setzt bei Holunder ein starker mikrobieller Verderb ein. Auf Leichtkühlfächern (0 bis $+2°C$ und 90% relative Luftfeuchte) ist eine Zwischenlagerung bis zu 14 Tagen möglich.

Bei dem Ernten bzw. Sammeln und dem Transport ist darauf zu achten, daß die Holunderbeeren («Tintenbeeren») über eine enorme Färbekraft verfügen und sich deshalb auf der Kleidung leicht unangenehme, schwer entfernbare Flecken bilden können.

Nutzung

Holundersaft wird in der Getränkeindustrie teils ohne Zusätze, meist jedoch wegen der ergiebigen Farbe zusammen mit anderen Säften zu Süßmost verarbeitet. Wegen des herbsäuerlichen Geschmacks eignet sich Holundersaft gut zur Herstellung von Fruchtsaftgetränken besonderer Geschmacksrichtung. Im Haushalt ist die Bereitung von Holundersuppe beliebt. Holunderbeermus wird allein oder zum Verschnitt mit Birnen- oder Pflaumenmus verwendet. Holunderbeersaft wird gern zu Punsch und anderen Heißgetränken genutzt, er gilt als Vitaminspender und hilft gut bei Erkältungen. Möglich ist auch die Bereitung von Holunderwein und von sogenanntem Holundersekt (siehe Rezeptteil).

In der industriellen Verarbeitung haben reine Säfte geschmacklich wenig Anklang gefunden, dagegen werden Kombinationen mit anderen Obstarten sehr gut beurteilt. In der DDR wurden gute Erfahrungen mit den Mischungen Holunder – Birne, Apfel – Holunder – Eberesche und Apfel – Holunder – Schwarze Johannisbeere gesammelt. Es werden Saftausbeuten von 68 bis 70 Masse-% erreicht, durch zwei Nachextraktionen des Tresters sind nochmals etwa 9 Masse-% möglich. Die Ernte darf nicht zu spät erfolgen, damit der relativ geringe Säuregehalt nicht noch weiter abnimmt.

Bei der Ernte und Aufbereitung ist darauf zu achten, daß keine unreifen Beeren oder Laubbestandteile mit verarbeitet werden. Unreife Beeren und grüne Pflanzenteile enthalten das giftige, zum Erbrechen reizende Glykosid Sambunigrin. Es ist auch in den Doldenstielen und in den Kernen enthalten und muß durch technische Mittel vom Saft ferngehalten werden. Beim Pressen dürfen die Kerne nicht mit zerquetscht werden. Bei alleiniger Erfassung der Beeren durch Entrappen läßt sich die Qualität des Holundersaftes weiter steigern. Der Saft der Beeren ist in jedem Fall zu kochen, weil nur auf diese Weise vorhandenes Sambunigrin zuverlässig zerstört wird.

Auf die Verwendung von Holunderblütentee als vielseitig nützliches Volksheilmittel wurde bereits hingewiesen. Zusammen mit Lindenblüten, Hagebutten und Süßholz sind Holunderblüten Hauptbestandteil schweißtreiben-
der Teemischungen. Hauptwirkstoffe der Blüten sind ein terpenhaltiges
ätherisches Öl sowie ein Flavonglykosid-Komplex.

Das markreiche Holz des Holunders wurde nach TACITUS zur Bestattung
verwendet, heute nutzen es Bastler gern zur Fertigung von Spielzeugen wie
Pfeifen, Wasserspritzen sowie Knall- und Pusterohren. Es läßt sich gut
schnitzen. Holz aus schattigen Partien der Krone ist besonders markhal-
tig.

Abschließende Beurteilung

Schwarzer Holunder ist als uralter Begleiter menschlicher Behausungen ein
in der Natur und in Gärten weit verbreiteter und allgemein geschätzter
Fruchtstrauch, welcher auch dekorativen Wert besitzt. Anspruchslosigkeit
und Robustheit sowie Raschwüchsigkeit und sehr hohes Regenerationsvermögen zeichnen ihn aus. Er ist ein Charaktergehölz ländlicher Gegenden
und eine beliebte Sammelfrucht des Herbstes. Das Gehölz ist in der Landschaft auch für lockere, mittelhohe Buschhecken und Wallhecken (Knicks)
geeignet, wenn es weit genug gepflanzt wird.

Holunderbeeren stellen einen wertvollen Rohstoff mit vielseitigen Verwendungsmöglichkeiten im Haushalt und für die industrielle Obstverwertung
dar. Deshalb ist es verwunderlich, daß diese Obstart bisher nur in wenigen
Ländern als Kulturpflanze entsprechend beachtet und in Plantagen angebaut wird. Der einfach kultivierbare Holunder mit seiner hohen Ertragsleistung und Ertragssicherheit verdient mehr Beachtung. Sein planmäßiger
Anbau bedeutet eine echte Bereicherung für die obstverarbeitende Industrie.

International existieren bewährte Sorten, und es liegen schon genügend Erfahrungen für den erwerbsmäßigen Anbau vor, welche es umfassend zu nutzen gilt.

Speierling

Andere deutsche Namen Sperbe (l), Spierling, Spierbaum, Zahme Eber-
esche und weitere, besonders in früherer Zeit
Wissenschaftlicher Name *Sorbus domestica* L.
Synonyme Mespilus domestica ALL., Pirus sorbus GAERTNER, Pyrus dome-
stica (L.) EHRH.
Familie Rosengewächse *(Rosaceae)*
Namen in anderen Sprachen

bulgarisch	skorusha, oskrusha
englisch	sorb tree, service tree, cheque tree; service berry, service apple (Frucht)
französisch	sorbier, cormier; sorbe, corme (Frucht)
italienisch	sorba, sorbo domestico
niederländisch	lijsterbes
polnisch	jarząb domowy
rumänisch	scorus cultivat
russisch	rjabina domashnjaja, rjabina sadovaja, rjabina krupno-plodnaja
spanisch	serbal común, azarollo, acafresna; serba, sorba, poma (Frucht)
tschechisch	jeřáb oskeruše
ungarisch	házi berkenye, kerti berkenye, süvölténykörte, fojtóska

Biologische Grundlagen

Herkunftsgebiete und natürliche Verbreitung

Gegenüber der Gemeinen Eberesche hat der Speierling ein relativ kleines
Verbreitungsareal. Dasselbe erstreckt sich vom Kaukasus, der Krim und
Kleinasien durch das Mittelmeergebiet bis nach Nordafrika und zu den Py-
renäen (Verbreitungskarte s. bei Edel-Eberesche S. 38).
An der nördlichen Verbreitungsgrenze in Mitteleuropa (Nordthüringen) besiedelt der Speierling das Hügelland. Hier ist er auf den Muschelkalk- und
Keuperhügeln zwischen Nordhausen und Naumburg am häufigsten. DÜLL
konnte 1955 noch etwa 50 Fundorte nachweisen.
Weiter südlich wandert er bis ins Bergland und auf die Nordhänge der Mittelgebirge. Der Speierling fehlt jedoch sowohl im Tiefland als auch in Step-
penregionen und im Hochgebirge.
Auffällig ist, daß der Speierling das Weinbauklima bevorzugt. Deshalb ist
er z. B. im Rhein-Main-Gebiet stark verbreitet. Diese Vorkommen bilden
das Bindeglied einer ununterbrochenen Kette natürlicher Fundorte vom
westlichen Mittelmeergebiet bis nach Thüringen.
Die genannten Standorte in Mitteleuropa entsprechen jedoch wohl nicht
seinem ursprünglichen Verbreitungsgebiet. Es wird vielmehr vermutet, daß

212

der Speierling zusammen mit Stechpalme *(Ilex aquifolium)*, Felsenahorn *(Acer monspessulanum)* und Edelkastanie *(Castanea sativa)* – typischen Vertretern des subatlantisch-mediterranen Florenelementes und Charakterarten des wärmeholden Eichenmischwaldes – in Mitteleuropa ein nacheiszeitliches (postglaziales) Wärmezeitrelikt darstellt. Ehemals war der Speierling in der Nähe von Siedlungen und Wüstungen stärker verbreitet, später aber beschleunigte forstliche Monokultur und Kahlschlagwirtschaft die drastische Reduzierung des Bestandes. Der natürlichen Verbreitung des Speierlings scheinen einige wesentliche Hindernisse entgegenzustehen: später Ertragsbeginn, geringe Frucht- und Samenzahl sowie Gefahr der Austrocknung des Samens, welcher nur im Boden erfolgreich überwintert. Nur das gute Regenerationsvermögen durch Stockausschlag nach Wildverbiß oder Abholzung hat wahrscheinlich dazu beigetragen, seine vollständige Ausrottung zu verhindern.

Heute ist es typisch, daß die Gehölze nur einzeln und meist in Hanglage vorkommen, reine Bestände fehlen völlig. Neben warmen Lagen werden dabei kalkhaltige Bodenformationen und karstige Gebiete bevorzugt, Nadelwälder dagegen völlig gemieden. Standorte mit nur wenig Baumwuchs kommen der geringen Konkurrenzfähigkeit des Speierlings infolge seines zögernden Jugendwachstums entgegen, lichter Niederwald, Waldränder und Karsthänge entsprechen seinem hohen Lichtbedürfnis.

Kulturgeschichtliche Bedeutung

Nach THEOPHRAST (4.Jh.v.u.Z.) war die Nutzung des Speierlings im antiken Griechenland weit verbreitet, und es existierte sogar eine spezielle agrotechnische Maßnahme, um den Ertrag gering oder schwach fruchtbarer Bäume zu erhöhen. Von hier aus könnte sich der Anbau auch bereits einige Jahrhunderte v.u.Z. auf die Krim ausgeweitet haben, wo er in der Folgezeit eine ziemliche Bedeutung erlangte und Früchte in die benachbarten südrussischen Gebiete wie den Kaukasus exportiert wurden.

CATO (um 200 u.Z.) erwähnt die Lagerung der Früchte im Haushalt in eingedicktem Most («sapa»). Es könnte sich aber dabei auch um Früchte der Elsbeere *(Sorbus torminalis* CRANTZ) gehandelt haben.

Im Mittelalter wurde der Baum wegen seiner Früchte («sorbarios») vor allem durch die Mönche in Europa häufig angepflanzt. Davon zeugen Orts- und Flurnamen sowie zahlreiche alte mundartliche Bezeichnungen. Letztere beziehen sich auf Eigenschaften des Holzes wie Spe(e)rberbaum, Sperbel oder Sperwe bzw. Eigenheiten der Frucht: Butzelbeer deutet auf die Kleinfrüchtigkeit und Ledersäck (Lerrersäck) auf das ledrige Aussehen, Mauchbeer nimmt auf das Nachreifen zum Mürbewerden (mauchen) Bezug. Krüsl (kleiner Krug) spielt auf die Fruchtform an, Sp(r)oröpffel (FUCHS 1543) ist ein Hinweis auf den hohen Gerbstoffgehalt der Frucht, denn sie sind so «geheyssen worden darumb, das si ganz sprör [trocken] und rauch [rauh] machen im hals, so mans ißt». Saubeercher ist eine verächtliche Bezeichnung der Frucht und Drecksack sowie Maltzennase beziehen sich auf die teigig werdenden Früchte mit der dabei einhergehenden Farbveränderung. BAUHIN nannte den Speierling *Sorbus sativus*, was auf seinen Anbau im Garten hindeutet.

Stand des internationalen Anbaues

Der Speierling wird, ungeachtet seiner kulturgeschichtlichen Bedeutung, nur noch selten gepflanzt. Als Fruchtbaum wird er in Gegenden, wie in Süd- und Südwestdeutschland, wo Kernobstwein gekeltert wird, auch heute noch geschätzt. Häufiger sind die Gehölze noch in den Balkan- und Mittelmeerländern vorhanden. Schwierige Vermehrung und langsames Wachstum sind seinem Anbau hinderlich.

Da der Anbau stark rückläufig ist, werden heute in Gebieten, wo der Speierling sehr beliebt ist, für seine Früchte hohe Preise gezahlt. Das gilt z. B. für den Taunus und Odenwald, wo er eine gesuchte Marktfrucht darstellt. Gegenwärtig wird dem Speierling offenbar auch eine zusätzliche Sympathie entgegengebracht, weil er ein altes Kulturrelikt der Landschaft verkörpert.

Morphologische Merkmale

Der sehr langsam wachsende Speierling erreicht im Alter mit seinem birnenartigen Habitus eine stattliche Höhe von 15 bis 20 m. Die graue Rinde alter Stämme ist typisch gefurcht und schuppig, ähnlich der des Birnbaumes. Die klebrigen Knospen des Triebes sind kleiner als bei der Eberesche. Das unpaarig gefiederte Blatt besteht meist aus 11 bis 16 Blättchen. Die Doldentrauben haben 6 bis 12 hellgelbe Einzelblüten von 1,5 cm Breite, diese blühen ab Ende Mai. Aus ihnen entwickeln sich reichlich kirschgroße, rötlich-gelbe Früchte, die im September reifen.

Hinsichtlich Blatt- und Fruchtausbildung zeigt der Speierling eine große Variabilität. Am deutlichsten ist dies bei der Fruchtform der Fall. Analog der Quitte werden zwei Formen mit einer mehr birnenförmigen (f. *pyrifera*) bzw. mehr apfelförmigen Furcht (f. *pomifera*) unterschieden, die aber taxonomisch nicht bedeutsam sind. In den Kräuterbüchern des Mittelalters werden diese als «Männlein» bzw. «Weiblein» bezeichnet.

Unter allen Ebereschen-Arten bildet der Speierling die größten Früchte aus. Normalerweise werden Einzelfruchtgewichte von 8 bis 10 g erreicht, bei Kulturformen können sie fast 20 g schwer sein. Die seltenere Apfelform gilt als großfrüchtiger und ertragreicher.

Die Gehölze werden verhältnismäßig alt (bis zu 200 Jahren).

Wichtige Inhaltsstoffe

Der Speierling enthält eine beachtliche Menge Vitamin-C (um 40 mg/100g) und Gerbstoffe (0,7 bis 2,5 %) sowie 0,75 % organische Säuren, vorwiegend Apfelsäure.

Anbau

Standortansprüche

Die Ansprüche an den Boden sind zwar gering, aber am besten gedeiht der Speierling in Mitteleuropa auf tiefgründigen, tonigen Böden wie Keuper und Röt sowie auf Lehm oder Kalkstein (Muschelkalk) bzw. Gipsböden (Zechstein). In Südeuropa kommt er auch auf Silikatböden vor.

Klimatisch ist das Gehölz als wärmeliebend einzustufen. Deshalb hat der

Speierling auch in den mittleren Gebieten Mitteleuropas die Nordgrenze seiner natürlichen Verbreitung. Sonnige Lagen sagen ihm besonders zu. Trockene Standorte vermag er auch dank seiner Pfahlwurzel zu nutzen.

Sorten und Sortenwahl

Es existieren keine Sorten.

Vermehrung

Die Vermehrung in den Baumschulen ist langwierig und schwierig. Es wird berichtet, daß man z. T. nur 15 % Pflanzware erreicht. Am ehesten ist die Aussaat im Herbst zu empfehlen. Die Veredlung ist zwar auf Eberesche, Weißdorn, Mispel, Quitte und Birne als Unterlage möglich, jedoch wegen geringer vegetativer Verträglichkeit wenig erfolgreich. Veredlung beschleunigt aber das Fruchten, welches an unveredelten Sämlingen oft erst nach 15 bis 25 Jahren eintritt.

Die Anzucht muß sorgfältig erfolgen, denn der Speierling steht jung gern im Halbschatten, er verträgt den Rückschnitt nicht und reagiert empfindlich gegenüber Störungen seiner Wurzelentwicklung. Anzucht im Container ist ratsam.

Pflanzung

Sie ist sehr behutsam durchzuführen, um ein erfolgreiches Anwachsen zu sichern. Deshalb sind die Gehölze möglichst schon nach dem 1. Baumschuljahr zu pflanzen. Mit zunehmendem Alter wird das Verpflanzen immer schwieriger.

In der Regel kommt nur das Pflanzen einzelner oder weniger Gehölze in Frage, die sich in großen Gärten, Höfen oder in der Nähe von Gehöften zu mächtigen Bäumen entwickeln. Oft wachsen die Gehölze von Natur aus strauchartig, und man sollte deshalb nicht unbedingt sehr hohe Stämme pflanzen wollen.

Pflegemaßnahmen

Eine besondere Pflege ist nicht erforderlich, wenn der gewählte Standort dem Gehölz zusagt und ihm langfristig genügend Standraum zur Verfügung steht. Da das Gehölz nach erfolgreichem Anwachsen trockenresistent ist, kann später auf Bewässerung verzichtet werden. Unnötige Schnittmaßnahmen sind zu vermeiden, um den ohnehin sehr späten Ertragsbeginn, der etwa mit 15 Jahren einsetzt, nicht noch weiter zu verzögern.

Pflanzenschutzmaßnahmen erübrigen sich, obwohl Vögel wie Amsel, Kohlmeise und Seidenschwanz die Früchte durch Anhacken schädigen.

Ernte und Lagerung

Die Fruchtreife tritt im September/Oktober ein. Der Ertrag beträgt oft nur 15 bis 20 kg je Gehölz, kann aber auch ein Vielfaches davon ausmachen.

Die harten, baumreifen Früchte werden in kleinen Steigen oder auf dem flachen Boden in trockenen, kühlen, luftigen Räumen 15 bis 20 Tage – z. T.

werden auch 1 bis 2 Monate angegeben – gelagert. Während dieser Zeit tritt – ähnlich wie bei der Mispel – durch biochemische Prozesse die Nachreife ein, wodurch die Frucht weich (teigig) und genußreif wird.

Nutzung

Das Holz des Speierlings wird – wie das von anderen Ebereschen-Arten, z.B. der Elsbeere – in verschiedenen holzverarbeitenden Gewerken (Wagnerei, Drechslerei, Tischlerei, Holzinstrumentenbau, Möbelindustrie) geschätzt. Es liefert auch gute Holzkohle und besitzt einen beträchtlichen Brennwert.

Die Früchte spielten wegen ihres Gerbstoffgehaltes in der Volksmedizin eine Rolle gegen Diarrhoe, Ruhr und Erbrechen. Ehemals verzehrte man die baumreifen Früchte, deren eßbarer Anteil 95 % beträgt, vielerorts roh, obwohl sie wenig schmackhaft sind. In der Pfalz spricht man deshalb davon, daß der Genuß der Speierlinge «dem Lüsternen den Mund bis hinter die Ohren zieht».

Die Hauptbedeutung liegt aber in der Verwendung des Preßsaftes («Scheidsaft») der hartreifen Früchte als wesentlicher Bestandteil oder Zusatz bei der Herstellung von Most oder Obstwein (Cider). Einst war der Anteil der Speierlinge beim Keltern relativ hoch, denn DIEL (1797) nennt noch ein Verhältnis Speierling : Apfel von 1:2. Neuerdings wird berichtet, daß man beim Pressen 2 bis 4 Hände voll Speierlinge je dt Kernobst zusetzt oder nach getrenntem Pressen 4 bis 5 l Speierlingsmost zu 100 l Saft hinzugibt. Daraus entsteht vor allem in der Maingegend der «Speierlingswein». Die Tannine des Speierlings verbessern Klärung, Aussehen, Haltbarkeit, Bekömmlichkeit und Geschmack des Weines und sind besonders erwünscht, wenn säurearme Birnen oder mindere Qualitäten von Tafelobst gekeltert werden sollen.

In Frankreich wird ein starker Branntwein («Sorbette») aus Speierlingen hergestellt. In der bulgarischen Küche werden Speierlinge wie Mispeln als Beilage verwendet. Die Früchte legt man z.T. wie Gemüse süßsauer ein.

In der UdSSR nutzt man die Früchte in der Zuckerbäckerei.

Teigig gewordene Früchte sind zwar roh schmackhaft, aber äußerlich sehr unansehnlich.

Abschließende Beurteilung

Der Speierling ist eine kleinblättrige, an warmes und trockenes Klima angepaßte lichtbedürftige Ebereschen-Art. Das einst bei uns bodenständige, über Jahrhunderte extensiv genutzte Gehölz bildet schöne, große Park- und Straßenbäume. Die obstbauliche Nutzung bleibt heute meist auf das Keltern der Früchte beschränkt. Häufigere Pflanzung, einzeln oder in Gruppen, würde dem deutlichen Rückgang der Bestände entgegenwirken und das kulturhistorisch interessante, postglaziale Wärmezeitrelikt vor arger Dezimierung bewahren. Die schwierige und langwierige Anzucht steht jedoch neuen Pflanzungen oft entgegen.

Spezieller Teil
Arten- und Sortenbeschreibungen
sowie Farbtafeln

Apfelbeere 'Nero'   1

Wissenschaftlicher Name *Aronia melanocarpa* (MICHX.) ELL.

Synonyme Aronia nigra DIPP., Mespilus arbutifolia L. var. melanocarpa WILLD., Pyrus melanocarpa WILLD., Sorbus melanocarpa (MICHX.) HEYNH., Aronia mitschurinii SKVORTSOV et MAJJTULINA ssp. nova

Familie Rosengewächse *(Rosaceae)*

Herkunft Züchter unbekannt, soll in der UdSSR selektiert worden sein, gelangte über die ČSSR in die DDR

Wuchs schwach, Strauch bis über 1 m hoch und 2 m breit, dicht, dünn und fein verzweigt, bildet stark Bodentriebe und Ausläufer. Bei Anzucht mit Stamm erfolgt Veredlung auf die Gemeine Eberesche (*Sorbus aucuparia* L.)

Trieb, Rinde Zweige kahl

Knospen mit 3 bis 4 Deckschuppen, Blattknospen länglich und fest anliegend, Blütenknospen rundlich, leicht abstehend

Blatt wechselständig, verkehrt eiförmig bis breit eiförmig, am Grunde keilförmig, 3 bis 7 cm lang, 1 bis 4 cm breit, an Fruchttrieben kleiner, Blatt lederartig mit fein gesägtem Rand und aufgesetzter Spitze, oberseits tiefgrün, glänzend, beiderseits unbehaart, Blattstiel mit 2 Nebenblättern, wie die Mittelrippe purpurn gefärbt, 10 bis 15 mm lang

Blüte meist reinweiß, selten rosa überhaucht, kahle, vielblütige Doldentrauben mit 10 bis 20 (meist 14 bis 18) und mehr Einzelblüten von 12 mm Durchmesser, wie *Sorbus* unangenehm riechend, Griffel am Grunde – im Gegensatz zu *Sorbus* – verwachsen, Staubbeutel dunkelrot, Blüte selbstfruchtbar, Windbestäubung möglich, Blütezeit spät, Ende Mai

Frucht kleine Apfelfrucht, erbsengroß, um 12 mm dick, 0,6 bis 1,0 g, rundlich, oben etwas abgeplattet, stumpf purpurn oder violett-schwarzblau, mit wachsartigem Reif, ohne diesen wie lackiert glänzend. Schale und Fleisch fest, ohne Steinzellen, herb süßlich, adstringierend, mit stark dunkelrot färbendem Saft. Rohsaft riecht nach Bittermandel. Frucht enthält 4 bis 8 hellbraune, längliche Samen. Fruchtreife Anfang August bis Ende August/Anfang September. Frucht z. T. bald nach der Reife abfallend.

Verbreitung Art im westlichen Nordamerika beheimatet, nach Europa als Ziergehölz eingeführt und wenig verbreitet. Als neue Obstart wahrscheinlich durch MICHURIN mittels entfernter Hybridisation aus der Stammart gezüchtet. (Daher 1982 als neuer Artname Aronia mitschurinii SKVORCOV et MAJJTULINA vorgeschlagen.) Zuerst im Altai-Gebiet erprobt und in der Sowjetunion zunehmend im Anbau.

Anbau infolge Anspruchslosigkeit relativ unproblematisch, besonders für rauhere und höhere, auch hängige Lagen, *Aronia* ist bodenvag und lichtliebend. Bevorzugter Anbau für industrielle Verwertung, in der DDR – im Gegensatz zur UdSSR – mit veredelten Gehölzen in Plantagen mit etwa 4,5 m × 1,8 m Pflanzenabstand.

Anfälligkeit Ebereschenmotte und Frostspanner sind bisher die wichtigsten Schaderreger. Die späte Blüte ist relativ frostfest, das Holz ist äußerst frosthart

Abschließende Beurteilung Relativ anspruchslose und ertragssichere neue Obstart. Es sind Erträge bis über 100 dt/ha möglich. In erster Linie für die industrielle Verwertung geeignet, wo die besondere Geschmacksnote und das starke Färbevermögen besonders geschätzt werden. Verarbeitung zu Färbesaft, Gelee, Wein, Likör, besonders als Halbfabrikat für Süß- und Backwarenindustrie eingesetzt, für Süßmost ungeeignet. Splitterund Restflächen gut nutzbar, für Selbstversorgeranbau zwar weniger geeignet, aber für Liebhaber dennoch erprobenswert. Bei Großanbau mit Industrie kooperieren (Vertragsanbau). Gesundheiswert beachtlich (Vitamin-P). Frucht für den Frischmarkt nahezu bedeutungslos. DDR-Erfahrungen seit 1976 vorliegend, als Sorte seit 1983 im Handel.

Winterholz (mehrjährig) 1/1, Blütenstand 1/1, Blätter 1/1, Frucht 1/1, Fruchtlängsschnitt 1/1

Andere deutsche Namen Chinesische Stachelbeere, Chinesischer Strahlengriffel

Wissenschaftlicher Name *Actinidia chinensis* J. E. PLANCH.

Familie Aktinidiengewächse *(Actinidiaceae)*

Wuchs Liane, bis 8 m lang werdende Triebe benötigen ein Gerüst, um das sie sich winden und an dem sie sich halten können. Der jährliche Zuwachs ist, wenn nicht geschnitten wird, sehr stark

Trieb, Rinde Rinde graubraun, Triebe der Kletterpflanzen zottig behaart, stark zur Verzweigung neigend, wickeln sich um vorhandene Haltevorrichtungen. Mark lamelliert

Knospen klein, braun, rundlich bis oval, durch besonders an jungen Trieben stark ausgeprägte Triebverdickungen im Knospenbereich deutlich hervortretend

Blatt kreisförmig oder oval gestaltet, bei verschiedenen Herkünften unterschiedlich (etwa 6 bis 12 cm) lang, an der Basis herzförmig oder abgerundet, oben zugespitzt, Blattrand gesägt, Blattoberseite dunkelgrün, unbehaart, durch Blattnerven deutlich profiliert, Blattunterseite weißlich mit rötlichen Haaren an den Blattadern

Blüte Pflanze zweihäusig. Weibliche Pflanzen mit Blüten von etwa 4 bis 5 cm Durchmesser, Kronblätter gerundet, lappig, groß, weiß bis cremeweiß, Strahlenkranzgriffel, etwa bis 2 cm Durchmesser, sehr attraktiv wirkend, sitzt dem großen runden, oben sich etwas verjüngenden Fruchtknoten auf. Blüten an der Basis zweijähriger Triebe meist zu 4 bis 8 vereint. Männliche Blüte in Größe und Färbung der weiblichen ähnlich, nur sitzen die Blüten mehr büschelförmig und in größerer Anzahl zusammen. Durch die zahlreichen Staubgefäße mit kräftig goldgelb gefärbten Antheren noch auffälliger als weibliche Blüten. Trotz zeitigen Frühjahrsaustriebes erscheinen die Blüten erst im Juni, nachdem ein langes Ballonstadium vorausgegangen ist

Frucht Früchte der Wildform etwa bis 3 cm lang, 2 cm dick, breitoval geformt. Schale hellgrün mit bräunlicher Deckfarbe, dicht behaart. Fruchtfarbe kann bei verschiedenen Wildformen stark wechseln. Fruchtstiel nur wenig kürzer als die Frucht. Reste der Kelchblätter bleiben bis zur Erntereife erhalten. Fruchtfleisch gelblich, glasig, gallertartig, wohlschmeckend

Verbreitung die Wildsippe *A. chinensis* stammt aus Ostchina, ist aber auch in Südwest- und Zentralchina verbreitet. Sie wird in China anscheinend schon seit ältesten Zeiten kultiviert. Später wurde die Chinesische Stachelbeere auch in andere Kontinente gebracht. Die in Europa, Amerika und insbesondere Neuseeland angebauten Formen sind spätere Züchtungen, die sich durch besonders große Früchte auszeichnen

Anbau Wildformen der *A. chinensis* sind als dekorative und zugleich fruchttragende Schlingpflanzen, als Einzelsträucher für Gärten geeignet. Für den plantagenmäßigen Anbau haben sie keine Bedeutung

Anfälligkeit gering, bisher wurden unter unseren Anbaubedingungen keine Schaderreger beobachtet

Abschließende Beurteilung die Art und auch ihre Kulturformen haben, was den Anbau bei uns anbetrifft, nur Liebhaberwert. Für die Fruchterzeugung in klimatisch weniger günstigen Gebieten sind kältefeste Sorten notwendig. Es wäre zweckmäßig, die z. B. in der UdSSR oder in China angebauten Sorten in unserem Klima zu überprüfen, um daraus Sortenempfehlungen ableiten zu können.

Winterholz (schlingender – und mehrjähriger Trieb) 1/1,
Blüte (männliche und weibliche) 1/2, Blätter 1/2,
Früchte 1/1, Fruchtlängsschnitt 1/1

Chinesische Aktinidie 'Hayward' 3

Wissenschaftlicher Name *Actinidia chinensis* J.E. PLANCH.

Familie Aktinidiengewächse *(Actinidiaceae)*

Herkunft Kulturform aus Neuseeland (als Kiwi bezeichnete großfrüchtige Form der Chinesischen Aktinidie)

Wuchs die bis zu 8 m langen, sich stark verzweigenden Ranken der Schlingpflanze müssen an einem Spalier erzogen werden (siehe S. 32). Ein ständiger Schnitt ist zur Bremsung des Wuchses und Förderung der Fruchtbildung notwendig (siehe S. 34)

Trieb, Rinde die rötlich-braunen bis grau-braunen Triebe sind zottig behaart, Haare an Jungtrieben rot gefärbt. Mark der Triebe lamelliert

Knospen klein, braun, rundlich bis oval, durch besonders an jungen Trieben stark ausgeprägte Triebverdickungen im Knospenbereich deutlich hervortretend

Blatt junge Blätter eines Knospenbüschels bei der Entfaltung etwa eine Muschel bildend, zusammenstehend. Ältere Blätter etwa 8 bis 12 cm lang, rundlich, an der Basis herzförmig, abgeflacht, oben etwas zugespitzt, Blattrand gesägt, Blattoberseite kräftig grün, unbehaart, Blatt unterseitig weißlich-grün mit rötlichen Haaren an den Blattadern, Blätter, besonders beim Austrieb, stark profiliert und daher sehr dekorativ

Blüte Pflanze zweihäusig. Weibliche Pflanzen mit Blüten von etwa 5 bis 6 cm Durchmesser, zu mehreren an der Triebbasis sitzend. Kronblätter anfangs weiß, dann cremeweiß bis gelblich, gerundet, lappig, groß, Strahlenkranzgriffel auf dem grüngelben, rundlichen Fruchtknoten wirkt sehr attraktiv. Männliche Blüten ähneln den weiblichen und fallen durch die Fülle der mit goldgelben Antheren besetzten Staubblätter auf. Sie sitzen mehr büschelförmig und in größerer Anzahl zusammen als die weiblichen. Blütezeit erst im Juni. Aufblühen nach lang andauerndem Ballonstadium

Frucht ein' gut ausgeglichenes Oval bildend, etwa 4,5 bis 5 cm lang und 4 cm breit, hellgrünlich-braun, mit dichten feinen seidenartigen Haaren. Fruchtstiel nur wenig kürzer als die Frucht, gelb. Reste der Kelchblätter bleiben bis zur Erntereife erhalten. Entwicklungsdauer von der Blüte bis zur Frucht etwa 5 Monate, daher Ernte erst Ende Oktober/Anfang November. Fruchtfleisch gallertartig, gelblich. Geschmack fein, säuerlich, erfrischend. Gute Konservierbarkeit. In Neuseeland als die am besten schmeckende Sorte bezeichnet

Verbreitung Kiwis werden für den Export in der überwiegenden Menge in Neuseeland angebaut. Anbauzentren geringeren Ausmaßes befinden sich in Kalifornien

Anbau in von Nord nach Süd gerichteten Reihen (Europa) werden die Pflanzen an einem Stützgerüst mit 2 bis 3 waagerechten Drähten im Abstand von 80 bis 100 cm erzogen. Der Reihenabstand der Gerüste beträgt 3 bis 4 m, die Entfernung der Pflanzen in der Reihe 8 bis 10 m, so daß je ha etwa 250 bis 400 Pflanzen stehen.

Um die Befruchtung zu sichern, müssen neben den weiblichen auch stets einige männliche Pflanzen mit angebaut werden

Anfälligkeit in Europa bisher sehr gering, nicht dagegen beim Großanbau in Neuseeland

Abschließende Beurteilung dort, wo ein warmes Klima mit langem, frostfreiem Herbst es zuläßt und die Möglichkeit besteht, die Pflanzen bei Kälteeinbrüchen, sei es im Herbst z.Z. der Fruchtreife oder auch im Winter, zu schützen, kann der Anbau im Garten empfohlen werden. Kiwis sind eine echte Bereicherung des Obstangebotes. Die Erziehung der Sträucher, inbesondere der Sommerschnitt, erfordert einen hohen Zeitaufwand.

Winterholz (schlingender- und mehrjähriger Trieb) 1/1,
Blüte (männliche und weibliche) 2/3, Blatt 2/3,
Frucht und Längsschnitt 1/1

♂

♀

Edel-Eberesche 'Konzentra'   4

Wissenschaftlicher Name *Sorbus aucuparia* L. var. *edulis* DIECK
Synonyme Sorbus aucuparia var. dulcis KRAETZL, Sorbus aucuparia var. moravica DIPP.

Familie Rosengewächse *(Rosaceae)*
Herkunft 1946 als Straßenbaum aufgefunden, durch das Institut für Gartenbau Dresden-Pillnitz selektiert und 1954 in der DDR als Sorte zugelassen
Wuchs stark, mit anfangs steil aufrechten Leitästen, die sich später etwas seitwärts neigen. Kronenform schmal pyramidal, durch stark geförderte Stammverlängerung stark aufstrebend
Trieb, Rinde Trieb meist kräftiger entwickelt als bei 'Rosina', anfangs rotbraun, grau bis grauschwarz werdend
Knospe grau, leicht abstehend, Spitze dem Trieb zugekrümmt, Knospen stärker entwickelt als bei Rosina
Blatt Laubblätter unpaarig gefiedert, Blättchen länglich-lanzettlich, sitzend. Blattspindel bogenförmig nach unten hängend, an der Ansatzstelle jedes Blättchens eine Drüse
Blüte Kelchbecher nur anfangs wollig-filzig, bald verkahlend. Kelchblätter dreieckig, Kronblätter rundlich, etwa 5 mm lang. Staubblätter ebensolang wie die Kronblätter. Blütenstand leicht nach außen gewölbt.
Frucht klein bis mittelgroß, in kleinen bis mittelgroßen Dolden vereint, Farbe trüb rötlich orange, dick- und festschalig, Fleischfarbe trüb gelblichorange, Geschmack schwach sauer, schwach aromatisch, der Fruchtsaft enthält um 60 mg/100 g Vitamin C, Früchte gut transportfähig und mit guten Verwertungseigenschaften
Standortansprüche stellt keine besonderen Ansprüche, frische, humose, genügend feuchte Böden besonders geeignet, Holz und Blüte bisher überall frostfest
Verbreitung in der DDR im Anbau, mehr verbreitet als die Sorte 'Rosina' und auch weiterhin allgemein zu empfehlen
Anbau für Straßen, Wege, größere Gärten, besonders auch für Großanbau zur industriellen Verwertung (Vertragsanbau)
Anfälligkeit gegenüber Krankheiten und Schädlingen: siehe S. 43 f.
Abschließende Beurteilung liefert jährlich hohe Erträge. Die Früchte sind für die industrielle Verarbeitung zu Flüssigerzeugnissen besonders gut geeignet, weniger für die Verwertung ganzer Früchte. Hauptsorte in der DDR, für Vorgebirgslagen.

Winterholz (einjährig) 1/1, Einzelblüte 3/1, Blätter 2/3,
Fruchtstand 2/3, Einzelfrucht 2/1, Fruchtlängsschnitt 2/1

Edel-Eberesche 'Rosina'

Wissenschaftlicher Name *Sorbus aucuparia* L. var. *edulis* DIECK
Synonyme Sorbus aucuparia var. dulcis KRAETZL, Sorbus aucuparia var. moravica
DIPP.
Familie Rosengewächse *(Rosaceae)*
Herkunft 1946 als Straßenbaum in Sebnitz/Sachsen aufgefunden, durch das Institut
für Gartenbau Dresden-Pillnitz selektiert und 1954 in der DDR als Sorte zugelassen
Wuchs mittelstark, Leitäste steil aufwärts gerichtet, sich später bogenförmig nach
außen neigend, Kronenform breit pyramidal
Trieb, Rinde Junge Triebe rotbraun, später graubraun, nur anfangs geringfügig be-
haart, später kahl, ältere Äste und Stamm graubraun bis schwärzlich, längsrissig
Knospen Knospenschuppen bewimpert, Knospen grauschwarz, spitz zulaufend, Spitze
dem Trieb zu eingekrümmt, anliegend
Blatt Laubblätter unpaarig gefiedert, Blättchen länglich-lanzettlich, sitzend, im oberen Abschnitt deutlich gesägt, an der Basis glattrandig, Blattspindel anfangs behaart,
später verkahlend, rinnig. An der Ansatzstelle jedes Blättchens eine Drüse
Blüte Kelchbecher anfangs leicht wollig-filzig, später verkahlend, Kelchblätter dreiek-
kig, Kronblätter rundlich, etwa 5 mm lang. Staubblätter ebensolang wie die Kronblätter. Blütenstand flach ausgebreitet.
Frucht groß bis sehr groß, in großen Dolden vereint, Farbe trüb orange bis trüb rötlich-
orange, dünnschalig, Fleischfarbe hell gelblichorange, Geschmack angenehm süß-
säuerlich, aromatisch, der Fruchtsaft enthält um 30 mg/100 g Vitamin C, Früchte gut
transportfähig und mit guten Verwertungseigenschaften
Standortansprüche stellt keine besonderen Ansprüche, frische, humose, genügend
feuchte Böden besonders geeignet, Holz und Blüte bisher überall frostfest
Verbreitung in der DDR im Anbau, weniger verbreitet als die Sorte 'Konzentra'
Anbau für Straßen, Wege, größere Gärten, weniger für Großanbau zur Verwertung
Anfälligkeit gegenüber Krankheiten und Schädlingen: siehe S. 43f.
Abschließende Beurteilung liefert jährlich hohe Erträge. Die Früchte sind für alle
Verwertungsformen geeignet, durch ihre Größe und den geringeren Säuregehalt beson-
ders zur Verwendung ganzer Früchte als Kompott oder zum Kandieren. Ergänzungs-
sorte zu ‹Konzentra›, besonders in den Vorgebirgslagen.

Winterholz (einjährig) 1/1, Einzelblüte 3/1, Blätter 2/3,
Fruchtstand 2/3, Einzelfrucht 2/1, Fruchtlängsschnitt 1/1

Edel-Kastanie

6

Andere deutsche Namen Eß-Kastanie, Echte Kastanie, Marone
Wissenschaftlicher Name *Castanea sativa* P. MILLER

Familie Buchengewächse *(Fagaceae)*

Wuchs kann an sehr guten Standorten bis 25 m hoch werden, steht in der Mächtigkeit der Eiche nicht nach. Wuchsform bei Einzelbäumen breit ausladend, im Bestand eingeengt schmal wachsend, langschäftig, schlank. Stamm fast immer drehwüchsig. Im Bereich des Stammes meist Stockausschläge. Äste knickig, im Winterzustand rotbraun, kantig. Mark bildet ein Fünfeck

Trieb, Rinde Rinde anfangs glatt, olivbraun mit vielen hellen Korkwarzen. Später entsteht eine von tiefen Längsrissen durchzogene bräunlich-graue Borke, Triebwachstum sortenbedingt sehr unterschiedlich

Knospen spiralig angeordnet, sitzen auf vorspringenden Blattkissen, gedrungen, spitzeiförmig, ungestielt, kahl, glatt, rötlich oder grau bereift, zweischuppig, keine echten Endknospen

Blatt 8 bis 18 cm lang, 3 bis 6 cm breit, zweizeilig gestellt, kurzstielig, ledrig, länglichlanzettlich, mit abgerundetem bis schwach herzförmigem Grund, am Rande buchtig gezähnt, stachelspitzig, Zähne oft sichelförmig einwärts gebogen, oberseits glänzend sattgrün, unterseits anfangs filzig, allmählich kahl werdend und dann matt-blaßgrün. 15 bis 20 Nervenpaare, die gelbliche Mittelrippe tritt deutlich hervor. Nebenblätter schmal-linealisch, 1,5 cm lang, kurzlebig und bald abfallend

Blüte je nach Sorte bzw. Herkunft zwischen Mai bis Juli, Blüten einhäusig. Männliche Blüten bilden gelbliche Knäuel und sind an 10 bis 20 cm langen, unterbrochenen, anfangs aufrecht stehenden Kätzchen angeordnet. Am Grunde der männl. Scheinähren die weibl. Blüten zu 2 bis 3 (7) mit oberständiger, meist 6teiliger Blütenhülle. Fruchtknoten meist 6 (selten 3 bis 2) fächrig, in jedem Fach zwei hängende Samenanlagen, von denen in der Regel nur eine zum Samen heranreift. Narben (5 bis 8) auffallend weißlich. Kätzchen vertrocknen im Sommer, bleiben am Trieb und überragen die stacheligen Früchte.

Frucht befindet sich meist zu mehreren vereint in stacheligem, anfangs leuchtendgrünem, später bräunlich-gelbem, etwa faustgroßem Fruchtbecher. Früchte dunkelbraun, glatt, 1samig, 2 bis 3 cm lang, am Scheitel anliegend-seidenhaarige und von den vertrockneten Perigonzipfeln und Narben gekrönte Trockenfrucht, Keimblätter dick, fleischig, gefaltet, Früchte je nach Sorte sehr unterschiedlich geformt. Fruchtbecher springen bei Reife bzw. beim Herabfallen vierklappig auf

Verbreitung in Europa besonders als Parkbaum weit verbreitet. Ertrag jedoch nur im Weinbauklima befriedigend

Anbau bei geschlossenen Pflanzungen Mindestabstände von 12 m × 12 m wählen. In der Praxis meist als repräsentativer Einzelbaum gepflanzt

Anfälligkeit besondere Anfälligkeit für unser Anbaugebiet nicht bekannt

Abschließende Beurteilung sollte als Parkbaum, aber auch als Solitärbaum z. B. in Siedlungen, großen Gärten oder auf Dorfangern öfters verwendet werden. Auch kleine, geschlossene Pflanzungen, Kastanienhaine, sind z. B. für Splitterflächen zu empfehlen.

Winterholz (einjährig) 1/1, Blütenstand 2/3, Einzelblüten 10/1, Frucht mit Hülle 1/1, Frucht 1/1

228

Wissenschaftlicher Name *Ficus carica* L.

Familie Maulbeergewächse *(Moraceae)*

Wuchs Feigenbäume können strauchartig mit mehreren etwa gleichwertigen starken Bodentrieben oder als Baum mit deutlichem Stamm wachsen. Als Baum mit einem meist knorrig-unregelmäßigen Stamm werden Höhen bis etwa 10 m erreicht. Krone dicht, starkverzweigt. Im Anbau hält man die Gehölze der besseren Pflege und Ernte wegen bewußt niedrig

Trieb, Rinde Rinde des Neutriebs grün, bald gelbgrün bis gelbbraun werdend. Ältere Äste und Stamm mit graubrauner Borke bedeckt

Knospen rundlich bis stumpf-eiförmig, vom Trieb abstehend, dem gefurchten Blattstiel dicht anliegend, grün

Blatt wechselständig, gestielt, ziemlich locker stehend, tief dreilappig oder fünflappig, Blätter schwach behaart mit abgerundeten Lappen, am Grunde abgestutzt oder auch herzförmig, am Rand entfernt gezähnt. Saftig, grün, gelbliche Blattnerven deutlich hervortretend

Blüte Blütenstand in den Blattachseln, hohle, kugel- oder birnenförmig anschwellende Blütenstiele darstellend, welche am oberen Ende durch einige Deckblätter geschlossen, ebenso unten von einigen Deckblättern gestützt sind und am oberen Eingang in die Höhlung die männlichen, weiter unten ringsum in großer Zahl die weiblichen Blüten tragen. Alle Blüten gestielt, Perigon meist 5zählig, Staubblätter 3 bis 5. Karpell mit langem Staubweg. Blütenstände der Kulturfeigen enthalten nur weibliche, langgriffelige Blüten, während die Ziegenfeige (Wildfeige!) über männliche und weibliche Blüten verfügt

Frucht Scheinfrucht 3 bis 10 cm lang, 1,5 bis 5 cm Durchmesser. Unreife Früchte enthalten wie alle anderen Pflanzenteile Milchsaft. Reife Feigen sind milchsaftfrei. Fruchtform und Fruchtfarbe bei einzelnen Herkünften und Sorten stark wechselnd. Schale kann grün, gelb, gelb-rosa, rot, braun bis dunkelviolett sein. Fruchtfleisch weiß oder goldgelb, rot bis violett. Früchte einzeln oder paarig in Blattachseln der Jahrestriebe oder am vorjährigen Holz. In einem Jahr können mehrere Blüten- und Fruchtgenerationen entstehen. Sommerfrüchte werden von Herbstfrüchten unterschieden. Auch Speisefeigensorten mit parthenokarpen Früchten vorhanden

Verbreitung aus Asien stammend, schon im Altertum überall im südlichen Europa kultiviert. Feigenanbau im Laufe der Jahrhunderte auch in Afrika und Amerika verbreitet. In nach Süden offenen Alpentälern oft verwildert. Bei uns meist als Wildform oft in Gewächshäusern, an klimatisch günstigen Standorten oder unter zumindest zeitweilig schützenden Glasdächern (Sanssouci) angebaut. Im Weinbauklima auch im Freiland anbauwürdig, jedoch Gefahr des Rückfrierens in Polarwintern

Anbau werden in den Haupterzeugerländern nach Anbausystemen ähnlich wie bei uns die Süßkirschen gepflanzt

Anfälligkeit siehe S. 62 f.

Unter unseren Klimabedingungen werden die Bäume in der Regel kaum von Schaderregern befallen

Abschließende Beurteilung auch bei uns ist der Anbau der Feige in geschützten Haus- und Kleingärten möglich. Notwendig ist jedoch, daß die Bäume in härteren Wintern durch Folie oder andere geeignete Materialien wie Laub, Stroh oder anderes Material geschützt werden.

Winterholz (mehrjährig) 1/1, Blütenstand 1/1, Blätter 1/3, Scheinfrucht und.Längsschnitt 1/2, Fruchtschnitt 1/1

Gold-Johannisbeere 8

Andere deutsche Namen Goldtraube, Goldribisl
Wissenschaftlicher Name *Ribes aureum* PURSH
Synonyme Ribes tenuiflorum LINDL., Ribes palmatum DESF.
Familie Steinbrechgewächse *(Saxifragaceae)*
Wuchs aufrecht, bildet 2,5 bis 3 m hohe Sträucher, dicht verzweigt, im Alter breit ausladend
Trieb, Rinde Triebe glänzend gelbbraun, verstreut feindrüsig behaart, Rinde braunschwarz, längsrissig, abfasernd
Knospen fein behaart
Blatt Form variabel, ähnlich einem großen Stachelbeerblatt, eirundlich, 3spaltig bis fast 5lappig, 2 bis 4 cm lang und fast so breit, an kräftigen Bodentrieben (Lohden) noch größer, Lappen gespreizt, meist nur vorn grob gezähnt. Blattoberseite bei Austrieb mehlig bestäubt, später mehr oder weniger glänzend. Blatt etwas derb, oberseits dunkelgrün, unterseits mattgrün. Blattrand und Blattstielbasis bewimpert. Herbstfärbung rot.
Blüte gelb, in 5 bis 7 cm langen, behaarten Trauben mit 5 bis 15 Einzelblüten, aufrecht, abstehend, Kronblätter kurz, zu langer Röhre verwachsen, leuchtend goldgelb (lat. *aureum*) bis dottergelb, später vorn z. T. dunkelpurpurn bzw. rötlich. Kelchblätter gespreizt, etwa 10 mm lang, sich nach der Blüte aufrichtend und zusammengeneigt auffällig an der Frucht haftend bis zur Reife. Blüte duftet aromatisch nach Nelken. Blütezeit April bis Mai. Bienenweide.
Frucht 1 bis 2 g schwere, erbensgroße Beere, etwa 1 cm dick, rundlich, glatt, rotbraun bis glänzend schwarz (Zierformen auch gelb oder rot), herbsäuerlich, halb durchscheinend, so daß die 2 bis 9 (meist 4 bis 5) kleinen Samen, welche beim Verzehr nicht stören, von außen sichtbar sind. Fruchtschale dünn und fest, nicht hart. Fleisch fest, mit färbendem Saft. Beeren reifen im Juni, innerhalb der Traube – wie bei Schwarzer Johannisbeere – unterschiedlich groß und in der Reife folgernd, aber reif kein Abfallen («Rieseln»), jedoch leicht platzend
Verbreitung aus dem westlichen Nordamerika stammend, in Europa überall als frühblühendes Ziergehölz verbreitet, auch in Gärten verwildert
Anbau in den USA und der Sowjetunion auch wegen der Frucht in Kultur, sonst bekanntes Ziergehölz und Unterlage in Baumschulen
Anfälligkeit frosthart und trockenresistent, Krankheiten und Schädlinge nicht bekannt. Als Beerenobstunterlage unter der sog. Wassersucht leidend.
Abschließende Beurteilung gesundes, frosthartes Ziergehölz mit eßbaren Früchten (Verwertung wie Schwarze Johannisbeere), geeignet für Anbau auf allen Standorten in Garten und Landschaft, besonders Schutzpflanzungen, Heckenerziehung möglich, Trachtpflanze für Bienen. Ausgelesene Typen dienen in Baumschulen als Veredlungsunterlage für Beerenobststämmchen. Sorten zur Fruchtnutzung bei uns noch nicht im Handel.

Winterholz (einjährig) 1/1, Blütenstand 3/1,
beblätterter- und fruchtender Zweig 1/1,
Einzelblatt 1/1, Fruchtlängsschnitt 1/1

Andere deutsche Namen Japanische Zierquitte, Gebirgs-Zierquitte, Wilde Quitte sowie (Schweiz) Brennender Dornbusch, Feuerbusch, Feuerstrauch; fälschlich: Rotdorn (Niederrhein) und Feuerdorn

Wissenschaftlicher Name *Chaenomeles japonica* (THUNB.) LINDL. ex SPACH

Synonyme Chaenomeles lagenaria (LOISEL.) KOIDZ., Cydonia japonica (THUNB.) PERS., Cydonia maulei (MAST.) T. MOORE, Pyrus japonica THUNB., Pyrus maulei MAST.

Familie Rosengewächse *(Rosaceae)*

Wuchs niedriger Strauch, sparrig, weit ausladend, schwachwüchsig, im Alter bis 1 m hoch und breit, dicht verzweigt

Trieb, Rinde Triebe jung rauhfilzig, später kahl, braun-olivgrün, auffällig warzig, einfache Dornen bis 1 cm lang; Rinde rauh und uneben, Borke schwarz

Knospen Blütenknospen vorwiegend an Kurztrieben des Altholzes

Blatt wechselständig, breit eiförmig, 3 bis 5 cm lang und 1,5 bis 3 cm breit, grob gekerbt und gesägt, glatt, ledrig, fest, stumpf-grün, im Herbst lange am Strauch bleibend (fast wintergrün), Nebenblätter bleibend, nierenförmig, sehr groß, stark gesägt, den Trieb umfassend

Blüte ziegelrot, 5zählig, einzeln oder zu 3 bis 4 in Büscheln, bis 3 cm breit, weit offen, auffällig oder sehr dekorativ, Blütezeit März bis April, Blütenblätter gekrümmt, reich und lange blühend, Griffel im unteren Drittel miteinander verwachsen (Unterschied zur Quitte, die freie Griffel besitzt). Bienenweide-Gehölz

Frucht rundlich, apfelähnliche Scheinfrucht, gelblich-grün, bis 4 cm Durchmesser, Oberfläche deutlich gefurcht bzw. gerippt, reif fettig, Kelchblätter während Fruchtentwicklung abfallend, Fleisch fest, stark aromatisch, streng sauer, wohlriechend, mit 40 bis 80 gut entwickelten, braunen, nicht schleimigen Samen in den weiten Samenkammern. Reife ab September, Fruchtmasse um 30 g, z. T. bis 65 g

Verbreitung als Zierstrauch beliebt, bekannt und weit verbreitet in Gärten und öffentlichen Anlagen

Anbau ohne Risiko auf allen besseren Böden möglich, wenn nicht zu naß; für Industriegebiete nicht geeignet, weil schwefelempfindlich. Sorten- bzw. Artenwahl (siehe Allgemeintext) je nach Verwendungszweck hinsichtlich Wuchsstärke und Blüte (Füllung, Farbe) vornehmen

Anfälligkeit kaum von Krankheiten befallen, Schädlinge nicht bekannt, beachtlich frosthart, verträgt Sommertrockenheit gut, nicht rauchhart in Industriegebieten, aber normal stadtfest

Abschließende Beurteilung allgemein bewährter, anspruchsloser Zierstrauch, attraktiver Frühjahrsblüher, bei Ausnutzung der Sortenvielfalt einschließlich der sehr ähnlichen anderen *Chaenomeles*-Arten variabel verwendbar in Park und Garten, Bienenweide; für gute Gartenböden mit Drainage, auch kalkhaltig, volle Sonne bevorzugt. Verwendung der stark aromatischen Frucht als Obst für die Früchteverwertung (ähnlich der echten Quitte) möglich, aber oft noch unbekannt. Für diesen Zweck sind großfrüchtige Sorten, z. B. 'Nivalis', besonders geeignet.

Winterholz bedornt und unbedornt 1/1, Blüten 1/1,
Blätter 1/1, Früchte 1/1, Fruchtlängsschnitt 1/1

Kirsch-Pflaume

Andere deutsche Namen Türkische Pflaume, Myrobalane, Juden-Kirsche
Wissenschaftlicher Name *Prunus cerasifera* EHRH. var. *cerasifera*
Synonyme Prunus myrobolana POIT. et TURP., P. myrobalanus (L.) LOISEL
Familie Rosengewächse *(Rosaceae)*
Wuchs sehr stark wachsender Busch, breitausladend, etwa 6 m hoch
Trieb, Rinde Rinde grau-braun, an den Lentizellen oft aufreißend. Jungtriebe anfangs grün, kahl, sehr zahlreiche und infolge der dichten Verzweigung meist relativ kurze Triebe, unbedornt
Knospen klein, bei mehrjährigem Holz stark vom Trieb abstehend, Nebenknospen fast ebenso stark entwickelt wie die Mittelknospe, zimtbraun
Blatt klein, etwa bis 6 cm lang und 3 cm breit, länglich verkehrt-eiförmig, spitz zulaufend, ungleich gesägt oder gekerbt gesägt, oberseits kahl, unterseits nur am unteren Teil der Mittelrippe wenig behaart, später verkahlend. Blätter, besonders an fruchttragenden Kurztrieben, von sehr unterschiedlicher Größe
Blüte meist einzelstehend, Kronblätter weiß, eiförmig, etwa 9 bis 11 mm lang. Staubblätter etwa 20, Stempel überragt die Staubgefäße deutlich. Kelchblätter innen sehr fein, samthaarig. Kelchbecher innen am Grunde feinbehaart, am Rande zerstreut drüsig gesägt, blüht sehr früh, noch bevor die Blätter erscheinen
Frucht kugelig, etwa gleich lang gestielt, 2 bis 2,5 cm Durchmesser. Grundfarbe gelb, Deckfarbe gestreift verwaschen braunrot, deutlich bereift, leicht gefurcht. Steinkern rundlich, glatt. Ertrag sehr reich und trotz der frühen, spätfrostgefährdeten Blüte beachtlich regelmäßig. Ernte sehr früh, kurz vor Frühpflaumen, gut schüttelbar
Verbreitung Myrobalanen findet man bei uns in der Regel nur dort, wo eine Myrobalanen-Unterlage die Edelsorte nicht angenommen bzw. später abgestoßen hat
Anbau für den planmäßigen Anbau sollte man die Müncheberger Sorten oder anderweitige Auslesen verwenden. Myrobalanen als Baum gezogen wachsen stark und sind sehr repräsentativ
Anfälligkeit eine besondere Anfälligkeit wurde nicht beobachtet. Bemerkenswert ist, daß, obwohl vom Pflaumenwickler stark befallene Hauspflaumen in unmittelbarer Nähe stehen, die Myrobalane befallsfrei bleibt
Abschließende Beurteilung die Myrobalane bzw. die Kirsch-Pflaume überhaupt verdient mehr Beachtung. Gepflanzt werden sollten ausschließlich die Müncheberger Sorten, die der Wildsippe *Prunus cerasifera* var. *divaricata* entstammen, oder auch Auslesen von Myrobalanen (*P. cerasifera* var. *cerasifera*). Die große Ertragssicherheit und die gute Verwertbarkeit im Haushalt macht die Frucht wertvoll. Der Literatur nach zu urteilen sind Kirsch-Pflaumen grundsätzlich selbstunfruchtbar und werden auch nicht von solchen der Gruppe *P. domestica* befruchtet.

Winterholz (einjährig und mehrjährig) 1/1, Einzelblüte 1/1,
Blätter 1/1, Früchte 1/1, Fruchtlängsschnitt 1/1

Kirsch-Pflaume 'Ceres'

Andere deutsche Namen Türkische Pflaume 'Ceres'

Wissenschaftlicher Name *Prunus cerasifera* EHRH. var. *divaricata* (LEDEB.) BAIL.

Familie Rosengewächse *(Rosaceae)*

Herkunft Nachkomme aus Wildformen, die von E. BAUR im Jahre 1926 aus der Türkei mitgebracht wurden; Züchter M. SCHMIDT, Müncheberg/DDR

Wuchs schwach bis mittelstark, Krone breitpyramidal. Leitäste schräg aufwärts gerichtet. Fruchtholz dicht stehend, neben einjährigen Fruchtruten auch viel Kurzholz. Kronengerüst ausgeglichen, daher nur Auslichtungsschnitt notwendig

Trieb, Rinde am Wintertrieb Blattpolster in Vorderansicht etwas schmaler als der Trieb. In Seitenansicht mäßig abgehoben, Blattstielnarbe klein. Übergang zum Trieb gradkantig, mit mäßig scharfem Knick abgesetzt oder in flachem Bogen zum Trieb übergehend und mit sehr kurzen Seitenkanten. Trieb braun bis rötlich-braun mit kleinen dunkleren Lentizellen

Knospen schwach rötlich-braun bis rötlich grau-braun. Seitenknospen am Trieb sehr eng anliegend

Blatt elliptisch, etwa 7 cm lang, 3,5 cm breit, an Fruchttrieben kleiner, doppelt gesägt, Spitzen lang gezogen, Relief feinrunzelig, feinbuckelig, Blattstiel 7 bis 11 mm lang. Blattfarbe satt-grün

Blüte sehr früh, weiße Blütenblätter kantig-eiförmig, Kelchblätter gerundet, ziemlich dick und drüsig entwickelt. Etwa 15 Staubgefäße werden von dem schlanken Griffel, der etwa die doppelte Höhe der Staubgefäße erreicht, überragt. Blüten entspringen meist zu zweit einer Knospe, am Fruchtholz so dicht gestellt, daß die gerade erst erscheinenden Laubblättchen bei der weißblühenden 'Ceres' kaum in Erscheinung treten. Nicht selbstfruchtbar. Befruchtung durch andere Kirschpflaume notwendig

Frucht Größe etwa 36 mm lang, 37 mm breit bzw. dick. Durchschnittliches Fruchtgewicht bei 20 g. Farbe trüb-violett, typisch pflaumenartig. Bereifung wirkt hell, bräunlich-violett. Bauchnaht hebt sich durch breite Narbung deutlich ab. Fruchtfleisch hell gelblich orange bis hell orange, weich, gallertartig, sehr süß, mäßig saftig. Flachgedrückter Stein von vielen Rillen durchfurcht, mit Fruchtfleisch fest verbunden. Ertrag beginnt frühzeitig, und die Fruchtbarkeit ist sehr hoch. In nicht frostgefährdeten Gebieten alljährlicher Ertrag, der weit höher liegt als bei Pflaumen. Genußreife etwa Mitte August

Verbreitung wurde bisher praktisch nur in Müncheberg angebaut und hat sich auf leichtesten Böden auch während langer Trockenperioden gut bewährt. Die Ablehnung dieser Sorte und der «Müncheberger Kirsch-Pflaumen» überhaupt ist unbegründet. Diese Obstart gedeiht auf leichtesten, für Edel-Pflaumen nicht mehr geeigneten Böden.

Anbau eignet sich zum plantagenmäßigen Anbau auf leichten Böden, kann auf Reihenentfernungen von 4,0 bis 4,5 m und in der Reihe auf 2,5 bis 3,5 m gesetzt werden. Einzelbäume im Garten werden wie Schattenmorelle gepflanzt, es ist jedoch immer nötig, eine Befruchtersorte (z. B. 'Fertilia' oder eine andere Kirsch-Pflaume) hinzuzusetzen

Anfälligkeit Kirschpflaumen leiden unter den gleichen Krankheiten wie Pflaumen der *Prunus domestica*-Gruppe. Vom Pflaumenwickler werden sie kaum befallen

Abschließende Beurteilung (siehe auch Verbreitung) Kirsch-Pflaumen sind nicht dazu bestimmt, mit Pflaumen-Sorten der *Prunus domestica*-Gruppe in Konkurrenz zu treten. Der Anbau soll dort erfolgen, wo andere Obstarten infolge der Dürftigkeit des Bodens nicht mehr gedeihen. Die Früchte sind nicht für den Rohgenuß, sondern für die Naßkonservierung und Marmeladenherstellung gedacht. Die Qualität konservierter Früchte ist der der Mirabelle ebenbürtig.

Winterholz (einjährig) 1/1, Einzelblüte 1/1, Blätter 1/1, Früchte 1/1, Fruchtlängsschnitt 1/1

Kornelkirsche

12

Andere deutsche Namen Corneliuskirsche, Cornille, Gelber Hartriegel, Kornelle, Dirndl (Bayern), Dirrlitze, Dürrlitze (Schwaben), Erlitze, Herlitze, Hörlitze (Thüringen), Krakebeere, Knüten (Mecklenburg), Welsche Kirsche, Hornkirsche, Zis(s)erle (Franken), Beinholz und andere

Wissenschaftlicher Name *Cornus mas* L.

Synonym Cornus mascula HORT.

Familie Hartriegelgewächse *(Cornaceae)*

Wuchs breiter Strauch oder kleiner Baum mit rundlicher Krone, 2 bis 6 m hoch und breit, dichtkronig, wächst sehr langsam, wird bis 100 Jahre alt

Trieb, Rinde Triebe grünlich, sonnseits violett überlaufen, anfangs behaart, später kahl, kantig; Zweige bräunlich, Rinde gelblichgrau, glatt, im Alter abblätternd

Knospen Blattknospen klein, lanzettlich, behaart, zweischuppig; Blütenknospen größer, kugelig, mehrschuppig, gestielt, blüht am Altholz

Blatt gegenständig, elliptisch bis eiförmig mit ausgezogener Spitze, ganzrandig, 4 bis 10 cm lang, 2 bis 5 cm breit, dick, oft leicht gewellt, oben glänzend grün, unten heller und in den Winkeln der Blattadern angedrückt weißlich behaart, mit 3 bis 5 Nervenpaaren. Herbstfärbung gelb, Blattstiel 0,5 bis 1 cm lang

Blüte kleine, kugelige, sitzende Dolde mit 15 bis 25 leuchtend hell- bis goldgelben, 3 mm breiten, 4zähligen Einzelblüten, die vor dem Erblühen von gelben Hüllblättern (Tragblättern) umgeben sind. Blütezeit sehr früh, Februar bis März (Vorfrühling), blüht vor dem Laubaustrieb, noch vor der Forsythie, blüht reich und lange, wertvolle Bienentracht. Blüten z. T. voll selbstfruchtbar

Frucht glänzend kirsch- bis scharlachrot, vollreif bis dunkel purpurrot, ovale, hängende Steinfrucht bis 2 cm lang («Hahnenhoden»), mit 2fächrigem Stein, der bis 30 % der Frucht ausmacht. Fleisch schwer steinlösend, Reife ab September, folgernd. Geschmack herb-sauer. Genießbarkeit der 1,5 bis 2,5 g schweren Frucht ist oft unbekannt

Verbreitung von Mitteleuropa bis Kleinasien natürlich verbreitet, besonders in Gebüschen und an felsigen Hängen; seit langem kultiviert, zur Zierde in Grünanlagen und Gärten viel gepflanzt

Anbau als wertvolles Ziergehölz häufig, auch für Feldfluren und Stadtgrün geeignet, wie Buchsbaum sehr gut schnittverträglich, im Ausland existieren Sorten für die Fruchtnutzung als Obst

Anfälligkeit sehr frosthart und trockenresistent, Krankheiten und Schädlinge nicht bekannt

Abschließende Beurteilung gesundes, anspruchsloses und pflegearmes Ziergehölz mit langsamem Jugendwachstum, frosthart und trockenresistent, kalkhold. Hoher Zierwert durch reichen gelben Blütenschmuck im Vorfrühling. Wertvolle Heckenpflanze (sehr gut schnittverträglich), beachtliche Bienenweide (Entwicklungstracht). Verwendung als Solitärgehölz in Grünanlagen, auch für Schutzpflanzungen in der Landschaft und zur Eingrünung von Kleingartenanlagen sowie in Wochenendgärten. Als kirschähnliche Wildfrucht in der Volksmedizin seit langem genutzt, von Kennern schon immer sehr geschätzt und zu köstlichen Obstprodukten verarbeitet, jedoch für viele in dieser Hinsicht noch unbekannt.

Winterholz (mehrjährig mit Blütenknospen) 1/1, Blütenstand 1/1, Einzelblüte 3/1, Blätter 2/3, Frucht 3/4, Einzelfrucht und Längsschnitt 1/1

Mahonie

13

Andere deutsche Namen Gemeine Mahonie, stechdornblättrige Mahonie, Fieder-Berberitze

Wissenschaftlicher Name *Mahonia aquifolium* (PURSH) NUTT.

Synonym Berberis aquifolium PURSH

Familie Sauerdorngewächse *(Berberidaceae)*

Wuchs bis 1,50 m hoher, immergrüner, bei freiem Stand ausladender Strauch, Habitus etwas sparrig

Trieb, Rinde Rinde grau-braun, längsrissig, deutlich ausgeprägte hellere Lentizellen. Viele kurze Verzweigungen, die oft Blütenknospen bzw. Blüten und Früchte tragen. Holz von Trieb und Wurzel kräftig gelb gefärbt

Knospen klein, spitz bis rundlich, je nach Sorte unterschiedlich gestaltet, vom Trieb abstehend

Blatt wechselständig, immergrün, 5- bis 9zählig, unpaarig gefiedert. Einzelblättchen sitzend, etwa 4 bis 6 cm lang und 2 bis 3 cm breit, ledrig, oberseits glänzend, am Rande je nach Sorte unterschiedlich buchtig-dornig gezähnt. Blätter im Herbst rot verfärbt.

Blüte klein, sechszählig, schwefelgelb bis kräftig orange-gelb, in aufrechten, knäuelartigen Trauben, mit Honigduft

Frucht schwarz-blaue, hell bereifte, erbsengroße, kugelige Beeren. Früchte enthalten dunkelroten Saft von säuerlichem, zitronenähnlichem Geschmack sowie 3 bis 5 bräunlich-gelbe Samen. Fruchtreife im August/September. Früchte können bis weit in den Winter hängen bleiben, festsitzend

Verbreitung als Zierstrauch für Hecken und Buschgruppen, oft Bodenbedecker in Gärten und Anlagen. Verwildert im Unterholz von Wald und Gebüsch, vor allem in Siedlungsnähe

Anbau ordnet sich gestalterischen Maßnahmen unter, oft Pflanzung gemischt mit anderen Gehölzen, manchmal heckenförmiger Anbau

Anfälligkeit die sehr robuste Mahonie wird kaum von Schaderregern befallen

Abschließende Beurteilung Art und Umfang des Anbaus bestimmen gestalterische Gesichtspunkte. Wertvolles immergrünes Gehölz für Sonne und Schatten, gute Hekkenpflanze, unverwüstlicher Bodenbedecker für Vor- und Unterpflanzungen, industriefest und winterhart. Dort, wo die Mahonien wachsen, sollte man auch die Früchte ernten, die, selbst wenn sie nur in geringem Maße anfallen, als Zusatz zu Fruchtmarmelade, Konfitüre, Gelee und Süßmost oder für die Herstellung von Wein und Likör verwertbar sind. Die Obstnutzung der Früchte ist vielfach noch unbekannt.

Beblätterter Zweig 1/2, Blütenstand 1/1, Fruchtstand 1/1, Einzelfrucht und Längsschnitt 3/2

Mandel, Mandelbaum

Wissenschaftlicher Name *Amygdalus communis* L.

Synonyme Prunus amygdalus STOKES, Prunus dulcis (MILL.) D. A. WEBB.

Familie Rosengewächse *(Rosaceae)*

Wuchs etwa 6 m hoher Strauch, kann auch als Baum mit mäßig hohem Stamm auftreten

Trieb, Rinde Triebe mit schwach rot gefärbten, bei der Wildform verdornten, bei Kulturformen wehrlosen Zweigen. Rinde älterer Bodentriebe grau. Rinde junger Zweige sehr glatt und frischgrün

Knospen Blattknospen schlank, zugespitzt, Blütenknospen rundlich, grün-braun

Blatt lanzettförmig, Blattflächen unbehaart, glänzend, Blatt vorn zugespitzt mit 1,2 bis 2,5 cm langem, drüsigem Stiel und kahler, länglich-lanzettlich-spitzer oder undeutlich zugespitzter, 4 bis 10 cm langer, am Rande scharf drüsig-gesägter bis kerbig-gesägter, ziemlich derber, glänzend dunkelgrüner Spreite, letztere zuweilen mit meist 1 bis 2 Drüsen. Bei Süßmandel stehen die napfförmig erscheinenden Drüsen auf den untersten Zähnen der Blätter, bei bitteren Mandeln sind diese mehr auf den Blattstiel herabgerückt

Blüte Blüten meist zu zweit auf sehr kurzen, die Knospenschuppen überragenden Stielen, erscheinen vor den Laubblättern. Kelchbecher glockig, krugförmig, Kelchblätter oval, am Rande filzig behaart. Kronblätter verkehrt eiförmig, etwa 20 mm lang, benagelt, an der Spitze etwas ausgerandet, am Grunde keilförmig, zart rosa bis weißlich gefärbt mit dunkleren Adern. Staubblätter kürzer als die Krone

Frucht länglich-eiförmig, zusammengedrückt, etwa 4 cm lang und 2,5 cm breit, graugrün, samtartig-filzig behaart, manchmal auch glatt. Fruchtfleisch ungenießbar, zähfaserig, hart, springt bei Reife mit glattem Längsriß oder nur unregelmäßig rissig auf. Die Frucht enthält meist einen, selten auch zwei Steinkerne. Schale der Kerne holzighart, gelblichweiß, Steinkern seitlich zusammengedrückt, an der Vorder- und Rückseite scharf gerandet, außen zahlreiche punktförmige, ziemlich regelmäßig verteilte Grübchen. Steinschale innen wie poliert glatt. Same zimtbraun, gerieft, abgeplattet und bei der Sämlingsnachkommenschaft der Wildform von sehr unterschiedlicher Gestalt

Verbreitung obwohl die Mandel sehr wärmebedürftig ist, finden sich Wildformen fast in ganz Mittel- und Nordeuropa. Für die Marktbelieferung angebaute Sorten sind auf Südeuropa beschränkt

Anbau geschlossene Pflanzungen gehören bei uns nur in sehr klimagünstige Gebiete

Anfälligkeit die Mandel wird bei uns kaum durch Krankheiten und Schädlinge befallen

Abschließende Beurteilung Der Marktanbau muß dem südlichen Europa überlassen bleiben. Als Einzelbaum und als Baumgruppe im Garten hat die Mandel eine Existenzberechtigung. In Weinbaulagen und in sehr günstigen, nicht spätfrostgefährdeten Gebieten sind auch kleine Bestände zu empfehlen. Ein regelmäßiger sicherer Ertrag darf jedoch nicht erwartet werden.

Winterholz (mehrjährig mit Blütenknospen) 1/1,
Einzelblüte 1/1, Blätter 1/1, Früchte 1/1, Steinkern 1/1, Same 1/1

Andere deutsche Namen Mispelbaum, Mispelstrauch, Hespel (Sachsen), Mespel (Rhein), Mespele (Mittelfranken), Mespelen (Tirol), Misple (Schweiz), Nespel, Wispelte (Westfalen) und andere in früherer Zeit

Wissenschaftlicher Name *Mespilus germanica* L.

Synonym Mespilus vulgaris Rchb.

Familie Rosengewächse *(Rosaceae)*

Wuchs 2 bis 6 m hoher, oft mehrstämmiger Strauch oder kleiner Baum, breit ausladend, Wuchs sparrig

Trieb, Rinde Triebe und junge Zweige zottig-filzig behaart, Zweige oliv oder rotbraun, verkahlend, Kurztriebe z. T. einfach bedornt, Stammrinde grau, rissig, alte Borke löst sich plattenförmig ab

Knospen braun, eiförmig, Knospenschuppen weiß gewimpert

Blatt wechselständig, länglich-schmal elliptisch, kurz zugespitzt, 3 bis 5 cm breit, bis 10 bis 12 cm lang, ganzrandig, kurz gestielt, oberseits matt dunkelgrün, unterseits hellgrün mit filzig behaarten Adern

Blüte weiße Einzelblüten, bis 5 cm Durchmesser, Blütenblätter rundlich, bis 12 mm lang, 30 bis 40 Staubblätter als breiter Kranz angeordnet und mit auffällig rosa gefärbten Staubbeuteln, Blüte nahezu stiellos und nicht duftend

Frucht braune, kreiselförmige Scheinfrucht, eigenartig geformt, ähnlich einer abgeplatteten Hagebutte, etwa walnußgroß, mit typisch an der Frucht verbleibenden Kelchzipfeln, enthält 2 bis 5 rauhe Steinkerne, Frucht wird im Spätherbst hartreif geerntet, erst nach Frosteintritt oder auf dem Lager weich und pastig (teigig) werdend und dann genießbar

Verbreitung im Kaukasus sowie in Süd- und Westeuropa häufiger kultiviert, in Mitteleuropa früher stärker verbreitet, heute z. T. hier verwildert oder Kulturrelikt und nur noch vereinzelt gepflanzt

Anbau heute meist nur vereinzelt gepflanzt, existierende Sorten selten echt in den Baumschulen vorhanden

Anfälligkeit weitgehend frosthart, kaum durch Krankheiten und Schädlinge befallen

Abschließende Beurteilung im Mittelalter begehrtes Obstgehölz, durch edlere Obstarten heute verdrängt, Zier- und Obstgehölz für Liebhaber und Gartengestaltung, kulturgeschichtlich interessante Art mit eigenartiger Frucht. Für Kenner ein Kleinod der Landschaft, am natürlichen Standort gefährdete Kulturart in Mitteleuropa.

Winterholz (einjährig) 1/1, Blüte 1/1, Blätter 2/3, Frucht 2/3 und Längsschnitt 1/1

Gemeine Moosbeere 16

Andere deutsche Namen Sumpf-Moosbeere
Wissenschaftlicher Name *Vaccinium oxycoccos* L.
Synonyme Oxycoccus quadripetalus GILIBERT, Oxycoccus palustris PERS.
Familie Heidekrautgewächse *(Ericaceae)*
Wuchs Zwergstrauch mit weit kriechendem, bis etwa 80 cm langem, verholzendem Stengel und kurzen, aufstrebenden, fädigen Blütentrieben
Trieb, Rinde Rinde des Neuwuchses grün, später gelbbraun, schließlich graubraun werdend. Trieb durch die Eigenart des Wuchses charakterisiert. Aus dem kriechenden Bodentrieb entwicklen sich «Ständer», die Blüten und Blätter tragen
Knospen rundlich, liegen dem Trieb dicht an, grün bis braungrün gefärbt, wenig hervortretend
Blatt wintergrün, derb, ledrig, eiförmig, ganzrandig, am Rande umgebogen, oberseits dunkelgrün, glänzend, unterseits von bleibender Wachsschicht blaugrün bereift und mit kleinen Drüsenhaaren locker bestreut, etwa 5 bis 10 mm lang und 3 bis 5 mm breit, am Grunde gestutzt oder schwach herzförmig, sehr kurz gestielt. Mittelnerv unterseits stark hervortretend
Blüte seitenständig (scheinbar endständig), zu 1 bis 4, nickend, langgestielt. Blütenstiel fädig, rötlich, mehrmals länger als die Blüte, unmittelbar unter dem Kelch gelenkig und an dieser Stelle sehr zerbrechlich, in der Mitte 2 lanzettliche, etwa 2 mm lange, spitze Vorblätter. Krone turbanartig, 6 bis 7 mm breit, meist 4 (bis 5) teilig, karminrosa. Staubblätter 8 bis 10 mm lang mit purpurnen, seitlich und auf dem Rücken behaarten Staubfäden und gelben Antheren, letztere so lang oder wenig länger als die Staubfäden. Antheren bekörnelt, ungespornt in geradeaus gerichteten, langen Hörnern, an ihrer Spitze die Pollen tragend. Pollen weiß. Kelch meist 4lappig mit kurzen, breiten, am Rande feinbewimperten Lappen
Frucht saftige, mehrsamige, überwinternde Beere, meist tiefrot, selten weiß (f. *leucocarpus* ASCHERS.), kugelig, seltener birnenförmig, 4 bis 15 mm breit, auf fädigem, zuletzt niederliegendem Stiel. Samen eilänglich, an der Spitze sichelförmig vorgezogen, mit netzig-grubiger Samenschale
Verbreitung ganz Mittel- und Nordeuropa, bis Lappland, südwärts bis Zentralfrankreich (subsp. *oxycoccus*). Nicht mehr in den Pyrenäen, auch nicht in Spanien. Im Ural und durch ganz Sibirien bis zur nördlichen Mandschurei, Baikalgebirge, Altai, Nord- und Mitteljapan, Kamtschatka, Aleuten, boreales Amerika, Grönland
Anbau die Moosbeere ist streng an spezifische Standorte gebunden, so daß ein Anbau nicht empfohlen werden kann; typische Sammelfrucht
Anfälligkeit siehe S. 140 ff.
Abschließende Beurteilung an geeigneten Standorten kann die Moosbeere in großen Mengen vorkommen. Das betrifft insbesondere große geschlossene Sphagnummoore in Nordeuropa. In der DDR findet man die Moosbeere vor allem auf Hochmooren im Vogtland.

Blütenstand 1/1, Blätter 1/1, Früchte 1/1, Fruchtlängsschnitt 1/1

Andere deutsche Namen Krannbeere, Kulturpreiselbeere; die amerikanische Bezeichnung Cranberry wird auch im deutschen Sprachgebiet verwendet

Wissenschaftlicher Name *Vaccinium macrocarpon* Ait.

Synonym Oxycoccus macrocarpos (Ait.) Pursh

Familie Heidekrautgewächse *(Ericaceae)*

Herkunft wurde im Jahre 1893 von Andrew Searles in Walker, Wisconsin, aus einem Wildbestand ausgelesen

Wuchs mittelstarke Pflanzen tragen kräftige Ständer, bringen aber nur wenige Ausläufer, Kriechtriebe wurzelbildend

Trieb, Rinde Rinde des Neuwuchses grün, später gelb-grün bis gelb-braun, an den Kriechtrieben entstehen aus Achselknospen die senkrecht stehenden Ständer

Knospen rundlich, dem Trieb anliegend, Blütenknospen im Vergleich zu Blattknospen größer, plumper, Blütenknospe einschließlich Blattrosette schüsselförmig ausgebildet, vegetative Knospen von mehr aufrecht stehenden Blättern umhüllt

Blatt Blätter nur mittelgroß, hellgrün, unterseits graugrün, ausgewachsene Blätter oval, 1 bis 1,5 cm lang werdend

Blüte Blütenanlagen in den Endknospen entwickeln sich im Juli/August, Langtagpflanze, daher die späte Blütenentwicklung, Blühbeginn Ende Juni/Anfang Juli, Blüten weißlich, zartrosa angelaufen, 6 bis 10 mm groß, auf kurzem Stiel, meist 3 Blütenknospen in der Achsel eines Ständers, Blüten anfangs aufrecht stehend, sich später im Bogen nach unten neigend, Blütenblätter rollen sich rückwärts ein, unterste Blütenknospe am Ständer öffnet sich zuerst

Frucht reift in der Mitte der Saison, etwa 3. bis 4. Septemberwoche, Beeren tiefrot, glanzlos, manchmal gefleckt, länglich oval und recht gleichmäßig groß, bis 23 mm lang und 18 mm breit

Verbreitung Haupt- und Standardsorte in Wisconsin, liefert in diesem Staate etwa 65 % der Produktion. Auch in anderen Anbaugebieten angepflanzt, Sorte gewinnt an Bedeutung

Anbau für den industriemäßigen Anbau bestens geeignet. Anbausystem siehe S. 132 ff.

Anfälligkeit wie alle Kulturpreiselbeeren so erfordert auch 'Searles' eine geschlossene Behandlungsfolge gegen Pilzkrankheiten und Schädlinge aufgrund der Bestandsüberwachung. Schaderreger siehe S. 140 ff.

Abschließende Beurteilung die wertvolle Sorte hat sich im Anbau bestens bewährt und kann allgemein empfohlen werden.

Blütenstand 1/1, Blätter 1/1, Früchte 1/1, Fruchtlängsschnitt 1/1

Preiselbeere

Andere deutsche Namen Wald-Preiselbeere, Kronsbeere, Steinbeere
Wissenschaftlicher Name *Vaccinium vitis-idaea* L.
Familie Heidekrautgewächse *(Ericaceae)*
Wuchs 10 bis 30 cm hoher Zwergstrauch mit unterirdischen, wurzelnden, schuppig be-
blätterten Kriechtrieben. Laub- und Blütensprosse aus den Achselknospen der Kriech-
triebe reihenweise entspringend, Zweige büschelig aufstrebend
Trieb, Rinde Zweige zart, rundlich, junge Zweige kurz, flaumhaarig, grün-braun, äl-
tere verkahlend, zunehmend bräuner, schließlich grau-braun werdend
Knospen rundlich, dem Trieb dicht anliegend, bräunlich, wenig hervortretend
Blatt Laubblätter wechselständig, vorwiegend zweizeilig angeordnet, teils eiförmig, jedoch meist verkehrteiförmig, vorn abgerundet, stumpf und öfters etwas ausgerandet,
wintergrün, derb-ledrig, $^1/_2$ bis $^3/_4$ mm dick, ganzrandig oder schwach gekerbt, am
Rande eingerollt, oberseits dunkelgrün glänzend, unterseits matt bleichgrün mit zerstreuten, braunen Drüsenzotten, undeutlich nervig, kurzgestielt. Blatt größer als bei
der Heidelbeere
Blüte in gedrängten, mehr- bis vielblütigen, hängenden Trauben, weiß, oft rötlich angelaufen, schwach duftend, Krone oft überhängend, 8 bis 10 mm lang, glockig, bis zur
Hälfte meist 5spaltig mit zugespitzten, aufwärtsgekrümmten Lappen. Staubblätter 10,
am Grunde behaart, Antheren lang, zweispitzig, Griffel aus der Blüte hervorragend.
Kelch 5lappig, häutig, Lappen dreieckig, bewimpert. Blütenstände stehen endständig
an den Trieben
Frucht Beeren in einseitswendigen, dichtgedrängten Trauben, zuerst weiß, später
scharlachrot, glänzend, kugelig, etwas bitter schmeckend, mehlig, vielsamig, oben den
Rest des Kelches tragend. Samen rotbraun, schwach halbmondförmig, 1,5 bis 1,8 mm
lang, Samenschale grubig-netzig. Die 100-Fruchtmasse liegt um 20 g
Verbreitung nördliches Europa, Asien, Nordamerika, in Skandinavien bis 71° 7′ nördl.
Breite, Island, Gebirge des französischen Zentralplateaus, Apennin bis Toskana, Karpaten, fehlt in Griechenland, im Kaukasus bis 2750 m auftretend, ferner Himalaja,
Nordsibirien, Arktisches Amerika von Alaska bis zu den Vereinigten Staaten, klima-
tisch günstige Gebiete von Grönland. Im Norden Mitteleuropas Bestandteil der ‹Waldheide› bzw. offenen Heide. Im herzynischen Gebiet vorzugsweise in der montanen
Stufe. Überall in den Mittelgebirgen Mitteleuropas, fehlt jedoch z. B. im Neckarland
und in der Rheinebene. In Böhmen und Mähren häufig. In den österreichischen Alpen und Schweizeralpen bis zur Vegetationsgrenze aufsteigend. In sehr kalkhaltigen
Gebirgen oft fehlend.
Anbau Versuche zum Anbau stecken noch in den Anfängen, so daß eine Konkretisie-
rung der Anbausysteme vorerst nicht möglich ist. Bei Einzelanbau im Garten Reihenpflanzung ähnlich wie bei Erdbeeren wählen ·
Anfälligkeit siehe S. 152
Abschließende Beurteilung der versuchsweise Anbau sollte begonnen werden. Für
den Kleingarten stehen in manchen Baumschulen dafür Auslesen zur Verfügung. So-
weit geprüfte Sorten bzw. Auslesen vorhanden sind, sollten auch der Anbau im Großen erprobt und geeignete Produktionsverfahren entwickelt werden.

Blütenstand 1/1, Einzelblüte 4/1, Blätter 1/1, Früchte 1/1, Fruchtlängsschnitt 2/1

Alpen-Rose

Andere deutsche Namen Gebirgs-Rose
Wissenschaftlicher Name *Rosa pendulina* L.
Synonym Rosa rupestris CRANTZ
Familie Rosengewächse *(Rosaceae)*
Wuchs gedrungener bis sehr schlaffer, 0,25 bis 3 m hoher Strauch. Stacheln meist spärlich und schwach, gerade, 2 bis 6 mm lang und mit 1 bis 4 mm langer Ansatzfläche, an den oberen Achsen meist ganz fehlend, meist nur an den unteren Stammteilen neben zahlreichen borstenförmigen auch stärkere
Trieb, Rinde Jungtrieb frisch grün, später gelbgrün bis gelbbraun werdend. Jungtrieb mit nur wenigen sehr spitz ausgebildeten Stacheln
Knospen spiralig angeordnet, rundlich, spitz-eiförmig, gelbbraun, abstehend
Blatt 7- bis 11zählig gefiedert, dünn, matt dunkelgrün, im Herbst durch Anthozyanbildung meist rot werdend. Nebenblätter schmal, mit ziemlich großen, spreizenden Öhrchen. Blattstiel dünn, meist kahl, aber oft mit Drüsen besetzt. Blättchen meist länglich-elliptisch, 1 bis 4 cm lang und etwa halb so breit, mit langen, scharfen, meist mehrfach zusammengesetzten Zähnen, kahl, nur selten dicht anliegend behaart
Blüte meist einzeln, Durchmesser etwa 3 bis 4 cm, Kronblätter 2 bis 2,5 cm lang, rosarot bis dunkelkarminrot. Griffel ein großes wolliges Narbenköpfchen bildend. Blütenstiele 1,5 bis 2,5 cm lang, meist mit Stieldrüsen und drüsenlosen Stachelborsten, postfloral oft bogig gekrümmt. Kelchbecher bei den verschiedenen Formen oft recht unterschiedlich gestaltet, häufig verlängert, flaschenförmig, drüsenlos oder mit Stieldrüsen und Stachelborsten versehen. Kelchblätter alle ungefiedert, mit lanzettlichen Anhängseln, postfloral sich aufrichtend und bleibend
Frucht Scheinfrucht kugelig bis flaschenförmig, etwa 2 bis 3 cm lang, von den aufgerichteten, die sehr oft zusammenneigenden Kelchblättern gekrönt, oft nickend, kahl, weichstachelig, wenig fleischig, behaarte einsamige Nüßchen enthaltend
Verbreitung in Europa vor allem in montanen und subalpinen Laub- und Nadelwäldern, Hochstaudenfluren, Alpenheiden von der unteren Grenze der montanen Stufe bis etwa zur klimatischen Baumgrenze. Im ganzen Alpengebiet, häufig noch im Jura und in den Herzynischen Gebirgen. Vereinzelt gehäuft an Standorten im Flachland bzw. Mittelgebirge, z.B. im Schwarzwald, in den Vogesen, in der Rhön, im Erzgebirge selten. Die Art ist sehr formenreich. HEGI verteilt die auf süd- und mitteleuropäische Gebiete beschränkten Abänderungen auf 6 Gruppen (HEGI 1923)
Anbau die Alpenrose wird nicht im Großen angebaut, sie ist eine reine Sammelfrucht
Anfälligkeit siehe S. 165f.
Abschließende Beurteilung kann im Garten zur Auflockerung von Gehölzpflanzungen und Gestaltung Verwendung finden.

Winterholz (einjährig) 1/1, Einzelblüte 1/1, Blätter 1/1, Früchte mit Kelchblättern 1/1, Fruchtlängsschnitt 1/1

Hunds-Rose 20

Andere deutsche Namen Wild-Rose, Hecken-Rose, Gemeine Hecken-Rose
Wissenschaftlicher Name *Rosa canina* L.
Synonym Rosa communis ROUY ssp. canina ROUY
Familie Rosengewächse *(Rosaceae)*
Wuchs meist kräftiger, 1 bis 3 m hoher Strauch, Stämmchen steil aufgerichtet oder wie die zahlreichen Äste bogenförmig überhängend, Wuchsstärke je nach Standortqualität sehr unterschiedlich. Stacheln meist reichlich vorhanden, gleichartig, mäßig groß, schwach bis stark gekrümmt, selten gerade, mit 3 bis 10 mm langer und 2 bis 3 mm breiter Ansatzfläche
Trieb, Rinde Rinde anfangs glatt, bei Jungtrieben grün, später braun-grün bis braun werdend. Rinde älterer Triebe bzw. des Stammes graubraun, rissig
Knospen spiralig angeordnet, rundlich, stumpf, rötlich, schief abstehend
Blatt wechselständig, mit 5 bis 7 Fiederblättchen, Blättchen ziemlich dünn, elliptisch, 1,5 bis 3,5 cm lang und 1 bis 2,3 cm breit, stumpf oder leicht zugespitzt, doppelt bis einfach gesägt, frischgrün, oberseits kahl, unterseits kahl oder etwas behaart, Blattstiele etwas bestachelt, mit angewachsenen Nebenblättchen, Nebenblättchen an den oberen Laubblättern der Blütenzweige verbreitert, meist stärker entwickelt und mehr oder weniger drüsig gewimpert
Blüte einzeln oder in mehrblütigen Doldenrispen, Kronblätter 2 bis 2,5 cm lang, ansehnlich, rosa, selten weiß, mit fiederspaltigen Kelchzipfeln, wohlriechend. Griffel frei, dicht behaartes Narbenköpfchen bildend. Diskus breit. Hochblätter lanzettlich, oft mit laubigem Anhängsel. Blütezeit Mai bis Juli. Blütenstiele ½ bis 2 cm lang, meist bis etwa 3mal so lang wie der Kelchbecher, drüsenlos, selten mit Stieldrüsen. Kelchbecher kugelig bis länglich oval, Kelchblätter auf dem Rücken drüsenlos oder mit Stieldrüsen, am Rande drüsig bewimpert, postfloral zurückgeschlagen, frühzeitig abfallend
Frucht Scheinfrucht (Hagebutte) eiförmig bis kugelig, meist etwa 1,5 bis 2 cm lang und 1,0 bis 1,5 cm dick, glatt, scharlachrot, fleischig, zahlreiche behaarte einsamige Nüßchen enthaltend
Verbreitung fast in ganz Europa auf Lesesteinhaufen, Ödländereien, an Waldrändern, auf mageren Weiden, erodierten Bergkuppen usw. zu finden. Lichtliebend, bevorzugt feste, auch steinige Böden; auf Sandböden weniger verbreitet.
Es gibt von der Hunds-Rose viele Abarten und Bastarde, so daß deren Morphologie oft stark voneinander abweicht
Anbau die Hunds-Rose wird nicht angebaut, sie ist eine ausschließliche Sammelfrucht
Anfälligkeit siehe S. 165f.
Abschließende Beurteilung Hunds-Rosen können zur Lebendverbauung gestalterisch genutzt werden. Sie eignen sich noch für sehr arme, flachkrustige Steinböden und können sich dort, im Gegensatz zu vielen anderen Pflanzen, halten.

Winterholz (einjährig) 1/1, Einzelblüte 1/2, Blätter 1/1, Früchte mit Kelchblättern 1/1, Fruchtlängsschnitt 1/1

Kartoffel-Rose

21

Andere deutsche Namen Kamtschatka-Rose, Runzel-Rose, Japanische Kartoffel-Rose, Ostasiatische Zimtrose

Wissenschaftlicher Name *Rosa rugosa* THUNB.

Synonym Rosa kamtschatica VENT.

Familie Rosengewächse *(Rosaceae)*

Wuchs 1 bis 2 m hoher Strauch mit dicken, filzigen, sehr stacheligen und borstigen Stämmen

Trieb, Rinde Rinde grün bis gelbbraun, an älteren Trieben dunkelrotbraun, Triebe dicht bestachelt

Knospen spiralig angeordnet, rundlich, stumpf, rötlichbraun, etwas abstehend

Blatt 5- bis 9zählig, Blättchen 3 bis 5 cm lang, elliptisch, oben glänzend dunkelgrün und runzelig, derb, dicklich, im Herbst goldgelb, unterseits bläulich, netznervig, behaart und öfter drüsig. Nebenblätter kleingesägt, die oberen stark verbreitert mit dreieckigen, spitzen, etwas divergierenden Öhrchen. Blattstiel filzig behaart

Blüte Blütenstand mehrblütig, Blüten 6 bis 8 cm Durchmesser, rosarot, manchmal auch weiß, Blütenstiele kurz, von den breiten Hochblättern bedeckt, kahl oder filzig behaart oder auch stieldrüsig und drüsenborstig. Kelchblätter kahl, nackt, mit blattartig verbreitertem Anhängsel. Blütezeit Juni bis September

Frucht Scheinfrucht groß, kugelig-flachgedrückt, fleischig, weich, scharlachrot, bis 2,5 cm breit, von den aufrechten Kelchblättern gekrönt

Verbreitung von Ostasien über Nordchina bis Kamtschatka und Japan verbreitet, in Mitteleuropa etwa ab 1854 eingeführt. In vielen Formen als dekorativer Zierstrauch im Anbau

Anbau in der Regel eine Sammelfrucht. Der Anbau großfrüchtiger, vitaminreicher Formen ist möglich. Bei Großanbau sollten etwa 1 600 Pflanzen auf den Hektar kommen. Reihenpflanzung dürfte zweckmäßig sein. Die Art wird in der Sowjetunion und in der ČSSR zur Sortenzüchtung mit benutzt

Anfälligkeit siehe S. 165 f.

Abschließende Beurteilung die Apfel-Rose wünscht sauren, feuchten Boden (pH-Wert 4 bis 5). Was die klimatischen Ansprüche betrifft, so dürfte sie wohl die härteste aller Rosenarten sein. Ein Anbau als Hecke, bzw. zur Lebendverbauung von Dünen, ist möglich. Wegen der Schönheit der Blüten einerseits sowie der Größe der Hagebutten andererseits ist der Anbau sehr zu empfehlen.

Winterholz (einjährig) 1/1, Einzelblüte 1/2, Blätter 1/1, Früchte mit Kelchblättern 1/1, Fruchtlängsschnitt 1/1

Pillnitzer Vitamin-Rose 'Pi Ro 3'

22

Wissenschaftlicher Name *Rosa dumalis* BECHST. (syn. R. glauca VILL.) × *Rosa pendulina* L. var. *salaevensis* (RAP.) R. KELLER

Familie Rosengewächse *(Rosaceae)*

Herkunft Züchtung aus dem Institut für Gartenbau Dresden-Pillnitz (jetzt Institut für Obstforschung der AdL der DDR)

Wuchs 1 bis 2 m hoher, locker aufgebauter Strauch, breitwachsend, wenige, aber stärkere Stacheln; an den unteren Stammteilen neben stärkeren oft zahlreiche borstenförmige Stacheln

Trieb, Rinde Jahrestriebe grün, später rötlich verfärbt, ältere Triebe rötlich-braun, auf der Sonnenseite dunkler rotbraun gefärbt, die unteren Partien dicht mit dünnen Stacheln besetzt. Triebe relativ dick, zumindest stärker als bei anderen Arten

Knospen spiralig angeordnet, klein, gelbbraun bis rotbraun, vom Trieb im Winkel von etwa 45° abstehend

Blatt gefiedert, bis 9zählig, Blättchen etwa 3 bis 4 cm lang, gesägt, matt dunkelgrün, Nebenblätter schmal, leicht rosa gefärbt, Blattstiel dünn, etwa 1 cm lang

Blüte einzelnstehend, rosa gefärbt, ziemlich groß, Kronblätter etwa 2,5 cm lang. Kelchblätter ungefiedert. Griffel mit wolligem Narbenköpfchen von etwa 20 gelben Staubblättern umgeben

Frucht walzenförmig bis flaschenförmig, etwa 3 cm lang und 1,5 cm dick, ziegelrot, Vitamin-C-Gehalt etwa 1 150 mg je 100 g Frischsubstanz

Verbreitung der wertvolle Vitaminträger hat leider bisher kaum Verbreitung über den Pillnitzer Raum hinaus gefunden. Dabei ist die 'Pi Ro 3' nicht nur als Vitaminspender, sondern auch als dekorative Wildrose mit großen schönen Blüten interessant

Anbau der wegen des hohen Vitamingehaltes für die Rohstoffgewinnung besonders wertvollen Art sollte verstärkt in geschlossenen Pflanzungen erfolgen. Beispiele dafür gibt es bereits in Holland mit Vitaminrosen aus anderen Auslesen. Gepflanzt wird in Reihen, dabei stehen etwa 1 600 Sträucher je Hektar. Die großen Hagebutten der 'Pi Ro 3' pflücken sich sehr leicht, dabei wird die geringe Bestachelung vor allem der oberen Partien der Büsche als angenehm empfunden

Anfälligkeit siehe S. 165 f.

Abschließende Beurteilung Die wertvolle Vitaminrose sollte für gestalterische Zwecke, zur Lebendverbauung und als Hecke für die Begrenzung von Grundstücken zielstrebig verwendet werden.

Winterholz (einjährig) 1/1, Einzelblüte 1/1, Blätter 1/1, Früchte mit Kelchblättern 1/1, Fruchtlängsschnitt 1/1

Sanddorn 'Hergo' 23

Wissenschaftlicher Name *Hippophae rhamnoides* L.
Familie Ölweidengewächse *(Elaeagnaceae)*
Herkunft Selektion aus der Wildart durch H.-J. ALBRECHT in der Zuchtstation Gehölze des VEG Saatzucht Baumschulen Dresden, Betriebsteil Berlin-Baumschulenweg, in der DDR seit 1983 als Sorte im Handel. Ursprüngliche Züchtungsbezeichnung 'Herzfelder Gold'
Wuchs stark, breit aufrecht, bei Ertrag überhängend, erreicht ohne Schnitt etwa 4 m Höhe. Bedornung gering bis mittel, Ausläuferbildung mittelstark, regeneriert gut nach Rückschnitt ins 2- und 3jährige Holz, Fruchttriebe wenig bedornt
Trieb, Rinde Triebe am Ende dornig auslaufend, sympodial verzweigt, ohne Terminalknospe. Die Bedornung ist schwächer als bei 'Leikora'. Zweige dunkelrotbraun, Rinde durch glänzende Sternschuppen dunkelsilbriggrau beschilfert
Knospen am Triebende in Dornen umgebildet, Knospen dieser rein weiblichen Sorte schlank eiförmig, sehr klein, schuppig, dunkelbraun
Blatt wechselständig, lineal bis lanzettlich, ganzrandig, bis 7 mm lang und 5 bis 7 mm breit, Ober- und Unterseite silberweiß bis grau
Blüte rein weiblich, Blütezeit Anfang April bis Anfang Mai, als Befruchter ist die männliche Sorte 'Pollmix' im Strauchverhältnis 1:9 gut geeignet
Frucht mittelgroß bis groß, 100-Fruchtmasse = 37 g, walzenförmig, Stielchen 2 bis 2,5 mm. Schalenfarbe hellorange, nach ersten Frösten verblassend, Schale mittelstark beschilfert. Reifezeit mittelfrüh, Anfang bis Mitte September, etwa 10 bis 14 Tage vor 'Leikora'
Standortansprüche keine Besonderheiten gegenüber der Wildart
Verbreitung als junge Sorte erst in Verbreitung begriffen
Anfälligkeit gegenüber Krankheiten und Schädlingen keine, in Blüte und Holz völlig frosthart
Abschließende Beurteilung sehr ertragreiche Sorte, etwa 30 % Mehrertrag gegenüber 'Leikora', durch Wuchstyp und Dünnastigkeit gut für das Schnitternteverfahren geeignet. Bildet im 2. Jahr nach dem Rückschnitt wieder Fruchtansatz. Gute frühreife Ergänzungssorte zu 'Leikora', besonders für Plantagenanbau. Enthält 3,5 bis 4,5 % Säure und 100 bis 170 mg/100 g Vitamin C sowie 4 bis 6 mg/100 g Karotin. Saftausbeute 81 %, mit Fruchtholz 75 %.

Winterholz (mehrjährig, rechts mit weiblichen Blütenknospen der Sorte, links die männlichen der Art, nicht die der Sorte) 1/1, Blätter 2/3, Früchte 1/1, Fruchtlängsschnitt 1/1

Sanddorn 'Leikora'

Wissenschaftlicher Name *Hippophae rhamnoides* L.

Familie Ölweidengewächse *(Elaeagnaceae)*

Herkunft Selektion aus der Wildart durch H.-J. ALBRECHT in der Zuchtstation Gehölze des VEG Saatzucht Baumschulen Dresden, Betriebsteil Berlin-Baumschulenweg, in der DDR seit 1979 als Sorte im Handel. Ursprüngliche Züchtungsbezeichnung 'Leitzkauer Orange'

Wuchs sehr stark, aufrecht, dickastig, ohne Schnitt bis 5 m hoch, Bedornung mittel bis stark, Ausläuferbildung mittelstark, regeneriert gut nach Rückschnitt ins mehrjährige Holz, Fruchttriebe mittel bedornt

Trieb, Rinde Triebe am Ende dornig auslaufend, ohne Terminalknospe. Die Bedornung ist stärker als bei 'Hergo'. Zweige dunkelrotbraun, Rinde durch glänzende Sternschuppen hellsilbriggrau beschilfert, ohne Lentizellen

Knospen am Triebende in Dornen umgebildet, Knospen dieser rein weiblichen Sorte schlank eiförmig, sehr klein, schuppig, mittelbraun

Blatt wechselständig, lineal bis lanzettlich, ganzrandig, bis 7 mm lang und 5 bis 7 mm breit, Ober- und Unterseite silberweiß bis grau

Blüte rein weiblich, Blütezeit Anfang April bis Anfang Mai, als Befruchter ist die männliche Sorte 'Pollmix' mit 10 % Anteil zu verwenden

Frucht sehr groß, 100-Fruchtmasse = 56 g, dick-walzenförmig, Stielchen 2,5 mm, Schalenfarbe dunkelorange, Fruchtfarbe bleibt bis Januar/Februar intensiv erhalten, mittelstark beschülfert. Reifezeit Mitte bis Ende September, nur langsamer Abbau der Askorbinsäure bei späterer Ernte. Reift 10 bis 14 Tage nach 'Hergo'

Standortansprüche wie Wildart (gut durchlüftete Böden)

Verbreitung versuchsweiser Anbau in den Bez. Rostock, Schwerin, Frankfurt, Potsdam, Leipzig (Kippen und Halden)

Anfälligkeit in Holz und Blüte absolut frosthart, im Frühjahr vereinzelt Blattlausbefall

Abschließende Beurteilung ertragreiche Sorte, bildet vorwiegend im 3. Jahr nach dem Rückschnitt wieder Fruchtansatz. Gute Ergänzungssorte zu 'Hergo', für Plantagenanbau und Fruchtschmuckgewinnung geeignet (Fruchtäste halten sich mehrere Monate als Vasenschmuck). Enthält 3,5 bis 4,0 % Säure und 200 bis 350 mg/100 g Vitamin C sowie 4 bis 8 mg/100 g Karotin. Saftausbeute 85 %, mit Fruchtholz 77 %. Gute und vielseitige Verarbeitungsmöglichkeit.

Winterholz (mehrjährig, links männlich von der Art, rechts von der Sorte) 1/1, Einzelblüte (männliche von der Art, nicht die der Sorte, weibliche der Sorte) 6/1, Blätter 2/3, Früchte 1/1, Fruchtlängsschnitt 1/1

Schlehe

25

Andere deutsche Namen Schlehdorn, Schwarzdorn, Prunelle, auch Dornschlehe, Dornstrauch (Rheinland), Dornkaat (Ostfriesland), Hageldorn, Heckdorn, Kratzdorn, Muulrieters (Schleswig; «Maulreißer»), Muultrecker («Maulzieher»), Sauerbouzen (Rhön) und weitere Namen, teilweise gemeinsam mit der verwilderten Kriechenpflaume (*Prunus insititia* L.) – z. B. Haferschlehe
Wissenschaftlicher Name *Prunus spinosa* L.

Familie Rosengewächse *(Rosaceae)*
Wuchs quirlig verzweigter, sparriger Strauch (Verzweigungswinkel 45 bis 90°), 1 bis 3 m hoch, selten baumförmig bis 5 m, starke Ausläuferbildung aus den wenig verzweigten, flachen, weitreichenden Wurzeln. Jugendwachstum relativ träge, mit 20 Jahren voll entwickelt, Gehölzalter 30 bis 40 Jahre
Trieb, Rinde Triebe jung gerippt und samtig behaart, gelbbraun oder purpurn, später glänzend. Zweige stark dornig (lat. *spinosus*), schwach gerippt, wie der Stamm im Alter dunkelgrau bis schwärzlich, schwach rissig und mit vielen, großen, braunen, linsenartigen Warzen
Knospen Laubknospen dunkelbraun, rundlich, Schuppen behaart; Blütenknospen eiförmig-rund, Spitze rund, rötlich oder hellbraun, zu 2 bis 3 an den Knoten der Triebe, an Kurz- und Langtrieben
Blatt Form variierend, länglich bis verkehrt eiförmig, auch elliptisch, seltener lanzettlich, 2 bis 5 cm lang, 2 bis 3 cm breit, Spitze stumpf oder zugespitzt, Basis keilförmig oder leicht gerundet, Rand gesägt oder gezähnt. Blattfläche fest, gewellt, Nervatur eingesenkt. Jung kurz behaart, besonders unterseits, später fast kahl. Blattstiel 2 bis 10 mm lang, oft behaart, drüsenlos, Nebenblätter etwas länger linealig, gezähnt und bedrüst
Blüte einzeln, seltener zu 2 bis 3 und mehr, sehr reich blühend, Blütezeit März/April, vor dem Laubaustrieb oder auch gleichzeitig sich entfaltend, besonders gehäuft an Kurztrieben, Blüte 10 bis 18 mm breit, weiß oder schwach grünlich, intensiver Duft nach Bittermandel, Bienenweide. Blütenstiel 3 bis 15 mm, gerade, behaart. Kelchblätter dreieckig bis eiförmig, 4,4 mm lang, ungebogen, behaart; 20 Antheren in 2 Reihen, Staubbeutel gelb oder rot
Frucht Form variabel, in der Regel rundlich, auch länglich, oval, eiförmig, 1 bis 3,8 g, aufrecht, 10 bis 15 mm breit, hellbau bis dunkellila, fast schwarz, bläulich bereift, reifend ab September, bis zum Winter am Strauch hängend, Fruchtstiel 5 bis 11 mm, fest. Fruchtfleisch grün, dünnfaserig, fest, saftarm, sauer, stark herb, erst nach Frost genießbar, schlecht oder nicht steinlösend. Stein runzelig, in der Form ähnlich der Frucht, 6 bis 12 mm × 6 bis 8 mm, 0,07 bis 0,35 g, hellbraun
Verbreitung infolge geringer Anforderungen an Boden und Klima nahezu in ganz Europa allgemein verbreitet in Feld und Flur, besonders auf Rainen, in Schluchten und an Böschungen
Anbau zum alleinigen Zweck der Fruchtnutzung nicht üblich, öfter gepflanzt zum Böschungsschutz sowie als Windschutz und Bienenweide
Anfälligkeit besteht gegenüber Insekten und Scharka-Virus, aber sehr frosthart sowie trocken-, hitze- und beachtlich industriefest
Abschließende Beurteilung als kalkholdes Wildfruchtgehölz seit Urzeiten natürlich weit verbreitet, robust und genügsam. Wird gepflanzt als Hecke, Landschaftsschutzgehölz und Bienenweide, wurde in der Volksheilkunde mehrfach genutzt. Frucht sehr herb und sauer, erst nach Frosteinwirkung einigermaßen genießbar, sie wird verwertet für Wildgerichte, Wein und Likör, vor allem als Verschnitt.

Winterholz (mehrjährig) 1/1, Blüten 2/1, Blätter 3/4, Frucht 1/1, Fruchtlängsschnitt 1/1

Schwarze Maulbeere 26

Andere deutsche Namen keine, nur mundartliche Bezeichnungen wie z. B. Rumelberboam (Helgoland) oder Sueßberi (Graubünden)
Wissenschaftlicher Name *Morus nigra* L.
Familie Maulbeergewächse *(Moraceae)*
Wuchs 6 bis 15 m hoher Baum oder Strauch, Krone rundlich, dicht, gedrungen, sparrig. Verzweigung dicht und kurz. Baum wächst langsam, meist größer und robuster als die Weiße Maulbeere *(Morus alba* L.)
Trieb, Rinde Triebe kurz und dick, jung flaumig behaart. Rinde graubraun, rissig, Borke schuppig
Knospen kurz kegelig, etwas abgeflacht, 6 bis 9 mm lang, mit hellbraunen, dachziegelartig deckenden Schuppen, die einen dunkleren Rand haben. Deutliche Blattnarbe unterhalb der Knospe. Mark schneeweiß, feinlöcherig
Blatt dunkelgrün, zweizeilig angeordnet, oberseits sehr rauh, unterseits hauptsächlich entlang der Nerven behaart, dick, lederartig derb, Form breit eiförmig, 6 bis 12 cm lang, 7 bis 15 cm breit, Blattgrund tief herzförmig eingebuchtet, Blattspreite meist ungeteilt oder aber unregelmäßig gelappt. Blattrand grob und stark gesägt
Blüte eingeschlechtig, meist einhäusige, selten zweihäusige Gehölze. Männliche und weibliche bilden achselständige, hängende Kätzchen. Männlicher Blütenstand etwa 2,5 cm lang, 1 cm gestielt, weiblicher Blütenstand halb so lang, nur 1 cm gestielt oder fast sitzend. Narben und Blütenhülle behaart
Frucht vielsamige Scheinbeere, die ei- bis walzenförmig zusammengepreßten Nüßchen, welche von der fleischig gewordenen Blütenhülle umgeben werden, bilden zu vielen zusammen einen brombeerähnlichen Sammelfruchtstand. Er ist 2 bis 2,5 cm lang, 1,5 bis 2 cm dick, purpurn bis schwärzlich violett, Geschmack angenehm würzig säuerlich-süß. Die endospermreichen Samen machen 5 % der Fruchtmasse aus
Verbreitung im Mittelmeerraum stärker verbreitet, nördlicher davon meist nur vereinzelt gepflanzt, auch als zierendes Laubgehölz, natürlich durch Vögel verbreitet
Anbau als Fruchtbaum in Südeuropa kultiviert, sonst vor allem an sonnigen, geschützten Standorten pflanzen, extensiv nutzen
Anfälligkeit gering, Krankheiten und Schädlinge weitgehend unbekannt, relativ rauch- und rußhart, auch nicht windempfindlich
Abschließende Beurteilung sehr alte Kulturpflanze aus Westasien, zierendes Obstgehölz mit spätem Austrieb, wärmere Lagen sind zu bevorzugen. Die brombeerartigen, würzig-süßen Früchte reifen über Wochen hinweg folgernd und fallen reif leicht ab. Sie werden gern von Kindern gegessen und sind zur Bereitung von Kompott, Marmelade sowie Süßmost geeignet. Der stark färbende Fruchtsaft kann auch für andere Obstzubereitungen, z. B. Wein, genutzt werden.
Verbreiteter und bekannter ist oft die Weiße Maulbeere mit weißen bis rötlichen, aber fad schmeckenden Früchten. Ihre stark gelappten, unbehaarten Blätter dienen seit Jahrhunderten als Futtergrundlage der Seidenraupenzucht. Das Gehölz eignet sich sehr gut für Hecken.

Winterholz (mehrjährig) 1/1, Blütenstände 1/1, Einzelblüten (männliche und weibliche) 5/1, Blätter 3/4, Fruchtstände 1/1 und Längsschnitt 1/1

Schwarzer Holunder

Andere deutsche Namen «Flieder», Holder
Wissenschaftlicher Name *Sambucus nigra* L.
Familie Geißblattgewächse *(Caprifoliaceae)*
Wuchs etwa 5 bis 6 m hoher Strauch, kann auch als Baum mit mehr oder weniger ausgeprägtem Stamm auftreten. Wuchs oft sehr ungeordnet, da oft Zweige ausbrechen oder durch teilweise Beschattung der Krone eine sehr einseitige Form entstehen kann. Sehr regenerationsfähig. Blätter und Blüten tragende Triebe krautig entwickelt
Trieb, Rinde Rinde rissig, hellbraun bis grau, an den jungen Zweigen grün und mit zahlreichen auffällig hervortretenden Lentizellen besetzt. Holz kernlos, glänzend, hart. Auffällig ist das starke Mark. Infolge des starken Wuchses auch Neutrieb kräftig entwickelt
Knospen kahl, nur am Grunde locker beschuppt, gegenständig, seitliche abstehend, gerade über den großen halbmondförmigen, 5spurigen Blatt-Stielnarben
Blatt gegenständig, mit meist 5 fast sitzenden Fiederblättchen, elliptisch, zugespitzt, dünn, grob und scharf gesägt, glanzlos, oberseits dunkelgrün, unterseits heller. Endblättchen größer als die seitlichen. Blattstiel oberseits rinnig; Nebenblättchen fadenoder knopfförmig
Blüte klein, gelblichweiß, 5zählig, in großen 5strahligen, vielblütigen, anfangs aufrechten, später hängenden endständigen Schirmrispen angeordnet, frisch eigenartig, in getrocknetem Zustand jedoch sehr aromatisch und angenehm riechend
Frucht Beeren (Steinfrüchte) klein, kugelig, 5 bis 6 mm Durchmesser, meist 3fächerig, dunkelrot, gestielt, reif glänzend schwarz, 3samig mit blutrotem Saft und kleinen Kernen. Samen bräunlich, eiförmig, außen gewölbt. Fruchtfleischanteil in der Frucht 95 %
Verbreitung da die Anforderungen an Klima und Boden relativ gering sind, an allen geeigneten Standorten, selbst in kalten Frostlöchern oder auf Müllhalden, üppig wachsend. Besonders dort vertreten, wo durch Abfallablagerung, Tierauslauf oder Zufuhr stickstoffreicher Abwässer der Boden viel Nährstoffe enthält. Weniger verbreitet auf trockenen, nährstoffarmen Sandböden. Wird durch Vögel stark verbreitet, dadurch manchmal zum lästigen Unkraut werdend
Anbau bei geschlossenen Pflanzungen werden meist heckenförmige Erziehungssysteme verwendet. Anbau von Einzelbäumen oder Sträuchern im Garten fast überall möglich
Anfälligkeit sehr robust und daher wenig anfällig, jedoch oft Blattläuse
Abschließende Beurteilung da Schwarzer Holunder weit verbreitet als Begleiter von Ansiedlungen und Wohnstätten sowie in Wäldern vorkommt, spielt die Obstart als Sammelfrucht eine wichtige Rolle. Im Garten ist die Art für bestimmte Zwecke durchaus anbauwürdig. Da die Früchte einen wertvollen Rohstoff für die Verarbeitungsindustrie liefern, sollte der Anbau zukünftig auch plantagenmäßig (in diesem Falle jedoch mit bewährten Sorten) betrieben werden.

Winterholz (einjährig) 2/3, Blütenstand 1/2, Einzelblüte 2/1, Blatt 2/3, Fruchtstand 1/1, Fruchtlängsschnitt 1/1

Speierling 28

Andere deutsche Namen Aschritze, Escheri(t)ze, Grivellbaum (Tirol), Nonnenbirne, Schmerbirne, Sorbenbaum, Sorböpfel, Sparbe (Pfalz), Sparble (Mittelrhein), Sparwe (Pfalz), Sperbe(l), Sperber, Spierapfel, Spierbaum, Spierling, Zarfe (Steiermark), Zahme Eberesche, Zahme Vogelbeere und weitere, besonders in früherer Zeit

Wissenschaftlicher Name *Sorbus domestica* L.

Synonyme Pirus sorbus GAERTNER, Pirus domestica (L.) EHRH., Mespilus domestica ALL.

Familie Rosengewächse *(Rosaceae)*

Wuchs 15 bis 20 m hoher Baum, Wuchsform ähnlich Birne, langsam wachsend, sehr alt werdend

Trieb, Rinde Triebe anfangs wollig behaart, dann verkahlend, sonnseits rötlich; Rinde an Jungbäumen glatt, olivgrau bis rötlichgrau, im Alter Stamm gefurcht und schuppig (ähnlich Birne)

Knospen kegel- bis eiförmig, gelblichgrün bis olivbraun, klebrig, glänzend, erst im Herbst kahl, kleiner als bei der Eberesche

Blatt wechselständig, unpaarig gefiedert, mit 11 bis 16 (21) Blättchen, diese stiellos und länglich verkehrt eiförmig, kurz zugespitzt, 3 bis 5 cm lang, 1,5 bis 2 cm breit, scharf gesägt, mit braunen, abfallenden Drüsen, oberseits dunkelgrün, kahl, unterseits flockig behaart, später nur entlang der Blattnerven filzig behaart

Blüte 6 bis 10 cm breite Doldentrauben, lang gestielt. Einzelblüten, hellgelb, 1,5 cm breit, Blütezeit Mai bis Juni

Frucht etwa 24 mm Durchmesser, kugelig bis birnförmig, seltener apfelförmig, grün bis gelbgrün, rotbäckig, mit 1 bis 3 runden, sehr flachen Samen; je Blütenstand entwikkeln sich meist nur 1 bis 2 Früchte. Reife ab Anfang September, baumreif hart, herbsauer und adstringierend, vollreif weich, süßer und weniger herb

Verbreitung in Südeuropa häufig, in Mitteleuropa selten und meist verwildert

Anbau Kulturrelikt, heute selten, z. T. sogar unbekannt, meist nur als Einzelbaum oder in Gruppen gepflanzt, Kultur extensiv

Anfälligkeiten Befall mit Krankheiten und Schädlingen ist nicht bekannt

Abschließende Beurteilung seit Jahrhunderten extensiv genutzt, heute vor allem für die Obstweinkelterei noch verwendet, Fruchtwert trat zugunsten des Zierwertes zurück, Holz wertvoll. Schöner Park- und Straßenbaum, besonders für tiefgründige, kalkhaltige Böden in wärmeren Lagen. Schwierige Vermehrung begrenzte Verbreitung, langsame Jugendentwicklung an natürlichen Standorten bedeutet erhöhter Konkurrenzdruck durch andere Gehölze.

Winterholz (einjährig) 2/3, Blütenstand 1/2, Einzelblüte 1/1, Blätter 1/2, Früchte 1/1, Fruchtlängsschnitt 1/1

Rezepte

Die angeführten Rezepte sind als Anregungen für die eigene Fruchtverwertung zu verstehen. Deshalb sind sie als Anregung gedacht. Das trifft insbesondere für die bekannteren Obstarten zu, wie z. B. Hagebutte, Mandel oder Schwarzer Holunder. Für die noch wenig bekannten dürfte die Palette der Vorschläge größer sein.

Für die Umrechnung der Mengen an Zutaten sei folgende Hilfestellung gegeben:

		Zucker	Salz	Mehl	Grieß
1 Teelöffel	=	4 g	5 g	3 g	3 g
1 Eßlöffel	=	15 g	20 g	10 g	12 g
1 Tasse	=	100 g	150 g	120 g	180 g

Apfelbeere (Aronia)

Apfelbeer-Kompott

1 kg Früchte, 0,5 l Wasser, 300 g Zucker
Zucker im kochenden Wasser lösen, gewaschene Beeren zugeben und nochmals auf etwa 90 °C erhitzen. Nach langsamem Abkühlen (30 bis 60 min) füllt man die Mischung in vorgewärmte Gläser und pasteurisiert 20 min bei 85 °C.

Apfelbeer-Soße

Je 100 g Früchte, 100 g Zucker und 0,1 l Wasser
Beeren waschen und zerstampfen, Zucker und Wasser zugeben und unter vorsichtigem Erwärmen lösen. Soße je nach Geschmack mit einigen folgender Zutaten verfeinern: Senf, Meerrettich, Pfeffer, Koriander, geraspelte Orangenschalen, Zitronensaft, Weinbrand. – Verwendung: in kleinen Mengen kalt zu Wildgerichten reichen.

Apfelbeer-Dessertwein

10 kg Früchte, 1,5 kg Zucker, 2 l Wasser, Weinhefe, Hefenährsalz
Beeren in Fruchtsaftzentrifuge entsaften (Dampfentsafter ungeeignet). Aus ¼ l Apfelsaft oder anderem Fruchtsaft mit der Hefe kräftigen Gäransatz herstellen, dazu 0,5-l-Flasche verwenden und mit lockerem Wattepfropfen verschließen. Gäransatz in 10-l-Ballon füllen und 2 l Preßsaft zugeben. Am 3. Tag, wenn die Mischung wieder kräftig gärt, den restlichen Preßsaft zugeben. Bei nachlassender Gärung, nach etwa 4 bis 7 Tagen, den Zucker in 2 l Wasser lösen und vorsichtig in den Ballon geben. Nach der Hauptgärung Ballon kühl stellen und 2 Wochen nachgären lassen, dann den Trub abhebern und noch 2 Monate klären lassen. Nach dem Abfüllen Flaschen kühl lagern, weil der Wein zu stillen Nachgärungen neigt. – Bei Gärstockungen

Hefenährsalz benutzen. – Gut schmeckt auch Wein aus einer Mischung mit Saft von Heidel- oder Schwarzen Johannisbeeren.

Apfelbeer-Likör

$\frac{1}{4}$ l Preßsaft (mit Fruchtsaftzentrifuge gewinnen), $\frac{3}{4}$ l Weinbrand (38 Vol.-%), 200 g Zucker
Mischung einen Tag stehen lassen, filtrieren, abfüllen und in den Flaschen etwa 6 Wochen reifen lassen.

Chinesische Aktinidie (Kiwi)

Kiwi-Kompott

Um Kiwi-Kompott selbst herzustellen, benötigt man wenigstens 4 Kiwi-Früchte. Sie werden geschält, in Scheiben geschnitten sowie in wenig Wasser mit 1 Eßlöffel Zitronensaft und 1 gehäuftem Eßlöffel Zucker kurz gedämpft. Kiwi-Kompott läßt sich vorzüglich zusammen mit Vanilleeis servieren, für Feinschmecker können weitere Beilagen wie z.B. Erdbeerpüree oder Orangensoße hinzugefügt werden.

Kiwi-Kaltschale mit Schlagsahne

3 Kiwi-Früchte (250 g), $\frac{3}{8}$ l Apfelsaft, 50 g Zucker, 40 g Stärkemehl, 100 g geschlagene Sahne, evtl. Kokosnußmakronen
Kiwis schälen, in Scheiben schneiden und pürieren, $\frac{1}{4}$ l Apfelsaft und den Zucker zum Kochen bringen, Stärkemehl mit $\frac{1}{8}$ l Apfelsaft anrühren, hinzugeben und aufkochen lassen. Vom Herd nehmen, Kiwipüree unterrühren und mit einem Schneebesen schlagen. Auf 4 Schälchen verteilen, gut gekühlt mit Sahne und nach Belieben mit Kokosnußmakronen auftragen. – Die schmackhafte Kombination Kiwi mit Apfel kann man ebenfalls gut zu einer Kaltschale nutzen. In diesem Falle genügen 20 g Stärkemehl zum Dicken.

Kiwis mit Weinschaumsoße

Für je eine Person 2 Kiwis schälen, in Scheiben schneiden und ein flaches Kompottschälchen damit belegen. Einen Topf ins kochende Wasserbad stellen, in dem Topf Zutaten zur Soße, je Person 1 Eigelb, 2 Eßlöffel Weißwein, 1 Eßlöffel Zucker, mit einem Schneebesen schlagen. Wenn die Masse steigt, wird sie über die Fruchtscheiben gegossen.

Kiwi-Krapfen

Je Person 2 halbierte Früchte, 80 g Mehl, 2 Eier, 1 Eßlöffel Milch, 1 Eßlöffel Zucker, Salz, Puderzucker, Öl zum Ausbacken
Mehl, Milch, Salz, Zucker und geschlagene Eier vermischen, es entsteht ein relativ dickflüssiger Teig. Ist er zu fest, dann ganz wenig Milch hinzugeben. Geviertelte Kiwis mit einer Gabel durch den Teig ziehen und ins heiße Öl tauchen. Sind die Kiwistücken von allen Seiten goldgelb, dann läßt man sie abtropfen. Mit Puderzucker dick übersieben. Die Krapfen werden zu Tee oder Kaffee serviert.

Mürbeteigkuchen mit Buttercreme und Kiwi-Belag

Mürbeteigkuchen; Zutaten für Buttercreme: $\frac{1}{4}$ l und 3 Eßlöffel Milch, $\frac{1}{2}$ Vanillepuddingpulver, 40 g Zucker, 60 g Butter, für Belag: 3 bis 6 Kiwis, 1 Päckchen Tortenguß, $\frac{1}{4}$ l Apfelsaft, 3 Eßlöffel Zucker
$\frac{1}{4}$ l Milch zum Kochen bringen. Puddingpulver mit Zucker in 3 Eßlöffel Milch anrühren. Pudding anrichten und in diesen, sobald er nur noch lauwarm ist, schaumig geschlagene Butter löffelweise unterschlagen. Mürbeteig mit Buttercreme bestreichen. Kiwis schälen und in Scheiben schneiden, damit den Boden dicht belegen. Tortenguß mit Apfelsaft und Zucker vorbereiten und dann mit einem Pinsel zuerst die Früchte gründlich bestreichen. Danach den Rest erneut erwärmen und über den Kuchen gießen. Der Kuchen bleibt nur einen Tag ansehnlich, ist also sofort zu verzehren.

Kiwi-Steaks

2 Kiwis, 4 Steaks, 2 Zwiebeln, 2 Eßlöffel Butter, 2 Eßlöffel Sahne, 6 Eßlöffel Orangensaft, 1 Teelöffel Salz, 1 Teelöffel Rosenpaprika, 2 Eßlöffel Sojasoße, etwas gemahlener Pfeffer, evtl. 1 Teelöffel geriebener Ingwer
Kiwi quer halbieren, Steaks beidseitig mit je einer Kiwihälfte einreiben. Die Früchte schälen und in Scheiben schneiden. 1 Eßlöffel Butter in einer Pfanne erhitzen und darin die gewürfelten Zwiebeln goldgelb werden lassen. Die Steaks unter Butterzugabe in der sehr heißen Pfanne (Flamme bei Fleischzugabe reduzieren) beidseitig braten, salzen, pfeffern, herausnehmen und auf einer gewärmten Platte beiseite stellen. Paprika mit den Zwiebeln verrühren und im Bratfett leicht anrösten, Ingwer – falls gewünscht – hinzufügen. Orangensaft, Sojasoße, Salz, Pfeffer und Sahne zugeben. Kiwis in der Soße erhitzen und einmal wenden. Kiwis und Soße über die Steaks verteilen und mit gekochtem Reis und grünem Salat sofort zu Tisch bringen.

Edel-Eberesche

Edelebereschen-Süßmost

1 l Muttersaft, 2 l Wasser, 300 g Zucker
Der mit Dampfentsafter oder durch Pressen gewonnene Muttersaft wird mit der Zuckerlösung vermischt, in Flaschen gefüllt und 20 min bei 75 °C pasteurisiert. Er enthält etwa 15 mg/100 g Vitamin C.

Edelebereschen-Sirup

350 g Muttersaft mit 650 g Zucker verkochen, den Sirup heiß in Flaschen füllen und verschließen. Verwendung: Zugabe für Puddings, Flammeris; Rückverdünnung zu Limonade.

Edelebereschen-Kompott nach Preiselbeer-Art

1 kg Früchte, 600 g Zucker
Vorbereitete Früchte mit so wenig Wasser, daß gerade der Topfboden bedeckt ist, weich kochen und darauf achten, daß die Früchte nicht platzen.

Zucker zugeben und nochmals kurz aufkochen. – Verwendung: Beilage zu Wild-, Rinder- und Sauerbraten; köstliche Süßspeise zusammen mit Schlagsahne.

Edelebereschen-Kompott

Früchte in ein Glas füllen und mit einer Zuckerlösung (800 g Zucker/l Wasser) übergießen, dann 30 min bei 90 °C pasteurisieren.

Edelebereschen-Gelee

1 kg Früchte zerstampfen und mit knapp 0,5 l Wasser weich kochen. Masse durch ein Tuch ablaufen lassen und etwas ausdrücken. Den erhaltenen Saft mit gleicher Menge Zucker bis zur Geleeprobe kochen. Gelee wird in Farbe und Geschmack dem Gelee von Roten Johannisbeeren ähnlich.

Edel-Ebereschen, süß eingelegt

Früchte mit einer Lösung von 1 kg Zucker und 100 g Salz in 10 l gekochtem Wasser übergießen und in Ton- oder Holzgefäßen aufbewahren. Der Lösung werden noch Süßholz und Nelken zugefügt. Nach 6 Wochen sind die Früchte gebrauchsfertig, bei 3 bis 5 °C lassen sie sich jedoch bis Mai aufbewahren.

Kandierte Edel-Ebereschen

1 kg Früchte, 1 300 g Zucker, 0,5 l Wasser
Früchte mit 1 l dicker Zuckerlösung (600 g Zucker/0,5 l Wasser) weich kochen und 1 Tag stehen lassen. Früchte vom Sieb abtropfen lassen. Man stellt fest, daß die Zuckerlösung wieder dünnflüssig wurde, weil aus den Früchten austretender Saft sich mit ihr vermischte. Zuckerlösung wieder eindicken und heiß über die Früchte schütten, die erneut 1 Tag in ihr stehen bleiben. Diesen Vorgang wie geschildert eine Woche lang täglich wiederholen, bis die Lösung ganz dick bleibt. Um die erforderliche Konzentration zu erhalten, muß man im Laufe der Behandlung 700 g Zucker nach und nach zugeben. Die von der Zuckerlösung durchdrungenen, glasigen Früchte herausnehmen, auf einem Sieb trocknen und in Staubzucker wälzen. – Verwendung: Backzutat («Rosinen») oder Naschwerk.

Edel-Kastanie (Marone)

Für den Rohgenuß sind Edel-Kastanien wenig geeignet. Ihr Fruchtfleisch ist sehr hart und unangenehm zu kauen. Der Gehalt an Saponinen macht die Zähne stumpf und vermittelt einen herben Geschmack. Die Saponine werden aber zerstört, wenn man die Edel-Kastanien – nachdem man in die Schale einen kleinen Einschnitt gemacht hat – auf dem Ofen oder im Tiegel röstet, was gerade im Winter zur Zeit der Bratäpfel sehr reizvoll ist. Wenn sie anfangen aufzuspringen und ihre Schalen aufknacken, sind sie weich und mehlig, duften angenehm und schmecken köstlich. Geschält gibt man sie gern zu Gemüse- oder Fleischgerichten oder als Füllung in Geflügel, eine – allerdings etwas schwer verdauliche – Delikatesse für den Feinschmecker.

Maronen-Speise (Kastanien-Speise)

250 g Eßkastanien, ½ l Milch, 3 Eßlöffel Zucker, 25 g Puddingpulver (Vanille)

Schalen einschneiden und Maronen unter Schütteln im Tiegel erhitzen, damit die äußere braune Schale platzt. Früchte mit Wasser brühen, damit auch die innere Schale sich abziehen läßt. Maronen in Milch weich kochen und durchschlagen. Den Zucker und das kalt angerührte Puddingpulver zugeben und unter Rühren aufkochen. In einer ausgespülten Form erstarren lassen und mit Obstsaft oder Milch auftragen.

Schokoladen-Kastanien-Torte

8 Eidotter werden mit 300 g Zucker gründlich verrührt. Man mischt 300 g durch ein Sieb gedrückte, gezuckerte, in Milch gekochte Eßkastanien, 100 g geriebene Schokolade, 50 g geriebene Mandeln, 50 g feine und durchgesiebte Semmelbrösel und den Schnee von 8 Eiern dazu. Der Teig wird langsam gebacken und ausgekühlt zerschnitten. Die Oberfläche wird mit Schokoladenguß überzogen und mit Kugeln aus gezuckertem oder mit Schokolade überzogenem Kastanienpüree verziert. Das untere Tortenblatt wird mit 0,3 l fester und gezuckerter Schlagsahne bestrichen, dann mit dem oberen Blatt bedeckt und bis zum Servieren an einen kalten Ort gestellt.

Kastanien-Torte

14 schöne, große gebratene Eßkastanien werden geschält und durch den Fleischwolf gedreht. Der Kastanienbrei wird mit 210 g Butter (mit 210 g Zucker schaumig rühren!), 140 g geriebenen Mandeln, 3 ganzen Eiern, 5 Eidotter, 50 g kleingehacktem Zitronat und der geriebenen Schale einer halben Zitrone vermischt. Die Torte wird in der ausgetriebenen Form gebakken. Abgekühlt überzieht man sie mit weißer Zuckerglasur und nimmt als Verzierung kandierte Früchte.

Kastanien-Brot

550 g Eßkastanien an der Seite durch die Schale einschneiden, auf ein salzbestreutes Blech legen und braten, dann abziehen und im Mörser fein stoßen. Auf einem Nudelbrett 140 g Mehl mit 140 g zerbröckelter Butter und Zucker, 1 Eidotter und 210 g gestoßenen und passierten Kastanien zu einem Teig verarbeiten. Fingerlange und fingerdicke Teigstücken auf einem gefetteten Blech mit Ei bestreichen und bei geringer Hitze backen.

Kastanien-Kranz mit Schlagsahne

1 kg Eßkastanien, 40 g Butter, 100 bis 150 g Staubzucker, 1 Päckchen Vanillezucker, 2 Eßl. Rum, 100 g Schokolade, 100 g Fruchtgelee, 12 grüne Kompottmandeln, ¼ l Schlagsahne

Die Kastanien anschneiden und in einer Pfanne in der Röhre backen. Die weichen Kastanien schälen und durch den Wolf drehen. Butter, Staubzukker, Vanillezucker und Rum hinzufügen, gut verrühren und alles durch eine Kartoffelpresse drücken. Die Kastanienmasse in eine Kranzform leicht einpressen und auf eine runde Platte stürzen. Die Oberfläche mit zerlassener Schokolade begießen und mit Fruchtgelee verzieren. Die Mitte mit Schlagsahne, die mit Vanillezucker gesüßt wurde, füllen. Den Rand des Kastanienkranzes mit den Kompottmandeln garnieren.

Huhn mit Kastanien

300 g Eßkastanien, 1 Huhn (ca. 1 100 g), 4 Eßlöffel Öl, 100 g Pilze, 3 Eßlöffel Sojasoße, 3 Eßlöffel Sherry, 1 Teelöffel Zucker, 1 Teelöffel Stärkepuder, 1 Stück Ingwer, $\frac{1}{2}$ l Wasser, Salz
Kastanien kreuzweise einritzen, 10 min kochen, dann von Schale und Haut befreien. Huhn in Teile zerlegen, mit den Pilzen in heißem Öl anbraten. Sobald das Huhn braun ist, die Kastanien, Sojasoße, Sherry, Zucker, Salz und den dünnscheibig geschnittenen Ingwer dazugeben und alles kurz braten. Nach dem Auffüllen des Wassers bei mittlerer Hitze garkochen. Fleisch und Kastanien herausnehmen und warm stellen. Verbliebene Flüssigkeit durchseihen, nochmals aufkochen und mit dem aufgelösten Stärkepuder binden. Diese Soße über Fleisch und Kastanien gießen und das Gericht sofort servieren.

Feige

Feigen-Kompott aus Trockenfeigen

100 g Trockenfeigen, $\frac{1}{2}$ l Wasser
Getrocknete Feigen waschen, große Früchte zerschneiden, in kaltem Wasser einige Stunden einweichen und einmal darin aufkochen. Mit Zitronensaft das Kompott abschmecken.

Feigensalat

Frische, grüne Feigen schälen, in Scheiben schneiden und in eine Schüssel legen. Man stellt sie kühl und gießt ein Glas Portwein mit etwas Curacao oder Kognak darüber. Unmittelbar vor dem Anrichten schüttet man frischen Rahm dazu und rührt um.

Flambierte Feigen

Frische Feigen schälen und mit einer Curacao-Kognak-Mischung (2:1) in einer silbernen oder versilberten Pfanne auf eine Spirituslampe stellen. Den Likör anstecken, mit einer silbernen Gabel in die Feigen stechen während der Likör brennt und die Pfanne ständig schütteln. Die Feigen werden warm und weich, der Curacao kocht ein und die Flamme erlöscht von selbst. – Gericht bei Tisch anrichten oder noch brennend auftragen.

Feigen-Apfel-Gebackenes

Äpfel schälen und in feigengroße Stücke schneiden, an Spießen abwechselnd Feigen und Apfelstücke aufstecken. Diese durch einen nicht zu dünnen Teig aus Mehl, Eiern und Wein ziehen und gut abtriefen lassen. In geschmolzener Butter backen. Das Gebackene etwas erkaltet mit Zucker bestreuen und von den Spießchen abgezogen oder mit denselben reichen.

Feigen-Wein

½ kg saftige gepreßte Feigen werden in Stücke geschnitten, ½ kg Zucker wird in 1½ l Wasser aufgelöst und auf die Feigen gegossen, 5 g Hefe werden mit ein wenig Wasser zerrieben, 5 g Weinstein, in etwas Wasser aufgelöst, mit den Feigen vermengt, 6 Wochen stehengelassen und nachher durch Filterpapier in Flaschen geseiht. Die Flaschen werden nicht voll gefüllt, und wenn der Wein noch in Gärung sein sollte, nicht oder nur ganz lose verkorkt. Auf die Feigen kann man noch einmal ½ kg in 1½ l Wasser aufgelösten Zucker gießen. Nach weiteren 6 Wochen wird auch daraus Feigenwein. Der in die Flaschen abgezogene Wein muß an einem kühlen Ort aufbewahrt werden. Bevor der Wein in einen Filtriertrichter gefüllt wird, soll man ihn durch ein dichtes Sieb rinnen lassen, dann geht das Filtrieren rascher. Man soll zwei Filtrierpapiere nehmen und, wenn möglich, in einen Trichter mit durchlöcherten Seiten legen. Das Papier muß nötigenfalls gewechselt werden. Wenn die Flüssigkeit nicht ganz klar wird, ist das Filtrieren zu wiederholen.

Kirsch-Pflaume

Kirschpflaumen-Kompott

Die gut gewaschenen und abgetropften Kirschpflaumen (Myrobalanen) werden in Gläser gefüllt, mit Zuckerlösung übergossen und pasteurisiert. Man benötigt für die Zuckerlösung 150 g Zucker auf 100 g Wasser. Pasteurisierdauer 30 min bei 85 °C.

Kirschpflaumen-Marmelade

Früchte mit sehr wenig Wasser kochen und durch ein Sieb passieren. 600 g des erhaltenen Markes werden mit 500 g Zucker auf etwa 1 kg eingedickt. Ein Zusatz von handelsüblichem Pektin ist zweckmäßig.

Kirschpflaumen-Konfitüre

600 g entsteinte Früchte werden mit der halben benötigten Zuckermenge (500 g : 2 = 250 g) kurze Zeit gekocht. Unter vorsichtigem Rühren gibt man langsam die andere Hälfte des Zucker zu und dickt auf etwa 1 kg ein. Durch Zugabe von Pektin (Handelspräparat) wird die Konfitüre fest. Man füllt sie heiß in Gläser und verschließt dieselben.

Kirschpflaumen-Streuselkuchen

100 g Butter, 100 g Zucker, 1 Päckchen Vanillezucker, 2 Eier, eine Prise Salz, Zitrone
150 g Mehl, 50 g Weizenin, 2 gestrichene Teelöffel Backpulver und etwa 2 bis 4 Eßlöffel Milch zu einem Rührteig verarbeiten und in eine gefettete Springform geben, darauf 500 g Kirschpflaumen, diese mit 1 Päckchen Vanillezucker bestreuen.
150 g Mehl, 75 g Zucker, 1 Päckchen Vanillezucker und 75 g Butter zu Streuseln verarbeiten, auf das Obst geben und den Teig etwa 45 min lang bei guter Mittelhitze backen.

Kornelkirsche

Kornelkirsch-Gelee

0,5 kg Früchte, 200 g Zucker
Früchte gerade mit Wasser bedeckt weich kochen, Saft abseihen, Zucker zugeben, auf starkem Feuer eindicken. Evtl. mit Zitronensaft oder Weinsäure abschmecken, mit Sahne oder gebrochenem Eiweiß oder mit gezukkerten Früchten garnieren. – Gelee läßt sich auch aus Trockenfrüchten bereiten: 150 g Trockenfrüchte, 350 g Zucker, 40 g Gelatine.

Kornelkirsch-Kompott

0,5 kg Früchte, 400 g Zucker, 1,5 l Wasser
Früchte in den kochenden Zuckersirup geben und 10 min weich kochen. – Kompott läßt sich auch aus Trockenfrüchten bereiten.

Kornelkirsch-Sirup

0,5 kg Früchte in $\frac{3}{4}$ l Wasser weichkochen, durchrühren und abseihen. Zum Saft 1 kg Zucker zugeben und bis zum Eindicken kochen. Evtl. mit Weinsäure ansäuern.

Kornelkirsch-Suppe (Grusin. Nationalgericht)

500 bis 750 g Früchte, 1 l Wasser, 2 Zwiebeln, 2 Eßlöffel Mehl, 4 bis 5 Knoblauchzwiebeln, 1 Eßlöffel Pfefferminz
Früchte durch Durchschlag drücken, Saft und Fruchtfleisch miteinander vermischen. Rückstand (Trester) und Fruchtsteine in Wasser 5 bis 7 min kochen. Kochmasse durch Sieb passieren und zusammen mit klein geschnittener Zwiebel und Mehl 15 min kochen. Am Ende der Kochzeit Pfefferminz, Knoblauch sowie Saft und Fruchtfleisch der Kornelkirschen zusetzen und alles zusammen noch 1 min kochen.

Kornelkirsch-Marmelade

1 kg Früchte, 600 g Zucker
Früchte in knapp $\frac{1}{2}$ l Wasser weich kochen und durch ein Sieb passieren. Fruchtmark zum Kochen bringen, dabei nach und nach Zucker hinzufügen und bis zur Marmeladenprobe eindicken. – Pektinzusatz nicht nötig

Kandierte Kornelkirschen

0,5 kg Früchte, 650 g Zucker, Staubzucker
In $\frac{1}{4}$ l Wasser 300 g Zucker lösen und die Früchte darin kochen. Abgekühlte Lösung 1 Tag stehenlassen. Nach dem Abtropfen die Flüssigkeit wieder aufkochen. 100 g Zucker zusetzen und heiß über die Früchte gießen. Dies täglich wiederholen, bis der Zucker verbraucht ist und die Lösung dick bleibt. In der letzten Zuckerlösung die Früchte einige Tage liegenlassen. Das Ganze erwärmen, Zuckerlösung abtropfen und die Früchte gut trocknen lassen, am besten auf dem Kachelofen oder notfalls in der Röhre bei max. 45 °C. Getrocknete Früchte in Staubzucker wälzen und im Schraubglas aufbewahren.

Mandel

Mandel-Milch

60 g süße Mandeln, 2 bittere Mandeln, $\frac{1}{2}$ Vanilleschote, $\frac{1}{2}$ l kochende Milch

Mandeln brühen und abziehen, fein reiben, in einen Topf geben, die Vanille hinzufügen und mit kochender Milch übergießen. Zugedeckt auf schwachem Feuer etwa 30 min ziehen lassen. Mit dem Mixer verrühren. Dann durch ein Sieb in Gläser gießen und entweder heiß oder gut gekühlt servieren. Bei Bedarf etwas mit Zucker süßen.

Mandel-Krem

50 g süße Mandeln, 3 bittere Mandeln, $\frac{1}{2}$ l Milch, 1 Tasse Zucker, 20 g Stärkemehl, 2 Eier

Gebrühte Mandeln abziehen, reiben, mit Milch und Zucker aufkochen, vom Feuer nehmen. Stärkemehl mit Milch angerührt in die Mandelmilch gießen und unter Rühren aufkochen. Mit 2 Eigelb abziehen, nochmals erhitzen, aber nicht zum Kochen kommen lassen. Während des Abkühlens einige Male mit dem Mixer schlagen, damit Masse nicht fest wird. Zuletzt den steif geschlagenen Eischnee dazugeben.

Mandel-Sulz

75 g süße Mandeln, 4 bittere Mandeln, $\frac{1}{2}$ l Milch, $\frac{1}{2}$ Tasse Zucker, 20 g Gelatine

Mandeln brühen, abziehen, reiben, mit Milch und Zucker aufkochen. Gelatine in der heißen Flüssigkeit auflösen und in Schüssel oder Portionsformen erstarren lassen. Mit Frucht- oder Schokoladentunke servieren.

Mandel-(Nuß-)Pudding

$\frac{1}{2}$ l Milch, 50 g Zucker, 10 g Butter, 20 g Mandeln, 50 g Stärkemehl

$\frac{3}{8}$ l Milch mit Zucker, Butter und den abgezogenen, gehackten Mandeln aufkochen, vom Feuer nehmen. Das Stärkemehl in dem Rest der Milch anrühren und unter Rühren in die heiße Milch gießen. Nochmals aufkochen und in eine kalt ausgespülte Form geben. – Nußpudding in gleicher Weise bereiten. Haselnüsse jedoch leicht rösten, damit das braune Häutchen abplatzt.

Mandel-Moussolinkrem

50 g süße und 5 g bittere Mandeln, 80 g Zucker, 5 g Vanillezucker, 3 Eßl. Süßwein, 5 g Gelatine, 2 Eßl. Wasser, $\frac{1}{2}$ l Sahne

Gebrühte Mandeln abziehen, die süßen grob, die bitteren fein hacken. Die Hälfte des Zuckers und den Vanillezucker mit dem Süßwein lösen, die Mandeln und die in 2 Eßlöffel heißem Wasser gelöste Gelatine zugeben. Die Sahne steif schlagen. Dabei den Rest des Zuckers und die aufgelöste Gelatine mit den Mandeln zufügen. In Glasschale füllen und 60 min lang auf Eis stellen.

Makronenplätzchen mit Mandeln

Mürbeteig dünn ausrollen, kleine Rechtecke schneiden oder Plätzchen ausstechen und mit Makronenmasse bestreichen. Dazu 1 Eiweiß, 60 g Zucker, 60 g geriebene Nüsse oder Mandeln mit einer Prise Zimt verrühren. Bei Mittelhitze backen.

Früchtekuchen mit Mandeln und Nüssen

3 Eier, 250 g Zucker, 75 g Mandeln, 75 g Zitronat, Zimt, Nelken, 50 g Walnüsse, 50 g Datteln, 50 g Sultaninen, 250 g Mehl, ½ Päckchen Backpulver, 1 Prise Salz
Eier, Salz und Zucker dickschaumig rühren. Mit der Schale zerkleinerte Mandeln, das grobgeschnittene Zitronat, die Gewürze, gehackte Nüsse, Datteln und Sultaninen in das mit Backpulver gemischte Mehl untermengen. Teig eine Stunde lang ruhen lassen, dann in eine Tortenform bringen, mit Wasser bestreichen, wieder stehen lassen und schließlich etwa 60 min bei Mittelhitze backen. Kuchen mit Nüssen und Mandeln garnieren.

Mandel-Kuchen

Teig von 500 g Mehl, 100 g Butter, 100 g Zucker, 1 Päckchen Vanillezucker, 125 g süße und 20 g bittere Mandeln, 2 Eier
Hefe- oder Backpulverteig bereiten. Für den Belag die Butter sahnig rühren. Zucker, Vanillezucker, Eigelb, 100 g süße und die bitteren Mandeln, abgezogen und gerieben, zufügen. Den steifen Eischnee unterziehen und die Masse auf die Teigplatte streichen. Restliche Mandeln in Scheiben schneiden, auf den Kuchen streuen. Backzeit etwa 30 min bei starker Hitze.

Bienenstich-Kuchen

Hefeteig, 200 g Butter, 250 g Zucker, 125 g süße und 15 g bittere Mandeln
Hefeteig ausgerollt auf ein gefettetes Backblech geben und mit einer Bienenstichmasse, bestehend aus Butter, die, zum Sieden gebracht, mit Zucker, süßen und bitteren fein zerhackten Mandeln vermischt wird, bestreichen. Nach dem Aufgehen des Kuchens 30 min lang bei Mittelhitze backen.

Karlsbader Torte

1 Päckchen Mandel- oder Vanillepudding, ½ l Milch, 150 g Butter, 100 g Staubzucker, 120 g Haselnüsse oder Mandeln, 1 Päckchen Vanillezucker, 1 Eßlöffel Rum, 1 Schachtel Karlsbader Oblaten, Rumpralinen oder kandierte Früchte zum Garnieren
Vanille- oder Mandelpudding in ½ l Milch wie üblich kochen und auskühlen lassen. In einer Schüssel die weiche Butter mit dem Zucker schaumig rühren, die abgezogenen, geriebenen Mandeln oder Haselnüsse, Vanillezucker und Rum dazugeben und verrühren. Zur Buttermasse dann den Pudding mischen. Mit dieser Krem die Karlsbader Oblaten bestreichen, aufeinanderlegen und mit einer nichtbestrichenen Oblate abdecken. Die Torte mit einem Brett beschweren und 30 min lang kalt stellen. Dann an den Seiten und auf der Oberfläche mit Krem bestreichen und mit Pralinen und kandierten Früchten garnieren.

Mandel-Gebäck (Makronen)

3 Eiweiß, 250 g Staubzucker, 250 g süße Mandeln, einige Haselnüsse
Eiweiß zu Schnee schlagen und mit dem Staubzucker 30 min lang rühren.
Geriebene Mandeln (oder auch Nüsse) zufügen und zu einem Teig verarbeiten. Kleine Kugeln formen. Auf jede Kugel eine Haselnuß aufsetzen. 15 bis 20 min lang bei mittlerer Ofenhitze backen.

Marzipan

250 g süße Mandeln, 15 bittere Mandeln, 250 g Staubzucker, 1 Eßlöffel Rum
Mandeln brühen, abziehen, trocknen lassen. Sehr fein reiben. Zusammen mit dem gesiebten Staubzucker und dem Rum rasch zu Formen verarbeiten.

Mandel-Bogen

125 g Mandeln, 4 Eiweiß, 125 g Zucker, 6 Eßlöffel Mehl
Mandeln abziehen und in dünne Blättchen schneiden. Eiweiß steif schlagen, Mandeln und Zucker darüberstreuen, das Mehl dazusieben, alles untereinanderheben. Den Teig auf ein gefettetes Blech streichen und etwa 15 min lang bei schwacher Hitze backen. Sobald der Teig aus dem Ofen kommt, auf dem Blech zerschneiden und auf einem Rollholz die Bogen formen.

Reis mit Mandeln und Früchten

200 g Reis, Salzwasser, 1 Eßlöffel süße Mandeln, 1 Eßlöffel Nüsse, 1 Eßlöffel Rosinen, 1 Eßlöffel kandierte Früchte (geschnitten), 3 Eßlöffel Zucker, 1 Eßlöffel Öl
Mandeln und Nüsse überbrühen, abziehen, in Scheiben schneiden. Rosinen überspülen und warm nachquellen lassen. Reis in kochendes Salzwasser geben und abgießen, wenn er halb gar ist. Vorbereitete Mandeln, Nüsse, Früchte und Rosinen samt Zucker und Öl darunter mischen. Alles in eine gefettete, feuerfeste Form schichten und 30 min im Wasserbad stehen lassen. Gericht als nahrhafte Nachspeise oder als Vervollständigung einer Rohkostplatte reichen.

Geflügel-Eiergericht mit Mandeln

50 g süße Mandeln, 3 Eßlöffel Öl, $\frac{1}{2}$ l Brühe, 2 Eßlöffel Stärkepuder, $\frac{1}{8}$ l kalte Brühe, 250 g Geflügelfleischreste, 4 Eier (hart gekocht), 1 bis 2 Teelöffel Curry, Salz, Pfeffer
Öl erhitzen und darin die abgezogenen Mandeln sowie Curry 2 min braten. Brühe zugeben und zum Kochen bringen. Stärkepuder in kalter Brühe auflösen, in die heiße Flüssigkeit gießen und unter Umrühren kurz aufkochen. Fleisch in Würfel schneiden und in der Soße heiß werden lassen. Eier schälen, vierteln und in die heiße Soße geben. Gericht mit Salz und Pfeffer abschmecken.

Indische Mandel-Mayonnaise

1 Tasse abgezogene, geriebene Mandeln, 3 Tassen Olivenöl, ½ Tasse Essig, 5 pürierte Knoblauchzehen, 1 gekochte Kartoffel, ½ Teelöffel Salz
Knoblauch, Mandeln und die fein zerdrückte Kartoffel innig miteinander verrühren, bis die Mischung glatt ist. Nun abwechselnd etwas Öl und Essig darunter rühren, salzen und weiter mischen, bis die Soße steif wird. – Diese Mayonnaise paßt zu Tomaten, Salaten, gebratenen Eierfrüchten (Auberginen), Zucchinis (Gurkenkürbis), Fisch usw.

Mispel

Mispel-Kompott

1 kg Mispeln, 250 g Zucker, ½ l Wasser, ½ l Apfelsaft
Feste Mispeln schälen und halbieren, bei teigigen Früchten nur die Blüte ausstechen. Früchte in Wasser halb gar dünsten und dann nach Zugabe von Zucker und Apfelsaft fertig kochen.

Dickzuckerfrüchte aus Mispeln

Früchte mit wenig Wasser blanchieren, Zuckerlösung kochen und über die vorher mit einer Nadel angestochenen Früchte gießen. Nach 1 Tag die Zukkerlösung abgießen, eindicken und mit den Früchten sterilisieren.

Moosbeeren und Preiselbeere

Da sich die Obstarten Preiselbeere, Gemeine Moosbeere und Große Moosbeere (Kulturpreiselbeere, Cranberry) in der Frucht und ihren Inhaltsstoffen stark ähneln, dürften die genannten Rezepte bei diesen Arten weitgehend untereinander austauschbar sein.

Preiselbeere

Preiselbeer-Konserven

1 kg Preiselbeeren werden mit so viel Wasser gut weich gekocht, daß der Boden des Topfes gerade noch mit Wasser bedeckt ist. Nach Zugabe von 600 g Zucker läßt man nochmals kurz aufkochen, füllt heiß in Gläser und pasteurisiert.

Preiselbeer-Marmelade

Die gut vorbereiteten Preiselbeeren werden mit sehr wenig Wasser weichgekocht. 600 g des erhaltenen Markes werden mit 560 g Zucker bis zur Geleeprobe eingedickt, heiß in Gläser gefüllt und verschlossen.

Preiselbeer-Gelee

750 g Zucker mit 1 l Preiselbeer-Saft verrühren, bis zur Geleeprobe kochen. Das Gelee muß in 10 bis höchstens 30 min fertig sein, dann in Gläser füllen

und bis zum Folgetag mit einem Tuch bedecken, damit die oberste Schicht fest wird. Gläser mit Pergamentpapier verschließen. – Bei Bereitung von Preiselbeer-Apfel-Gelee werden nur 300 g Zucker/l verwendet.

Preiselbeer-Milch-Kaltschale

3 Löffel dickes Preiselbeerkompott, $^1/_4$ l Milch, Haferflocken.
Preiselbeerkompott auf einen tiefen Teller geben, mit Milch, Sauermilch oder Joghurt übergießen und mit Hafer- oder Knusperflocken garnieren.

Preiselbeer-Milch

1 Tasse dick eingekochte Preiselbeeren, $\frac{1}{2}$ Tasse Quark und 4 bis 5 Eßlöffel Zucker gut miteinander verrühren und allmählich $\frac{3}{4}$ l Milch zugießen. Die Milch kann auch zur Hälfte mit gut gekühltem Apfelsaft gemischt werden.

Preiselbeer-Krem, sehr fein

3 Eßlöffel Preiselbeerkompott, $\frac{1}{8}$ l Wasser, 7 g Gelatine, $\frac{1}{8}$ l süße Sahne
Preiselbeerkompott mit dem Wasser, in dem die Gelatine aufgelöst wurde, vermengen, Sahne darunterschlagen, kalt werden lassen und mit Preiselbeerkompott oder Waffeln garnieren.

Preiselbeer-Torte

Mürbeteigboden, 2 Eier, 1 Tasse Zucker, Preiselbeerkompott
Mürbeteigboden mit Preiselbeerkompott dick belegen, darüber einen Guß streichen, der aus mit Zucker verrührten Eiern auf dem Feuer so lange gerührt wird, bis er dick ist. Torte bei Oberhitze kurz bräunen und mit Schlagsahne garnieren. Statt des Gusses kann auch aus einer Baisermasse ein Gitter auf die Beeren gespritzt werden. Dafür schlägt man 3 Eiklar mit 150 g Zucker schnittfest. Darauf die Torte bei starker Oberhitze kurz bräunen.

Preiselbeer-Schnitte

4 Scheiben Weißbrot, 30 g Zucker, 60 g Butter, $\frac{1}{8}$ l Milch, 250 g konservierte Preiselbeeren
Vom frischen Weißbrot wird die Rinde abgeschnitten. Dann wird das Brot vorsichtig in der kalten Milch eingeweicht. In der heißen Butter werden die Weißbrotscheiben goldgelb gebacken, und zwar so, daß sie innen möglichst noch weich bleiben. Anschließend werden die Schnitten mit eingelegten Beeren bestrichen und mit Zucker bestreut. – Sehr gut geeignet als Nachtisch, als Vespermahlzeit oder zum Tee.

Preiselbeer-Biertrank

$\frac{1}{2}$ l Joghurt, $\frac{1}{2}$ l Starkbier, Zitrone, Zucker, Preiselbeeren
Joghurt und Bier gut verquirlen oder mixen, mit wenig Zitronensaft abschmecken, auf jedes Glas 1 Zitronenscheibe mit einem Häufchen Preiselbeeren geben und eiskalt servieren. – Statt Preiselbeeren kann man auch Johannisbeeren verwenden.

Preiselbeersuppe mit Apfelstückchen

300 g Preiselbeeren, 200 g Zucker, 500 g Äpfel, 1 Eßlöffel Kartoffelmehl, Fruchtpuddingpulver, rote Grütze oder Grieß

Beeren verlesen, waschen, im Topf zerdrücken mit Mixer pürieren. Mit 1 ¼ l kochendem Wasser übergießen, durcheinandermischen, zugedeckt stehenlassen und nach 10 bis 15 min durchseihen. Den Saft aufs Feuer setzen und zuckern. Die Äpfel waschen, schälen, vom Kerngehäuse befreien, in Streifen, Scheiben oder Würfel schneiden und mit in den Saft geben. Wenn es aufkocht, das in etwas Wasser angerührte Kartoffelmehl, Puddingpulver, die rote Grütze oder den Grieß hineinschütten. (Rote Grütze nur einige Minuten, Grieß mindestens 10 min kochen). – Die Suppe wird kalt, nach Belieben mit einem Schuß saurer Sahne, serviert.

Preiselbeeren in Essig

Je nach Bedarf läßt man Essig mit Zucker, einer Zimtrinde und einigen Nelken gut zusammen kochen. Ist diese Flüssigkeit kalt, gießt man sie über die rein ausgelesenen und gewaschenen Früchte. Nach einigen Tagen wird der Essig abgegossen, nochmals aufgekocht und wieder kalt über die Preiselbeeren gegossen. Gefäß gut zubinden und kühl aufbewahren.

Spezielle Rezepte für die Kultur-Preiselbeere (Cranberry)

Cranberry-Gelee

4 Tassen Cranberries, 2 Tassen Zucker, 2 Tassen Wasser

Cranberries waschen, in einen tiefen Topf mit 2 Tassen kochendem Wasser geben und kochen, bis alle Beeren geplatzt sind (etwa 20 min). Durch ein Sieb pressen, wieder in den Topf geben und 3 min kochen lassen. Zucker zugeben und weitere 2 min kochen. In ein Geleeglas füllen, kühl stellen und fest werden lassen.

Cranberry-Catchup

1 250 g Cranberries, 2⅔ Tassen Zucker, Essig, 1 Eßlöffel Zimt, 1 Teelöffel gemahlene Gewürznelken

Cranberries waschen, mit Essig übergießen, bis sie bedeckt sind und kochen, bis sie aufplatzen. Durch ein Sieb streichen. Die übrigen Zutaten dazugeben, die Masse wieder auf das Feuer setzen und kochen, bis alles dick ist. In saubere, heiße Gläser abfüllen und verschließen. Als Würze zu Geflügel oder Fleisch reichen.

Cranberry-Sauce

4 Tassen Cranberries, 2 Tassen Wasser, 2 Tassen Zucker

Zucker und Wasser 5 min lang kochen lassen. Cranberries zugeben und ohne umzurühren kochen, bis die Haut der Beeren platzt. Gewöhnlich genügen 5 min. Wenn das Aufplatzen beendet ist, vom Feuer nehmen. Im Topf kalt werden lassen, nicht umrühren.

Cranberry-Fruchtschale

3 Tassen Cranberry-Saft, 2 Tassen Orangensaft, 2 Tassen gewürfelte Melonen, 1 Eßlöffel Zitronensaft, 3 Blatt Gelatine
Orangensaft, Zitronensaft und Melone in einem Mixer gut mischen. Gelatine 5 min lang in einer Tasse Cranberry-Saft einweichen. Erhitzen, bis sich die Gelatine aufgelöst hat. Melonen-Mischung und restlichen Cranberry-Saft unterrühren. Kalt stellen, bis die Masse leicht dicklich ist. Nochmals umrühren und in eine leicht gefettete Form geben. Kalt stellen, bis die Masse fest ist. Form einige Sekunden lang in lauwarmes Wasser tauchen. Auf eine Platte stürzen und mit einer Sauce aus gleichen Teilen Mayonnaise und geschlagener Sahne servieren. Mit Honig-Frucht-Sauce servieren: Zu der Sauce $\frac{3}{4}$ Tasse Salatöl, $\frac{1}{4}$ Tasse Zitronensaft, 1 Teelöffel Zucker und $\frac{1}{2}$ Tasse Honig mischen. Rühren, bis die Zutaten gut vermischt sind. Kalt stellen und den Salat übergießen.

Cranberry-Kuchen

1 Packung Fertig-Kuchen-Mischung, 5 Eßlöffel zerlaufene Butter, 4 Tassen Cranberries, $1\frac{1}{2}$ Tassen Zucker
Eine etwa 22 × 32 cm große Kuchenform mit Wachspapier (Backfolie) auslegen, die zerlaufene Butter darauf verteilen, Cranberries mit Zucker vermischt daraufgeben, mit dem Kuchenteig bedecken, 35 min lang bei etwa 175 °C backen. Mit steifer Krem oder Schaummasse servieren.

Cranberry-Füllung für Mürbeteig- oder Teekuchen

1 Tasse gemahlene Cranberries, 1 Tasse geriebene Äpfel, $\frac{1}{4}$ Tasse zerkleinerte Ananas, 1 Tasse Zucker, 1 Prise Salz
Zutaten gut durchmischen und 2 Stunden lang stehen lassen, nicht kochen. Mit Keksen, Mürbeteig- oder Teekuchen servieren. Mit Schlagsahne verzieren.

Kandierte Cranberries

2 Tassen frische Cranberries, 1 Tasse Staubzucker, $\frac{1}{4}$ Teelöffel gemahlener Zimt, 1 Prise gemahlene Gewürznelken
Ofen bei etwa 175 °C vorheizen. Eine Lage Cranberries in einer flachen Backform auslegen. Zucker und Gewürze mischen und gleichmäßig auf die Cranberries verteilen. Mit Alu-Folie oder Deckel abdecken und bei mäßiger Hitze (etwa 175 °C) 40 bis 50 min lang backen. Form gelegentlich schütteln, damit die Beeren ganz von dem Zuckersirup bedeckt werden. Vor dem Servieren kalt stellen.

Cranberry-Vorspeise

1 Packung Gelatine (ca. 85 g) mit Himbeergeschmack, 2 Prisen gemahlene Muskatnuß, 1 Tasse kochendes Wasser, 1 Tasse Ananassaft, $1\frac{1}{2}$ Tasse frische Cranberries (zerkleinert), $\frac{3}{4}$ Tasse gewürfelter Sellerie, $\frac{1}{3}$ Tasse Mandeln
Gelatine und Muskatnuß mischen, kochendes Wasser zugeben, rühren, bis Gelatine aufgelöst ist, Ananassaft zugeben. Kalt stellen, bis es dick ist. Üb-

rige Zutaten unterrühren. In eine größere Form oder mehrere kleinere Formen geben. Kalt stellen, bis alles fest ist. Zum Servieren aus der Form nehmen. Ergibt 8 bis 10 Tassen.

Cranberry-Vorspeise

1 Tasse Cranberries, $\frac{1}{3}$ Tasse Zucker, $\frac{1}{4}$ Tasse gehackte Erdnüsse, 2 Prisen Salz, 1 kleine Apfelsine, 1 kleiner Apfel
Cranberries mit Küchenmaschine zerkleinern und mit Zucker mischen. Apfelsine und Apfel zerteilen, Kerne entfernen und ebenfalls zerkleinern. Nüsse mit allen Zutaten vermischen. Ergibt $1\frac{1}{2}$ Tassen.

Cranberry-Sellerie-Vorspeise

4 Tassen frische Cranberries (zerkleinert), $\frac{1}{2}$ Tasse dünngeschnittene Selleriescheiben, $\frac{1}{3}$ Tasse kleingehackte Zwiebeln, 1 Tasse Zucker, evtl. 1 Teelöffel Essig
Alle Zutaten gut mischen, bis zum Servieren zudecken und kalt stellen.

Cranberry-Pastete

Blätterteig für eine doppelkrustige Pastete (etwa 22 cm Durchmesser), 4 Tassen frische Cranberries, $1\frac{1}{2}$ Tassen hellbrauner Zucker, 4 Eßlöffel heller Zuckersirup, $\frac{1}{2}$ Teelöffel Zimt, 2 Eßlöffel Butter, 2 Prisen Salz
Cranberries waschen und halbieren oder grob zerkleinern. Pastetenform mit der Hälfte des Blätterteiges auslegen, mit Cranberries und braunem Zucker füllen. Zimt und Salz darüber streuen. Mit einem Löffel den Zuckersirup gleichmäßig verteilen. Mit Butter bestreichen. Mit restlichem Blätterteig bedecken. Wegen des entweichenden Dampfes Luftlöcher stechen. Pastete in vorgeheiztem Ofen 10 min lang bei etwa 220 °C backen. Dann Hitze auf etwa 165 °C reduzieren und noch etwa 60 min lang backen lassen. Mit Vanille-Eiskrem servieren.

Pastete mit kandierten Cranberries und Rum

1 gebackene Pastetenschale (etwa 22 cm Durchmesser), 1 Blatt Gelatine, $\frac{1}{4}$ Tasse Wasser, 3 Eier (Dotter und Eiweiß getrennt), $\frac{1}{2}$ Tasse Staubzucker, 1 Tasse Milch, 2 Prisen gemahlene Muskatblüte, $\frac{1}{4}$ Tasse Rum, $\frac{1}{4}$ Tasse gewürfelte, kandierte Cranberries, 1 Prise Salz, $\frac{1}{2}$ Tasse dicke, geschlagene Sahne
Gelatine in Wasser aufweichen und beiseite stellen. Eidotter im Wasserbad leicht schlagen. Zucker und Milch untermischen. 10 min über heißem Wasser (nicht kochend) rühren, bis alles dick ist. Vom Feuer nehmen. Gelatine, Muskatblüte, Rum unterrühren, Abkühlen, bis die Mischung beginnt dick zu werden. Kandierte Früchte untermischen. Salz an das Eiweiß geben und schlagen. Zusammen mit geschlagener Sahne in vorbereitete Eikrem rühren. Auf die Pastete geben. Kalt stellen. Mit mehr Schlagsahne und kandierten Cranberries servieren.

Schweinefleisch-Scheiben mit Cranberry-Glasur

2 Dosen (etwa 350 g) Schweinefleisch (Frühstücksfleisch), 1¼ Tasse Cranberry-Kompott, ¼ Tasse Orangen-Marmelade
Eine flache Backform mit Frühstücksfleisch-Scheiben auslegen. Die Oberseite jeder Scheibe einkerben, so wie man die Schwarte für Schweinebraten einkerbt. Kompott mit Marmelade vermischen, gut durchschlagen. Mit einem Löffel die Masse auf die Frühstücksfleisch-Scheiben verteilen. Bei mäßiger Hitze (etwa 175 °C) 30 min lang oder bis die Glasur Blasen wirft backen. Reicht für 6 bis 8 Personen.

Gegrillter Gourmet-Schinken

Schinkenscheiben für 4 Personen, gekochte Spargelspitzen, Cranberry-Kompott, 4 dicke Scheiben Chester-Käse
Schinken nach Geschmack weich braten. Schinkenscheiben in flaches Kasserol legen, 3 gekochte Spargelspitzen auf jede Scheibe setzen. Darauf eine Lage Cranberry-Kompott und eine Scheibe Käse geben, dann grillen bis der Käse schmilzt. Sofort servieren.

Cranberry-Soße mit saurer Sahne

2 Tassen frische Cranberries, 1 mittelgroße Zwiebel, 1½ Teelöffel Salz, ¼ Tasse Essig, ½ Tasse Zucker, 1 Tasse saure Sahne, 1 Eßlöffel geriebener Meerrettich
Cranberries und Zwiebel durch den Wolf drehen, in Topf geben und Salz, Essig und Zucker beifügen. Bei mittlerer Hitze ungefähr 10 min lang kochen, dabei öfters umrühren. Vom Feuer nehmen und kalt stellen. Saure Sahne und Meerrettich unterrühren. Zu gefüllten Eiern und Fischgerichten servieren.

Rosen (Hagebutten)

Hagebutten-Süßmost

5 kg Hagebutten werden von der Blüte befreit, gut gewaschen und durch einen Wolf getrieben oder zerstampft. Man übergießt die Masse mit 2½ l Wasser und läßt sie zugedeckt im kalten Raum stehen. Da die Hagebutten selbst wenig Saft haben, saugen sie einen großen Teil des Wassers auf. Man fügt sodann 400 g Zucker hinzu, entsaftet mindestens 60 min und erhält einen sehr gut schmeckenden Süßmost. Gibt man bei Gebrauch noch etwas Wasser und einige Tropfen Zitrone dazu, ist das Getränk anregend und erfrischend.

Vitaminrosen-Frischkonzentrat (schonend konserviert)

1 Teil saubere Hagebutten und 2 Teile Zucker mit dem Mixer gut zerkleinern, gut vermischen und ohne weitere Konservierung in Gläsern kühl aufbewahren. Bei der Bereitung von Haustee oder als Zusatz zu Schwarzem Tee einen Teelöffel je Tasse aufbrühen. –
Werden bei gleicher Behandlung wie oben vorher die Kerne entfernt, so er-

hält man eine ernährungsphysiologisch sehr wertvolle, wohlschmeckende Frischmarmelade (Verhältnis Zucker zu Schalen = 40 zu 60).

Hagebutten-Kompott

Früchte korallenrot, noch etwas hart und nicht überreif ernten. Stiel und Kelchblätter entfernen, Früchte mit einem scharfen Messer aufschneiden, Samen und besonders die möglicherweise für den Verdauungstrakt schädlichen Härchen sorgfältig herauskratzen. Nochmals waschen. Vorbereitete Früchte werden in Gläser gefüllt, mit Zuckerlösung übergossen und pasteurisiert. Man sollte kleinere Gläser verwenden, da Hagebutten meist nur als Zukost bzw. als Konserve zur Vorbeugung gegen Erkältungskrankheiten benötigt werden. Auf $\frac{1}{2}$ Tasse Wasser benötigt man $1\frac{1}{2}$ Tasse Zucker. Pasteurisierdauer 30 min bei 90°C.

Hagebutten-Gelee

500 g Saft, 500 g Zucker
Vorbereitete Hagebutten in wenig Wasser weich kochen, durch dickes Tuch drücken, damit keine Härchen durchkommen. Den Saft mit dem Zucker solange kochen, bis der Saft geliert.

Hagebutten-Marmelade (I)

Vorbereitete Hagebutten werden mit wenig Wasser weich gekocht und passiert. 1 kg dieses Markes kocht man mit 500 g Zucker bis zur Geleeprobe, füllt die Marmelade heiß in Gläser und verschließt diese.

Hagebutten-Marmelade (II)

Feste Hagebutten von Stielen und Kelchen befreien, sauber abreiben, aufschneiden, mit oder ohne Kerne gut waschen, auf Tücher schütten und abtrocknen. Schalen zugedeckt 3 bis 4 Tage kalt stehen lassen, bis zum Weichwerden, dann durch Haarsieb streichen. Mark und Zucker zu gleichen Teilen verrühren, bis sich der Zucker gelöst hat (Mixer!). In gut mit kochendem Wasser ausgespülte Gläser füllen. Pergamentpapier in Alkohol getränkt auflegen, zubinden, kühl aufbewahren.

Hagebutten-Marmelade (III), mit Zucker haltbar gemacht

Feste Hagebutten von Kelchen und Stielen befreien, sauber abreiben, aufschneiden, mit oder ohne Kerne waschen, auf Tücher schütten und abtrocknen. Schalen zugedeckt 3 bis 4 Tage lang kalt stellen, bis sie weich werden. Durch ein Haarsieb streichen und Mark und Zucker zu gleichen Teilen verrühren, bis sich der Zucker gelöst hat. In Gläser füllen, Pergamentblatt (in Alkohol getaucht) auflegen, zubinden und kühl stellen.

Hagebutten-Tomaten-Marmelade

2 kg entkernte Hagebutten, 1 kg Tomaten, Zucker

Die Hagebutten 13 Stunden in Wasser einweichen und dann mit demselben Wasser und den Tomaten 10 min kochen. Durch eine Fruchtpresse geben, mit Zucker (500 g je kg Mark) bis zur gewünschten Dicke einkochen, heiß in Gläser füllen und diese verschließen.

Hagebutten-Mark

Früchte vom Kelch und Stiel befreien, waschen, zerschneiden, bei größeren Mengen zermahlen. 45 min zugedeckt mit wenig Wasser dämpfen. Anschließend Masse durch ein Sieb treiben. Je 1 kg Mark mit 650 g Zucker versetzen und etwas Zimt zugeben. Dann einkochen.

Hagebutten mit Rosinen

500 g Hagebutten (180 g getrocknet), 1 Tasse Zucker, 1 Stück Zitronenschale, 125 g Sultaninen
Von den frischen Hagebutten Blütenreste abstreifen. Früchte aufschneiden und von Kelch, Stiel, Samen und Härchen reinigen, nochmals gut abwaschen. Mit kochendem Zuckerwasser und Zitronenschale 45 min lang weich kochen. Sultaninen hinzugeben und alles gar kochen. Früchte herausnehmen, Saft einkochen lassen und über die Früchte gießen.

Hagebutten-Kaltschale

200 g Hagebuttenmark, 1 l Wasser oder halb Wasser und halb Apfelsaft bzw. Weißwein, 1 Eßlöffel Kartoffelstärke, 3 Eßlöffel Zucker, Zitronensaft, 1 Prise Salz
Das Wasser zum Sieden bringen, die kalt angerührte Kartoffelstärke dazugeben, aufkochen lassen, das Hagebuttenmark hinzufügen und gut verrühren. Mit Zitronensaft, Zucker und etwas Salz abschmecken. Kalt stellen und kühl servieren. – Hagebuttenkaltschale kann auch mit Milch zubereitet und dann über gedünstete Äpfel oder Birnen gegeben werden.

Hagebutten-Suppe (I)

½ kg frische Hagebutten, 1¼ l Wasser, 1 Stück Zimt, 4 Eßlöffel Zucker, 1 Teelöffel Zitronensaft, 2 bis 3 Eßlöffel Mehl
Früchte mit Wasser und Zimt weich kochen, durch ein feines Sieb streichen. Mit Zucker und Zitronensaft aufkochen, angerührtes Mehl hinzugeben.

Hagebutten-Suppe (II)

100 g getrocknete Hagebutten (vorher einweichen), 1¼ l Wasser, 50 g Weißbrot, 4 Eßlöffel Zucker, 2 bis 3 Eßlöffel Mehl, 4 Eßlöffel Weißwein
Hagebutten mit Wasser und Weißbrot weich kochen, durch ein Sieb streichen. Nochmals aufkochen, mit angerührtem Mehl sämig machen, Zucker und Weißwein zum Abschmecken hinzugeben.

Hagebutten-Soße

3 Eßlöffel Hagebuttenmark, 1 Eßlöffel Maisstärke (Maisan), Saft von ½ Zitrone oder 1 Messerspitze Senf, ½ Teelöffel Zucker, Salz, nach Belieben etwas Rotwein
½ l Wasser erhitzen, die Maisstärke kalt anrühren und in das Wasser geben, aufkochen lassen, das Hagebuttenmark zugeben, verrühren und mit Zitronensaft oder Senf, Zucker und Salz und auch etwas Rotwein abschmek-

ken. – Die Soße schmeckt gut zu Wild und Kaninchenbraten, paßt aber auch zu Pilzgerichten.

Hagebutten-Tunke zu Fleischgerichten

125 g frische, vorbereitete Hagebutten, $\frac{1}{2}$ l Wasser, 1 Teelöffel Kartoffel- oder Maismehl, 1 Prise Salz, 1 Eßlöffel Zucker, $\frac{1}{2}$ Zitrone
Hagebutten mit $\frac{1}{4}$ l Wasser 20 min lang dünsten und darauf passieren. Dann mit $\frac{1}{4}$ l Wasser auffüllen, mit Kartoffelmehl, das in wenig Wasser angerührt wurde, abbinden, mit 1 Prise Salz und Zucker abschmecken, Zitronensaft darübergießen.

Hagebutten-Auflauf

500 g Hagebutten werden geteilt, ausgeputzt, gewaschen und mit 0,1 l Weißwein und 50 g Zucker weichgedünstet. Dann werden 125 g Butter schaumig geschlagen, 6 Eigelb, 125 g Zucker, 60 g gestoßene Mandeln, Zimt und 200 g geriebene Semmel, danach die Hagebutten und der Eischnee dazugegeben und der Auflauf 60 min gebacken.

Hagebutten-Koch

Dünne Weißbrotscheiben ohne Rinde werden in Butter gelb gebacken, mit Hagebutten-Marmelade bestrichen und zu je zwei übereinandergelegt. Sie kommen in eine Glasform und werden mit 0,5 l Rotwein übergossen, der zuvor mit Zucker und Zimt aufgekocht wurde. Weiter werden 125 g Hagebutten-Marmelade mit 125 g Puderzucker und dem Schnee von 8 Eiweiß verrührt, die Masse über die Schnitten gegossen und langsam bei mäßiger Hitze gebacken. – Es wird heiß serviert.

Hagebutten-Salat

350 g getrocknete Hagebutten, $\frac{1}{4}$ l Wasser, Zucker, Zimt, Zitronensaft
Die Hagebutten waschen und wässern, in einem zugedeckten Topf in Wasser sehr langsam weichquellen lassen. In eine Glasschale geben, mit Zucker und Zimt bestreuen und mit Zitronensaft abschmecken. – Ein delikater Salat, besonders zu Wildgerichten.

Hagebutten-Creme

1 Teller frische, geputzte oder getrocknete, gewässerte Hagebutten, $\frac{1}{4}$ l Weißwein, $\frac{1}{4}$ l Wasser, 100 g Zucker, 8 Eigelbe, $\frac{1}{2}$ l süße Sahne, 1 Eßlöffel Likör
Die Hagebutten mit dem Wasser und dem Zucker weich kochen und durch ein Sieb streichen. Jetzt den Wein zugeben. Die Eigelbe und 2 Eßlöffel Zucker in der Sahne verquirlen, den Likör zugeben und bei schwacher Hitze zu einer dicken Creme schlagen. Diese Creme mit dem Fruchtmus verrühren, bis zum Erkalten weiterschlagen und in eine Schüssel füllen.

Hagebutten-Eis

500 g Hagebuttenmark werden mit 125 g Zucker verrührt. Weitere 125 g Zucker werden in 0,4 l Wasser aufgekocht, der Saft von 3 Zitronen wird dazugegeben. Die Flüssigkeit und das Mark werden gemischt und gefroren.

Hagebutten-Heißgetränk

¼ l Hagebuttentee, ¼ l Rotwein, Saft von 1 Zitrone, 3 Eßlöffel Zucker, nach Belieben 4 Nelken und 1 Stück Zimt
Einen kräftigen Hagebuttentee nach Rezept bereiten, mit Rotwein mischen, Zitronensaft und Zucker zugeben. Stark erhitzen und heiß servieren. Mit Nelken und Stangenzimt schmeckt dieses Heißgetränk würziger, der feine Hagebuttengeschmack wird jedoch teilweise überlagert.

Hagebutten-Dessertwein

3 500 g frostweiche Hagebutten, 1 600 g Zucker, Reinzuchthefe
Die Hagebutten mit einem Nudelholz oder Stampfer zerdrücken, 2 l kochendes Wasser aufgießen und nach dem Abkühlen auf 25 °C die Reinzuchthefe zusetzen. Die Maische etwa 2 Tage gären lassen, dann Saft abziehen und Bodensatz abpressen. Den Saft (2 Liter) in einen Gärballon füllen, 600 g Zucker in etwas Saft auflösen und dazugeben.

Hagebutten-Likör

Eine Wein- oder Likörflasche zu drei Vierteln mit Hagebutten füllen, Korn zugießen und an einem sonnigen Ort (die Flasche verschließen) 4 bis 6 Wochen ziehen lassen. Ab und zu schütteln, filtrieren und in dem Filtrat Zucker nach Geschmack auflösen. In eine kleinere Flasche füllen und noch eine Zeitlang entwickeln lassen.

Hagebutten-Tee

Getrocknete Früchte in kaltem Wasser ansetzen und am besten erst am nächsten Tag 15 bis 20 min im gleichen Wasser kochen und abseihen. Möglichst sparsam süßen, dafür mit Honig verfeinern und aufwerten. Der Tee ist ein Erfrischungstee für Kinder und Erwachsene, er wird auch gern bei fieberhaften Erkrankungen getrunken.

Sanddorn

Sanddorn-Saft

2,5 kg Sanddornbeeren (vollreif), 250 g Zucker
Kaltentsaften mit Zentrifuge: Beeren entsaften, anschließend süßen. In Flaschen abfüllen, bei 75 bis 80 °C pasteurisieren und verschließen.
Heißentsaften: Beeren mit ¼ l Wasser 15 bis 20 min leicht kochen. Den Brei abseihen, den Saft süßen, in Flaschen füllen und 20 min bei 85 °C pasteurisieren.
Dampfentsaften: Beeren und Zucker in den Entsafter geben, Saft in vorgewärmte Flaschen füllen und verschließen.
Dampfentsaften entblätterter, mit Früchten besetzter Triebteilchen: Eine Füllung besteht aus etwa 5 kg (20 % Holzanteil), dabei werden bis 500 g Zucker hinzugegeben. Die Früchte sind während des Entsaftens gut zusammenzudrücken und möglichst zum Platzen zu bringen. Eine Füllung ergibt drei bis vier 0,7-l-Flaschen Saft.

Sanddorn-Sirup

1 kg Sanddornbeeren (vollreif), 1,5 kg Zucker, $\frac{3}{4}$ l Wasser, 3 Teelöffel Zitronensaft

Beeren zerdrücken und mit dem kochenden Wasser übergießen. Den Topf mit einer doppelten Lage Pergamentpapier fest zubinden und 24 h kühl stehen lassen. Danach abseihen und den Zucker und Zitronensaft einrühren. In kleine Flaschen (bis 0,5 l) abfüllen und 20 min bei 70 °C pasteurisieren. Anschließend die Flaschen mit Korken oder Gummikappen verschließen. – Vor dem Genuß den Sirup mit Wasser, Selters oder Tee verdünnen.

Sanddorn-Gelee

0,5 l Sanddornsaft, Zucker

Saft je nach Geschmack mit 165 bis 510 g Zucker mischen und bis zur Geleeprobe kochen. Aus reiferen Früchten wird eine geleeartige Marmelade.

Sanddorn-Extrakt

Früchte mit Zentrifuge kalt entsaften. Der gewonnene Rohsaft kann, mit Zucker im Verhältnis 1:1 gemischt (oder auch ohne jeden Zuckerzusatz), bis zu einem Jahr aufbewahrt werden. Um eine Gärung zu verhindern, ist ein dünner Ölfilm als Luftabschluß empfehlenswert. – Wie bei allen Formen der flüssigen Verarbeitung des Sanddorns sind Flaschen mit gefärbtem Glas vorteilhaft, um einen möglichst hohen Vitaminerhalt während der Lagerung zu gewährleisten.

Sanddorn-Marmelade (geleeartig)

500 g Sanddornsaft, 165 bis 500 g Zucker

Rohsaft je nach Geschmack (sehr säuerlich bis süß) mit Zucker mischen und unter Umrühren bis zur Geleeprobe kochen, in Gläser füllen, mit Zellophan verschließen. Noch nicht vollreife Beeren sind pektinhaltiger, wodurch die Masse geleeähnlicher wird.

Sanddorn-Mischfrucht-Marmelade

0,5 l Sanddornsaft, 0,5 bis 1 kg Früchte (Apfel, Birne, Kürbis oder Melone), 0,5 bis 1 kg Zucker

·Die hinzugefügten Früchte werden entweder roh fein zerkleinert oder weichgekocht durch ein feines Sieb gestrichen, dann wird die Masse mit Sanddornsaft und Zucker gemischt und unter Rühren 15 bis 20 min bis zur Marmeladenprobe gekocht. Marmelade in Gläser füllen und mit Zellophan verschließen.

Schlehe

Schlehen-Saft

1 kg Schlehen, 225 g Zucker

Früchte in Emaille-Gefäß mit 1,5 l kochendem Wasser übergießen, 1 Tag ziehen lassen. Saft abgießen, erneut zum Sieden bringen und über die

Schlehen gießen, 1 Tag ziehen lassen. Dasselbe ein drittes Mal durchführen. Abgegossenen Saft süßen, 10 min kochen, dabei abschäumen, abfüllen, Flaschen sofort mit Gummikappen verschließen. – Verwendung: Zu Süßspeisen, aber auch heiß mit Rotwein, Nelken, Zimt und Zucker zu Schlehenpunsch.

Schlehen-Kompott, süßsauer

0,5 kg Schlehen, 1 Tasse Essig, 150 g Zucker, 3 Nelken, 1 Stück Zimt
Den mit 4 Tassen Wasser verdünnten Essig mit Zucker und Gewürzen durchkochen. Schlehen in kleine Gläser füllen, mit dem Essigwasser übergießen, verschließen und 20 min bei 100 °C einkochen. – Verwendung: Beilage zu Rinderbraten und Wild.

Schlehen-Blütennektar

250 g frisch am Morgen gesammelte Schlehenblüten in $\frac{1}{2}$ l kaltem Wasser einweichen und bei mittlerer Hitze langsam zum Kochen bringen. Nach dem ersten Aufkochen den Topf vom Herd nehmen und auf Zimmertemperatur abkühlen. Das Ganze durch ein Sieb gießen und die Blüten mit den Händen auspressen. Dem klar gefilterten Rohsaft die gleiche Menge Zucker zusetzen und gut verrührt erneut bei höchstens mittlerer Hitze vorsichtig, nicht sprudelnd, verkochen. Bei Erreichen der günstigsten Konsistenz in Schraubgläser oder Weithalsflaschen abfüllen. – Verwendung als Brotaufstrich, zum Süßen von Tee oder als mildes natürliches Abführmittel.

Schlehen-Likör

0,5 kg Schlehen, 100 g Zucker, $\frac{1}{2}$ l Weinbrand
Eine Flasche zu $\frac{3}{4}$ mit Früchten füllen, Zucker zugeben und mit Alkohol auffüllen. Einige Wochen ziehen lassen, filtrieren und in eine kleinere Flasche umfüllen. Erst nach einiger Zeit verwenden.

Schlehen-Wein

3,5 kg Schlehen, 1 650 g Zucker, Weinhefe
Frostreife Schlehen zerdrücken, ohne die Steine zu zerstören. 4 l heißes Wasser aufgießen und abkühlen lassen. Weinhefe zusetzen, 1 bis 2 Tage ziehen lassen. Dann abpressen, den Saft mit 550 g Zucker in einen Ballon füllen und mäßig warm stellen. Nach Beendigung des Gärens das zweite bzw. letzte Drittel Zucker in $\frac{1}{2}$ l Wasser auflösen, zusetzen und jedesmal gut ausgären lassen. Umstechen, nach dem Klären ohne Zuckerzusatz abfüllen, gut ausreifen lassen.

Schlehen-Hagebutten-Wein

Ansätze:
Tischwein = 1 kg Schlehen, 1,2 kg Hagebutten, 8,8 l Wasser, 1,6 kg Zucker, 6 g Hefenährsalz, Rheinweinhefe (herb, kräftig)
Dessertwein = 1,2 kg Schlehen, 1,5 kg Hagebutten, 3,6 kg Zucker, 7,8 l Wasser, 6 g Hefenährsalz, 10 g Zitronensäure, Dessertweinhefe (süß, schwer)

Schlehen-Holunder-Glühwein

Aus Schlehen- und Holundersaft läßt sich mit Rotwein, Zucker, Zimt und Nelken erhitzt ein vorzüglicher Glühwein bereiten. Er bewährt sich besonders bei beginnenden Erkältungen.

Schwarze Maulbeere

Maulbeer-Marmelade

1 kg Früchte, 300 g Zucker, 1 Glas Wasser
Früchte zerkleinern, mit dem Wasser kochen bei ständigem Rühren, Zucker zugeben, Marmelade wie üblich bereiten und haltbar machen. Produkt öfter kontrollieren, weil sehr leicht schimmelnd. – Maulbeeren eignen sich gut als Zusatz zu anderen Wildfruchtmarmeladen.

Maulbeer-Kompott

1 kg Früchte, 600 g Zucker, 1 l Wasser, Zitronensaft
Kurz gewaschene Früchte in kochender Zuckerlösung vorsichtig kochen, damit sie nicht zerfallen. Kalt geworden, mit Zitronensaft spritzen.

Maulbeer-Wein

1 kg Früchte, 1 kg Zucker, 3 l Wasser
Es entsteht ein sehr dunkler, angenehmer Wein mit hoher Dichte.

Schwarzer Holunder

Holunder-Muttersaft

Man kocht die vorbereiteten Beeren mit wenig Wasser und läßt den Saft durch ein Tuch ablaufen. Bevor man ihn in Flaschen oder Gläser füllt und pasteurisiert, ist es notwendig, den Saft nochmals gut durchzukochen. Pasteurisierdauer 20 min bei 85 °C. Der Saft ist für Suppen gut geeignet. – Holunderbeersaft kann ebenso durch Dampfentsafter oder Pressen hergestellt werden.

Holunder-Marmelade

500 g Holunderbeeren, 600 g Zucker
Vorbereitete Beeren ohne Wasser ansetzen, Saft ziehen lassen, Zucker zugeben, möglichst schnell eindicken.

Holunder-Gelee

Saft von Früchten mit 750 g Zucker je Liter Saft verrühren. Kochen, bis ein auf einen kalten Teller gegebener Tropfen nicht mehr breit läuft. Gelee muß in 10, höchstens 30 min fertig sein. Fertiges Gelee in erwärmte kleine bis mittelgroße Gläser füllen. Bis zum anderen Tag mit einem Tuch bedekken, damit die oberste Schicht fest wird. Gläser mit angefeuchtetem Glas- oder Pergamentpapier schließen. – Die Geleebereitung kann auch unter

Zugabe handelsüblicher Geliermittel erfolgen. Es gilt dann die auf der Verpackung angeführte Gebrauchsanweisung.

Holunder-Suppe

375 g Holunderbeeren, 1 l Wasser, ½ Zitrone, 2 Eßlöffel Stärkemehl, 5 Eßlöffel Zucker

Gewaschene Holunderbeeren mit einer Gabel von den Stielen abstreifen und zerdrücken. Mit knapp 1 l Wasser und 1 Zitronenschale kochen, den Saft abgießen, wieder zum Kochen bringen, mit dem kalt angequirlten Stärkemehl binden, zuckern und mit Zitronensaft abschmecken. Zugabe von einem Schuß Wein verfeinert die Suppe. Einlagen: Zwieback, Kekse, Weißbrotwürfel.

Holunder-Speise mit Äpfeln

1 Stück Zitronenschale, 5 große Äpfel, 2½ Eßlöffel Kartoffelmehl, 4 Eßlöffel Zucker, Saft von ½ Zitrone, 300 g Holunderbeeren

In reichlich 1 l Wasser die Holunderbeeren mit Zitronenschale weich kochen und durch ein Haarsieb rühren. Die Äpfel schälen, in Stücke schneiden und kurz im Holundersaft aufkochen. In kaltem Wasser angerührtes Kartoffelmehl dazugeben, aufwallen lassen, süßen und mit Zitronensaft abschmecken. In einer Schüssel kalt werden lassen und nach Belieben mit Eischnee verzieren.

Gebackene Holunderblüten

Holunder-Blütendolden, 1½ l Milch, 250 g Mehl, 1½ Eßlöffel Zucker, 1 Prise Salz, Öl oder Schmalz zum Backen, Zucker und Zimt zum Bestreuen

Aus den Zutaten einen Teig bereiten und fein glatt abrühren. Dolden in Wasser legen und tüchtig ausschütteln, abtropfen lassen. Einzelne Blütendolden in den Teig tunken. Diese Teigdolden in dem Öl schwimmend bakken oder bei belassenem Doldenstiel in das heiße Öl halten und mit einem Löffel noch etwas Teig darauf geben. Die Dolden werden fein dicht und knorpelig gebacken und dann mit Zimt und Zucker bestreut. – Das wohlschmeckende Dessert ist sofort zu servieren.

Holunder-Milch

¼ l Holundersaft, 3 Eßlöffel Zucker, 2 Prisen Zimt, 1 Prise Nelkenpulver, ¾ l Milch, 1 Eßlöffel Zitronensirup

Gewürze und Zucker in wenig Wasser aufkochen und dann mit den übrigen Zutaten vermischen.

Holunderblüten-Milch

1 l kochendheiße Milch über eine große Holunderdolde gießen und mindestens 60 min ziehen lassen. Danach durchseihen und mit einer Lösung aus wenig Zucker und Vanille abschmecken. Nach Wunsch mit einem Eigelb verquirlen oder heiße Milch damit abziehen.

Holunder-Punsch

¼ l ungesüßter Holundersaft, 4 Nelken, etwas Zimt, 4 Eßlöffel Zucker, Saft
von 1 Zitrone, ¼ l Rotwein
Den Holundersaft mit ¼ l Wasser erhitzen. Nelken und Zimt zugeben und
kurz durchkochen. Den Zucker auflösen, Zitronensaft zugeben, Rotwein
hinzufügen und noch einmal stark erhitzen, aber nicht mehr kochen lassen.
Heiß servieren.

Holunder-Likör

350 g Holunderbeeren, ½ Flasche Korn oder Weinbrand, 2 Nelken, 1 Stück
Zimt, 1½ Tasse Zucker
Die Beeren leicht zerdrücken, mit Alkohol in eine große Flasche füllen,
Nelken und Zimt dazugeben und 2 Wochen ziehen lassen. In ⅛ l Wasser
den Zucker auflösen, aufkochen, abkühlen lassen und zur Beerenmasse
hinzugeben. Alles filtrieren, in Flaschen füllen und nochmals einige Wochen entwickeln lassen.

Holunderblüten-Tee («Fliedertee»)

2 Eßlöffel Holunderblüten oder je 1 Eßlöffel Holunder- und Lindenblüten
werden mit 2 Tassen kochendem Wasser übergossen. Man läßt 15 min ziehen, süßt mit Honig oder Zucker und trinkt den Tee möglichst heiß und
schnell. – Bei Entzündungen der Schleimhäute im Mund- und Rachen-
raum läßt sich der ungesüßte Aufguß auch zum Gurgeln verwenden.

Speierling

Speierling-Mus

1 kg Früchte, 1 Eßlöffel Butter, 1 Eßlöffel Mehl, 1 Glas Milch, Salz
Geschnittene Früchte mit wenig Wasser weich dünsten, passieren. Helle
Einbrenne bereiten, Fruchtmus zugeben, kurz weiterkochen. Milch hinzugeben und aufkochen, mit Salz abschmecken und vom Feuer nehmen. –
Verwendung: Füllung von Sandwichs (zusammen mit Butter, Speck, Schinken oder Salat) oder zum Garnieren von Wild oder fettem Geflügelbra-
ten.

Speierling-Konfitüre

1 kg Früchte, 150 bis 300 g Zucker, 2 bis 3 Stück Zimtrinde
Früchte ohne Kernhaus in etwas Wasser dünsten, Zucker dazugeben und
bis zum Eindicken kochen. Nach Geschmack evtl. Zimtrinde zugeben.

Gebackene Speierlinge

Früchte mit Zucker und Zimt bestreuen und in eingefetteter Backform bakken. Gebackene Früchte mit Bienenhonig und kleingehackten Walnüssen
nach schweren, fettigen Menüs servieren.

Literaturverzeichnis

(Transliteration kyrillischer Buchstaben durch latein. Buchstaben mit Buchstaben-verbindungen und ohne diakrit. Zeichen, nach TGL 37116. – 1981. – 4 S.)
(Die Transliteration ausländischer Namen der Obstarten im Teil Beschreibungen der Obstarten erfolgte auf gleiche Weise.)

Bibliographien
(allgemein, spezielle Bibliographien den betreffenden Obstarten zugeord-net)

DEBOR, H. W.: Bibliographie des historischen Schrifttums im Obstbau. 2. Fremdsprachige Veröffentlichungen. – Berlin[West]: Univ.-Bibliothek TU, 1977. – 180 S. (Bibliograph. Reihe TU; 9): 1851 Lit.

DEBOR, H. W.; DEBOR, J.: Bibliographie des historischen Schrifttums im Obstbau. 1. Deutschsprachige Veröffentlichungen. – Berlin[West]: Univ.-Bibliothek TU, 1975. – 102 S. (Bibliograph. Reihe TU; 5)

DOCHNAHL, F. J.: Bibliotheca hortensis. – Nürnberg: W. Schmid, 1861. – 240 S. [Dt. Gartenbücher von 1750–1860]

MÜNCHHAUSEN, O. von: Der Hausvater. – Teil 2. – Hannover : Förster u. Sohn, 1766. – 980 S.

Literatur zu den Namen der Obstarten

CHAUVET, M.: Les petits fruits leurs noms, leurs usages. – Arboricult. fru-itière. – Paris 28(1981)329/330. – S. 45–53

ENCKE, F., BUCHHEIM, G., SEYBOLD, S.: ZANDER, Handwörterbuch der Pflan-zennamen. – 12. Aufl. – Berlin : Dt. Landwirtschaftsverl., 1981. – 884 S.

GRIMM, J.; GRIMM, W.: Deutsches Wörterbuch. – 16 Bände. – Leipzig : Hirzel, 1854–1914

KEIPERT, K.: Beerenobst. Angebaute Arten und Wildfrüchte. – Stuttgart: Ulmer, 1981. – 349 S.

MARZELL, H.: Wörterbuch der deutschen Pflanzennamen. – 4 Bände. – Leipzig : Stuttgart : Hirzel, 1963–1979

MATHIEU, C.: Nomenclator Pomologicus. Verzeichnis der im Handel und in Kultur befindlichen Obst-Arten … – Berlin : Parey, 1889. – 538 S.

Plant and plant products. – Vol. 1. – [Rome]: Food and Agricult. Organisa-tion … – 1983. – 328 S. – (FAO terminology bulletin ; 25,1)

PODBIELKOWSKI, Z.: Słownik roślin użytkowych. – Wydanie. – Warszawa : Państw. Wyd. rolnicze i leśne, 1966. – 487 S.

POENICKE, W.: Verzeichnis der wichtigsten Obstsorten Mitteleuropas und Nordamerikas … – Stuttgart : Eckstein u. Stähle, [1933]. – 124 S.

PRISZTER, SZ.: Arbores fruticesque Europae : vocabularium octo linguis re-dactum. – Budapest : Akad. Kiadó, 1983. – 298 S.

Slovar' poleznykh rastenijj na dvadcati evropejjskikh jazykakh / Red.: BA-LASHEV, L. L. – Moskva : Nauka, 1980. – 365 S.

Literatur, die mehrere Obstarten betrifft

Amann, G.: Bäume und Sträucher des Waldes : Taschenbildbuch. – Melsungen : Neumann-Neudamm, 1954. – 231 S.

Atlas of distribution of trees and shrubs in Poland. – Part 2(1963) – 31/32(1981). – Warszawa ; Poznań : Państwowe Wyd. Naukowe, 1963–1981

Bakhteev, F.KH.: Vazhnejjshie plodovye rastenija. – Moskva : Prosveshhenie, 1970. – 349 S.

Burmistrov, A. D.: Jagodnye kuľtury. – Moskva : Kolos, 1972. – 383 S.

Chakhnovskijj, A. A. et al: Chernoplodnaja rjabina, oblepikha i drugie perspektivnye plodovo-jagodnye rastenija. – Minsk : Urozhajj, 1976. – 80 S.

Christ, J. C.: Handbuch über die Obstbaumzucht und Obstlehre. – Frankfurt/M. : Hermannsche Buchhandlg., 1797. – 900 S.

Christ, J. C.: Pomologisch-theoretisch-praktisches Handwörterbuch ... – Leipzig : Voß u. Co., 1802. – 431 S.

Dassler, E.: Warenkunde für den Fruchthandel ... – 3. Aufl. – Berlin[West]; Hamburg : Parey, 1969. – 424 S.

De Candolle, A.: Der Ursprung der Kulturpflanzen. – Leipzig : Brockhaus, 1884. – 590 S.

Fischer-Benzon, R. v.: Altdeutsche Gartenflora. Untersuchungen über die Nutzpflanzen des deutschen Mittelalters, ihre Wanderung und ihre Vorgeschichte im klassischen Altertum. – Kiel ; Leipzig : Lipsius u. Tischer, 1894. – 254 S.

Franke, G.: Nutzpflanzen der Tropen und Subtropen. – Band 3. – 3. Aufl. – Leipzig : Hirzel, 1981. – 398 S.

Frauenstein, K.: Krankheiten und Schädlinge des Schalenobstes. – In: Phytopathologie und Pflanzenschutz / Hrsg. M. Klinkowski ... – Band 3. – 2. Aufl. – Berlin : Akademie-Verl., 1976. – 914 S.

Goethe, R.: Das Strauch- und Schalenobst / Hrsg. E. Junge. – Wiesbaden : Bechtold u. Co., 1920. – 48 S.

Günther, H.: Schöne Blütengehölze. – 2. Aufl. – Berlin : Dt. Landwirtschaftsverl., 1981. – 355 S.

Hegi, G.: Illustrierte Flora von Mitteleuropa. – 1. Aufl. – München : Lehmann, 1909–1931 (7 Bände); 2. Aufl. – München : Hanser, 1935 ff.; 3. Aufl. – Berlin[West]: Parey, 1977 ff. [Einzelbd. jew. in Teil-Bd. u. Lfg.]

Hehn, V.: Kulturpflanzen und Haustiere in ihrem Übergang aus Asien nach Griechenland und Italien sowie das übrige Europa. – 7. Aufl. / Hrsg. Schrader, O. – Berlin : Gebr. Borntraeger, 1902. – 651 S.

Heinze, K.: Leitfaden der Schädlingsbekämpfung. – Band 2. Schädlinge und Krankheiten im Obst- und Weinbau. – 4. Aufl. – Stuttgart : Wiss. Verl.-Ges., 1978. – 606 S.

Hladik, F. et al.: Meruňky, broske, mandle, ořechy vlašské a liskové. – Praha : Státni zemědělské Naklad., 1966. – 320 S. (Mala Pomologie ; 4)

Janson, A.: Großobstbau. – 2. Aufl. – Berlin : Parey, 1920. – 410 S.

Janson, A.: Kern-, Stein- und Schalenobst. – Nordhausen : Killinger Verl.-Ges., 1936. – 665 S.

Katalog rajjonirovannikh sortov plodovykh jagodnykh, kuľtur i vinograda. – Moskva : Kolos, 1975. – 296 S.

KEIPERT, K.: Beerenobst. Angebaute Arten und Wildfrüchte. – Stuttgart : Ulmer, 1981. – 349 S.

KOCH, K.: Die deutschen Obstgehölze. Geschichte und Naturgeschichte ... – Stuttgart : Enke, 1876. – 628 S.

KRÜSSMANN, G.: Handbuch der Laubgehölze. – 3 Bände. – 2. Aufl. – Berlin[West] : Parey, 1976–1978

LAUCHE, W.: Handbuch des Obstbaues. – Berlin : Parey, 1882. – 320 S.

Lebensmittel-Lexikon. – 2. Aufl. – Leipzig : Fachbuchverl., 1981. – 961 S.

LENZ, H.: Botanik der alten Griechen und Römer : deutsch in Auszügen aus deren Schriften nebst Anmerkungen. – Gotha : Thienemann, 1859. – 776 S.

MAGERSTEDT, A. F.: Die Obstbaumzucht der Römer. – Sondershausen : Eupel, 1861. – 290 S.

MARKGRAF, K.; ALBRECHT, H.–J.: Ziergehölze gesund erhalten. – 2. Aufl. – Berlin : Dt. Landwirtschaftsverl., 1982. – 135 S.

MAURIZIO, A.; GRAFL, I.: Das Trachtpflanzenbuch : Nektar und Pollen. – München : Ehrenwirth, 1969. – 288 S. (Imker-Freund-Bücher ; 4)

MICHEV, B. et al.: Divite plodove, khrana i lechebno sredstvo. – Sofija : Zemiizdat, 1973. – 335 S.

MITSCHURIN, I. W.: Ausgewählte Schriften. – Berlin : Kultur u. Fortschritt, 1953. – 717 S.

NATHO, G.: Obstpflanzen. – In: Früchte der Erde. – 3. Aufl. – Leipzig : Urania, 1979. – S. 157–167

PRITSCH, G. ; ALBRECHT, H.-J.: Bienenweidegehölze. – Dresden : VEG Saatzucht Baumschulen, [1983]. – 70 S.

REHM, S. ; ESPIG, G.: Die Kulturpflanzen der Tropen und Subtropen : Anbau ... – Stuttgart : Ulmer, 1976. – 496. S

REINHARDT, L.: Die Erde und die Kultur. Kulturgeschichte der Nutzpflanzen. – Band 4. – München : Reinhardt, 1911. – 738 S.

SCHIMANSKI, H.-H.: Virusdiagnose und Virusidentifizierung bei Ziergehölzen. – Archiv Gartenbau. – Berlin 30(1982)2. – S. 109–118

SHAPIRO, D. K.: Celebnye kul'tury – perspektivnoe napravlenie v sadovodstvo. – Minsk : Nauka i Tekhnika, 1978. – 64 S.

SHAPIRO, D. K.: Novye plodovye kul'tury v BSSR. – Minsk : Nauka i Tekhnika, 1980. – 128 S.

SIROTA, S. I.: Priusadebnye rastenija. – Khar'kov : Prapor, 1982. – 159 S.

Sorta plodovykh i jagodnykh kul'tur. – Moskva : Gosud. Izdat. Sel'skokhoz. Lit., 1953. – 1008 S.

SPÄTH, L.: Späth-Buch 1720–1930. – Berlin-Baumschulenweg : Späth, 1930. – 656 S.

STRITZKE, S.: Seltene Obstarten im Garten. – 4. Aufl. – Berlin : Dt. Landwirtschaftsverl., 1983. – 95 S.

TURCEK, F. J.: Ökologische Beziehungen der Vögel und Gehölze. – Bratislava : Verl. Slowak. Akad. Wiss., 1961. – 329 S.

VITKOVSKIJ, V. L. et al.: O perspektivakh vozdelivanija klukvy, golubki, kizila i drugikh malorasprostranennykh kul'tur. – Trudy prikl. botanike, genetike i selekcii. – Leningrad 46(1972)2. – S. 225–242

WALKER, W.: Die Obstlehre der Griechen und Römer : Nach Quellen frei bearbeitet. – Reutlingen : Mäckens, 1845. – 357 S.
WÜSTENFELD, W.: Wildfrüchtekartei. – Melsungen : Neumann–Neudamm, 1982. – 48 S.
ZHUKOVSKIJJ, P.M.: Kuľturnye rastenija i ikh sorodichi. – Izd. vtoroe. – Leningrad : Kolos, 1964. – 790 S.

Literatur, die eine bestimmte Obstart betrifft

Apfelbeere (Aronia)

ANDRIENKO, M. V.: Biologicheskie i agrotekhnicheskie osobennosti vyrashhivanija aronii chernoplodnojj v uslovijakh lesostepi Ukrainskojj SSR. – Kiev : Diss., 1977. – 178 S. : 23 Abb., 34 Tab., 22 Lit.
BRUKHANOV, K. K.: Chernoplodnaja rjabina. – In: Rekommendacii Minist. Seľskochoz. SSSR po vnedreniju dostizhenii nauki i peredovogo opyta proizvodstva. – Moskva (1980)8. – S.24–29
CHORNOZUBENKO, N. K.: Vlijanie sposobov pererabotki aronii chernoplodnojj na vkusovye kachestva poluchennykh iz nejo produktov. – Sadovnictvo. – Kiiv (1981) 29. – S. 82–84 [ukrain.]
GATIN, ZH. I.: Chernoplodnaja rjabina. – Moskva : Gosud. Izdat. seľskokhoz. Lit., 1955. – 27 S.
IVANOV, V. ; BORCHEVA, N.: Chernoplodnaja rjabina (Aronija). – Ovoshharstvo. – Sofija 60(1981)5. – S.29–33
JUDIKAJJTE, S.: Izmenenie soderzhanija vitaminov C, P, karotina i sakhara v plodakh chernoplodnojj aronii (Aronia melanocarpa [Mchx.] Ell.) pri khranenii. – In: Botan. sady Pribaltiki. – Riga : Zinatne, 1971. – S.357–362
KOCH, H.-J. ; LEHMANN, H. ; SCHNEIDER, L.: Möglichkeiten des Anbaues und der Verwertung der Apfelbeere. – Gartenbau. – Berlin 29(1982)5. – S.148–150
KUZNECOV, A. A.: Vosstanovlenie produktivnosti rjabiny chernoplodnojj posle surovojj zimy. – Sadovodstvo. – Moskva (1984)2. – S.16–17
LATUSHKIN, V. A. ; IVANOV, S. V. ; MYSKIN M. M.: Tekhnologija vyrashhivanija rjabiny chernoplodnaja. – Sadovodstvo. – Moskva (1984)1. – S.23–324
MJATKOVSKIJJ, O. N. ; TELJUKOV L. T.: Chernoplodnaja rjabina. – Sadovodstvo. – Moskva (1966)10. – S.20–21
OEŠHEVSKAJA, G.M.: Vlijanie omolazhivajushhejj obrezki i preparata tur na rost i urozhajjnosť chernoplodnojj rjabiny. – Zap. Leningradskogo seľskokhoz. Inst. – Leningrad-Pushkin (1978)347. – S.93–97
SHCHUKINA, V. F.: Urozhajjnosť i sroki sozrevanija chernoplodnojj rjabiny v zavisimosti ot ehkologicheskikh faktorov. – Bjull. Vses. Inst. Rast. im. N.I.Vavilova. – Leningrad (1972)25. – S.64–69
SHLAPNIKOVA, A. S.: Izmenenie kachestva sokov kryzhovnika pri ikh kupazhirovanii sokom chernoplodnojj rjabiny i v processe khranenija. – Dokl. Timirjaz. seľskokhoz. Akad. – Moskva (1973)195. – S.201–204
SKVORCOV, A.K. ; MAJJTULINA, Ju.K. ; GORBUNOV, Ju.N.: O meste, vremeni i vozmozhnom mekhanizme vozniknovenija kuľturnojj chernoplodnojj aro-

303

nii. – Bjull. Mosk. obshhestva Ispytat. prirody, Otdel. Biol. 88(1983)3. – S. 88–96 : 43 Lit.

TETEREV, F. K.: Aronija chernoplodnaja (eshhoraz o chernoplodnojj rjabine). – Sadovodstvo – Moskva (1974)10. – S. 28–29

Chinesische Aktinidie (einschließlich Kiwi)

BAUCKMANN, M.: Der Kiwischnitt. – Gartenpraxis 11(1982). – S. 24–26

BAUCKMANN, M.: Erfahrungen mit mehrjährigem Kiwianbau. – Obstbau. – Stuttgart 2(1977). – S. 271–274

BLIGHT, H.C.: The climatic requirements for the successful cultivation of kiwifruit *(Actinidia chinensis)*. – Citrus and subtrop. Fruit J. – Johannesburg : 1981. – S. 6–7

BOROVIKOV, G. A.: Aktinidija v Podmosko've. – Sadovodstvo. – Moskva (1979)8. – S. 14–15

BROKAW, W. H. ; BOULDER, C.: Kiwifruit production. – Internat. Plant Propagators' Soc. 30(1981). – S. 48–54

BROOK, L.: Growing 'kiwis' in California (Kiwifruit). – The Orchardist of New Zealand – Wellington 53(1980). – S. 252–253

CAMPONOGARA, F.: Analisi delle esperienze italiane sulla coltivacione della «*Actinidia chinensis* PLANCH.». – Consulta per l'agricolt. e le foreste. Agricolt. delle Venezie 33(1979). – S. 249–256

CAPUCCI, A.: Il Kiwi *(Actinidia chinensis)*: caratteristiche botaniche e tecnica colturale. – Agricolt. Ferrar. 80(1975)12. – S. 182–185

Conseils pratiques sur la culture du kiwifruit, après dix ans d'expertimentation en domaine de Ribebon en Gironde. – Arboricult. Fruit. – Paris 24(1977)283. – S. 48–57

FERGUSON, A. M. ; STRATTON, A. E.: Insect control on kiwifruit. – In: Proc. New Zealand Weed an Pest Control Conference. – New Zealand Weed and Pest Control Soc., Palmerston North. – 1978. – S. 135–139

GOGOLASHVILI, L. A.: Aktinidija kitajjskaja v Abkhazii. – Sadovodstvo. – Moskva (1978)10. – S. 25

GÜNTHER, H.: Klettergehölze. – 5. Aufl. – Berlin : Dt. Landwirtschaftsverl., 1983. – 87 S.

HEWETT, E. W. ; YOUNG, K.: Critical freeze damage temperatures of flower buds of kiwifruit *(Actinidia chinensis* PLANCH.). – New Zealand J. Agricult. Res. – Wellington 24(1981). – S. 73–75

LAWES, G. S. ; SIM, B. L.: Kiwifruit propagation from root cuttings *(Actinidia chinensis)*. – New Zealand J. Exper. Agricult. – Wellington 8(1980). – S. 273–275

MARLETTO, F.: Importanza dell'attivta impollinatrice dell'ape nella fruttificazione di *Actinidia chinensis* PLANCH. – L'Apicolt. moderno. – Torino 71(1980). – S. 81–85

MAURER, K.–J.: *Actinidia*, deren Arten, Sorten und Anbaupraxis. – Mitt. Rebe u. Wein, Obstbau u. Früchteverwertung. – Klosterneuburg 21(1971)5. – S. 398 – 403

MAURER, K.-J.: Weitere Untersuchungen mit *Actinidia chinensis* PLANCH. = Kiwi. – Mitt. Rebe u. Wein, Obstbau u. Früchteverwertung. – Klosterneuburg 22(1972)3. – S. 217–220

MÜLLER, W. ; MEYER, J.: Kiwi - eine neue Frucht für die Schweiz. - Schweizer. Z. Obst- und Weinbau. - Wädenswil 14(1978). - S.637-642

PIPER, B. M.: System of pruning Chinese gooseberries. - New Zealand J. Agricult. - Wellington 100(1960). - S.348-355

Proceedings of kiwi-fruit. - Tauranga : Ministry of Agricult. and Fisheries. - 1977. - 66 S.

Quick Bibliographie Series Kiwi Fruit. - U. S. Dep. of Agricult. Nat. Agricult. Library. - Beltsville, Md. 1983. [225 Lit.]

SCHMID, R.: Kiwi. - Naturwiss. Rundschau. - Stuttgart 35(1982)6. - S.253

SIM, B.L. ; LAWES, G.S.: Propagation of kiwifruit from stem cuttings. - Gartenbauwissenschaft. - München 46(1981)2. - S.65-68

STANDARDI, A.: Micropropagazione dell'*Actinidia chinensis* PL. mediante coltura «in vitro» die apici meristematici. - Frutticoltura. - Bologna 43(1981). - S.23-27

TRIPATHI, B. K. ; SAUSSAY R.: Sur la multiplication végétative dell *actinidia chinensis* PLANCHON «Chinese gooseberry» par culture de racines issues de filets staminaux. - Comptes Rendues Hebdomadaires Séances Acad. Sci., Ser. D: Sci. Nat. - Paris 291(1980)13. - S. 1067-1069

WEET, C.: Kiwifruit industry gears up for marketin rush in 1980 s. - Avocado grower. - Vista, Calif. 4(1980). - S. 60-63

WEET, C.: Kiwifruit mold (caused by *Botrytis cinerea*) confronts industry. - Avocado grower. - Vista, Calif. 3(1979). - S. 44-45

WUCHERPRENNIG, K. ; OTTO ; RINDER: Zur Kenntnis der aus Kiwi *(Actinidia chinensis)* herzustellenden Getränke. - In: Jahresber. Forsch.-Anstalt f. Weinbau, Gartenbau ... - Geisenheim/Rh. (1982). - S. 56-57

YOUSSEF, J. ; BERGAMINI, A.: L'Actinidia (Kiwi-Yang-Tao) e la sua coltivazione. - Frutticultora. - Bologna 41(1979). - S. 13-37

ZUCCHERELLI, G.: Prove di propagazione per innesto deld'*Actinidia chinensis*. - Frutticoltura. - Bologna 41(1979). - S.39-43

Edel-Eberesche

BECKER, : Mährische eßbare Eberesche. - Dt. Obstbauzeitung, - Eisenach 64(1918)11. - S.171-172

BISSMANN, O.: Die eßbare Eberesche. - Dt. Obstbauzeitung. - Eisenach 64(1918)11. - S.173-174

BLAHA, J.: Inhaltsstoffe von *Sorbus aucuparia edulis* DIECK. - Mitt. Klosterneuburg. - Wien 29(1979). - S.10-11

Inhaltsstoffe in Ebereschen. - In: Jahresber. Fachhochschule Weihenstephan. - Freising (1982). - S.91-92

KORYSTIN, C. N.: Sladkoplodnaja rjabina. - Bjull. glavnogo Bot. sada. - Moskva (1963)50. - S.97-99

KRAUS, A. ; WESTERMEIER, R. ; SCHMIDT, K.: Inhaltsstoffe in Ebereschen ... - In: Jahresber. Fachhochschule Weihenstephan. - Freising (1980). - S.136-137

KRÜMMEL, H.; GROH, W. ; FRIEDRICH. G.: Die Edel-Ebereschen. - In: Deutsche Obstsorten. Lieferung 10 - Berlin: Dt.Bauernverl., 1956

KUR'JANOV, M. A.: Biologicheskaja sovmestimosť i urozhajjnosť rjabin zavisimosti ot vida podvoev. - In: Sbornik Dokl. pervojj vses. Konfer. molodykh uchennykh po sadovodstvu. Tom 1. – Michurinsk : 1971. – S. 192–195

KUR'JANOV, M. A.: Osobennosti agrotekhniki rjabiny. – Sadovodstvo. – Moskva (1983)12. – S. 15–16

MÜLLER, H. ; STRITZKE, S. ; TREUTLER, I. et al.: Die Edel-Eberesche. Ein neues Obstgehölz. – Berlin : Dt. Bauernverl., 1956. – 67 S.

PETROV, E. M.: Rjabina. – Moskva : Gosud. Izd. sel'skokhoz. Lit., 1957. – 150 S.

PETROVA, I. P.: Narodokhozjajjstvennoe znachenie i perspektivy ispol'zovanija vidov Sorbus L., indrocirovannykh v Glavnom botanicheskom sadu AN SSSR. – In: Issledovanie drevesnykh rastenijj pri indrodukcii. – Moskva : Nauka, 1982. – S. 164–172

SCHMIDT, K.: Enzymatische Analyse von Inhaltsstoffen in Hauszwetschgen und Ebereschen. – In: Jahresber. Fachhochschule Weihenstephan. – Freising (1975). S. 44–46

SCHMIDT, K. ; KRAUS, A.: Inhaltsstoffe in Ebereschen. – In: Jahresber. Fachhochschule Weihenstephan. – Freising (1979). – S. 126–127

TREUTLER, I.: Wer kennt die Ebereschen- oder Apfelmotte und ihren Schaden? – Obstbaubrief. – Wurzen (1953)6. – 2 S.

Edel-Kastanie

DEBOR, H. W.: Bibliographie der Internationalen Literatur über die Edel-Kastanie (Castanea sp.). – Berlin[West] : Univ.-Bibliothek TU, Abt. Publikat., 1977. – 36 S. – (Aktuelle Lit.-Informat. Obstbau; 56)

GERRITSEN, C. J.: De tamme kastanje een fruitgewas? – Meded. Directie Tuinbouw. – s' Gravenhage 21(1958). – S. 90–93

HARDY, M. B.: The propagation of Chinese chestnuts. – Proc. 40th Ann. Meet. North Nut Growers Assoc. 1949(1950). – S. 121–130

MAURER, K.-J.: Schalenobst-Anbau. Walnuß – Haseln – Edelkastanie – Mandel. – Stuttgart : Ulmer, 1968. – 102 S. – (Grundl. u. Fortschritte Garten- u. Weinbau ; 112)

McGREGOR, S. E.: Chestnut – Castanea spp., family Fagaceae. – U. S. Dep. Agric. Res. Serv., Agric. Handb. (1976)496. – S. 143–145

VENOT, P.: A la recherche d'un porte-greffe du chataignier. – Rev. Horticole. – Paris 119(1947). – S. 366 – 369

Feige

CONDIT, I. J.; ENDERUD, J.: A bibliography of the fig. – Berkeley, Calif., 1956. – 663 S. – (Hilgardia ; 25)

CONDIT, I. J.: California fig varieties : history and identity. – Proc. 8th ann. Res. Conference Calif. Fig Inst. – 1954(1955). – S. 4–8

DEBOR, H. W.; GROSSE, B.: Bibliographie der Internationalen Literatur über die Feige (Ficus sp.).– Berlin[West] : Univ.-Bibliothek TU, 1977. – 40 S. – (Aktuelle Lit.-Informat, Obstbau ; 59)

FRÖHLICH, G.: Bekämpfung von Krankheitserregern und Schädlingen bei Feige. – In: FRANKE, G.: Nutzpflanzen der Tropen und Subtropen. – Band 2. – Leipzig : Hirzel, 1981. – S. 249–257

Galil, J. ; Eisikowitch, D.: Flowering cycles and fruit types of Ficus sycomorus in Israel. – New Phytologist. – Oxford. – 67(1968). – S. 745–758

Hirai, J.: Anatomical, physiological and biochemical studies of the fig fruit. – Bull. of Univ. of Osaka Prefecture : Ser. B. – Osaka 18(1966). – S. 169–218. – (Ref.; Orig. jap.)

Inoue, H. ; Fuknaga, S.: Growth and fruiting of figs as related to the concentrations of nitrogen, phosphoric acid and potassium in sand culture. – Studies Inst. Horticult. Kyoto 8(1957). – (Ref.; Orig. jap.)

Rivals, P. ; Karapiyik, N.: Considérations sur les figuiers biféres et sur la production des figues-fleurs. – Agronomia lusitana. – Secavém/Port. 32(1970). – S. 173–182

Stenz, S.: Feigenbaum. – In: Franke, G.: Nutzpflanzen der Tropen und Subtropen. – Band 2. – Leipzig : Hirzel, 1981 – S. 249–257

Zohary, D. ; Spiegel-roy, P.: Beginnings of fruit growing in the Old World. – Science. – Washington 187(1975). – S. 319–327

Gold-Johannisbeere

Dzhangaliev, A. D. ; Kacejjko, A. N. ; Levina, M. L.: Sorta plodovykh i jagodnykh kuľtur kazakhstana. – Alma-Ata : Kajjnar, 1968. – 244 S.

Goldschmidt-Reichel, E.: Selbststerilität bei Ribes aureum. I. Pollinierung, Fruchtansatz und Samenzahl. – Z. Pflanzenzücht. – Berlin[West] 68(1972)3. – S. 225–252

Kuz'min, A. Ja.: Novye sorta vinograda i jagodnykh kuľtur. – Moskva : Kolos, 1968. – 174 S.

Seemüller, E.: Verticillium dahliae Kleb. als Ursache von Hypertrophie, Hyperplasie und anderen pathologischen Erscheinungen an Johannisbeerzweigen. – Mitt. Biol. Bundesanstalt Land- u. Forstwirtschaft. – Berlin-Dahlem (1972) 144. – S. 133–141 und 175–183

Japanische Scheinquitte

Burmistrov, A. D.: Ajjva japonskaja. – In: Jagodnye kuľtury. – Leningrad : Kolos, 1972. – S. 349–355

Jaropud, V. N.: Ajjva maulejj. – Sadovodstvo, – Moskva (1966)2. – S. 15

Koch, H.-J.: Schöne Blüten und duftende Früchte. – Garten und Kleintierzucht, Ausg. A. – Berlin 23(1984)5. – S. 10

Poensgen, H.: Bereitung von Quittenmus aus Cydonia japonica. – Dt. Obstbauzeitung. – Eisenach 66(1920)11. – S. 207

Rjabov, I. N.: Skreshhivanie jabloni kuľturnojj s ajjvojj japonskojj. – Bjull. Glavnogo Bot. Sada. – Moskva (1983)127. – S. 74–81

Tycs, A. Ja.: Cennosť nizkojj japonskojj ajjvy. – Sadovodstvo, – Moskva (1966)2. – S. 30–31

Zwintzscher, M.: Bericht über eine abweichende Fruchtform bei der Scheinquitte Chaenomeles japonica (Thunb.) Lindl. – Gartenbauwissenschaft. – München 21(1956)4. – S. 407–415

Kirsch-Pflaume

DARMER, G.: Der Gigas-Charakter von Kulturpflanzen und das Verhalten polyploider Wildformen. – Züchter. – Berlin[West] 21(1951)10 – S. 301–305

KRÜMMEL, H. ; GROH, W. ; FRIEDRICH, G.: Die Türkischen Pflaumen. – In: Deutsche Obstsorten. – Liefer. 10. – Berlin : Dt. Landwirtschaftsverl., 1958

MURAWSKI, H. ; BLASSE, W.: Untersuchungen an autotetraploiden Formen von *Prunus cerasifera* EHRH. I. Morphologische, pomologische und zytologische Untersuchungen. – Züchter. – Berlin[West] 24(1954)1. – S. 4–11

SCHMIDT, M.: Untersuchungen über den züchterischen Wert von Sämlingen der Kirschpflaume, *Prunus cerasifera* EHRH. – Gartenbauwissenschaft. – München 15(1941). – S. 247–311

SCHMIDT, M.: Kern- und Steinobst. – In: Handbuch der Pflanzenzüchtung – Bd. 5. – Berlin: Parey, 1939

Kornelkirsche

ALIEV, D. M.: Kizil. – Sadovodstvo. – Moskva (1977)10. – S. 33

DUDUKAL, G. D.; RUDENKO, I. S.: Kizil. Biologicheskie osnovy kul'tury. – Kishinev : Shtiinca, 1984.

Izuchenie sposobov razmnozhenija i vnedrenie v proizvodstvo novykh perspektivnykh form kizila. Otchjot. – SSSR : 1978. – 53 S. (Ref.)

JÄGER: Die Corneliuskirsche oder Herlitze als Fruchtbaum für kalte Gegenden. – Monatsschr. f. Pomologie u. prakt. Obstbau. – Stuttgart 10(1864). – S. 121

KOVALEVA, T. N.: Kul'tura kizila v SSSR. – Sadovodstvo. – Moskva (1950)1. – S. 31–33

LEONTJAK, G. P.: Kizil – cennoe lesnoe rastenie – Kishinev : Shtiinca, 1984. – 156 S.

NAROJAN, A. K.: Kharakteristika nekotorykh form kizila Armjanskojj SSR. – In: Izvestija Akademii Nauk Armj. SSR, biol. i sel'skochoz. Nauki. – 9(1956)6.

SIMIRENKO, N. P.: Kizil. – In: Pomologija. Tom 3. Kostochkovye porody. – Vtoroe izdanie. – Kiev: Urozhajj, 1973. – S. 327–329

SMYKOV, V. K. ; NOVIKOV, P. G.; STEPANOVA, A. F.; LACKO, T. A.: Zelenoe cherenkovanie kizila. – Sadovodstvo, Vinogradarstvo i Vinodelie Moldavii. – Kishinev (1984)7. – S. 62–63

STANKOVIĆ, D. ; SAVIC, ST.: Osobine plodova drena (*Cornus mas* L.) u Jugoslaviji. – Jugosl. Vocarstvo 8(1975)31/32. – S. 77–83 [serbokroat.]

Mahonie

BONSTEDT, C.: Pareys Blumengärtnerei. Band 1. – Berlin : Parey, 1931. – S. 619–620

KOCH, H.-J.: Wertvolle fruchttragende Gehölze : *Berberis* und *Mahonia*. – Garten u. Kleintierzucht, Ausg. A. – Berlin [im Druck]

SCHEERER, G.: Fruchttragende Hecken : Büsche und Bäume. – 5. Aufl. – Berlin[West] : Siebeneicher, 1980. – 136 S.

Mandel

BLAHA, J. ; LUZA, J. ; KALASÉK, J.: Boskvone, merunky, mandlone. – Praha : Academia, 1966. – 452 S.

DEBOR, H. W.: Bibliographie der Internationalen Literatur über die Mandel. – Berlin[West]: Univ.-Bibliothek TU, Abt. Publ., 1977. – 39 S. – (Aktuelle Lit.-Informat. Obstbau ; 64)

MAURER, K. J.: Die Krachmandel als fruchttragender und dekorativer Baum für Garten, Park und Landschaft. – Hess. Obst- u. Gartenbau. – Wiesbaden 23(1968). – S. 11–13

MAURER, K.-J.: Schalenobst-Anbau. Walnuß – Haseln – Edelkastanie – Mandel. – Stuttgart : Ulmer, 1968. – 102 S. – (Grundl. u. Fortschritte Garten- u. Weinbau ; 112)

SCHANDERL, H.: Blütenbiologische Untersuchungen an deutschen Mandelsorten. – Erwerbsobstbau. – Berlin[West] 2(1960). – S. 167–169

Mispel

BECKER, A.: Wer hilft der deutschen Mispel ? – Dt. Baumschule. – Aachen 34(1982)12. – S. 452–453

EVREINOFF, V. A.: Notizen über Ursprung, Biologie und Sorten der Mispel. – Dt. Baumschule. – Aachen 6(1954). – S. 260–265

GROVEN, I.: Sortforsog med kvaede og mispel. – Tidsskrift for planteavl. – Kobenhavn 74(1970)5. – S. 598–604

KOCH, H.-J.: Die Mispel, Bienennähr- und Obstgehölz. – Garten- u. Kleintierzucht, Ausg. A. – Berlin 23(1984)17. – S. 10–11

KREJCOVA, J.: Artifical infection of some fruits by fungi of the genus *Monilinia* Honey 1928. – Acta Univ. Agric. Fac. Agron., Brno 18(1970)4. – S. 657–663 [tschech.]

KRÜSSMANN, G.: Etwas über die Mispel, *Mespilus germanica*. – Dt. Baumschule. – Aachen 4(1952). – S. 43–45

MAKSIMOVA, G. V.: Mushmula germanskaja indrocirovannaja botanicheskim sadom AN UzSSR. – Introdukcija i akklimatizacija. – Tashkent (1980)17. – S. 3–8

RADZHABLI, A. D.: Sorta mushmuly Azerbajdzhana. – Sad i ogorod. – Moskva (1951)1. – S. 30–32

REICHART, CH.: Land- und Gartenschatz. Zweyter Theil. Von der Baumzucht ... – Erfurt : Nonne, 1753. – 218 S.

VENT, W.: Die Flora des Travertins von Burgtonna in Thüringen. – Quartärpaläontologie. – Berlin 3(1978). – S. 59–65

Moosbeeren und Preiselbeere

CHERKASOV, A. F. ; BUTKUS, V. F. ; GORBUNOV, A. B.: Kljukva. – Moskva : Lesnaja promyshlennost, 1981. – 213 S.

DEBOR, H. W. ; BARNICK, W.: Veröffentlichungen über die Gattung *Vaccinium*. – Berlin[West] : Univ.–Bibliothek TU, 1978. – 36 S. – (Aktuelle Lit.-Informat. Obstbau ; 78)

EATON, G. W.: Cranberry research at the University of British Columbia. – Cranberries 35(1970). – S. 6–7, 12–14

Eaton, G. W.: Effect of N, P, K and fertilizer applications on cranberry leaf nutrient composition, fruit color and yield in a nature bog. – J. Amer. Soc. Horticult. Sci. – Alexandria, Va. 96 (1971). – S. 430–433

Feller, C. R. ; Esselen, W. B.: Cranberries and cranberry products. – Massachusetts Agricult. Exper. Sta. Bull. (1955)481

Franklin, H. J. ; Stevens, N. E.: Weather and water as factors in cranberry production. – Massachusetts Agricult. Exper. Sta. Bull. (1946)433

Gladkova, L. I.: Vyrashhivanie golubiki i kljukvy / Minist. seľskogo Choz. SSSR, … – Moskva : 1974. – 61 S. – (Obzornaja informacija ; 815)

Haeckel, H.: Probleme bei der Überwinterung der Cranberry (Vaccinium macrocarpon Ait.). – München : Techn. Univ., Diss., 1974

Haeckel, H.: Ein Klimavergleich zwischen den amerikanischen und den potentiellen deutschen Anbaugebieten für Cranberry (Vaccinium macrocarpon Ait.). – Erwerbsobstbau. – Berlin[West] 17(1975)3. – S. 42–45

Krüger, W.: Mineralstoffbedarf von Preiselbeeren (Vaccinium vitis-idaea L. 'Koralle') und Stickstoffversorgung von Kulturheidelbeeren … – Hannover : Univ., Diss., 1983. – 185 S. : 164 Lit.

Krüger, W. ; Naumann, W. D.: Ernährung von Kultur-Preiselbeeren (Vaccinium vitis-idaea). – In: Tätigkeitsber. Inst. Obstbau u. Baumschule Univ., Hannover 1980/81

Kudinov, M. A. ; Sharkovskij, E. K.: Osvoenie kuľtury krupnoplodnojj kljukvy v Belorussii. – Minsk : Nauka i tekhnika, 1973. – 78 S.

Liebster, G.: Cranberry – Die Kulturpreiselbeere. – München : 1972. 217 S.: 524 Lit.

Liebster, G.: Der Anbau der Waldpreiselbeere (Vaccinium vitis-idaea L.) auf Kulturland … – Erwerbsobstbau. – Berlin[West] 17(1975)H. 3, S. 39–42 u. H. 4, S. 58–61

Liebster, G.: Zweites Symposium «Vaccinium-Kultur in Europa». – Erwerbsobstbau. – Berlin[West] 18(1976)12. – S. 186–187

Matzner, F.: Fruchtmerkmale und Inhaltsstoffe der Kulturpreiselbeeren (Vaccinium macrocarpon AIT.). – Erwerbsobstbau. – Berlin[West] 13(1971a)7. – S. 120–123

Matzner, F.: Über einige Gütemerkmale und Inhaltsstoffe der Kulturpreiselbeeren (Vaccinium macrocarpon AIT.), Moosbeeren (V. oxycoccus L.) und Preiselbeeren (V. vitis-idaea L.). – Industrielle Obst- u. Gemüseverwert. – Braunschweig 56(1971b)2. – S. 27–32

Müller, A.: Preiselbeere – Botanische Eigenschaften, Verbreitung und Standortbedingungen im Hinblick auf einen feldmäßigen Anbau. – Erwerbsobstbau. – Berlin[West] 24(1982)6. – S. 155–158

Norton, J. S. ; Soule, H. M.: Cultural practices and mechanization of cranberry and wild blueberry. – Techn. seminar in implications for mechanization for fruit and vegetable harvesting. III. – Chicago, 1968

Teär, J.: Vegetativ och fruktifikativ utveckling hos vildväxande och odlage lingon. – Alnarp : Lantbrukshögskolans, Diss., 1972. – 107 S.

Rosen

APALJA, DZ. K.: Metod vyrashhivanija shipovnika morshhinistogo v polu-
naturalnykh polidominantnykh ehkosistemakh i ikh samoregulja-
cija. – Liet. TSR Mokslu Akad. darbei, Trudy Akad. Nauk Lit. SSR, Ser.
C (1980) Nr. 1/89. –

BOERNER, F.: Die Gattung *Rosa* L. – In: Pareys Illustr. Gartenbaulexikon. –
Berlin[West]: Parey, 1956

ERNST, E. ; STRITZKE, S.: Die Rose – ein wertvoller Fruchtlieferant. –
Dt. Gartenbau. – Berlin 5(1958). – S. 243–245

HAENCHEN, E. ; HAENCHEN, F.: Das neue Rosenbuch. – Berlin: Dt. Landwirtschaftsverl., 1980. – 232 S.

Izyskanie bolee effektivnykh gerbicidov i ustanovlenie ikh doz dlja bor'by s
sornojj rastiteľnosťju na plodonosjashhikh plantacijakh shipovnika :
Otchjot. – SSSR : 1980. – 31 S. (Ref.)

MARK, G.: Die Rose – Berlin : Dt. Landwirtschaftsverl., 1962 – 366 S.

MISJALJUNENE, I. S. ; ZHARUKAS, G. K. ; GRINKEVICH, Ja. E.: Rasprostranenie
shipovnikovojj mukhi v Litovskojj SSR i dejjstvie na nee entobakterina-3,
bitoksibacillina i boverina. – Trudy Akad. Nauk Lit. SSR, Ser. V. – Viľn-
jus (1979)3. – S. 43–48

REHDER, A.: Manual of cultivated trees and shrubs. – New York : 1951

RYGG, T.: Undersoekelser over hypeflue, *Rhagoletis alternata* FALL. (Diptera.
Trypetidae). – Forskn. og Forsoek i Landbruket. – Aas 30(1979)3. –
S. 269–277

SAAKOV, S. G.: Wild- und Gartenrosen. – Berlin : Dt. Landwirtschaftsverl.,
1976. – 432 S.

STRELEC, V. D.: Osobennosti vozdelyvanija sortovogo shipovnika. – Lesnoe
Chozjajjstvo. – Moskva (1982)6. – S. 38–40

STRITZKE, S.: Die Hagebutte. – Berlin : Dt. Landwirtschaftsverl., 1962. –
49 S.

Sanddorn

ALBRECHT, H.-J. ; KOCH, H.-J.: Anbau von Sanddorn zur Fruchtgewinnung
für die obstverarbeitende Industrie. – Gartenbau. – Berlin 28(1981)6. –
S. 175–176

ALBRECHT, H.-J.: Zum Stand und zu den Möglichkeiten des Anbaues und
der Nutzung von Sanddorn (*Hippophae rhamnoides* L.). – In: Beitr. Ge-
hölzkunde 1981. – Berlin : Kulturbund DDR, 1982. – S. 13–21

ALBRECHT, H.-J. ; GERBER, J. ; KOCH, H.-J.: Erfahrungen beim Anbau von
Sanddorn. – Gartenbau. – Berlin 31(1984)8. – S. 242–244

AVDEEV, V. I.: Razmnozhenie oblepikhi krushinovojj zelenymi cherenkami
v uslovijakh Moskovskojj oblasti. – SSSR : Diss., 1976. – 175 S. :
14 Abb., 24 Tab., 345 Lit. (Ref.)

BESSCHETNOV, V. P. Oblepikha. – Alma-Ata : Kajjnar, 1980. – 80 S.

Biologija, khimija i farmakologija oblepikhi. – Novosibirsk : Nauka,
1983. – 123 S.

BORODACHEV, M. N.: Uborka urozhaja oblepikhi pri intensivnojj kuľture. –
Dokl. Timirjaz. seľskochoz. Akad. – Moskva (1980) 261. – S. 23–28

BORÓDACHEV, M. N.: Izmenchivosť priznakov oblepikhi i ikh selekcionnaja ocenka pri otbore perspektivnykh form dlja proizvodstva – SSSR : Diss., 1981. – 193 S.: 45 Abb., 78 Lit. (Ref.)

BUKSHTYNOV, A. D.: Bioehkologicheskie osnovy razvedenija oblepikhi. – Vestnik seľskokhoz. nauki. – Moskva (1977)4. – S. 59–67

BUKSHTYNOV, A. D. ; TROFIMOV, T. T. ; ERMAKOV, B. S. et al.: Oblepikha. – Moskva : Izdat. Lesnaja promyshl., 1978. – 191 S.

CAR'KOVA, T. F. ; TRUSHECHKIN, V. G. ; IGOSHINA, V. G.: Osobennosti rosta, razvitija i plodonoshenija altajjskikh sortov oblepikhi v uslovijakh Moskovskojj oblasti. – Dokl. VASCHNIL. – Moskva (1982)9. – S. 17–19

DARMER, G.: Der Sanddorn als Wild- und Kulturpflanze. Eine Einführung ... – Leipzig : Hirzel, 1952. – 82 S.

DEBOR, H. W. ; BARNICK, W.: Veröffentlichungen über den Sanddorn (Hippophae rhamnoides). – Berlin[West]: Univ.-Bibliothek TU, 1978. – 18 S. (Aktuelle Lit.-Informat. Obstbau ; 79)

DROZDOVSKIJJ, Eh. M. ; EREMENKO, I. A.: K izucheniju prichin usykhanija oblepikhi v kuľture. – Dokl. VASCHNIL. – Moskva (1982)1. – S. 22–23

EICHHOLZ, W.: Die generative Vermehrung des Sanddorns. – Dt. Baumschule. – Aachen 9(1957)1. – S. 1–7

ELISEEV, I. P.: Osobennosti selekcii oblepikhi v nechernozemnojj zone. – In: Plodovye i jagodnye kuľtury. Sbornik. – Gor'kijj: Trudy seľskochoz. Inst. (1979)136. – S. 3–36

EVTUSHENKO, A. F.: Oblepikha kak vysokocennaja vitaminnaja kuľtura. – Moskva : Diss., 1950 (Ref.)

FAUSTOV, V. V.: Osobennosti cvetenija i plodoobrazovanija oblepikhi krushinovojj. – Izvest. Timirjaz. seľskochoz. Akad. – Moskva (1975)3. – S. 137–146

FEDOROV, I. I.: Razmnozhenie oblepikhi zelenymi cherenkami v uslovijakh BASSR. – SSSR : Diss., 1975. – 154 S. (Ref.)

GAKOV, M. A.: Perspektivy razvitija oblepikhi v Tuvinskojj ASSR. – Lesnoe Choz. – Moskva (1980)2. – S. 51–52

GATIN, ZH. I.: Oblepikha. – Moskva : Izdat. seľskochoz. Lit., Zhurnalov i plakatov, 1963. – 159 S.

JAKOVLEV–SIBIRJAK, I. I.: Oblepikha i lokh. – Izd. treťe. – Moskva : Seľchozgiz, 1954. – 35 S.

KIRTBAJA, E. K.: Cennye formy oblepikhi. – Sadovodstvo. – Moskva (1982)5. – S. 28–30

KOCH, H.-J. ; WEICHBRODT, S.: Reichtragende dornige Sträucher. – Garten u. Kleintierzucht, Ausg. A. – Berlin 22(1983)12. – S. 8

KOCH, H.-J.: Sanddornanbau in der DDR. – Informat. industriemäß. Obstproduktion. – Berlin 7(1982)4. – S. 17–19

KOCH, H.-J.: Sanddornanbau in der Mongolischen Volksrepublik. – Gartenbau. – Berlin 31(1984)4. – Umschl. – S. 3/4

KOCH, H.-J.: Schriftl. Mitt. über Sanddornsorten. – Werder : 1984–07–06

KONDRASHOV, V. T.: Sravniteľnaja izuchenie geograficheskikh ras oblepikhi v svjazi s selekciejj. – Vestnik seľskochoz. nauki. – Moskva (1980)11. – S. 65–72 : 56 Lit.

KOVALEV, S. N.: Novye formy oblepikhi. – Sadovodstvo. – Moskva (1973)8. – S. 30

LAAGAN, B.: Kul'tura oblepikhi v Mongolii. – SSSR : Diss., 1976. – 129 S. : 26 Tab., 62 Lit. (Ref.)

MAJACKIJJ, I. N. ; ANIKEEV, E. A.: Sortovaja oblepikha v Moldavii. – Sadovodstvo, vinogradarstvo i vinodelie Moldavii. – Kishinev (1983)10. – S. 58–59

MATAFONOV, I. I.: Oblepikha (Vlijanie na organizm zhivotnogo). – Novosibirsk : Nauka, 1983. – 163 S.

Oblepikha. Bibliograficheskijj ukazatel' literatury za 1773–1979 gg. – Gor'kijj : Gor'k. golovnojj sel'skokhoz. Inst., 1981. – 118 S. : 1456 Lit.

PLEKHANOVA, M. N. ; SAMORODOVA-BIANKI, G. B.: Altajjskaja oblepikha pod Leningradom. – Sadovodstvo. – Moskva (1979)11. – S. 33

PULKENAT, S.: Hippophae rhamnoides – Sanddorn. – K.-Marx-Stadt : Pflanzenbasar, 1983. – 4 S. – (Sammelblätter Gebirgspflanzen ; 3. 20.05)

ROUSI, A.: The genus Hippophae L. A taxonomic study. – Ann. Bot. Fennici. – Helsinki 8(1971). – S. 177–227 : 28 Abb., 113 Lit.

SHERBENEV, G. Ja.: Preodolenie neskreshhivaemosti s pomoshh'ju bornojj kisloty i gibberellina pri otdalennojj gibridizacii semechkovykh plodovykh rastenijj. – SSSR : Diss., 1972. – 158 S. : 47 Abb., 37 Tab., 203 Lit. (Ref.)

SORSA, P.: Pollen morphological study of the genus Hippophae L., including the new taxa recognized by A. Rousi. – Ann. Bot. Fennici, – Helsinki 8(1971). – S. 228–236 : 25 Abb.

VOROB'EVA, G. M.: Vyrashhivanie sazhencev oblepikhi. – Sadovodstvo. – Moskva (1981)1. – S. 37–38

WEDEL, W.: Stecklingsvermehrung von Hippophae in niedrigen Tunneln aus Milchfolie. – Gartenbaul. Versuchsber. – Bonn 18(1979). – S. 359–364

ZHAMSRAN, C.: Biologija oblepikhi krushinovojj v uslovijakh Severnojj Mongolii. – Irkutsk : Diss., 1971 (Ref.)

Schlehe

GUMENJUK, J. V.: Vnudrividovaja izmenchivost' chereshni dikojj (Cerasus avium [L.] Moench) i terna (Prunus spinosa L.) v Moldavii. – 1982. – SSSR : Diss., 1982. –96 S. : 33 Abb., 37 Tab., 229 Lit. (Ref.)

KOCH, H.-J.: Die Schlehe, eine fast vergessene Wildobstart. – Garten u. Kleintierzucht, Ausg. A. –Berlin[im Druck]

NIKOLAEVA, M. P.: Adaptacija i rekombinogenez u kul'turnykh rastenijj. – In: Tezisy respublik. konferencii. – Kishinev : Akademija Nauk Mold. SSR, 1982. – S. 123

VITKOVSKIJJ, V. L.: Obzor vida Prunus spinosa L. – Trudy prikl. botanike, genetike i selekcii. – Leningrad 52(1974)3, – S. 86–106 : 80 Lit.

Schwarze Maulbeere

HEGI, G.: Illustrierte Flora von Mitteleuropa. – Band 3, Teil 1. – 2. Aufl. – München : Hanser, 1958. – S. 273–274

Schwarzer Holunder

ALBRECHT, H.-J. ; Zuchtziele bei Sanddorn und Holunder. – Gartenbau. – Berlin 20(1973)12. – S. 367–369

ALBRECHT, H.-J. ; MÜLLER, H.: Schwarzer Holunder – ein wertvolles Obstgehölz. – Gartenbau. – Berlin 31(1984)8. – S. 244–246

DARMER, G.: Zur Frage der Züchtung und Anzucht von Verbauungspflanzen für die flurschützende Landschaftsgestaltung. 1. Mitt. Gehölze. – Z. f. Pflanzenzücht. – Berlin[West] 39(1958). – S. 71–96

DEBOR, H. ᵛ'.: GROSSE, B.: Bibliographie des Internationalen Holunder-Schrifttums (Sambucus sp.). – Berlin[West]: Univ.-Bibliothek TU, 1977. – 18 S. – (Aktuelle Lit.-Informat. Obstbau ; 60)

DUGGEN, H.: Holunder für den Erwerbsanbau ? – Rhein. Monatsschr. f. Gemüse, Obst u. Schnittblumen. – Bonn 63(1975)11. – S. 383

EATON, E. L.; AALDERS, L. E.; HALL I. V.: Hybrids of an interspecific cross of elder.– Proc. Amer. Soc. Horticult. Sci. – Ithaca 73(1959). – S. 145–146

FÖRTSCH, I.: Anbau und Verwertung von Holunder. Sammelreferat. – Informat. f. industriemäßige Obstproduktion. – Berlin 7(1982)4. – S. 19–22

HÄRDTL, H.: Virosen bei Sambucus nigra. – Gesunde Pflanzen. – Frankfurt/M. 19(1967). – S. 80–84

LUDWIG, O.: Im Thüringer Kräutergarten. – Rudolstadt : Greifenverl., 1982 – 270 S.

MÜLLER, W.: Arbeitsgemeinschaft zur Förderung des Holunders. – Schweizer. Z. Obst- u. Weinbau. – Wädenswil 112(1977). – S. 38–39

MÜLLER, W.: Schwarzer Holunder als Intensivkultur. – Schweizer. Z. Obst- u. Weinbau. – Wädenswil 112(1976). – S. 17–26

PASSECKER, A.: Die erste Holunder-Erwerbskultur in Österreich. – Besseres Obst. – Wien 15(1970). – S. 186

PÖCH, E.: Obstsäfte, Traubensaft, Süßmost, Gärmost. – 3. Aufl. – Graz; Stuttgart : Stocker, 1974. – 74 S.

REICHEL, L. ; STROH, H. H. ; REICHWALD, W.: Über die Farbstoffe der Schwarzen Holunderbeere. – Naturwissenschaften. – Berlin[West] 44(1957). – S. 468

REICHEL, L. ; REICHWALD, W.: Über die Farbstoffe der Schwarzen Holunderbeere. – Naturwissenschaften. – Berlin[West] 47(1960)1. – S. 40–41

RITTER, C. M.: Elderberries improved in flavor and yield. – Science for the Farmer. – University Park, Pa. 9(1962). – S. 7

RITTER, C. M. ; MCKEE, G. W.: The elderberry-history, classification, and culture. – 1964. – 22 S. – (Bull. / Pennsylvania Agric. Exper. Sta. ; 709)

SCHIMANSKI, H. H. ; SCHMELZER, K.: Zur Kenntnis der Übertragbarkeit des Kirschenblattroll-Virus (cherry-leaf-roll virus) durch Samen von Sambucus racemosa L. – Zbl. Bakteriol., Parasitenkd., Infekt. – Krankh. u. Hygiene. Abt. 2 – Jena 127(1972). – S. 673–675

Sortforsog med storfrugtet hyld. – In: Statens Forsorgsvirksomhed i Plantekultur. – 70(1968)844. – S. 683–686

STRAUSS, E. ; NOVAK, B.: Anbauversuche mit Holunder (Sambucus nigra). – Mitt. Rebe u. Wein, Obstbau u. Früchteverwertung. – Klosterneuburg 21(1971) 5. – S. 416–426

STRAUSS, W.: Holunder *(Sambucus nigra)* als neue Obstart. – Obstbau. – Stuttgart 4(1979). – S. 284–286

TAYLOR, J. R. ; FERNANDEZ-FLORES, E.: Chemical composition of fresh elderberries. – J. of the Assoc. of offic. Analyt. Chemists. – Washington 52(1969). – S. 643–646

WAY, R. D.: Elderberry varieties and culture. – Proceedings New York State Horticult. Soc. 1959(1960). – S. 222–225

WAY, R. D. ; LAMB, R. C.: New fruit varieties from New York. – Fruit Var. Horticult. Digest 19(1965),. – S. 47–48

WAY, R. D.: Elderberry culture in New York State. – Geneva : 1981. – 4 S. – (New York's Food and Life Sci. Bull. ; 91)

WILLMEROTH, B. A. J.: Holunder – wie keine andere Pflanze hart im Nehmen. – Dt. Baumschule. – Aachen 25(1973). – S. 123–124

Speierling

Die eßbare Eberesche oder der Speierlingsbaum *(Sorbus domestica).* – Gauchers prakt. Obstbaumzüchter. – Stuttgart 8(1892). – S. 6–7

DÜLL, R.: Prodromus einer Bearbeitung der Gattung *Sorbus* für Thüringen. – Diplomarbeit. – Jena : Fr.-Schiller-Univ., 1955. – 55 S.

DÜLL, R.: Unsere Ebereschen und ihre Bastarde. – Wittenberg : Ziemsen, 1959. – 122 S.

Literatur zu den Rezepten

BOULESTIN, M. X.: Almanach feiner Küche. – Frankfurt/M. : Societätsverl., 1934. – 245 S.

DONATH, E.: Obstwein selbst gemacht. – 10. Aufl. – Leipzig : Fachbuchverl., 1962. – 60 S.

DONATH, E.: Rohsäfte und Konserven selbst hergestellt. – 5. Aufl. – Leipzig : Fachbuchverl., 1970. – 80 S.

FUCHS, P.-E.: Unser Kochbuch. – Leipzig : Verl. f. d. Frau, 1955. – 319 S.

GRÖGER, F.: Pilze und Wildfrüchte selbst gesammelt ... – 3. Aufl. – Leipzig : Verl. f. d. Frau, 1979. – 159 S.

HALLER, CH.: Neues Augsburger Kochbuch. – [s. l.]: Schmidt, 1882. – 556 S.

KRAATZ, D. ; MAUS, P.: Aus Europas Küchen. – 3. Aufl. – Leipzig : Fachbuchverl., 1984. – 206 S.

KRANZ, B.: Das große Buch der Früchte. – München : Südwest, 1981. – 464 S.

KRAUSS, H.: Gesunde Küche. – 11. Aufl. – Berlin : Volk u. Gesundheit, 1978. – 299 S.

LEHMANN, H.: Schriftl. Mitt. (Aronia-Rezepte). – Bautzen : 1983-09-20

Leipziger Kochbuch ... – Leipzig : Groschuff, 1706. – 438 S. u. 34 S. Reg.

MAR, L.: Früchte aus aller Welt. – 2. Aufl. – Stuttgart : Paracelsus, 1977. – 181 S.

Obstrezepte. – Leipzig : Verl. f. d. Frau, [1968]. – 63 S.

ORLOWA, SH. I.: Obst. – Leipzig : Verl. f. d. Frau, 1984. – 64 S.

SCHMIDT, K. ; HERRMANN, E.: Küche der Wildgewächse. – Dresden : Heinrich, 1917. – 38 S.

Vrabec, V.: Das große Kochbuch. – Prag : Artia, 1967. – 574 S.

Wieloch, E.: Gesund durch Obst, roh und gekocht. – 9. Aufl. – Leipzig : Fachbuchverl., 1978. – 268 S.

Wildfrüchte – Wildgemüse – Wildkräuter. – Leipzig : Verl. f. d. Frau, 1984. – 63 S.

Winnington, U.: Spaß am Kochen. – Leipzig : Verl. f. d. Frau, 1981. – 489 S.